경영혁신을 위한
생성형 AI 이해와 활용

텍스트·이미지·영상 생성형 AI서비스를 기반으로

경영혁신을 위한 생성형 AI 이해와 활용

텍스트·이미지·영상 생성형 AI서비스를 기반으로

초판 1쇄 발행 2024년 2월 29일

지은이 윤상혁 · 이소현

펴낸이 최지혜
마케팅 김동구
편집 편집왕
디자인 this-cover

펴낸곳 도서출판 11%
출판등록 2023년 6월 19일 제2023-00016호
주소 서울특별시 서초구 강남대로53길 8 스타크 강남빌딩 8-104호
전화 070-8286-7911
팩스 02-6442-7911
이메일 11pro@11pro.kr
홈페이지 11pro.kr

ISBN 979-11-985205-3-1(93310)

- 책값은 뒤표지에 있습니다.
- 잘못된 책은 구입하신 곳에서 바꾸어 드립니다.

경영혁신을 위한 생성형 AI 이해와 활용

윤상혁 · 이소현 지음

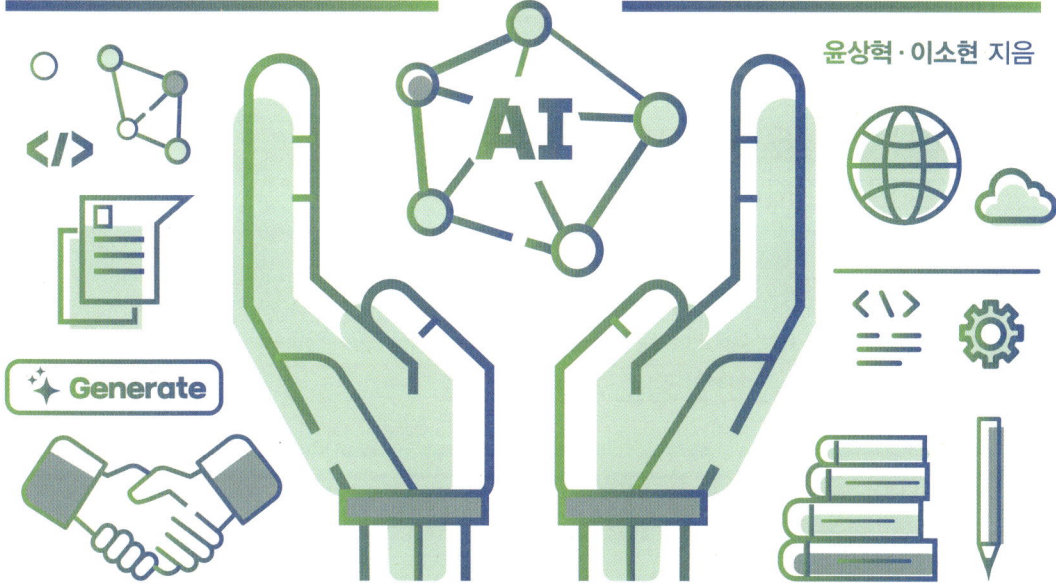

텍스트 · 이미지 · 영상 생성형 AI 서비스를 기반으로

목차

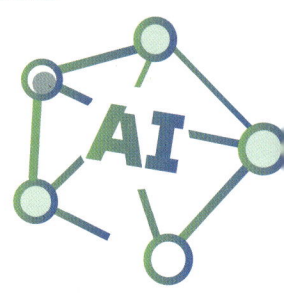

들어가며　　　　　　　　　　　　　　　　　　　　　　　12

Chapter 1 인공지능(AI)의 이해

PART 1 인공지능(AI)이란?
1장 인공지능(AI)의 소개
　　01 인공지능(AI)의 정의　　　　　　　　　　　　　17
　　02 인공지능의 역사　　　　　　　　　　　　　　　18
　　03 인공지능(AI)의 유형과 분류　　　　　　　　　　24
　　04 생성형 인공지능(Generative AI)의 시작　　　　41
　　　　생각해보기!　　　　　　　　　　　　　　　　44

PART 2 인공지능(AI) 기술
1장 인공지능(AI)의 기술 및 처리
　　01 인공지능(AI)의 기술적 범주　　　　　　　　　　46
　　02 인공지능(AI)의 핵심　　　　　　　　　　　　　49
　　03 인공지능(AI)의 작동 원리　　　　　　　　　　　61
2장 인공지능(AI)의 정보 처리와 응용
　　01 자연어 처리(Natural Language Processing)　　66
　　02 이미지 처리와 컴퓨터 비전　　　　　　　　　　70
　　03 음성 인식과 음성 처리　　　　　　　　　　　　72
　　　　생각해보기!　　　　　　　　　　　　　　　　74

Chapter 2 생성형 AI 이해 및 활용

PART 3 생성형 AI에 대한 이해

1장 생성형 AI는 무엇인가?

01 생성형 AI란?	77
02 텍스트 생성 AI 작동 원리	78
03 이미지 생성 AI 작동 원리	83

2장 다양한 생성형 AI 개요

01 텍스트 생성 AI 개요	88
02 이미지 생성 AI 개요	89
03 영상 생성 AI 개요	89
04 문서자료 생성 AI 개요	90

PART 4. ChatGPT 소개 및 활용 방법

1장 ChatGPT

01 GPT-3.5 개요	92

2장 ChatGPT PLUS 개요

01 고급 사용방법	98
02 ChatGPT 플러그인	108
03 Advanced data analysis	120
04 Custom Instruction	128
05 확장 프로그램	132
06 GPT for Sheets & Docs	137

PART 5 생성형 AI 서비스 활용 1: 문서 생성형 AI

01 문서 생성형 AI 서비스란? 146
02 한국어에 최적화된 AI, 뤼튼(Wrtn) 알아보기 147
　Do it! 158

PART 6 생성형 AI 서비스 활용 2: 이미지 생성형 AI

01 이미지 생성 AI 서비스란? 161
02 뛰어난 이미지를 무료로 생성하는 leonardo ai 162
　Do it! 171

PART 7 생성형 AI 서비스 활용 3: 영상 생성형 AI

1장 영상 생성 AI 서비스

01 영상 생성 AI 서비스란? 173
02 아바타 영상 제작에 특화된 studio D-ID 174
03 무료로 뛰어난 영상을 생성하는 Vrew 180

2장 발표자료 생성 서비스

01 발표자료 생성 서비스란? 190
02 Gamma 알아보기 190
03 프레젠테이션 생성형 AI 비교 198
　Do it! 200

Chapter 3 생성형 AI를 활용한 프로젝트

PART 8 프로젝트 따라하기

1장 생성형 AI를 활용한 창업 준비하기
- 01 ChatGPT를 활용한 사업계획서 작성하기 — 205
- 02 로고 및 포스터(상세페이지) 제작하기 — 215
- 03 콜드 이메일 작성하고 관리하기 — 221

2장 생성형 AI를 활용한 숏폼 광고 제작
- 01 광고 시나리오 제작 — 225
- 02 숏폼 영상 제작 — 228

Chapter 4 생성형 AI 기반 서비스 기획

PART 9 서비스 기획 방안

1장 서비스 기획 개요
- 01 AI 시대의 서비스 기획 — 234
- 02 서비스 기획이란? — 236

2장 문제 발견 및 기회 창출
- 01 아이디어 도출 — 239
- 02 생성형 AI를 활용한 아이디어 도출: 브레인스토밍 — 241

3장 문제 정의 및 정책 수립
- 01 문제 정의 — 246
- 02 서비스 정의 및 정책 수립 — 248
  - Do it! — 250

PART 10 시장 및 사용자 조사

1장 시장 환경 및 경쟁 서비스 분석
- 01 시장 환경 및 산업 분석 252
- 02 경쟁 서비스 분석 255

2장 페르소나 설정
- 01 페르소나란? 257
- 02 생성형 AI를 활용한 페르소나 설정 258
- 03 생성형 AI를 활용한 페르소나 인터뷰 264

3장 차별화 전략 수립
- 01 SWOT 분석 265
- 02 3C(Customer, Competitor, Company) 분석 268
- Do it! 270

PART 11 웹/앱 서비스 기획

1장 웹/앱 서비스 기획의 이해
- 01 웹/앱 서비스 기획이란? 272
- 02 웹/앱 서비스 기획 프로세스 273

2장 UI/UX의 이해
- 01 UI/UX란? 275
- 02 UI와 UX의 차이 276

3장 정보구조도(Information Architecture, IA)
- 01 정보구조도(IA)란? 278

   02 생성형 AI를 활용한 정보구조도(IA) 설계　281

4장 서비스 흐름 정리(Flow Chart)
   01 플로우 차트(Flow Chart)란?　284
   02 플로우 차트(Flow Chart) 작성법　286
   03 플로우 차트(Flow Chart) 작성하기　288

5장 스토리보드(Storyboard) 작성
   01 스토리보드(Storyboard)란?　291
   02 스토리보드(Storyboard) 작성하기　293
      Do it!　297

PART 12 피그마 활용 서비스 기획
1장 피그마 이해하기
   01 피그마란?　299
   02 피그마 사용해보기　303

2장 피그마를 활용한 UI 디자인
   01 오토 레이아웃/컴포넌트 설정하기　321
   02 플러그인　337

3장 피그마 프로토타입
   01 프로토타입 시작하기　352
   02 인터랙션 트리거 및 액션 설정하기　357
   03 애니메이션 설정하기　365
      Do it!　376

Chapter 5 인공지능(AI)과 경영

PART 13 기업과 생성형 AI

1장 생성형 AI와 경영
  01 산업별 생성형 AI 도입 현황 … 389
  02 기업의 생성형 AI 도입을 위한 준비 … 393
  03 생성형 AI가 지원하는 경영 문제들 … 397

2장 기업의 생성형 AI 도입 전략
  01 성공적인 생성형 AI 구현을 위한 전략 … 403
  02 기업의 생성형 AI 도입의 이점과 위험 요소 … 408

3장 생성형 AI와 경영 혁신
  생각해보기! … 414

PART 14 인공지능(AI)과 윤리

1장 인공지능(AI) 윤리
2장 인공지능(AI)의 윤리적 이슈
  01 인공지능(AI)의 윤리적 원칙 … 418
  02 생성형 AI의 윤리적 쟁점(이슈) … 420
  03 생성형 AI의 윤리적 쟁점(이슈)에 대한 대응 방안 … 430
  생각해보기! … 436

PART 15 인공지능(AI)의 발전과 미래

1장 인공지능(AI)의 활용
01 인공지능(AI)을 활용한 비즈니스 혁신 ... 439
02 인공지능(AI)을 활용한 미래 교육 ... 441
03 인공지능(AI)을 활용한 창작 활동 ... 444
04 인간-인공지능(AI)의 협업 ... 446

2장 인공지능(AI)의 미래
01 인공지능(AI)과 관련한 변화 ... 449
02 영화로 전망해 보는 인공지능(AI) 역할의 미래 ... 452
03 인공지능(AI) 규제 전망 ... 457
생각해보기! ... 457

참고문헌 ... 459

들어가며

현대 사회에서 인공지능(AI)의 발전은 빠르게 진행되고 있으며, 이는 우리의 삶과 비즈니스 환경에 근본적 변화를 가져오고 있다. 이 책은 이러한 변화를 명확히 이해하고 AI를 효과적으로 활용하기 위해 필요한 지식과 기술을 전달하는 데 중점을 둔다.

AI 시대의 도래와 그 중요성

디지털 비즈니스 환경 속에서 AI의 진화와 적용이 두드러진다. AI는 음악, 영화, 쇼핑, 주식투자, 그리고 계약서 검토와 같은 일상의 다양한 영역에서 활용되고 있다. 이제 AI 활용은 비즈니스 운영에 있어 필수적이며, 이를 통해 새로운 아이디어를 창출하고 성공적으로 실행하는 것이 중요하다.

AI 전문가로의 길, 아니면 비전공자로의 현명한 선택

AI 시대, 모두가 AI 전문가가 될 필요는 없다. 하지만, 이제는 AI의 활용 여부와 방법에 따라 업무의 효율성과 생산성에 차이가 발생할 것이다. 본 저서는 AI를 비전공자의 눈높이에서 쉽게 이해하고, 다양한 분야에 AI를 쉽게 활용할 수 있도록 설계되었다. AI의 기술적인 내용은 쉽고 간결하게 전달하면서도 AI를 활용하는 데 필요한 핵심 개념과 실무에서 효과적으로 활용할 수 있는 능력을 키우는 데 중점을 두었다. 특히, 문서, 이미지, 동영상 등 다양한 분야의 생성형 AI를 이용하여 기본적인 경영 업무부터 고급 활용까지 쉽게 따라할 수 있도록 구성하였다.

AI의 활용: 경험을 통한 쉬운 이해와 습득

저자들은 대학에서 AI 관련 수업을 진행하며, 비전공자들이 기술적 지식을 습득하는 데 어려움을 겪는 것을 체감했다. 이러한 경험을 토대로, 본 책은 기술적 지식을 이해하기 쉽게 풀어내고, AI 활용에 중요한 요소에 집중한다. 이 책을 통해, 독자들은 AI를 쉽게 이해하고 활용할 수 있을 것이다. AI 시대가 도래하였으니, 이제 도전과 기회를 맞이하여 더 나은 미래를 만들어 나가는 첫걸음을 시작해 보자!

본 저서는 독자들이 체계적이고 효과적으로 AI를 학습할 수 있도록 다섯 개의 챕터로 구성되어 있다.

'Chapter 1. 인공지능의 이해'에서는 AI의 기본 개념과 유형, 그리고 작동 원리에 대해 상세히 설명한다. 본 챕터를 통해 독자들은 AI의 발전과정을 살펴보며 기본적인 지식을 확립하고, AI가 어떻게 작동하는지에 대한 핵심 원리를 명확히 이해할 수 있다.

'Chapter 2. 생성형 AI 이해 및 활용'에서는 생성형 AI의 핵심 개념과 이의 주요 활용 분야를 짚어본다. 이 챕터는 문서, 이미지, 영상 등 다양한 매체를 통한 생성형 AI의 활용 방법에 대해 구체적으로 설명하며 독자들이 실제 업무에 적용할 수 있도록 안내한다.

'Chapter 3. 생성형 AI를 활용한 프로젝트'는 Chapter 2에서 습득한 지식을 활용하여 실제 경영 환경에서의 프로젝트를 진행하는 방법을 실습 형태로 제공한다. 여러 프로젝트 예시를 통해 독자들은 생성형 AI의 다양한 활용 방안을 체험하고 학습한다.

'Chapter 4. 생성형 AI 기반 서비스 기획'에서는 AI를 활용한 서비스 기획 과정을 상세히 설명한다. 여러분은 대표적인 분석 틀을 활용한 시장 및 경쟁 서비스 분석 방법, 그리고 UI/UX 설계 방법 등에 대해 학습한다.

'Chapter 5. 인공지능(AI)과 경영'에서는 기업이 생성형 AI를 도입하고 성공적으로 구현하기 위한 준비 과정과 전략을 제시한다. 또한, AI 활용의 윤리적 측면도 고려하여, 윤리적 AI 개발과 활용을 위한 주요 과제들에 대해 논의한다.

각 챕터는 특정 주제에 대한 깊이 있는 이해와 실용적인 지식을 제공함으로써 독자들이 AI를 경영 환경에서 효과적으로 활용하는 데 도움을 줄 것이다.

본 저서의 목적은 AI에 대한 깊은 이해와 성공적인 활용을 경영 환경에서 실현하는 데 중점을 둔다. 이를 위해, 본 작품은 생성형 AI의 활용 방안을 경영 업무에 제공하며, 이는 AI의 개념적 지식을 넘어 다양한 실습 프로젝트를 통해 현장에서 직접 활용할 수 있는 구체적인 방안을 독자에게 전달한다. 특히, 본 저서는 독자가 경영의 다양한 현장에서 AI를 효과적으로 활용하는 데 필요한 지침을 제공하며, 이를 통해 독자들이 AI를 자신의 업무에 성공적으로 통합하고 활용하는 데 도움을 제공하기를 희망한다.

마지막으로, 이 책을 준비하는 과정에서 끊임없는 지지와 사랑을 보내주신 가족들에게 진심으로 감사의 말씀을 드린다. 가족들의 힘이 없었다면 이렇게 책을 완성하지 못했을 것이다. 또한, 책을 만드는 과정에서 함께 노력하고 열정을 나눠준 KBL 연구생들, 특히 진규, 예실, 민균, 순형, 지우, 그리고 SoDA Lab 연구생 민범에게 깊은 감사를 표한다. 그들의 도움과 헌신 덕분에 본 저서의 내용이 더욱 풍부하고 깊이 있게 진행될 수 있었다. 이 기회를 통해 모두에게 진심어린 감사의 마음을 전하며, 이 책이 많은 분들께 유익하길 바란다.

Chapter 1.
인공지능(AI)의 이해

PART 1.
인공지능(AI)이란?

Preview

PART 1에서는 인공지능(AI)의 개념을 이해하고, 인공지능(AI)의 발전과 역사를 소개한다. 더불어, 인공지능(AI)의 기능, 학습 능력 및 방식, 작업에 따라 유형을 분류하고 유형별 내용을 학습한다. 마지막으로, 최근 전 세계적으로 많은 관심과 그 활용이 증가하고 있는 생성형 AI 시작의 근원을 이해한다.

1장. 인공지능(AI)의 소개

01 인공지능(AI)의 정의

인공지능(Artificial Intelligence, AI)이란 인간처럼 생각하고 판단하는 능력을 컴퓨터에 구현하는 다양한 기술이나 소프트웨어, 시스템 등을 가리킨다. 단순히 주어진 규칙대로 판단하는 능력을 넘어서 사람처럼 생각하고 학습하고 개발을 할 수 있는 능력을 가진 기술을 말한다. 여기서 사람처럼 생각하고 판단한다는 것은 의사결정, 문제해결, 학습 등의 활동을 뜻하며(Bellman, 1978), 정리하면 AI는 사람처럼 인지하고, 추론하고, 행동할 수 있는 컴퓨터를 말한다.

초기 인공지능(AI)의 목표는 기계, 즉 컴퓨터를 이용하여 사람의 행동을 흉내 내는 것이었다. 이러한 방향으로 인공지능(AI)을 정의한 사람은 영국의 저명한 수학자이자 최초의 컴퓨터 과학자인 앨링 튜링(Alan Turing)이다. 그는 1950년 그의 논문에서 "기계가 생각할 수 있을까?"라는 질문을 던지며 기계의 지능을 정의하였다. 1956년 미국 다트머스 대학에서 열린 회의에서 처음으로 인공지능(AI)이라는 용어를 언급하며 '기계를 인간 행동의 지식에서와 같이 행동하게 만드는 것'이라고 정의하였다. 그 후 수많은 시행착오를 거치면서 인공지능(AI)이라는 학문 분야가 생겨났으며, 오랜 시간 동안 정립된 이론과 기술들이 정리되어 현재의 인공지능(AI) 분야를 이루게 된 것이다.

02 인공지능의 역사

인공지능(AI)의 역사는 수십 년에 걸친 아이디어와 혁신이 기반이 되었으며, 초기 개념화에서 현재의 정교한 시스템에 이르기까지 그 변화의 폭이 크다. 인공지능에 대한 개념은 수 세기 동안 인간의 상상력으로만 표현되었지만, 과학 분야에서 인공지능(AI)의 본격적인 발전은 20세기 중반에 시작되었다. 인공지능(AI)의 발전과 그 역사를 다음과 같이 정리할 수 있다. 인공지능(AI)을 차수별로 분류하면 1950년~1960년대의 1차 인공지능(탐색과 추론), 1980년~1990년대의 2차 인공지능(전문가 시스템), 2010년 이후의 3차 인공지능(머신러닝과 딥러닝)으로 구분 할 수 있다.

1950년부터 1960년대에 걸친 1차 인공지능(AI)은 추론과 탐색을 중심으로 발전하였다. 여기서 추론이란 '인간의 사고 과정을 기호로 표현하여 실행하는 것'을, 탐색은 '경우의 수를 계산, 결과값으로 최적의 수를 파악하는 것'을 뜻한다. 이런 방식으로 기계가 스스로 미로를 찾아내거나 계산하는 능력에 많은 사람들이 열광했다. 그러나 현실 세계는 미로나 퍼즐처럼 단순하지 않으며, 복잡한 변수들이 존재하기 때문에 초기 인공지능 컴퓨터는 그 한계를 드러냈다. 요약하자면, 1차 인공지능(AI)에서 개발된 탐색과 추론 알고리즘이 있었으나, 이는 주로 당시의 컴퓨터가 처리할 수 있는 범위 내에서 특정 문제를 해결하는 연구에 집중되었다. 하지만 복잡한 문제 해결에 대해서는 그 한계가 있었다.

1980년부터 1990년대에 걸쳐 등장한 2차 인공지능(AI)은 전문가 시스템(Expert system)을 중심으로 발전하였다. 이는 사람의 사고 방식을 모델로 하여, 예측 가능한 문제에 대해 다양한 대응 전략을 미리 준비하는 방식이었다. 이러한 시스템은 특정 분야의 전문 지식을 광범위하게 활용하여 '전문가 시스템'이라는 명칭이 붙게 되었다. 전문가 시스템은 가능성 있는 모든 상황에 대해 미리 대응방안을 설정해두기 때문에, 주로 사전에 정의된 판단과 예측을 수행하였다. 그러나 이런 시스템들은 스스로 학습하는 능력이 없어 그 한계를 가지고 있었다. 2차 인공지능은 1차 인공지능보다 현실 세계의 문제 해결에 한 단계 더 가까워진 것으로 볼 수 있으나, 그 활용 범위는 여전히 특정 분야로 제한되어 있었다.

2010년 이후 등장한 3차 인공지능(AI)은 알고리즘을 활용하여 사물을 이해하고 판단하는 기술이 중심이 되었다. 인공지능이 더욱 세분화되면서 다양한 알고리즘이 강조되기 시작했다. 하드웨어의 성능 향상과 함께 컴퓨팅 파워가 크게 향상되었고, 이는 인공지능 연구에 활용될 수 있는 엄청난 기회를 제공하였다. 결과적으로 딥러닝의 시대가 개막하게 되었다.

1) 인공지능(AI)의 탄생: 1943년 ~ 1956년

1943년, 논리학자인 월터 피츠(Walter Pitts)와 신경외과의 워렌 맥컬럭(Warren McCullonch)이 인간 두뇌의 뉴런 작용을 처음으로 논리적 모델로 설명하면서 인공지능 연구가 시작되었다.

논리학자 월터피츠 (Walter Pitts) 신경외과의 워렌 맥컬럭 (Warren Mc Cullonch)

1943년, 최초의 인공지능 연구자 월터 피츠(Walter Pitts)와 워렌 맥컬럭(Warren McCullonch)(출처: 유튜브)*

* 유튜브 〈코딩하는거니〉, "인공지능 그리고 머신러닝의 모든것", 2019.12.04.

1950년, 영국의 수학자 앨런 튜링(Alan Mathison Turing)은 '계산 기계와 지능 (Computing Machinery and Intelligence)'이라는 논문을 발표한다. 본 논문에서 앨런 튜링(Alan Mathison Turing)은 기계가 생각할 수 있는지 테스트하는 방법과 지능적 기계의 개발 가능성, 학습하는 기계 등에 대하여 소개하였다. 즉, 기계가 인간과 얼마나 비슷하게 대화할 수 있는지를 기준으로 기계 지능을 판별하는 튜링 테스트(Turing Test)를 제안했다. 튜링 테스트는 인공지능과 대화를 해서 그 반응을 인간과 구분하기 힘들다면 기계 역시 인간과 마찬가지로 지능적이라는 것을 주장하는 것이다. 이는 인공지능에 대한 최초의 심도 깊은 철학적 제안이었다.

2) 태동기: 1956년 ~ 1974년

1956년, 미국 다트머스 대학에서 개최한 학회에서 존 매카시(John McCarthy) 교수가 '다트머스 AI 회의'를 통해 인공지능(AI)이라는 용어를 처음으로 사용하였다. 본 회의에 모인 10여 명의 과학자들은 앨런 튜링(Alan Mathison Turing)의 '생각하는 기계'를 구체화하고 논리와 형식을 갖춘 시스템으로 이행시키는 방안을 논의하였다. 본 학회는 인공지능(AI) 연구의 출발점이 되었으며, 이후 인공지능 연구는 급속히 발전하였다.

> We propose that a 2 month, 10 man study of artificial intelligence be carried out during the summer of 1956 at Dartmouth College in Hanover, New Hampshire.
>
> (1956년 여름 뉴 햄프셔 하노버에 있는 다트머스대에서 두 달 동안 10명의 과학자가 모여 인공지능을 연구할 것을 제안합니다)

1956년, 미국 다트머스 AI 학회의 개최 초청장 문구에 최초로 사용된 'AI' 용어

1957년, 프랑크 로젠블럿(Rosenblatt)은 인간의 뇌신경을 묘사한 인공신경

다트머스 회의 50주년을 기념하며 개최된 'AI@50': 왼쪽부터 트렌차드 모어(Trenchard More), 존 매카시(John McCarthy), 마빈 민스키(Marvin Minsky), 올리버 셀프리지(Oliver Selfridge), 레이 솔로모노프(Ray Solomonoff)(출처: 시사저널e)*

뉴런의 퍼셉트론(Perceptron)을 제시하였다. 즉, 뉴런을 형상화한 퍼셉트론(Perceptron)이 개발되면서 인공신경망의 시대가 시작되었다. 그러나, 1969년 마빈 민스키(Marvin Minsky)와 페퍼트 세이무어(Papert Seymour)가 '퍼셉트론즈'라는 책을 출판하고, 여기서 퍼셉트론(Perceptron)이 선형 분리만 가능하다는 약점을 발견했다. 논리 소자의 기능 AND(둘 다 참이어야 결과가 참)와 OR(하나만 참이어도 참)은 학습이 가능하지만, NOR(OR 연산자의 부정의 결과)은 학습이 불가능하다는 점을 밝힌 것이다. 해당 문제점은 A라는 개념과 B라는 개념을 정확히 분리할 수 있는 선형 분리 방식을 퍼셉트론(Perceptron)이 적용하지 못하는 분야를 찾아낸 것이다.

3) 암흑기: 1974년 ~ 1979년

1960년대에 인공지능 연구로 기대했던 결과를 보여주지 못했기 때문에 대

* 시사저널e, "[인공지능인사이드] 초기 인공지능 형태 "인간모방"해 실패", 2016.09.30, https://www.sisajournal-e.com/news/articleView.html?idxno=158401

규모 투자가 중단되었고, 기존 연구 프로젝트들이 취소되었다. 1970년대에는 인공지능(AI) 연구에 대한 자금과 관심이 감소한 침체기였다. 그리고 이때부터 전문가 시스템(Experts System)으로 연구 방향을 전환하게 되었다. 전문가 시스템(Experts System)은 전문가 지식을 논리적인 규칙으로 생성하여 특정 영역에 대해서 사람의 질문에 답할 수 있는 인공지능이다. 전문가 시스템은 이미 개발된 추론 엔진을 이용하여 개발하기 때문에 쉽게 만들 수 있고, 만들어진 프로그램을 쉽게 수정하고 확장할 수 있었다. 또한, 의사결정 과정을 설명할 수 있다는 장점도 있었다. 하지만, 전문가 시스템에는 적용할 수 있는 영역이 상당히 제한적이었으며, 사람이 규칙을 일일이 생성하고 이를 조합하여 논리적인 결과를 얻어내야 하는데 그 과정이 너무나 복잡했으며, 새로운 사실들을 추가하거나 문제점을 수정하는 등의 유지보수도 매우 어려웠다.

4) 발전기: 1980년 ~ 1987년

1980년대에는 머신러닝과 신경망 알고리즘이 개발되었다. 여기서는 사라진 단층 퍼셉트론 모델이 다층 퍼셉트론으로 컴백할 수 있었다. 다층 퍼셉트론에 쓰이는 역전파 알고리즘(오차를 줄일 수 있음, Backpropagation Algorithm)을 제안하였고, 인간의 뇌에서 영감을 받은 신경망 알고리즘은 패턴인식을 통해 문자, 이미지, 영상 등의 인식에 크게 기여하였다. 1980년대는 연결주의와 신경망이 부활한 시기이며 다층 퍼셉트론에 쓰이는 역전파 알고리즘(Backpropagation Algorithm)은 인공신경망의 발전에 전환점을 맞았다. 병렬 및 분산 컴퓨팅의 출현은 대규모 인공신경망을 시뮬레이션하는 데 도움이 되어 연결주의 인공지능(AI)의 부활을 가져왔다.

5) 침체기: 1987년 ~ 1993년

1987년, 다층 신경망의 제한적 성능과 느린 컴퓨터의 속도로 복잡한 계산이 필요한 신경망 연구가 정체되었다. 따라서 미국방성(미국 국방성) 등 인공지능 연구기금이 대폭 축소되어 인공지능 연구는 침체기를 맞았다.

6) 안정기와 부흥기: 1993년 ~ 현재

1990년대 후반, 인터넷 검색엔진을 통해 이전과는 비교할 수 없이 방대한 데이터를 수집할 수 있게 되었고, 수많은 빅데이터를 분석하여 인공지능 시스템 스스로 학습하는 머신러닝 형태로 진화하게 되었다.

2006년, 캐나다 토론토대학의 제프리 힌튼 교수가 딥러닝을 처음 발표하였고, 이를 통해 불가능이라 여겨졌던 비지도학습이 가능해졌고, 인간의 수준을 뛰어넘는 결과물이 속속 나타났다. 딥러닝 알고리즘은 주로 음성 인식, 영상 이해, 기계 번역 등에 쓰였다.

특히 2000년부터 2010년대는 머신러닝과 AI가 크게 발전하고 널리 적용되기 시작한 시기였다. 이 기간 동안 AI 기술은 아마존(Amazon)과 넷플릭스(Netflix)의 추천시스템, 애플(Apple)의 음성인식 비서 시리(Siri), 그리고 자율주행 차량 등 주요 어플리케이션과 장치에 통합되기 시작하였다. 또한, 계산능력의 상당한 향상과 대규모 데이터셋의 확보가 가능해진 덕분에 기계학습 분야에서 중요한 발전이 있었다. 특히 딥러닝과 인공신경망은 이 시기에 큰 발전을 보였다.

2012년 ImageNet 대회에서 딥러닝 기술이 성공하였으며, 2016년 알파고(AlphaGo)가 세계 바둑 챔피언인 이세돌 구단과 대결하여 승리하고 OpenAI의 GPT 모델 개발과 같은 자연어 처리의 혁신적인 발전이 있었다.

현재 인공지능(AI)은 일상생활, 비즈니스 및 과학 연구의 여러 측면에서 필수적인 부분이 되었고 인공지능 기술은 이미 우리 주변에서 많이 사용되고 있다. 대표적인 예로 음성인식 기술을 이용한 음성비서나 이미지 분석 기술을 이용한 자율주행차 등의 기술은 우리의 삶의 일부로 자리잡고 있다.

특히, 최근 ChatGPT-4의 소개로 인공지능의 활용 범위가 확장되고 있으며, ChatGPT와 같은 생성형 AI(Generative AI)가 다방면에서 활용되고 있다. 생성형 AI(Generative AI)를 포함한 AI(AI)의 부흥기는 현재 진행형이다.

03 인공지능(AI)의 유형과 분류

인공지능(AI)은 그 기능과 구현 방식에 따라 다양하게 분류될 수 있다. 본 장에서는 학습 능력, 학습 방식, 기능 그리고 작업 유형에 따라 인공지능(AI)을 분류하고 설명한다.

1) 학습 능력에 따른 분류

인공지능(AI)은 학습 능력에 따라 인간의 지능을 모방하는 정도, 개발 방법, 개발 방법론의 접근법으로 다시 분류할 수 있다. 현재 일반적으로 분류하고 있는 인공지능(AI)의 기준을 나타내면 다음과 같다. 첫째, 인간의 지능을 모방한 정도에 따라서 약인공지능(Weak AI), 강인공지능(Strong AI), 그리고 초인공지능(Super AI)로 분류한다.

약인공지능(Weak AI)은 특정 문제 해결을 목적으로 인간의 지능을 기계적으로 일부 모방하여 구현한 인공지능을 말하며, 제한적 인공지능(Artificial Narrow Intelligence, ANI)이라고 불리기도 한다. 약인공지능(Weak AI)은 한 가지 이상의 특정한 작업에 특화되어 있으며, 그 작업을 수행하는 데 탁월한 성능을 보일 수 있지만 다른 작업에 대해서는 제한된 능력을 갖는다. 즉, 약인공지능(Weak AI)은 주어진 작업에 대한 명확한 목표를 가지고 있으며, 그 목표를 달성하기 위한 최적화된 방법을 학습하거나 프로그래밍한다. 대표적인 예로는 구글 알파고와 자율주행차 등이 있다. 알파고의 경우 인간을 뛰어넘는 실력을 가지고 있지만 그것이 바둑이라는 하나의 목적에 한정되어 있기 때문에 약인공지능(Weak AI)으로 분류된다.

강인공지능(Strong AI)은 인간의 지능을 기계적으로 완벽히 모방하여 구현한 인공지능을 말한다. 이는 특정 문제 해결을 넘어 사람처럼 생각하고 경험해 보지 않은 문제도 해결할 수 있는 수준의 인공지능을 말하며, 완전 AI 또는 인공일반지능(Artificial General Intelligence, AGI)라고 불리기도 한다. 강인공지능(Strong AI)은 다양한 작업과 문제를 해결할 수 있으며 인간처럼 학습, 추론, 문제 해결, 창의성 등의 다양한 인지 능력을 가질 수 있다. 즉, 일반적인 지능을 갖추어 다양한 도메인에서 자율적으로 작업을 수행하고 새로운 상황에 대처하며 지속적으로 학습할 수 있다. 강인공지능(Strong AI)은 아직 개발되지 않았기 때문에 현재 존재하는 사례는 없지만, 영화 '아이언맨(Iron Man)'의 '자비스(JARVIS)'와 같은 인공지능이 이에 해당한다. 해당 영화에서 인공지능은 자의식을 가지고 학습되지 않은 데이터도 자체적으로 수집하는 모습을 보여준다.

초인공지능(Super AI)은 인간의 지능을 완전히 모방하는 것을 넘어 인간보다 훨씬 더 높은 지능을 갖도록 구현한 인공지능을 말한다. 인간보다 지적으로 우수하고, 문제를 더욱 효율적으로 해결하며 더 빠른 학습과 결정을 내릴 수 있다. 초인공지능(Super AI)은 현재까지 개발된 인공지능과는 비교할 수 없이 높은 수준의 지능과 인지 능력을 갖춘다. 초인공지능(Super AI)은 아직까지 이론적인 수준에서만 다루어지고 있으며, 실제로 구현되기까지는 기술적·윤리적 도전 과제가 존재한다. 대표적인 예로 영화 '어벤져스(The Avengers)'의 '비전(Vision)'을 들 수 있다. 해당 인공지능은 영화 속에서 인간의 한계를 훨씬 뛰어넘는 초월적인 면모를 보여준다.

2023년 현재 약인공지능(Weak AI)이 가장 널리 활용되고 있으며 강인공지능(Strong AI)과 초인공지능(Super AI)은 아직 활용되지 않고 있다. 기술적인 측면에서 약인공지능(Weak AI)은 주로 머신러닝, 딥러닝, 자연어 처리 등의 기술을 기반으로 작동하며, 강인공지능(Strong AI)과 초인공지능(Super AI)의 개발은 더 많은 연구와 기술적인 발전이 필요하다.

둘째, 개발 방법론에 따라서는 지식 기반형(Knowledge-Based Agent, KBA)과 데이터 기반형(Data-Based Agent, DBA)으로 분류한다. 지식 기반형(KBA)은 입력되어 저장된 지식만을 이용하여 의사결정하는 방법으로 전문가인 사람의 지식을 흉내내어 출력하는 것으로 볼 수 있다. 이는 좁은 범위의 지식을 단기간에 활용할 수 있도록 하는 것은 가능하지만 대량의 데이터를 모두 입력하여 활용하는 것에는 한계가 있다. 이를 보완하여 개발된 방법이 데이터 기반형(DBA)으로 입력되어 저장된 대량의 지식에서 새로운 지식을 추출하고 이를 이용하여 의사결정하는 방법이다. 데이터 기반형(DBA)은 먼저 사람이 입력해 준 지식을 학습하는 과정을 거치며 그 학습 결과를 바탕으로 입력해 준 지식 외의 새로운 지식을 추출하여 획득하게 된다. 즉, 기계학습을 통해 이루어지므로 데이터 기반형(DBA)을 기계학습형이라고 부르기도 한다.

셋째, 개발 방법론의 접근법에 따라서 상향식(Bottom-up)과 하향식(Top-down)으로 분류한다. 상향식(Bottom-up)은 인간의 뇌 신경망의 구조와 원리를 이해하고 모방함으로써 전체적인 지적 능력을 기계적으로 구현하는 방식이다. 즉, 인간의 뇌 속의 신경망을 해석하고 화학 작용을 분석하는 것으로 뇌의 전자 모델을 만들고, 이를 통해 인공지능을 탄생할 수 있다고 보는 관점이다. 반면에 하향식(Top-down)은 인간의 지능을 기계적으로 일부 모방함으로써 각 문제에 맞는 알고리즘을 설계하여 특정 문제를 해결하는 방식이다. 즉, 지능이 필요하다고 보는 작업을 알고리즘으로 해결하는 데에 초점을 맞춘다. 상향식(Bottom-up) 접근법은 데이터 중심 인공지능(Data centric AI)을 지향하며, 하향식(Top-down) 접근법은 모델 중심 인공지능(Model centric AI)을 목표로 한다. 현재까지 개발된 인공지능 대부분은 하향식(Top-down)으로 진행되어 왔다. 하지만, 앞서 소개한 인간 지능의 모방 정도에 따른 분류의 강 인공지능에서는 각 상황의 특성에 맞는 의사결정을 필요로 하기 때문에 하향식(Top-down)과 상향식(Bottom-up)을 종합하여 개발될 것이다.

2) 기능에 따른 분류

반응형 AI(React AI)의 예: 세계 챔피언 게리 카스파로프(Garry Kasparov)를 이긴 IBM 체스 프로그램 딥블루(Deep blue)(출처: Leisurely)*

인공지능(AI)은 기능에 따라 반응형 AI(React AI), 제한된 메모리 AI(Limited Memory AI), 마음 AI 이론(Theory of mind AI), 자기 인식 AI(Self-aware AI)로 분류할 수 있다. 반응형 AI(React AI)는 가장 기본적인 유형의 인공지능으로 현재 시나리오에 집중하고 가능한 최선의 조치에 따라 반응한다. 반응형 AI(React AI)에서는 수신한 입력을 기반으로 예측 가능한 출력을 제공하기 때문에 결과를 신뢰할 수 있다는 장점이 있다. 하지만, 미래 행동을 위해 기억이나 과

---

* Warren Robertson., "Defending the brain: Chess champion Garry Kasparov verse the machine", Leisurely, 2020.08.17., https://www.leisurely.co.za/2020/08/17/defending-the-brain-chess-champion-garry-kasparov-versus-the-machines/

거 경험을 저장하지 않으므로 행동을 배우거나 미래를 상상할 수 없다는 한계가 있다. 이러한 반응형 AI(React AI)의 시초는 세계 체스 챔피언 게리 카스파로프(Garry Kasparov)를 제친 IBM의 슈퍼컴퓨터 딥블루(Deep Blue)이다. 그 뒤로 받은 편지함에서 스팸이나 프로모션을 감지하고 차단하는 스팸 필터나 취향을 맞추는 추천 엔진 등으로 발전하며 다양한 비즈니스 영역에서 활용되고 있다.

제한된 메모리 AI(Limited Memory AI)의 예: 자율주행차

하지만, 반응형 AI(React AI)는 원래 설계된 작업 이상은 불가능하다. 따라서, 개발자들은 제한된 메모리 AI(Limited Memory AI)를 만들었다. 제한된 메모리 AI(Limited Memory AI)는 과거 경험이나 일부 데이터를 짧은 기간 동안 저장하여 사용한다. 이는 과거로부터 학습하고 행동이나 데이터를 관찰하여 경험적 지식으로 구축할 수 있으므로 사전 프로그래밍된 정보와 함께 과거 관찰 데이터를 사용하는 것이 특징이다. 예를 들어, 자율 주행차는 제한된 기억의

AI를 사용하여 도로를 읽으면서 다른 자동차의 속도나 방향을 관찰하고 필요에 따라 방향이나 속도를 조절한다. 들어오는 데이터를 이해하고 해석하는 프로세스를 통해 변수가 많은 도로 위에서도 안정적인 주행이 가능한 것이다. 하지만, 획득한 정보는 순간적이며 장기 기억으로 저장할 수 없다는 한계가 있다. 그 밖에도 제한된 메모리 AI(Limited Memory AI)는 과거 관찰 데이터를 통해 예측하고, 복잡한 분류 작업을 다방면으로 수행할 수 있어 오늘날 가장 널리 사용되고 있다.

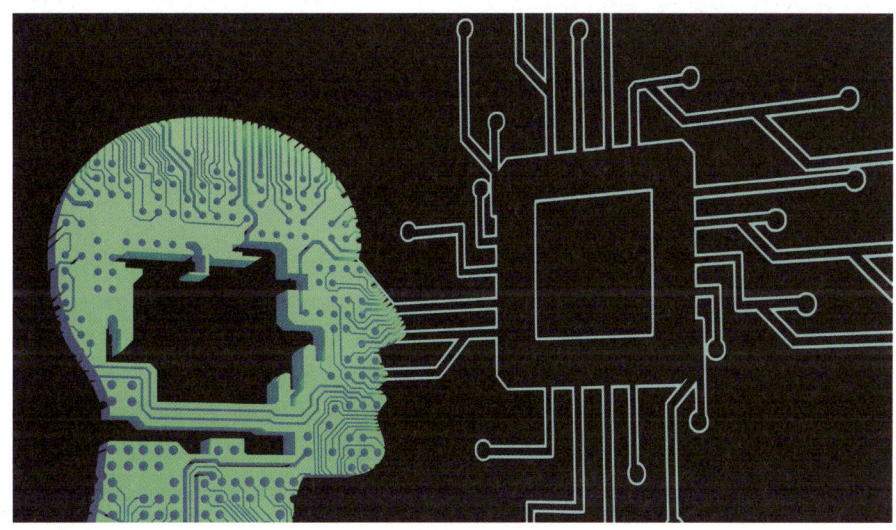

마음 AI 이론(Theory of Mind AI)

마음 AI 이론(Theory of Mind AI)은 인간의 감정, 신념을 이해하고 인간처럼 사회적 상호작용을 한다. 이러한 마음 AI 이론을 통해 기계는 인간과 유사한, 진정한 의미의 의사결정 능력을 습득하게 된다. 또한, 감정을 이해하고 기억한 다음 다른 사람과 상호작용할 때 감정을 기반으로 행동할 수 있게 된다. 하지만, 이러한 마음 AI 이론(Theory of Mind AI)은 아직까지 상상에서나 가능한 수준이다.

자기 인식 AI(Self-aware AI)는 기계가 자신의 감정뿐만 아니라 주변 사람들의 감정도 인식할 수 있게 되어 인간과 유사한 수준의 의식과 지능을 갖게 되는 것을 말한다. 특히, 자기 인식 AI는 스스로 욕구와 필요, 감정을 느끼게 되는 것을 말한다. 자기 인식 AI(Self-aware AI)는 인공지능의 미래이며 이는 매우 지능적이며 자체 인식, 감정 및 자기 인식을 가지게 될 것이다.

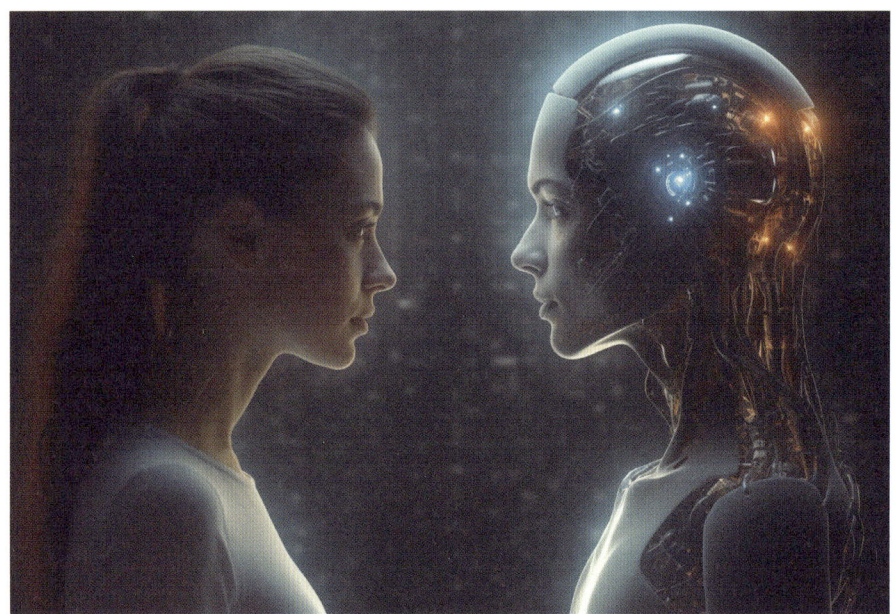

자기인식 AI(Self-aware AI)

3) 학습 방식에 따른 분류

인공지능(AI)의 학습 방식에는 데이터를 이용하여 모델을 훈련시키고, 훈련된 모델을 이용하여 예측을 수행하는 지도학습(Supervised Learning)과 주어진 데이터를 기반으로 분류를 수행하는 비지도학습(Unsupervised Learning), 그리고 주어진 환경에서 에이전트가 현재의 상태를 인식하여 행동하고 이에 따른 보상으로 최적화 과정을 수행하는 강화학습(Reinforcement Learning)의 세 가지로 분류할 수 있다.

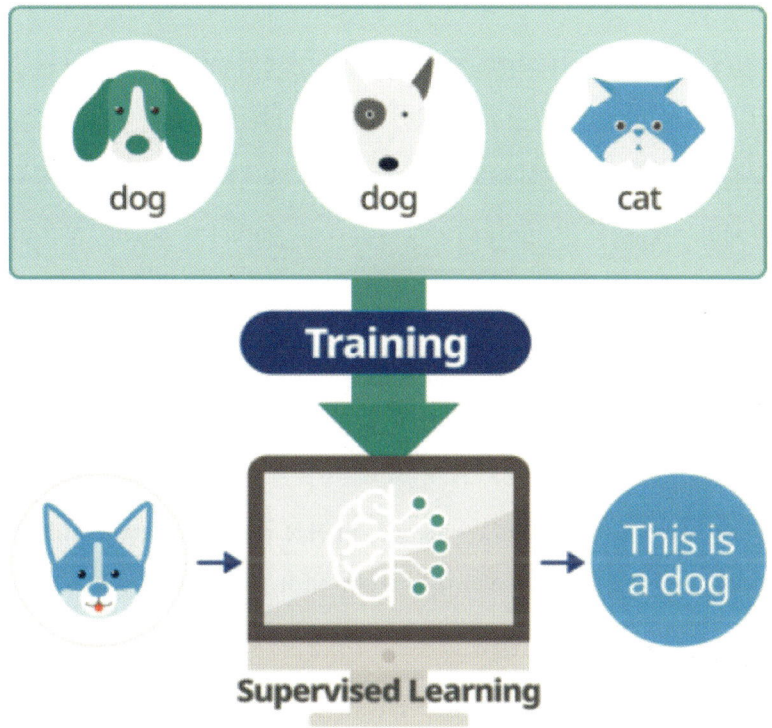

지도학습(Supervised Learning)(출처: 한국정보통신기술협회 정보통신용어사전)*

지도학습(Supervised Learning)이란 기계가 학습할 데이터에 사람들이 미리 정의해 놓은 정보가 포함된 경우를 말한다. 예를 들어 개와 고양이를 찍은 사진으로 구성된 학습 데이터가 개와 고양이라는 정의를 포함하고 있다면 지도학습이다. 따라서 기계가 정답을 잘 맞혔는지 아닌지를 쉽게 알 수 있다.

지도학습(Supervised learning)으로 수행하는 대표적인 문제로는 분류

* https://terms.tta.or.kr/dictionary/dictionaryView.do?word_seq=168096-10

(Classification)와 회귀(Regression)이다. 분류(Classification)는 입력 데이터를 여러 범주 또는 클래스 중 하나로 분류하는 문제이다. 여기에서 모델은 입력과 해당하는 클래스 간의 관계를 학습하여 새로운 입력 데이터가 어떤 클래스에 속하는지를 예측한다. 예를 들어, 사진을 고양이와 개로 분류할 수 있다. 즉, 지도학습(Supervised Learning)으로 개와 고양이를 구분하는 알고리즘이 만들어지고, 이를 통해 처음 보는 사진이더라도 개와 고양이를 구분할 수 있다. 회귀(Regression) 분석은 입력과 출력이 연속형 데이터로 주어졌을 때 이들의 함수관계를 학습하는 문제이다. 지도학습으로 훈련시켜 모델을 구축하면 이를 이용하여 새로운 입력에 해당하는 출력값을 추론할 수 있다. 예를 들어, 주택의 면적을 기반으로 가격을 예측할 수 있다.

비지도학습(Unsupervised Learning)이란 지도학습(Supervised Learning)과 다르게 정답 라벨이 없는 데이터를 비슷한 특징끼리 군집화하여 새로운 데이터에 대한 결과를 예측하는 것이다. 즉, 비지도학습(Unsupervised Learning)에서는 라벨링 되어 있지 않은 데이터로부터 패턴이나 형태를 찾아야 한다. 그래서 지도학습(Supervised Learning)에서 적절한 특성(Feature)을 찾아내기 위한 전처리 방법으로 비지도학습(Unsupervised Learning)을 이용하기도 한다. 예를 들어 학습용 데이터에 동물의 정의가 포함되어 있지 않은 것으로 컴퓨터가 사물에 대한 개념 정의를 모르는 상태에서 개와 고양이를 식별하는 알고리즘을 구현하는 것은 비지도 학습이다.

비지도학습(Unsupervised Learning)으로 수행하는 대표적 문제는 군집화(Clustering)와 차원축소(Dimensionality Reduction)가 있다. 군집화(Clustering)는 비슷한 특성을 가진 데이터들을 그룹으로 묶는 작업이다. 여기에는 레이블이 없으므로 데이터를 비슷한 특징을 가진 그룹으로 분류하는 방법을 학습한다. 예를 들어, 고객 데이터를 기반으로 비슷한 소비 패턴을 가진 고객들을 그룹화하거나 게임 이용자 데이터를 기반으로 비슷한 게임 활동 성향을 가진 이

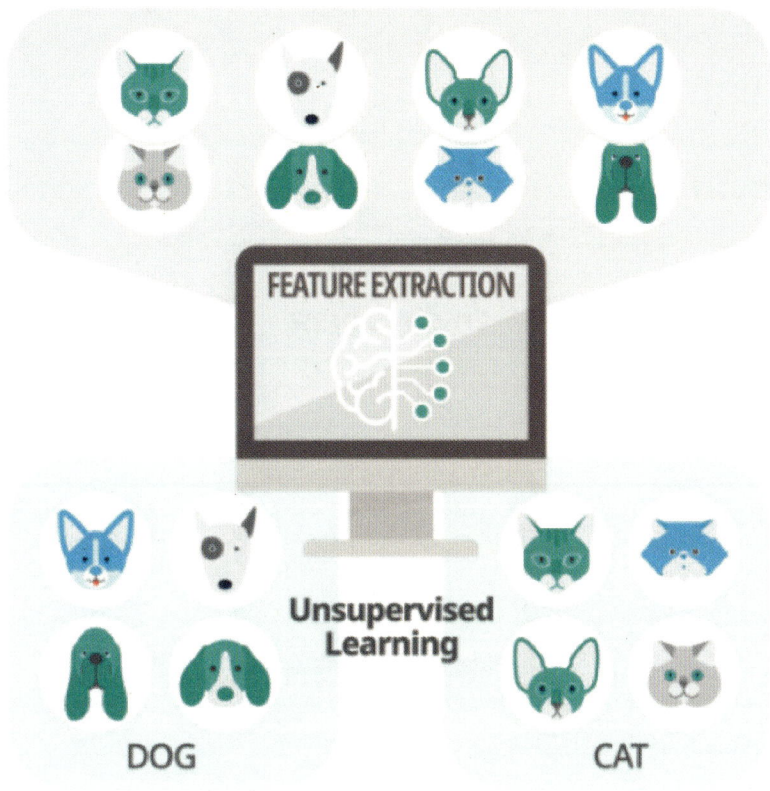

비지도학습(Unsupervised Learning)(출처: 한국정보통신기술협회 정보통신용어사전)*

용자들을 그룹화할 수 있다. 차원축소(Dimensionality Reduction)는 고차원의 데이터를 저차원으로 변화하는 것이다. 여기서, 데이터의 차원은 표현에 사용된 특성의 개수로 너무 많은 수의 특성으로 데이터를 표현하면 그 데이터가 갖는 깊은 의미를 나타내지 못하는 경우가 있다. 그래서, 꼭 필요한 특성만으로 데이터를 표현하면 데이터가 갖는 의미를 잘 표현할 수 있고, 계산도 간편할 수 있다. 그래서, 높은 차수의 데이터를 축약하여 낮은 차수의 데이터로 만드는 것을 차원축소라고 한다. 예를 들어, 데이터를 더 효과적으로 시각화

* https://terms.tta.or.kr/dictionary/dictionaryView.do?word_seq=168097-10

하거나 계산 비용을 줄이고 노이즈를 제거하는 데 사용될 수 있다.

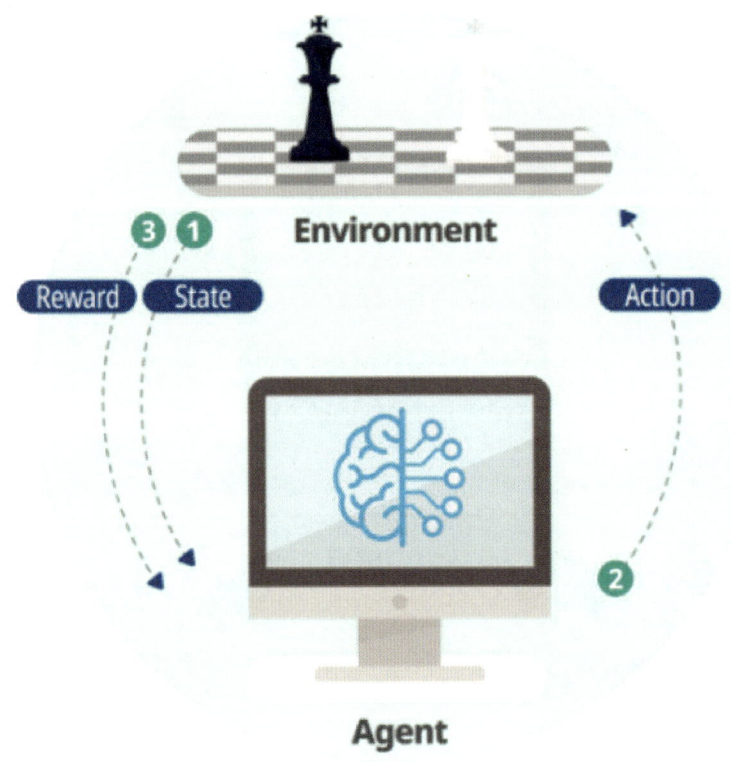

강화학습(Reinforcement Learning)(출처: 한국정보통신기술협회 정보통신용어사전)*

강화학습(Reinforcement Learning)은 지도 학습(Supervised Learning)과 비지도 학습(Unsupervised Learning)과는 다른 종류의 알고리즘이다. 강화학습(Reinforcement Learning)에서는 학습하는 시스템을 에이전트라고 부르며 환경을 관찰해서 행동을 실행하고 보상을 받는다. 시간이 지나면서 가장 큰 보상을 얻기 위한 최상의 전략을 스스로 학습하고 주어진 상황에서 에이전트가 어떻게 행동해야 할지를 판단한다. 다시 말해서, 컴퓨터가 주어진 상태

* https://terms.tta.or.kr/dictionary/dictionaryView.do?word_seq=168098-11

에 대해 최적의 행동을 선택하는 학습 방법을 말한다. 지도학습(Supervised Learning)이 정의가 포함된 학습 데이터를 제공한다면 강화학습(Reinforcement Learning)은 컴퓨터가 판단한 결과에 대해 보상을 주는 방식으로 성능을 향상시킨다. 우리가 잘 알고 있는 알파고의 핵심 알고리즘이 강화학습(Reinforcement Learning)을 기반으로 한다. 바둑은 두어야 할 경우의 수가 너무 많으므로 시합이 종료되면 컴퓨터가 둔 수가 좋았는지 나빴는지를 알려주는 방식으로 학습을 진행하는 것이다. 이러한 학습 방식을 보상 또는 강화하고 하며 이는 시행착오를 통해 스스로 학습하기 때문에 사람의 학습 방식과 유사하다.

강화학습(Reinforcement Learning)으로 수행하는 대표적 문제는 마르코프 의사결정 과정(Markov Decision Process, MDP)과 탐험과 활용(Exploration and Exploitation)이 있다. 마르코프 의사결정 과정(Markov Decision Process, MDP)은 강화학습(Reinforcement Learning)의 기본적인 형태로 순차적인 의사결정 문제를 수학적으로 모델링한 것이다. 적절한 가정을 도입하여 문제를 단순화하는 것으로 현재 상태를 참조하면 필요한 모든 정보를 알 수 있다고 말한다. 탐험과 활용(Exploration and Exploitation)은 탐험과 활용의 균형을 맞추는 것이다. 탐험은 더 많은 보상을 얻기 위해 미지의 영역을 탐색하는 것이고, 활용은 이미 알려진 지식을 바탕으로 최적의 행동을 선택하는 것이다. 그러므로 탐험과 활용은 이들의 균형을 맞추는 것에 초점을 둔다.

4) 작업 유형에 따른 분류

인공지능(AI)의 작업 유형에 따른 분류는 주어진 입력 데이터와 기대되는 출력 결과에 따라 다양한 방식으로 이루어진다. 주요 작업 유형에 따른 분류는 분류(Classification), 회귀(Regression), 시각화(Visualization)와 군집화(Clustering), 차원축소(Dimensionality Reduction), 생성(Generation), 시계열 예측

(Time Series Prediction)의 방식이 있다.

분류(Classification)는 전형적인 지도학습 작업 중 하나로 입력 데이터를 미리 정의된 클래스 또는 카테고리로 분류하는 작업이며, 각 입력 데이터는 하나의 클래스에만 속하도록 예측하는 것이 목표이다. 이는 이진 분류(Binary Classification)와 다중 클래스 분류(Multi-Class Classification)로 나눌 수 있다. 이진 분류는 두 개의 클래스 중 하나로 분류하는 작업이다. 예를 들어, 스팸 메일 여부를 판단하거나 음성 메시지가 긍정적인지 부정적인지 분류하는 것이 여기에 해당한다. 다중 클래스 분류는 둘 이상의 클래스 중 하나로 분류하는 작업이다. 예를 들어, 손글씨 숫자 인식이나 동물 종 분류가 이에 해당한다.

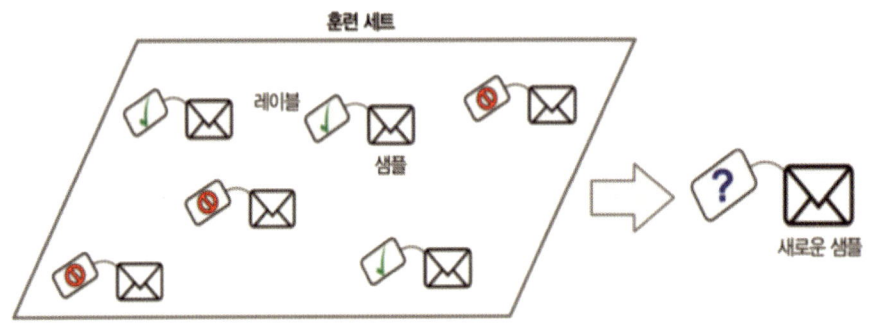

분류(Classification)를 통한 스팸 필터 프로그램(출처: Medium)*

회귀(Regression)는 입력 데이터에 기반하여 연속적인 값을 예측하는 작업이다. 주어진 입력 데이터와 관련된 수치적 결과를 예측하는 것이 목표다. 예측값은 연속적인 실수값으로 주택 가격 예측, 주가 예측, 중고차 가격 예측 등의 문제가 회귀 방식에 해당한다. 예를 들어, 중고차 가격을 예측하기 위해 사용되는 특성에는 주행거리, 연식 등을 이용할 수 있으며 타겟은 중고차의

---

* Sameh Amin, "Machine Learning tutorials-Part 2-Types of Machine Learning (Supervised vs Unsupervised)," Medium, 2019.04.19., https://medium.com/@sameh.m.amin/machine-learning-tutorials-part-2-types-of-machine-learning-supervised-vs-unsupervised-9d00cdf3a4bd

가격이 되어 이를 예측하는 것이다. 회귀(Regression) 방법을 사용하여 예측하기 위해서는 예측 가능한 변수와 레이블이 포함된 대량의 중고차 판매 데이터가 필요하다.

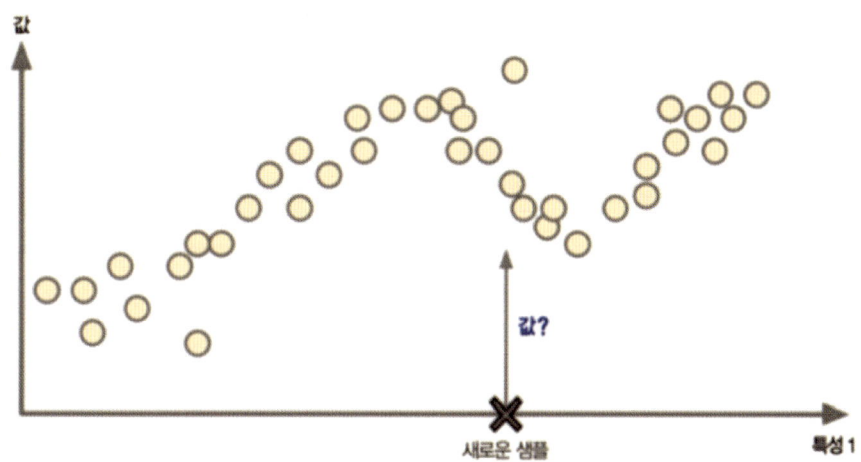

회귀(Regression)를 통한 중고차 가격 예측(출처: Medium)*

군집화(Clustering)는 전형적인 비지도학습(Unsupervised Learning) 작업 중 하나로 레이블이 없는 데이터를 유사한 특성을 기반으로 그룹화하는 작업이다. 서로 유사한 데이터끼리 묶어 같은 군집으로 구성한다. 데이터 간의 유사성을 기반으로 비슷한 특성을 가진 데이터들을 묶어 주요 목적이나 유형에 따라 그룹화한다. 예를 들어, 어떤 블로그에 방문하는 방문자들을 성별, 날짜, 연령대, 게시글 유형 등으로 그룹화할 수 있다.

시각화(Visualization)와 차원축소(Dimensionality Reduction)에서 시각화(Visualization)는 레이블이 없는 다차원 특성을 가진 데이터셋을 2D 또는 3D

* Sameh Amin, "Machine Learning tutorials-Part 2-Types of Machine Learning (Supervised vs Unsupervised)," Medium, 2019.04.19., https://medium.com/@sameh.m.amin/machine-learning-tutorials-part-2-types-of-machine-learning-supervised-vs-unsupervised-9d00cdf3a4bd

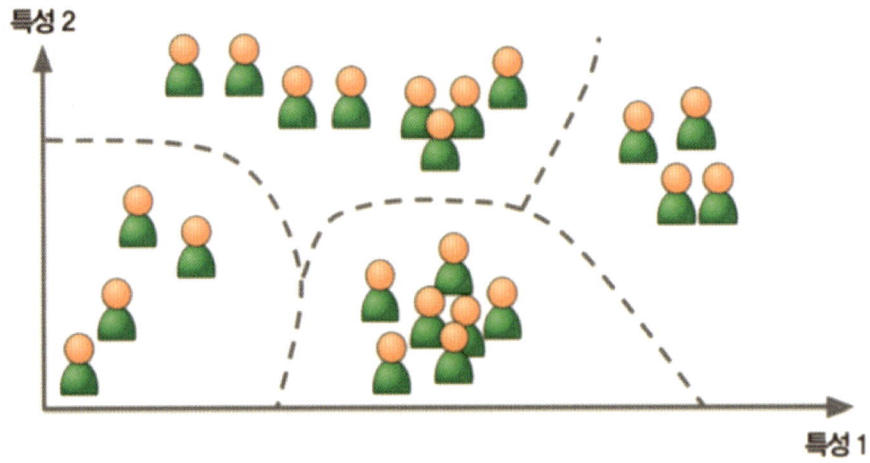

군집(Clustering)을 통한 블로그 방문자들의 그룹화(출처: Medium)*

로 표현하는 것이다. 이때, 시각화를 위해서는 데이터 특성을 두 가지로 줄여야 한다. 시각화된 데이터는 구성 패턴을 통해 어떻게 조직되어 있는지 이해할 수 있게 되고 이상치 패턴들을 발견하여 잘못된 정보를 분석할 수 있게 된다. 차원축소(Dimensionality Reduction)는 고차원 데이터를 저차원으로 압축하는 작업이다. 데이터의 특성 수를 줄이는 것으로 상관관계가 있는 여러 특성을 하나로 합치는 과정이다. 예를 들어, 시각화와 차원축소를 나타내는 그림에서 승용차와 트럭은 자동차라는 같은 개체로 합칠 수 있다. 차원축소(Dimensionality Reduction)를 통해 머신러닝 알고리즘의 성능을 향상할 수 있고, 훈련 실행 속도가 빨라지는 등 메모리 사용 공간이 줄어드는 장점도 있다. 시각화(Visualization)와 차원축소(Dimensionality Reduction)는 주성분 분석(Principal Component Analysis, PCA), 커널 주성분 분석(Kernel-PCA) 등이 있다. 주성분 분석(PCA)은 가장 널리 사용되는 차원 축소(Dimensionality Reduction)

---

* Sameh Amin, "Machine Learning tutorials-Part 2-Types of Machine Learning (Supervised vs Unsupervised)," Medium, 2019.04.19., https://medium.com/@sameh.m.amin/machine-learning-tutorials-part-2-types-of-machine-learning-supervised-vs-unsupervised-9d00cdf3a4bd

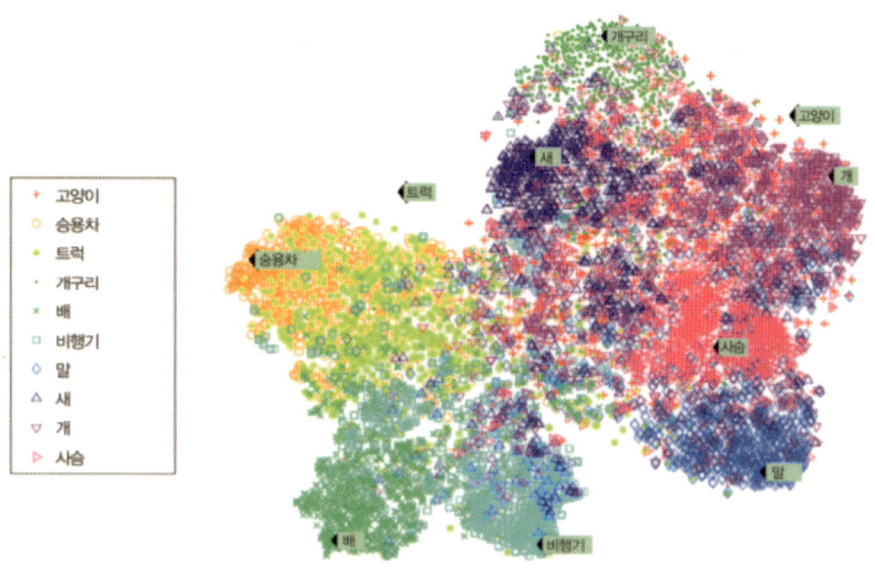

시각화(Visualization)와 차원축소(Dimensionality Reduction)(출처: Medium)*

기법 중 하나로 원 데이터의 분포를 최대한 보존하면서 고차원 공간의 데이터들을 저차원 공간으로 변환한다. 커널 주성분 분석(Kernel-PCA)에서 커널(Kernel) 기법은 비선형 함수인 커널 함수를 이용하여 비선형 데이터를 고차원 공간으로 매핑하는 기술이다. 이를 주성분 분석(PCA)에 수행하면 데이터 분포를 분류할 수 있는 결정 공간을 찾을 수 있게 된다. 즉, 일반 주성분 분석(PCA)은 데이터가 선형적으로 분석할 수 있다고 가정하기 때문에 비선형 데이터를 완벽하게 추출할 수 없다.

생성(Generation)은 새로운 데이터를 생성하는 작업으로 주어진 데이터를 기반으로 새로운 데이터를 생성하는 것이 목표이다. 여기서 새로운 데이터는 텍스트, 이미지, 또는 음성에 따라 텍스트 생성, 이미지 생성, 음성 합성으로 나타낼 수 있다. 텍스트 생성은 주어진 문장으로부터 새로운 문장을 생성하

* Sameh Amin, "Machine Learning tutorials-Part 2-Types of Machine Learning (Supervised vs Unsupervised)," Medium, 2019.04.19., https://medium.com/@sameh.m.amin/machine-learning-tutorials-part-2-types-of-machine-learning-supervised-vs-unsupervised-9d00cdf3a4bd

는 자연어 처리에 해당한다. 이미지 생성은 주어진 이미지로부터 새로운 이미지를 생성하는 컴퓨터 비전에 해당한다. 음성 합성은 주어진 음성 데이터로부터 새로운 음성을 생성하는 음성 인식에 해당한다.

시계열 예측(Time Series Prediction)은 시간에 따라 변화하는 데이터의 패턴을 파악하고 미래값을 예측하는 작업이다. 시계열 데이터란 시간의 흐름에 따라 순차적으로 기록된 데이터를 가리킨다. 시계열 예측(Time Series Prediction)의 예로는 경제 지표를 예측하거나, 어떤 상품의 수요를 예측하는 문제 등이 있을 수 있다. 특히, 시계열 예측(Time Series Prediction)은 예측된 결과를 바탕으로 여러 정책이나 비즈니스 전략을 결정하는 과정에 활용되기 때문에 중요하게 여겨지고 있다. 하지만 시계열 예측(Time Series Prediction)은 다음과 같은 측면에서 예측의 어려움이 있다.

첫째, 예측값은 완벽할 수 없으며, 항상 변동의 가능성을 내포하고 있다. 그래서 시계열 예측(Time Series Prediction)에 있어 불확실성(Uncertainty)이 고려되어야 한다. 다시 말해서, 예측값에 대해 적합한 확률 분포 모델(Probability Distribution)이 고려되어야 한다. 단순히 어떤 값을 제공하기 보다는 그 예측값의 불확실성(또는 신뢰도)에 대해 정량적인 평가와 함께 고려되어야 예측 모델로써 더욱 가치가 있다.

둘째, 시계열 데이터에 숨겨진 여러 형태의 패턴을 찾아 학습하는 문제이다. 대부분의 시계열 데이터에는 여러 가지 패턴들이 복잡하게 얽혀 있고, 데이터의 양이 불충분할 수 있다. 또한 노이즈, 아웃라이어 데이터로 인해 패턴을 구분하여 찾는 것이 어려울 수 있다.

셋째, 다변량 시계열 데이터(Multiple Time-Series)를 다뤄야 하는 경우가 많아지고 있다. 순차적으로 관찰된 수많은 변수들에 대하여 그들 간의 상관관계를 학습할 수 있어야 한다. 예를 들어, 어떤 상품의 수요가 다른 상품들의 수요 변화에 영향을 받거나, 어떤 지역의 택시 수요가 다른 지역의 택시 수요와 일정한 시간 차이를 두고 상관관계를 보일 수 있다. 이러한 변수들은 수백에서 많게는 수백만에 이를 수 있으므로 이를 효율적으로 처리하고 학습할 수 있는 알고리즘이 매우 중요하다. 넷째, 시계열 데이터에는 노이즈 데이터 또는 관찰되지 못한 기간이 종종 존재한다. 데이터를 측정하고 기록하는 과정에서의 오류나 예측하지 못한 상황으로 노이즈 데이터 또는 관찰 못한 기간이 존재할 수 있다.

04 생성형 인공지능(Generative AI)의 시작

인공지능(AI)은 더 고도화되어 마침내 작업 실행자를 넘어 우리에게 영감을 주고 독창적인 결과물을 생성할 수 있는 창의성을 갖추게 되었다. 앞서 살펴본 '4) 작업 유형에 따른 분류'에서 생성(Generation) 방식의 과거 데이터를 기반으로 새로운 데이터를 생성하거나 생성된 데이터를 조작하는 시스템을 생성형 AI(Generative AI)라고 한다. 다시 말해서, 생성형 AI(Generative AI)란 기계(컴퓨터)가 인공지능(AI) 기술을 통해 이미지, 음성, 텍스트와 같은 새로운 콘텐츠를 생성하거나 다양한 작업을 수행하는 것을 말한다.

최근 생성형 AI(Generative AI)가 급속히 발전하면서 전 세계적으로 많은 관심을 받고 있다. 생성형 AI(Generative AI)의 역사는 인공지능(AI) 연구의 초기로 거슬러 올라간다. 1950년대에 컴퓨터를 사용하여 창의적인 콘텐츠를 생성할 가능성을 탐구하기 시작했으며, 최초의 성공적인 생성형 AI(Generative AI)는 1957년 다트머스 썸머 리서치 프로젝트(Dartmouth Summer Research Project)였다. 여기서는 간단한 스토리를 생성할 수 있는 프로그램을 개발하였다.

1960년대에도 생성형 AI(Generative AI) 연구는 계속 진행되었다. 1966년, 존 맥칸시(John McCarthy)는 리습(Lisp) 프로그래밍 언어를 개발하였고, 이 언어는 현재도 여전히 생성형 AI(Generative AI) 연구에 사용된다. 하지만, 당시에는 복잡한 알고리즘을 처리하기에 컴퓨터의 성능이 너무 떨어진다는 문제점이 있었다. 그렇게 초기 컴퓨터의 하드웨어적인 한계를 극복하기 위해 상당한 시간이 걸렸다.

1980년대 컴퓨터의 성능이 획기적으로 좋아지면서 생성형 AI(Generative AI) 연구가 다시 활기를 띠기 시작했다. 특히, 1987년에 제프리 힌튼(Geoffrey Hinton)은 이미지를 생성하는 데 사용할 수 있는 신경망인 볼즈만(Boltzmann) 기계를 개발하였다. 이 알고리즘은 기계가 서로 다른 물체를 식별하고 분류하는 법을 학습하는 패턴 인식에 사용되었다. 여기서 학습과 패턴인식은 생성형 AI(Generative AI)의 기반이기 때문에 볼즈만(Boltzmann) 기계는 사실상 최초의 생성형 AI(Generative AI)라고 불리기도 한다.

1990년대에는 새로운 알고리즘을 개발하고, 기존 알고리즘을 개선하면서 생성형 AI(Generative AI)가 더욱 발전하였다. 1995년에 요수아 벤지오(Yoshua Bengio)는 볼즈만(Boltzmann) 기계를 개선하여 '제한된 볼즈만(Boltzmann) 기계'라는 더 강력한 알고리즘을 개발하였다. 순환 신경망(Recurrent Neural Network, RNN)이라는 새로운 생성형 AI(Generative AI) 알고리즘도 개발되었다. 이 알고리즘은 텍스트와 음성을 생성하는 데 유용한 순서대로 데이터를 분석할 수 있다.

2000년대에는 데이터로부터 학습하기 위해 인공신경망을 사용하는 머신러닝(Machine Learning)의 한 분야인 딥러닝(Deep Learning)이 급부상하였다. 딥러닝(Deep Learning)은 더 복잡하고 사실적인 콘텐츠를 생성할 수 있게 함으로써 생성형 AI(Generative AI)에 혁명을 일으켰다. 2012년 일리야 수츠케버(Ilya Sutskever)와 제프리 힌튼(Geoffrey Hinton)은 사실적인 이미지를 생성하는 데 사용할 수 있는 일종의 딥러닝 알고리즘인 생성적 대립 신경망(Generative Adversarial Network, GAN)[1]을 개발하였다. 최근 몇 년 동안 생성형 AI(Generative

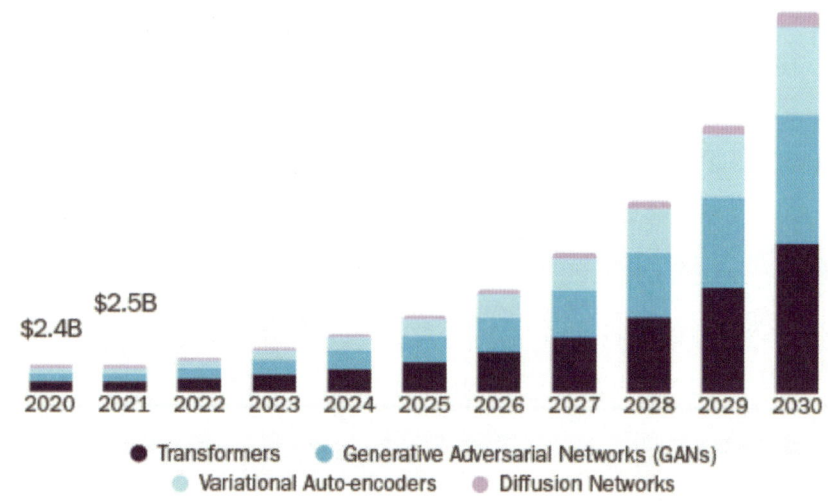

미국의 생성형 AI(Generative AI) 시장의 성장 예측(출처: 그랜드뷰리서치(Grandview Research), 2022)

AI)는 이미지 및 음악 생성 영역에서 큰 발전을 이루었는데 그 중심에는 생성적 적대 신경망 모델이 있다.

생성형 AI(Generative AI)는 대량의 데이터를 분석한 다음 해당 데이터를 기반으로 새로운 콘텐츠를 생성하는 방식으로 작동한다. 여기서 흥미로운 점은 이전에 존재하지 않았던 것을 만들 수 있다는 것이다. 즉, 완전히 새로운 이미지, 음악, 이야기 등을 만들 수 있다. 시장조사 기관인 그랜드뷰리서치(Grandview Research)는 생성형 AI 시장이 2030년까지 매년 34.4%씩 성장할 것으로 예상하였다 (Grandview Research, 2022). 또한, 이 기술은 금융, 의료, 자동차 및 운송, 정보기술, 통신, 미디어 및 엔터테인먼트를 포함한 다양한 산업 분야에서 가치가 있다고 말한다.

생각해보기!

1. 인공지능(AI)이란 무엇인가? 각자가 생각하는 인공지능(AI)이 무엇이고, 우리의 일상생활에서 인공지능이 어떻게 활용되고 있는지 논의해보자

2. 인공지능의 역사에 따라 인공지능이 어떻게 발전해 왔는지 이해한다. 인공지능의 발전 과정 중 가장 의미 있는 사건은 무엇인지에 대하여 논의해보자

3. 인공지능의 유형 분류에서 학습 방식에 따른 분류(i.e., 지도학습, 비지도학습, 강화학습)의 의미와 그 사례를 생각해보자

PART 2.
인공지능(AI) 기술

Preview

PART 2에서는 인공지능(AI)의 기술적 범주와 기술의 핵심 원리를 이해한다. 더불어, 인공지능(AI)이 기술적으로 어떻게 작동하는지 그 원리를 학습하고, 자연어, 이미지 및 음성의 다차원 정보 처리의 방법과 응용에 대하여 논의한다.

1장. 인공지능(AI)의 기술 및 처리

01 인공지능(AI)의 기술적 범주

인공지능(Artificial Intelligence, AI) 분야의 기술적 범주를 정리하면 아래 그림과 같다. 가장 큰 기술 분야는 인공지능(AI)이며, 그 안에 머신러닝(Machine learning) 및 딥러닝(Deep learning), 그리고 생성형 AI(Generative AI)가 포함된다. 인공지능(AI)은 인간의 학습 능력과 추론 능력, 지각 능력 등을 컴퓨터 프로그램으로 실현한 기술을 말하며 그 연구 분야 중 하나가 머신러닝(Machine Learning)이다. 머신러닝(Machine Learning)은 인공지능(AI)을 구현하는 대표적인 기계학습 방법으로 사람이 프로그래밍할 필요 없이 컴퓨터가 대량의 데이터를 접했을 때 스스로 규칙을 학습할 수 있도록 알고리즘을 만드는 것이다. 딥러닝(Deep Learning)은 뇌 신경망을 모방하여 데이터를 계층적으로 학습한 패턴을 기반으로 추론할 수 있도록 하는 기술이다. 즉, 컴퓨터에 인간의 두뇌가 있는 것처럼 기술을 통해 스스로 학습하는 것이 가능한 것을 말한다. 생성형 AI(Generative AI)는 이용자의 특정 요구에 따라 결과를 새롭게 생성해 내는 인공지능(AI)의 한 분야이다. 생성형 AI(Generative AI)에서는 대형언어모델(Large Language Model, LLM), 변이형 오토인코더(Variational Autoencoder, VAE), 그리고 생성적 대립 신경망(Generative Adversarial Network, GAN)이 주요 기술로 사용된다.

인공 지능 - Artificial Intelligence
인간의 지능을 따라하여 그 능력들을 컴퓨터나 기계가 할 수 있도록 만드는 기술

머신러닝 - Machine Learning
명시적 규칙 없이 컴퓨터가 데이터를 기반으로 학습하고 데이터에서 찾은 패턴을 기반으로 추론할 수 있도록 하는 기술

딥러닝 - Deep Learning
인간의 뇌 신경망을 따라하여 데이터를 계층적으로 학습한 패턴을 기반으로 추론할 수 있도록 하는 기술

생성형 AI - Generative AI
이용자의 특정 요구에 따라 결과를 생성해 내는 인공지능
LLM   GAN   VAE

인공지능(AI)의 기술적 범주(출처: 윤상혁, 양지훈(2021), 「AI와 데이터 분석」)

　　머신러닝(Machine Learning)과 딥러닝(Deep Learning)의 관계에 있어서 머신러닝(Machine Learning)보다 딥러닝(Deep Learning)의 근간인 신경망(Neural Network)이 먼저 생겨났기 때문에 둘의 포함관계에 대한 논란의 여지는 있다. 인공지능(AI)과 패턴인식(Pattern Recognition)이 가장 먼저 나온 키워드이고, 신경망의 근원인 퍼셉트론(Perceptron)과 신경망이 등장한 후 머신러닝(Machine Learning)이 등장한 것이다. 그래서 구체적으로 분류하자면, 전통적인 머신러닝(Machine Learning)의 컴퓨터비전(영상처리)과 같이 딥러닝(Deep Learning)을 구분하기도 한다. 즉, 머신러닝(Machine Learning)은 신경망 기반이 아닌 해석이 가능한 수학적 모델을 기반으로 분류(Classification), 회귀(Regression), 군집(Clustering) 등의 문제를 풀어가는 알고리즘으로 나타낼 수 있다.

　　머신러닝(Machine Learning)과 딥러닝(Deep Learning) 모두 데이터를 분류하는 데 사용하는 기술이지만 가장 큰 차이는 사람의 개입 여부이다. 머신러닝(Machine Learning)은 주어진 데이터를 사람이 먼저 처리한다. 사람이 먼저 컴

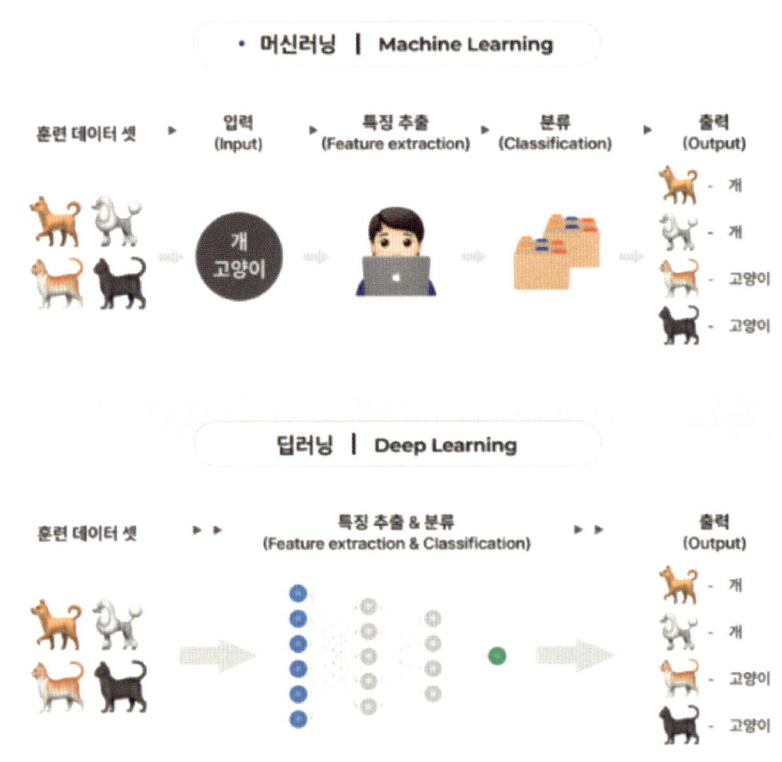

머신러닝(Machine Learning)과 딥러닝(Deep Learning)의 차이(출처: 코드스테이츠 블로그)*

퓨터에 특정 패턴을 추출하는 방법을 지시하고, 그 이후 컴퓨터가 스스로 데이터의 특징을 분석하고 축적함으로써 문제를 해결할 수 있는 것이다. 반면에 딥러닝(Deep Learning)은 머신러닝(Machine Learning)에서 사람이 하던 패턴 추출 작업이 생략된다. 컴퓨터에게 정해진 신경망을 전달함으로써 컴퓨터가 스스로 데이터를 기반으로 학습을 수행하고 문제를 해결할 수 있다.

머신러닝(Machine Learning) 과정에서 어떻게 패턴을 추출할 것인지를 정하는 것을 모델을 정했다고 표현한다. 여기서 어떤 모델을 활용할지에 따라 계

---

* 코드스테이츠 블로그, "인공지능, 머신러닝, 딥러닝 차이점은? 개념부터 차이점까지 총 정리," 2022.07.11, https://www.codestates.com/blog/content/%EB%A8%B8%EC%8B%A0%EB%9F%AC%EB%8B%9D-%EB%94%A5%EB%9F%AC%EB%8B%9D%EA%B0%9C%EB%85%90

산하는 방법도 다양해진다. 딥러닝(Deep Learning)에서도 특정 신경망 구조를 모델이라고 표현하며 최적의 딥러닝 모델 구조를 찾아주는 방법도 있다. 그 중 대표적인 것은 모델링을 자동으로 하는 신경망 아키텍처 검색(Neural Architecture Search, NAS)이 있다.

생성형 AI(Generative AI)는 텍스트, 이미지, 음성 등의 콘텐츠를 활용하여 새로운 콘텐츠를 만들어내는 인공지능 기술이다. 생성형 AI(Generative AI)는 콘텐츠의 패턴을 학습하여 추론 결과로 새로운 콘텐츠를 만들어내는 것을 넘어 콘텐츠 생성자와 만들어진 콘텐츠를 평가하는 판별자가 계속 대립하고 경쟁하며 새로운 콘텐츠를 생성해내는 생성적 대립 신경망(Generative Adversarial Network, GAN) 모델을 사용한 기술이 대표적이다. 생성형 AI(Generative AI) 기술에는 기계학습 모델 중 생성 방식이 사용되며, 대표적인 생성 모델로는 대형언어모델(Large Language Model, LLM), 변이형 오토인코더(Variational Autoencoder, VAE), 그리고 생성적 대립 신경망(Generative Adversarial Network, GAN)이 있다. 대형언어모델(LLM)은 대규모 텍스트 데이터에서 학습되는 인공지능 모델로, 텍스트 생성과 이해를 위한 강력한 능력을 가지고 있다. 생성적 대립 신경망(GAN)은 두 개의 신경망인 생성자(Generator)와 판별자(Discriminator)를 경쟁시켜 데이터를 생성하고 평가한다. 변이형 오토인코더(VAE)는 주어진 데이터의 잠재 표현을 학습하고 이를 사용하여 새로운 데이터를 생성한다.

02 인공지능(AI)의 핵심

1) 인공신경망(Artificial Neural Network, ANN)

인간의 두뇌에는 계산을 수행하는 약 1,000억 개의 신경세포가 있으며, 이들은 다른 신경세포와 연결되어 있다. 이러한 신경세포들을 연결하는 연결점인 시냅스(Synapse)는 수백 조개가 존재한다. 이러한 신경망(Neural Network)을 모방한 기법으로 인공지능(AI)을 구축하자는 연구 철학을 연결주의라고 한다.

1956년 인공지능(AI)이라는 용어가 사용되기 시작하고, 1958년 인간의 두뇌 구조를 본뜬 인공신경망(Artificial Neural Network, ANN) 모델도 함께 등장했다. 인공신경망(ANN)이란 인간의 생물학적 신경 네트워크를 모방하여 동일한 방식으로 문제를 해결하는 수학적 방법을 말한다. 즉, 인공신경망(ANN)은 입력과 출력을 연결하는 함수라고 볼 수 있다. 생물학적 신경세포와 단위 신경세포의 기능을 모형화하면 아래 그림과 같다.

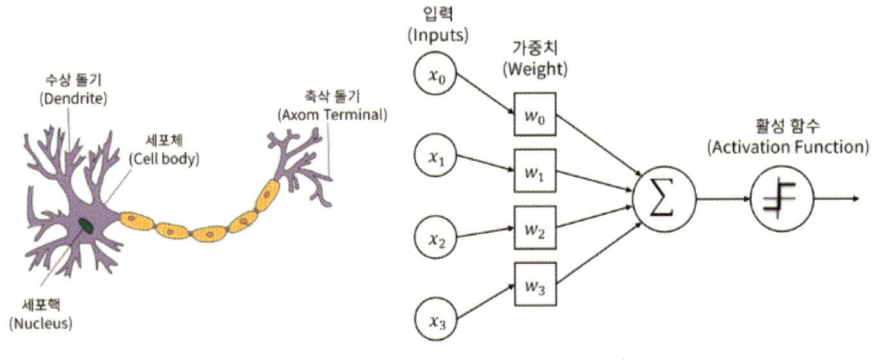

생물학적 신경세포와 이를 모델링한 뉴런(Neuron)(출처: 전자통신동향분석)*

인공신경망(ANN)은 입력층(Input Layer), 은닉층(Hidden Layer) 그리고 출력층(Output Layer)으로 구성되며, 각 층은 여러 개의 노드(뉴런)로 구성된다. 신경망의 핵심은 각 뉴런 사이의 가중치와 활성화 함수(Activation Function)를 통

* 이대식, 안창근, 김봉규, 표현봉, 김진태, 허철, 김승환(2019), "지능형 후각센서," 전자통신동향분석, 34(4), https://ettrends.etri.re.kr/ettrends/178/0905178008/34-4_76-88.pdf

해 입력 데이터를 처리하고 출력을 생성하는 것이다. 인공신경망의 노드(뉴런)는 생물학적 뉴런의 동작 원리를 모델링한 단위이다. 각 노드(뉴런)는 여러 개의 입력을 받을 수 있으며 각 입력에는 가중치가 곱해진다. 가중치는 학습 과정에서 조정되며 각 노드(뉴런)마다 다른 가중치 값을 가질 수 있다. 활성화 함수(Activation Function)는 노드(뉴런)의 출력을 조절하는 함수로 인공신경망(ANN)의 표현력을 높여준다.

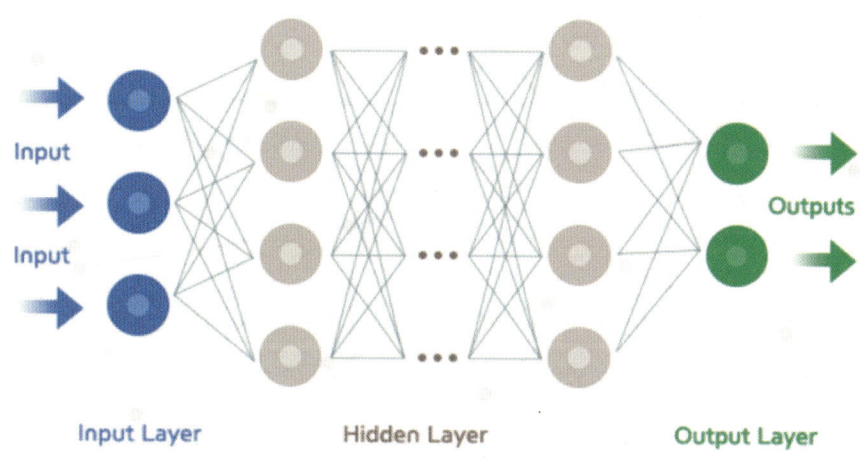

계층적 구조를 갖는 인경신경망(ANN)의 노드들(출처: HMG 저널)*

인공신경망(ANN)은 노드들을 연결한 망 구조를 가지며 이는 계층적 구조를 갖는 전형적인 인공신경망(ANN)을 나타낸다. 입력층(Input layer)의 노드에 주어진 입력 정보는 망 안쪽의 은닉층(Hidden Layer)을 구성하는 노드로 전달된다. 은닉층(Hidden Layer)이란 이름은 이 층에 있는 노드들의 입출력을 망 밖에서는 볼 수 없기 때문에 붙여진 이름이다. 은닉층(Hidden Layer)의 노드들은

* HMG 저널, "자율주행의 미래, 딥러닝은 어떤 역할을 할까?", 2018.05.16., https://post.naver.com/viewer/postView.nhn?volumeNo=15680327&memberNo=10759501

주어진 정보를 처리하여 다음 계층의 노드로 전파한다. 출력층(Output Layer)의 출력은 신경망의 출력이 된다. 이렇게 입력층(Input Layer)에서부터 출력층(Output Layer)으로 정보가 전달되는 현상을 순방향 전파라고 한다.

> **여기서 잠깐!**
> - 입력층(Input layer)이란 모델의 입력 데이터를 받는 첫 번째 계층이다. 입력층(Input Layer)의 뉴런 개수는 입력 데이터의 특성 개수와 일치하며, 각 뉴런은 하나의 특성을 나타낸다.
> - 은닉층(Hidden Layer)이란 입력층(Input Layer)과 출력층(Output layer) 사이에 위치한 중간 계층으로, 모델의 복잡성과 표현력을 결정한다. 딥러닝이 강력한 이유는 여러 개의 은닉층(Hidden Layer)을 가질 수 있기 때문이다.
> - 출력층(Output Layer)이란 모델의 최종 출력을 생성하는 계층이다. 출력층(Output Layer)의 뉴런 개수는 문제의 종류에 따라 다르며 분류 문제인 경우 클래스 개수에 해당하는 뉴런을 가진다.
> - 활성화 함수란 뉴런의 입력 합을 적절한 형태로 변환하는 함수로 주로 비선형 함수가 사용된다. 대표적인 활성화 함수로는 시그모이드(Sigmoid), 렐루(Rectified Linear Unit, ReLU), 소프트맥스(Softmax) 등이 있다.

최초의 인공신경망(ANN) 모델은 1943년 워렌 맥콜로치(Warren Mcculloch)와 월터 피츠(Walter Pitts)에 의해 제안되었으며, 1958년 프랑크 로젠블라트(Frank Rosenblatt)에 의해 퍼셉트론(Perceptron)이라는 알고리즘 모델을 개발하여 뉴런 기능과 유사한 기능을 구현한다. 퍼셉트론(Perceptron)은 간단한 가중치 수정규칙으로 이진 분류기 학습이 가능하다는 것을 입증했다.

하지만, 초기의 퍼셉트론(Perceptron)에서 큰 약점이 발견되었다. 단층 신경망은 선형 분류만 가능하다는 것이었다. 당시는 다층 신경망을 구성하여 비선형 분류를 하는 학습 방법이 알려지지 않았다. 그래서 초기의 퍼셉트론(Perceptron)으로는 풀 수 없는 많은 문제점이 있었기에 점차 많은 사람들의 기억에서 사라졌다. 대신에 초창기 인공지능은 규칙을 기반으로 한 모델이 발전한다. 규칙기반이란 인간이 정해준 규칙에 따라 움직일 뿐이며 해석하거나 진실을 예측하는 능력이 없는 것을 말한다. 1980년대, 기계학습의 알고리즘을 활용하면서 사람이 규칙을 입력하지 않으며 컴퓨터가 데이터베이스에서 스스로 규칙을 찾아낸다. 나아가 사람이 찾아내지 못하는 규칙도 컴퓨터가 학습을 통해 찾아낸다.

2) 딥러닝(Deep Learning)

2012년 토론토대학교의 제프리 힌튼(Geoffrey Hinton) 교수팀이 인공지능(AI)의 새로운 이름인 딥러닝(Deep learning)이라는 기술을 개발해 낸다. 딥러닝(Deep Learning)은 다른 말로 '심층 신경망(Deep Neural Network, DNN)'이라고 하며, 이는 인공신경망(ANN)을 한 단계 발전시킨 것이라고 할 수 있다. 인공신경망(ANN)의 각 층들을 먼저 비지도학습(Unsupervised Learning) 방법을 통해 잘 정리하고, 이렇게 전처리한 데이터를 여러 층으로 쌓아올려 인공신경망(ANN) 최적화를 수행하면 함정에 빠지지 않을 수 있다는 내용이었다. 이때 제프리 힌튼(Geoffrey Hinton)이 사용한 방법은 컨볼루션 신경망(Convolutional Neural Network, CNN)으로, 딥러닝(Deep Learning)의 대표적인 알고리즘으로 자리 잡게 된다.

> **여기서 잠깐!**
> - 컨볼루션 신경망(CNN)은 합성곱신경으로 불리며 주로 시각적 이미지 분석에 사용되며 딥러닝에서 가장 많이 사용되고 있는 알고리즘이다.

딥러닝(Deep Learning)은 '깊다'라는 의미의 'deep'과 '학습'이라는 의미의 'learning'을 합성한 말로 '깊게 학습한다'라는 것을 나타낸다. 이러한 딥러닝(Deep Learning)은 머신러닝(Machine Learning)의 기술 중 하나로 머신러닝(Machine Learning)과 마찬가지로 데이터에서 규칙을 학습하는데, 데이터를 여러 단계에 걸쳐 학습하는 것을 의미한다.

신경망은 사진 또는 오디오와 같은 관찰 데이터를 이해하기 위해 상호 연결된 노드 계층을 통해 데이터를 전달한다. 정보가 계층을 통과하면 해당 계층의 각 노드는 데이터에 대해 간단한 작업을 수행하고 결과를 선택적으로 다른 노드에 전달한다. 각 후속 계층은 네트워크에서 출력을 만들 때까지 마지막 계층보다 더 높은 수준의 기능에 중점을 둔다. 입력층(Input Layer)과 출력층(Out Layer) 사이에 숨겨진 계층의 은닉층(Hidden Layer)이 바로 신경망과 딥러닝의 차이점이다. 기본 신경망에는 은닉층이 1~2개가 있는 반면, 딥러닝(Deep Learning) 네트워크에는 수십 또는 수백 개의 계층이 있을 수 있다. 즉, 딥러닝(Deep Learning)은 여러 개의 신경망, 은닉층(hidden layer)을 활용하여 심층신경망(Deep Neural Network)을 활용하는 방식을 말한다.

딥러닝(Deep Learning)의 작동 원리는 인공 뉴런을 만들어 각각의 뉴런이 원하는 출력 값이 되도록 가중치를 조정하는 역할을 한다. 입력 데이터를 넣고 인공 뉴런을 조절하면서 결과물을 확인한 후 다시 조금씩 가중치를 조정하여 원하는 결과와 최대한 비슷하게 나오도록 조절한다. 이러한 방법은 인간의 뉴런이 정보의 강도에 따라 의식으로 나타나는 것과 흡사하다.

인공신경망(ANN)은 딥러닝(Deep Learning)의 기본 구성 요소로서 복잡한 문제를 해결하는 데 큰 도움을 주고 있다. 이를 통해 딥러닝(Deep Learning) 모델은 높은 수준의 특징 추출과 패턴인식을 수행하여 이미지, 음성, 텍스트 등 다양한 데이터를 처리하고 인식할 수 있다. 또한, 딥러닝(Deep Learning)은 역전파(Backpropagation)와 같은 학습 알고리즘을 통해 데이터로부터 스스로 학습하고, 문제를 해결하는 데 필요한 최적의 가중치를 자동으로 학습할 수 있다.

여기서 잠깐!

- 역전파(Backpropagation) 알고리즘은 다층(Multilayer), 순행 공급(Feedforwaed) 신경망에서 사용되는 학습 알고리즘으로 학습 방법은 지도학습(Supervised Learning)이다.

딥러닝(Deep Learning)에서 CPU(Central Processing Unit)는 컴퓨터의 중앙 처리 장치로 다양한 작업을 수행하는 데 사용된다. 여기에서는 모델의 전반적인 흐름을 제어하고 데이터를 로드하고 전처리하는 역할을 수행한다. 하지만 반복적인 단순 계산은 보조적 전자회로인 GPU(Graphics Processing Unit)를 이용한다. GPU는 여러 개의 계산 소자를 병렬적으로 연결하여 계산 속도가 빠르다. 딥러닝(Deep Learning)에서는 많은 수의 병렬 연산이 요구되는 모델의 학습과 추론에 적합하며, 대량의 데이터를 빠르게 처리할 수 있다.

딥러닝(Deep Learning) 모델은 최적의 예측 결과를 얻기 위하여 가중치 업데이트, 가중치 초기화, 과적합 방지와 같은 기법을 사용한다. 이러한 기법들은 모델의 학습 과정을 최적화하고 성능을 향상시킨다. 이러한 딥러닝(Deep

Learning)을 가능하게 한 것은 빅데이터와 강력한 컴퓨팅 능력이 큰 역할을 하였다. 대규모 데이터셋과 강력한 하드웨어 자원을 활용하여 더 복잡하고 효과적인 모델을 구축하고 학습할 수 있게 된 것이다.

딥러닝(Deep Learning)에서 많이 사용되는 신경망에는 컨볼루션 신경망(Convolutional Neural Network, CNN)과 순환신경망(Recurrent Neural Network, RNN)이 있다. 컨볼루션 신경망(CNN)은 데이터(동영상, 이미지 등)의 특징을 추출하여 특징들의 패턴을 파악하는 구조로 이미지 처리와 컴퓨터 비전 분야에서 주로 사용되는 딥러닝 구조이다. 컨볼루션 신경망(CNN)은 이미지를 인식하기 위해 패턴을 찾는 데 유용하다. 데이터를 통해 특징을 스스로 학습하고, 패턴을 사용하여 이미지를 분류하고 특징을 수동으로 추출할 필요가 없다. 또한, 기존 네트워크를 바탕으로 새로운 인식 작업을 위해 컨볼루션 신경망(CNN)을 재학습하여 사용하는 것이 가능하다. 이러한 컨볼루션 신경망(CNN)은 이미지 인식이 주로 사용되는 휴대폰 잠금해제 인식이나 자율주행차와 같은 분야에서 많이 사용된다.

컨볼루션 신경망(CNN)은 다른 신경망과 마찬가지로 입력층, 출력층 및 두 계층 사이의 여러 은닉층으로 구성된다. 각 계층은 해당 데이터만이 갖는 특징을 학습하기 위해 데이터를 변경하는 계산을 수행한다. 가장 자주 사용되는 계층으로는 컨볼루션(Convolution), 활성화/ReLU(Rectified Linear Unit), 풀링(Pooling)이 있다. 컨볼루션(Convolution)은 데이터의 특징을 추출하는 과정으로 데이터에 각 성분의 인접 성분들을 조사해 특징을 파악하고 파악한 특징을 한 장으로 도출시키는 과정이다. 여기서 도출된 장을 컨볼루션 층(Convolution Layer)이라고 한다. 이 과정은 하나의 압축 과정이며 파라미터의 개수를 효과적으로 줄여주는 역할을 한다. ReLU(Rectified Linear Unit)는 음수 값을 0에 매핑하고 양수 값을 유지하여 더 빠르고 효과적인 학습을 가능하게 한다. 이때 활성화된 특징만 다음 계층으로 전달되기 때문에 이 과정을 활성화라 부르기도 한다. 풀링(Pooling)은 컨벌루션(Convolution) 과정을 거친 레이어의 사이즈를 줄여주는 과정이다. 단순히 데이터의 사이즈를 줄여주고, 노이즈를 상쇄시켜 미세한 부분에서 일관적인 특징을 제공한다. 이러한 작업이 수십 개 또는 수백 개의 계층에서 반복되어 각 계층이 여러 특징을 검출하는 방법을 학습하게 된다. 즉, 컨볼루션 신경망(CNN)은 컨볼루션 층(Convolution Layer)과 풀링 층(Pooling Layer)을 복합적으로 구성하여 알고리즘을 만든다. 이러한 컨볼루션 신경망(CNN)은 보통 정보 추출, 문장 분류, 얼굴 인식 등의 분야에서 널리 사용되고 있다.

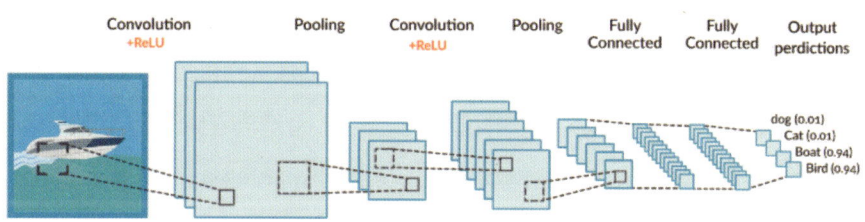

컨볼루션 신경망(CNN)(출처: Medium)*

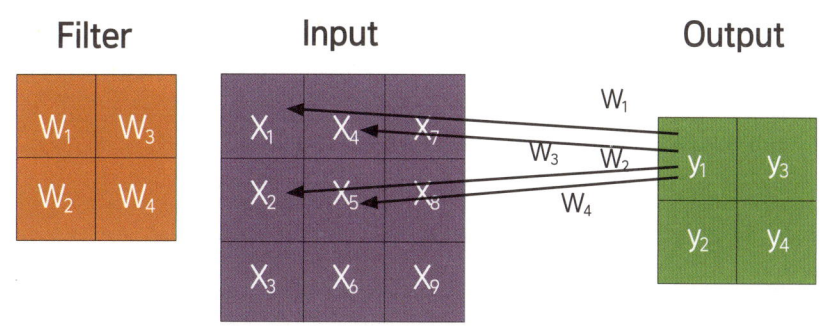

컨볼루션 신경망(CNN)에서 컨볼루션(Convolution)

* DummyKoders(2020), "Face Detection Using MTCNN (Part1)," Media, 2020.07.13., https://medium.com/dummykoders/face-detection-using-mtcnn-part-1-c35c4ad9c542

여기서 잠깐!

- 파라미터(Parameter)는 매개변수로써 어떠한 시스템이나 함수의 특정한 성질을 나타내는 변수를 말한다. 보통 소프트웨어나 시스템상의 작동에 영향을 미치며, 외부로부터 투입되는 데이터라는 의미로 통용되고 있다.

순환신경망(RNN)은 입출력을 순차 단위로 처리하는 시퀀스 모델로 반복적이고 시퀀스 데이터(문장, 음성, 시계열 데이터 등) 학습에 특화된 인공신경망의 한 종류이다. 순환신경망(RNN)이 기존의 뉴럴 네트워크와 다른 점은 '기억'을 가지고 있다는 것으로, 네트워크의 기억은 지금까지의 입력 데이터를 요약한 정보가 된다. 이는 사람이 글을 읽을 때 이전의 단어에 대한 기억을 바탕으로 새로운 단어를 이해하는 시퀀스 처리하는 방식과 비슷하다고 볼 수 있다. 이 과정은 새로운 단어마다 계속해서 반복되기 때문에 순환신경망(RNN)에는 'Recurrent(순환적)'라는 이름이 붙은 것이다.

이러한 순환신경망(RNN)은 순환 구조(Recurrent Structure)를 가지고 있어서 이전 단계의 출력 값을 현재 단계의 입력으로 사용한다. 이러한 순환 구조를 통해 시퀀스 데이터에 대한 정보를 유지하고 이전 정보가 현재 출력에 영향을 미치도록 한다. 따라서, 순환신경망(RNN)은 시퀀스의 길이에 상관없이 가변적인 길이의 입력을 처리하는 데 적합하다. 순환신경망(RNN)은 각 단계에서 은닉 상태(Hidden State)라고 불리는 내부 상태를 가진다. 은닉 상태는 이전 단계의 출력 값을 기반으로 현재 단계의 입력을 처리하고, 현재 단계의 출력과 다음 단계의 은닉 상태를 결정하는 데 사용된다.

3) 역전파(Backpropagation) 알고리즘

신경망 모델에서는 모델이 데이터를 입력받아 층별로 계산을 한 뒤 예측 값을 내놓으며, 여기까지의 과정을 순전파(Forward Propagation)라고 한다. 그 예측과 정답과의 거리를 계산하고 평균을 내 비용을 계산한 뒤, 모델이 더 좋은 예측을 할 수 있는 방향으로 가중치들을 업데이트하는 과정을 역전파(Backpropagation)라고 한다. 이러한 과정을 반복하면서 모델은 점점 더 예측을 잘 할 수 있게 되는데, 이를 학습이라고 한다.

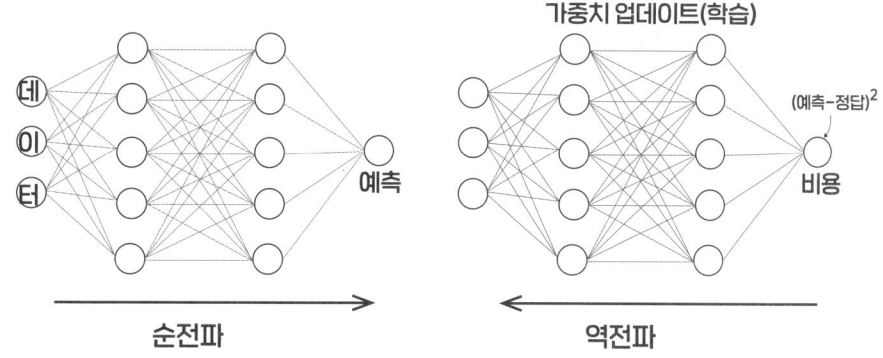

순전파(Forward Propagation)와 역전파(Backpropagation)

순전파 단계에서는 가중치가 고정되어 있으며, 이전 층의 노드(동그라미)와 가중치(연결선)의 가중합을 통해 다음 층의 노드가 계산된다. 이 노드의 값을 엑티베이션이라고 한다. 역전파 단계에서는 계산된 비용을 거꾸로 전파시키는데, 가중치들을 올바른 방향으로 업데이트시키는 것을 목적으로 한다. 올바른 방향이란 비용을 낮추는 방향으로 이는 가중치별 기울기(각 가중치가 변할 때 비용이 변하는 정도) 계산을 통해 알 수 있다. 역전파를 쉽게 설명하자면 마지막 층부터 왼쪽으로 가면서 만나는 가중치들에게 각각 얼마나 비용의 증가에 기여했는지를 따져서 그 반대 방향으로 업데이트시켜준다고 생각하면 된다.

여기서 하나의 데이터에 대한 예측과 정답(실제값)의 거리는 오차라고 하며, 모든 데이터에 대한 오차의 평균을 구하면 비용이 된다.

역전파 알고리즘(Backpropagation Algorithm)은 딥러닝(Deep Learning)에서 인공신경망(ANN)을 학습시키는 데 사용되는 기법 중 하나로서 오차를 역방향으로 전파하여 가중치를 조정하며 학습하는 방법이다. 즉, 역전파 알고리즘(Backpropagation Algorithm)은 인공신경망(ANN)의 가중치를 최적화하여 입력과 출력 사이의 관계를 학습하는 데 사용된다. 역전파 알고리즘(Backpropagation Algorithm)은 순전파(Forward Propagation)-오차 계산-역전파(Backpropagation)-가중치 갱신-반복의 동작 원리로 작동된다.

순전파(Forward Propagation)는 입력층에서 시작하여 은닉층을 거쳐 출력층까지 데이터가 순방향으로 흐르는 과정을 의미한다. 역전파 알고리즘(Backpropagation Algorithm)은 우선 주어진 입력 데이터를 주입하여 순전파(Forward Propagation)를 수행한다. 각 뉴런은 입력과 가중치를 곱한 값을 더하고, 이를 활성화 함수에 적용하여 출력을 생성한다. 이렇게 생성된 출력은 다음 층 뉴런의 입력으로 사용된다. 오차 계산에서는 순전파(Forward Propagation)를 통해 얻은 예측 결과와 실제 타겟 값인 정답 사이의 오차를 계산한다.

역전파(Backpropagation)는 출력층에서 시작하여 은닉층을 거쳐 입력층까지 오차를 역방향으로 전파하며, 각 뉴런의 가중치를 조정하는 단계이다. 각 뉴런의 가중치를 조정하기 위해 경사 하강법(Gradient Descent) 또는 그 변형 알고리즘을 사용하여 오차 함수의 그래디언트(변화율)를 계산하고 가중치를 갱신한다. 여기서는 학습률(learning Rate)이라는 하이퍼파라미터를 사용하여 가중치 갱신의 속도를 제어할 수 있다. 순전파(Forward Propagation), 오차 계산, 역전파(Backpropagation), 가중치 갱신 단계를 반복하여 인공신경망의 학습을 진행한다. 일반적으로 여러 개의 학습 데이터(미니배치)를 사용하여 반복적으로 학습을 수행하며, 일정한 에포크(Epoch) 또는 정지 조건까지 학습을 진행한다.

여기서 잠깐!
- 에포크(Epoch)란 인공신경망에서 전체 데이터에 대하여 순전파와 역전파가 끝난 상태를 말한다.

03 인공지능(AI)의 작동 원리

인공지능(AI)의 작동 원리는 인간의 뇌와 유사한 방식으로 정보를 처리하고 학습하는 컴퓨터 시스템을 개발하는 것을 목표로 한다. 인공지능은 데이터를 입력으로 받아 처리하고, 이를 기반으로 패턴과 특징을 학습하여 문제를 해결하거나 예측하는 데 사용된다. 주요 요소로는 데이터, 알고리즘, 모델, 학습 과정 등이 있다. 다음은 인공지능 작동 원리를 설명한다.

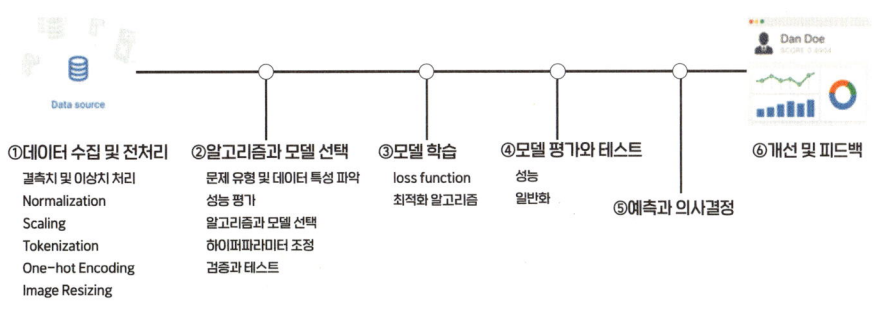

인공지능(AI)의 작동 프로세스

1) 데이터 수집 및 전처리

인공지능(AI)은 데이터를 기반으로 작동하기 때문에, 적절한 데이터를 수집하고 준비해야 한다. 데이터는 입력과 출력(레이블)으로 구성되며, 텍스트, 이미지, 음성 등 다양한 형태가 있다.

수집한 데이터는 모델에 적용 가능한 형태로 가공하는 전처리 과정을 거친다. 전처리 작업에는 결측치 및 이상치(Outlier) 처리, 데이터 정규화(Normalization) 및 스케일링(Scaling), 토큰화(Tokenization), 원-핫 인코딩(One-hot Encoding), 이미지 리사이징 등의 작업이 있다. 결측치 처리에서는 데이터에서 누락된 값이 있을 경우, 이를 제거하거나 대체하여 데이터의 완전성을 보장한다. 이상치 처리에서는 일반적인 데이터 패턴과 동떨어진 값으로, 올바르지 않은 학습을 유발할 수 있는 데이터를 처리하는 작업이다.

데이터 정규화 및 스케일링은 데이터를 특정 범위로 정규화하거나 스케일링하여 모델의 학습을 안정화시킨다. 토큰화(Tokenization)는 자연어 처리에서 텍스트 데이터를 단어나 문장 등으로 나누는 과정을 말한다. 원-핫 인코딩(One-hot Encoding)은 범주형 데이터를 이진 형태로 변환하여 모델이 이해할 수 있도록 한다. 이미지 리사이징은 이미지 데이터의 크기를 일정하게 조정하여 모델이 처리하기 쉽게 한다. 종합적으로 적절하고 신뢰성 있는 데이터 수집과 효과적인 데이터 전처리는 모델의 정확성과 일반화 능력을 향상시키는 데 기여한다.

2) 알고리즘과 모델 선택

알고리즘과 모델은 데이터를 처리하고 학습하는 데 사용되는 수학적인 방법론과 구조를 말한다. 올바른 알고리즘과 모델의 선택은 인공지능 시스템의 성능과 효율성을 결정하는 중요한 요소이므로 주어진 문제와 데이터의 특성에 따라 적절한 방법을 선택할 필요가 있다. 알고리즘과 모델의 선택은 문제 유형 및 데이터 특성 파악, 성능 평가, 알고리즘과 모델 선택, 하이퍼파라미터(Hyperparameter) 조정, 그리고 검증과 테스트의 과정을 거친다.

첫째, 문제 유형 및 데이터 특성 파악에서는 각 문제 유형에 적합한 알고리즘과 모델이 다르기 때문에 문제와 데이터의 종류를 먼저 파악해야 한다. 둘째, 성능 평가에서는 성능 평가 지표를 이용하여 다양한 알고리즘과 모델을 비교하여 어떤 것이 더 우수한 결과를 제공하는지 확인한다. 셋째, 알고리즘과 모델 선택에서는 앞 단계에서의 문제 유형 및 데이터 특성을 기반으로 선정한 알고리즘들의 성능을 파악한 후에 가장 적합한 알고리즘과 모델을 선택한다. 예를 들어, 지도학습과 비지도학습 중 어떤 방법을 선택할지, 딥러닝 모델과 전통적인 머신러닝 모델 중 어떤 것을 사용할지 등을 고려할 수 있다.

넷째, 하이퍼파라미터(Hyperparameter) 조정에서는 선택한 알고리즘과 모델에 존재하는 하이퍼파라미터(Hyperparameter)라는 조절 가능한 매개변수들을 조정하여 모델의 성능을 최적화할 수 있다. 마지막으로, 검증과 테스트에서는 선택한 알고리즘과 모델을 훈련 데이터로 학습시킨 후, 검증 데이터를 사용하여 모델의 성능을 평가한다. 검증 데이터에서의 성능이 만족스러운 경우, 테스트 데이터를 사용하여 모델의 일반화 성능을 확인한다. 여기서 모델의 성능이 만족스럽지 않거나 일반화에 어려움이 있는 경우에는 알고리즘과 모델을 개선하고 최적화하여 성능을 향상시킨다.

3) 모델 학습

모델은 데이터를 기반으로 가중치와 파라미터를 조정하여 문제를 해결하도록 학습한다. 학습은 입력 데이터와 해당 출력(레이블)을 이용하여 모델의 예측과 실제 출력의 차이를 최소화하는 방향으로 진행된다. 손실 함수(loss function)를 정의하여 학습의 성과를 측정하고, 최적화 알고리즘(예: 경사 하강법)을 이용하여 최적의 가중치와 파라미터를 찾는다.

손실 함수(Loss Function)의 선택에서는 모델의 예측값과 실제 출력(레이블) 사이의 차이를 측정하는 손실 함수를 선택한다. 주로 평균 제곱 오차(Mean Squared Error, MSE) 또는 교차 엔트로피(Cross Entropy) 등의 손실 함수가 사용된다. 또한, 최적화 알고리즘에서는 손실 함수를 최소화하도록 가중치와 파라미터를 조정한다. 대표적인 최적화 알고리즘으로는 경사하강법(Gradient Descent)이 있다.

4) 모델 평가와 테스트

학습이 완료되면 모델의 성능과 일반화 능력을 확인한다. 즉, 학습된 모델이 새로운 데이터에 대해 얼마나 정확하게 예측하는지를 평가하고 모델의 성능을 개선하기 위한 정보를 제공한다. 모델을 평가하기 위해서는 모델 학습에 사용하지 않은 다른 데이터(테스트 데이터)를 사용하여 성능을 측정한다. 모델의 성능을 평가하는 지표는 작업에 따라 다를 수 있다.

5) 예측과 의사결정

학습된 모델은 새로운 입력 데이터에 대해 예측(Prediction)을 수행하거나 의사결정(Decision-making)을 내린다. 예측은 인공지능 모델이 주어진 입력 데이터를 기반으로 출력을 예측하는 과정이다. 예측은 다양한 유형의 데이터에 적용될 수 있다. 지도 학습(Supervised Learning)에서는 입력과 해당하는 출력(레이블)이 있는 데이터를 사용하여 모델을 학습시키고, 새로운 입력에 대해 출력을 예측한다. 비지도 학습(Unsupervised Learning)에서는 레이블이 없는 데이터를 사용하여 모델을 학습하고, 새로운 입력에 대해 출력을 생성하거나 유사한 패턴을 찾는다. 강화 학습(Reinforcement Learning)에서는 에이전트가 환경과 상호작용하며 보상과 벌점을 받아가며 학습하고, 다음 행동을 예측한다.

의사결정은 인공지능 모델이 예측 결과를 기반으로 특정한 선택을 내리는 과정이다. 이는 다양한 응용 분야에서 의사결정을 자동화하거나 지원하는 데 사용된다. 예를 들어, 의료 분야에서 인공지능 모델이 환자의 의료 데이터를 분석하여 진단을 지원하거나 치료 방법을 제안하는 데 활용될 수 있다. 금융 분야에서는 시장 데이터를 분석하여 주식의 추세를 예측하거나 투자 의사결정을 지원하는 데 사용될 수 있다. 교통 분야에서는 인공지능 모델이 교통 상황을 예측하여 효율적인 경로를 제안하거나 교통 흐름을 조절하는 데 활용될 수 있다.

6) 개선 및 피드백

인공지능은 지속적인 피드백을 통한 개선으로 성능을 향상시킨다. 추가 데이터의 수집, 모델 파라미터의 조정, 알고리즘 변경 등을 통해 지속적으로 최적화 작업이 이루어진다.

2장. 인공지능(AI)의 정보 처리와 응용

01 자연어 처리 (Natural Language Processing)

자연어 처리(Natural Language Processing, NLP)는 인간의 언어를 기계가 이해하고 처리할 수 있도록 하는 인공지능 분야이다. 자연어는 우리가 일상생활에서 사용하는 언어로, 음성 및 텍스트 형태로 존재한다. NLP는 이러한 자연어를 이해하고 분석하여 정보를 추출하거나 의미를 파악하는 등의 작업을 수행하는 기술을 포함한다.

1) 텍스트 분류와 감성 분석

텍스트 분류는 자연어 처리의 기법 중 하나로 주어진 텍스트를 사전에 정의된 카테고리나 레이블로 분류하는 작업이다. 주어진 텍스트가 어떤 주제에 해당하는지, 어떤 카테고리에 속하는지를 자동으로 식별하는 데 사용된다.

감성 분석(Sentiment Analysis)은 주어진 텍스트의 감정 또는 감성을 분석하는 자연어 처리 기법이다. 텍스트의 긍정, 부정, 중립과 같은 감정을 예측하는 것이 주요 목표이다. 감성 분석(Sentiment Analysis)은 다양한 분야에서 활용되며 제품 또는 서비스의 사용자 리뷰, 소셜미디어에서의 감성 분석, 고객 만족도 조사 등에 활용된다. 텍스트 분류와 감성 분석은 지도학습 기법을 주로 사용한다.

2) 기계 번역

기계 번역(Machine Translation, MT)은 자연어 처리(Natural Language Processing, NLP) 분야의 중요한 응용 분야 중 하나로 하나의 언어로 작성된 문장을 다른 언어로 자동으로 번역하는 기술을 말한다. 인공지능 기반의 기계 번역(MT)은 컴퓨터가 다른 언어로 된 텍스트를 이해하고 그 의미를 유지한 채로 다른 언어로 변환하는 것을 목표로 한다. 기계 번역(MT)의 접근 방법에는 규칙 기반 기계 번역(Rule-based Machine Translation), 통계적 기계 번역(Statistical Machine Translation, SMT), 신경망 기계 번역(Neural Machine Translation, NMT) 등이 있다.

규칙 기반 기계 번역(Rule-based Machine Translation)은 초기 기계 번역 시점에 주로 사용되던 방법으로 사람들이 수동으로 언어 간 규칙을 작성하여 번역하는 방식이다. 번역에 필요한 문법적·어휘적 규칙을 수작업으로 작성하고, 사전 및 어휘 데이터베이스를 구축하여 번역을 수행한다. 하지만, 규칙 기반 기계 번역은 문법적인 규칙에 의존하기 때문에 번역 품질은 전문가의 경험과 지식에 따라 달라질 수 있다.

통계적 기계 번역(Statistical Machine Translation, SMT)은 2000년대 초 가장 널리 사용되었던 기계 번역 방법으로 대량의 병렬 문장 쌍 데이터를 사용하여 번역 모델을 학습한다. 번역 모델은 단어 또는 구문 단위의 확률을 계산하여 번역 결과를 생성한다. 통계적 기계 번역은 데이터의 품질과 양에 따라 번역 품질이 크게 달라지며, 대량의 병렬 데이터가 필요하다.

신경망 기계 번역(Neural Machine Translation, NMT)은 딥러닝 기술의 발전과 인공신경망을 기반으로 한 새로운 기계 번역 방법이다. NMT는 인코더-디코더 구조를 사용하여 번역을 수행한다. 인코더는 입력 문장을 의미 벡터로 인코딩하고, 디코더는 의미 벡터를 기반으로 출력 문장을 생성한다. NMT는 통계적 기계 번역에 비해 더욱 정확하고 자연스러운 번역 결과를 제공한다.

기계 번역은 규칙 기반에서 통계적 방법으로 발전해 왔으며, 현재는 딥러닝과 인공신경망 기반의 NMT가 주로 사용되고 있다. 또한, 사전 훈련된 언어 모델의 발전으로 번역 품질이 더욱 향상되고 있으며, 다양한 언어 간의 효율적인 번역이 가능해지고 있다.

3) 질의응답 시스템(Question-Answering Systems)

질의응답 시스템(Question-Answering Systems)은 인공지능의 자연어 처리(Natural Language Processing, NLP) 분야에서 매우 중요하고 유용한 응용 분야이다. 이 시스템은 사용자의 질문을 이해하고 적절한 답변을 생성하는 데 초점을 맞추고 있다. 질의응답 시스템은 정보 검색, 가상 비서, 챗봇, 지식 기반 시스템 등 다양한 분야에서 사용되며, 자연어 이해, 정보 검색과 지식 추출, 문장의 의미 파악과 의문 해결, 답변 생성 등의 방법들로 작동된다.

자연어 이해 방법 (Natural Language Understanding, NLU)은 사용자의 입력된 질문을 이해하는 것으로 텍스트를 분석하여 의미와 의도를 추론한다. 여기에서는 형태소 분석, 품사 태깅, 구문 분석, 의미론적 해석 등의 기술을 사용하여 사용자의 의도를 파악한다. 정보 검색과 지식 추출에서는 사용자의 질문에 적절한 답변을 제공하는 데 필요한 정보를 검색하고, 문서나 데이터에서 필요한 정보를 추출한다. 정보 검색은 효과적인 검색 알고리즘을 사용하여 적절한 문서나 데이터를 찾는 것을 의미한다.

문장의 의미 파악과 의문 해결에서는 사용자의 질문을 이해하고, 질문에 대한 답변을 생성하는 과정에서 문장의 의미를 파악하고 의문점을 해결한다. 이를 위해 지식 그래프와 같은 지식 기반 접근법이 사용될 수 있다. 답변 생성에서는 사용자의 질문에 대한 적절한 답변을 생성하는 단계이다. 답변은 주어진 정보를 기반으로 자연스러운 언어로 구성되어야 한다. 이를 위해 텍스트 생성 기술, 언어 모델, 인코더-디코더 모델 등이 사용될 수 있다. 이러한 질의응답 시스템은 다양한 유형으로 구성될 수 있다. 예를 들어, 개체명 인식과 관계 추출을 이용한 지식 기반의 질의응답 시스템, 질문에 대한 대화적인 응답을 제공하는 챗봇, 사실 기반의 질의응답 시스템 등이 있다.

4) 자연어 생성(Natural Language Generation)

자연어 생성(Natural Language Generation)은 인공지능의 자연어 처리(Natural Language Processing, NLP) 분야에서 텍스트를 자동으로 생성하는 기술을 말한다. NLG는 기계가 인간과 유사한 방식으로 자연어로 텍스트를 생성하는 것을 목표로 한다. 자연어 생성은 언어 모델(Language Model), 인코더-디코더 구조, 시퀀스 생성, 텍스트 생성 기술, 사전 훈련된 언어 모델의 활용 등의 방법들로 작동된다.

언어 모델(Language Model)은 자연어 문장의 확률을 계산하여 문장을 생성하는 기법이다. 이를 통해 문장의 의미와 문법적인 정확성을 유지한 채 자연스러운 문장을 생성할 수 있다. NLG는 주로 인코더-디코더 구조를 사용한다. 인코더는 입력 문장을 벡터로 인코딩하고, 디코더는 인코딩된 벡터를 기반으로 출력 문장을 생성한다. 또한, NLG는 시퀀스 데이터를 생성하는 문제로 볼 수 있다. 따라서 기계 번역, 질의응답 시스템, 텍스트 요약, 대화형 챗봇 등에서 널리 활용된다.

텍스트 생성 기술과 관련하여 자연어 생성에는 다양한 기술이 사용된다. 주로 RNN(Recurrent Neural Networks)과 LSTM(Long Short-Term Memory)과 같은 순환신경망, GRU(Gated Recurrent Unit), 트랜스포머(Transformer)와 같은 어텐션 메커니즘, GPT-3와 같은 사전 훈련된 언어 모델 등이 활용된다.

최근에는 대량의 텍스트 데이터로 사전 훈련된 언어 모델(Pre-Trained Language Model)을 활용하여 자연어 생성을 수행하는 방법이 주목받고 있다. GPT, BERT, XLNet 등의 사전 훈련된 언어 모델은 다양한 자연어 생성 작업에서 효과적으로 사용된다.

02 이미지 처리와 컴퓨터 비전

인공지능의 이미지 분류와 컴퓨터 비전은 인공지능과 컴퓨터 과학 분야 중 하나로서, 디지털 이미지를 이해하고 분석하는 기술을 말한다. 이미지 분류는 주어진 이미지를 분류하는 작업을 의미하고, 컴퓨터 비전은 컴퓨터가 시각적 정보를 처리하는 기술을 포괄적으로 말한다.

컴퓨터 비전(Computer Vision)은 컴퓨터가 사람과 같이 보고 이해할 수 있는 능력을 갖도록 하는 것을 목표로 한다. 컴퓨터 비전 연구의 궁극적인 목표는 지능형 에이전트가 적절한 행위를 계획할 수 있도록 세상의 정보를 획득하는 것이다. 즉, 시각 정보를 종합하여 모델을 구축하고 이를 바탕으로 판단할 수 있어야 한다.

1) 이미지 분류와 객체 감지

이미지 분류는 주어진 이미지를 미리 정의된 클래스(카테고리) 중 하나로 분류하는 작업을 말한다. 분류 작업은 기계 학습 알고리즘을 사용하여 이미지에 대한 특징을 추출하고, 각 클래스에 대한 확률을 계산하여 가장 높은 확률을 가진 클래스로 이미지를 분류한다. 예를 들어, 고양이, 개, 사람 등의 클래스로 이미지를 분류하는 작업을 들 수 있다. 이미지 분류에는 주로 CNN이 사용되며, 대규모 이미지 데이터셋을 사용하여 모델을 학습시킨다.

객체 감지는 이미지 내에서 특정 객체의 위치와 클래스를 동시에 파악하는 작업이다. 이미지에 존재하는 여러 개의 객체들을 감지하고, 각 객체의 경계 상자(Bounding Box)와 클래스 레이블을 예측한다. 객체 감지는 이미지 분류보다 더 복잡한 작업이며, 하나의 이미지에서 여러 객체를 동시에 식별해야 한다. 객체 감지는 자율주행, 보안 감시, 사물 인식 등에 널리 사용되고 있으며 딥러닝 기술의 발전으로 정확도와 성능이 크게 향상되었다.

2) 영상 분석과 실시간 비디오 처리

영상 분석은 이미지 처리 기술을 사용하여 영상 이미지 내의 특징을 추출하고, 객체의 위치, 크기, 모양, 색상 등을 탐지한다. 주요 작업으로는 이미지 분류, 객체 감지, 객체 추적, 세그멘테이션 등으로 의료 영상에서 종양을 탐지하거나 보안 감시에서 움직이는 객체를 추적하는 등의 응용이 있다.

실시간 비디오 처리는 동적인 비디오 데이터를 실시간으로 처리하고 분석하는 기술을 말한다. 영상 처리 기술을 사용하여 비디오 프레임을 실시간으로 분석하고, 객체를 실시간으로 추적하거나 움직임을 감지하는 등의 작업을 수행한다. 이는 컴퓨터 비전 분야의 중요한 응용 분야 중 하나로 자율주행차, 로봇, 보안 시스템 등에서 사용된다.

3) 얼굴 인식과 사람 추적

얼굴 인식은 이미지나 비디오에서 얼굴을 식별하고 인식하는 기술을 말한다. 얼굴 인식은 얼굴 영역을 찾아내고, 해당 얼굴을 특정 개인과 연결하는 데 사용된다. 딥러닝을 기반으로 한 얼굴 인식 기술은 얼굴 특징을 추출하여 고유한 얼굴 식별자를 생성하고, 이를 통해 개인을 식별한다. 이는 보안 시스템, 생체 인식, 인증 시스템, 사진 분류 등에 사용되며 최근에는 스마트폰과 카메라 앱에서도 보편화되어 사용되고 있다.

사람 추적은 비디오에서 사람들의 움직임을 식별하고, 사람들의 이동 경로를 추적하는 기술을 말한다. 이는 비디오에서 실시간으로 사람들의 위치를 파악하여 추적하며, 객체 감지와 객체 추적 기술을 활용한다. 딥러닝을 기반으로 한 사람 추적 기술은 강력한 객체 감지와 트래킹 알고리즘을 사용하여 더욱 정확하고 신속하게 사람을 추적할 수 있다. 이는 자율주행차, 보안 감시 시스템, 스포츠 분석 등에서 사용된다.

03 음성 인식과 음성 처리

음성 인식과 음성 처리 기술은 음성 데이터를 활용하여 사용자와 컴퓨터 간의 자연스러운 상호작용을 가능하게 하며, 음성 기반 인터페이스를 통해 다양한 응용 분야에서 편리하고 효율적인 사용자 경험을 제공한다.

1) 음성 인식 시스템

음성 인식 시스템은 음성 데이터를 분석하여 음성을 텍스트로 변환하는 기술을 말한다. 음성 인식 기술은 주어진 음성 입력을 이해하고 해당 음성을 텍스트로 변환하여 컴퓨터가 이해할 수 있는 형태로 만들어준다. 이를 통해 사용자들은 음성 명령을 통해 기기를 제어하거나 텍스트로 변환된 내용을 분석하여 다양한 작업을 수행할 수 있다.

2) 음성 생성과 변환

음성 생성과 변환 기술은 텍스트 데이터를 음성으로 변환하거나 음성 데이터를 다른 언어나 화자의 음성으로 변환하는 것을 말한다. 이는 음성 합성, 음성 변환, 화자 감지 및 화자 변환 등을 포함한다. 음성 생성 기술은 AI가 텍스트를 자연스러운 음성으로 변환하여 읽어주는 음성 독서 기능이나 가상의 음성 어시스턴트가 실제와 같은 음성을 생성하는 데 사용될 수 있다.

3) 음성 기반 대화 시스템

음성 기반 대화 시스템은 사용자와 인공지능 간의 자연스러운 대화를 가능하게 해주는 기술을 말한다. 이러한 시스템은 음성 인식과 자연어 처리 기술을 결합하여 사용자의 음성 명령을 이해하고, 응답을 생성하며 이를 음성으로 제공한다. 음성 기반 대화 시스템은 가상의 대화 파트너로서 역할을 수행하며 질문에 답변하거나 작업을 수행하는 등 다양한 기능을 수행할 수 있다.

생각해보기!

1. 인공지능(AI)의 기술적 범주의 차이를 이해하고, 이를 기반으로 더 세부적인 인공지능(AI)의 범주를 나타내보자

2. 신경망의 맥락에서 딥러닝이란 무엇인가? 머신러닝과 딥러닝의 차이를 설명하고, 그 사례를 이야기해 보자

3. 인공지능(AI)은 어떻게 작동하는가? 인공지능(AI)의 주요 요소와 작동 원리에 대하여 논의해보자

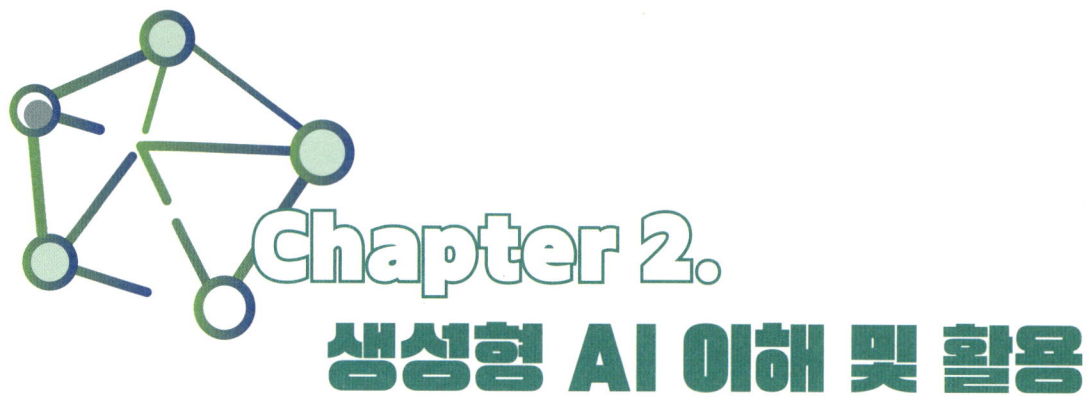

Chapter 2.
생성형 AI 이해 및 활용

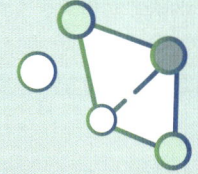

PART 3.
생성형 AI에 대한 이해

Preview

생성형 AI는 최근 몇 년 동안 그 발전 속도와 응용 분야가 빠르게 확장되고 있다. 기존 AI는 데이터 분석이나 패턴 인식에 주로 사용되었지만, 이제는 우리의 생각과 감정, 아이디어를 표현하는 다양한 방식으로 AI가 활용되고 있다. PART 3에서는 생성형 AI의 기본 개념을 이해하고 생성형 AI의 주요 활용 분야에 대해 살펴본다.

1장   생성형 AI는 무엇인가?

01 생성형 AI란?

과거 체스 특화 인공지능 프로그램을 개발했던 IBM은 생성형 AI를 '학습된 데이터를 기반으로 고품질의 텍스트, 이미지 및 기타 콘텐츠를 생성할 수 있는 딥러닝 모델'로 정의했다. 콘솔 게임기와 PC, 노트북 등을 위한 그래픽카드인 GPU를 디자인하는 미국의 반도체 회사 엔비디아는 생성형 AI를 '다양한 입력으로 새로운 콘텐츠를 출력하는 도구'로 정의한 바 있다. 경영 컨설팅 회사인 맥킨지 앤 컴퍼니는 '음성, 프로그래밍 코드, 이미지, 텍스트, 시뮬레이션, 영상 등 새로운 콘텐츠를 만드는 데 사용할 수 있는 알고리즘'으로 정의했다. 생성형 AI 서비스인 바드(Bard)를 출시한 구글은 '사람이 만든 콘텐츠의 데이터 세트에서 패턴과 관계를 학습하여 새로운 콘텐츠를 만드는 것'이라고 생성형 AI를 정의했다. 생성형 AI에 대해 기업마다 생각하는 바는 조금씩 다르지만, 공통적인 부분은 생성형 AI가 기존 데이터를 통해 새로운 콘텐츠를 생성한다는 점이다.

즉, 생성형 AI는 기계가 능동적으로 새로운 결과를 창출하는 인공지능 기술로 인간의 창조물과 유사한 이미지, 음악, 텍스트, 비디오와 같은 콘텐츠의 생성을 목표로 한다. 해당 인공지능은 이미지 인식이나 언어 번역과 같은 특정 작업을 위해 구축된 기존 시스템과 다르게 정보를 조합하거나 해석하여 새로운 결과를 생성한다. 이런 과정을 통해 AI는 이제 사람이 물어보지 않은 질문에 대한 답을 제공하거나, 아직 존재하지 않는 내용을 창조할 수 있게 되었다.

생성형 AI의 이러한 기능은 기업 경영에도 다양하게 사용될 수 있는데, 대표적으로 고객의 선호나 트렌드를 기반으로 새로운 상품 디자인이나 특징을 제안할 수 있다. 예를 들어 패션 산업에서 고객들의 선호 스타일을 기반으로 새로운 의류 디자인을 도출하는 데 생성형 AI가 사용되고 있다. 또한 개별 고객의 선호나 행동 패턴을 분석하여 맞춤형 광고나 콘텐츠를 생성하여 효율적인 마케팅 전략을 구현하는 데 생성형 AI가 사용된다. 또한, 기업 외부 활동뿐만 아니라 일일, 주간, 월간 보고서나 회의 같은 내부 활동에도 보고서나 발표 자료 제작에 사용하거나 과거 데이터를 기반으로 새로운 경영 전략을 도출하는 데 생성형 AI가 적극 활용될 수 있다.

한편, 미국의 전문가 커뮤니티인 Fishbowl에서 2023년 진행한 설문조사의 결과에 따르면, 전문가 4,500명 중 약 30%가 ChatGPT, Bard를 비롯한 생성형 AI를 사용해본 경험이 있다. 이러한 추세는 한국에서도 유사하게 나타나는데, 나우앤서베이에서 2023년 6월에 조사한 바에 따르면 직장인의 70% 이상이 생성형 AI 기술을 사용한 경험이 있는 것으로 나타났다. 2022년 11월, ChatGPT가 등장한 이후, 생성형 AI의 사용이 급격하게 증가했음을 알 수 있다.

02 텍스트 생성 AI 작동 원리

텍스트 생성은 학습 데이터를 기반으로 텍스트 결과물을 출력하는 방식으로 동작한다. 텍스트 생성 AI는 통계 기반의 자연어 처리 기술이 발전하면서 시작하였다. 초기에는 n-그램(n-gram) 모델과 같은 단순한 확률 기반 기술이 사용되었다. 이러한 모델은 단어의 시퀀스를 생성할 때 이전 단어들의 출현 빈도를 바탕으로 확률을 계산하여 다음 단어를 예측하였다. 2000년대에 들어서, 머신러닝과 딥러닝 기술의 발전으로 텍스트 생성 AI의 성능이 크게 향상되었다. 이때 순환 신경망(RNN)과 LSTM(Long Short-Term Memory)과 같은 신경망 구조가 도입되면서 이를 이용하여 문장의 맥락과 의미를 더욱 정교하게 모델링할 수 있게 되었다.

여기서, LSTM의 목적은 입력 중 핵심적인 정보를 잊어버리지 않고 뒤로 전달하는 것이다. 순환 신경망 방식의 일종인 LSTM은 입력값과 이전 상태에 따라 값을 업데이트하고, 새로운 상태를 출력하지만, 특별한 점은 셀의 값을 얼마나 기억할지 결정하는 것이 가능한 게이트를 가지고 있어서 필요한 정보만 기억하도록 제어할 수 있다. 셀은 연속적 데이터를 저장하고, 게이트는 셀의 상태를 조작한다. LSTM은 input gate, forget gate, output gate 등으로 이루어져 있으며, 각 게이트는 출력값을 결정하는 활성화 함수를 사용한다. 그래서 LSTM은 필요하지 않은 기억은 지우고, 기억해야 할 정보를 저장한다.

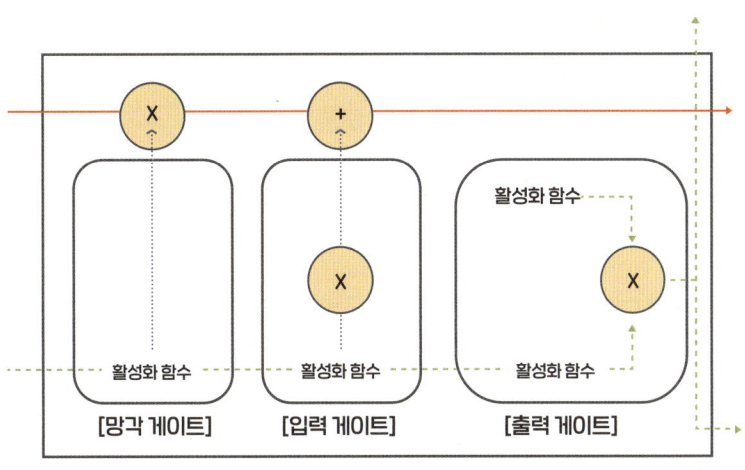

LSTM 구조도

하지만 RNN과 LSTM의 문장 생성은 출력이 바로 이전 입력까지만 고려하기 때문에 전체 입력 문장을 반영하지 못한다는 문제점이 있었다. 이러한 문제를 해결하기 위해 Seq2Seq(Sequence-to-Sequence)모델이 개발되었다. Seq2Seq는 하나의 시퀀스에서 다른 시퀀스로 번역하는 방식을 말하는데, '시퀀스를 받아들이는 부분'과 '시퀀스를 출력하는 부분'을 분리한 것이 특징이다. 여기서 시퀀스는 여러 단어로 구성된 하나의 문장을 말한다. Seq2Seq 아키텍처는 입력을 담당하는 인코더와 출력을 담당하는 디코더로 구성되어있으며 각각 순환 신경망 모델을 이룬다. 인코더는 입력 데이터를 인코딩하고, 디코더는 인코딩된 데이터를 디코딩한다. 쉽게 설명해보면, 우리가 비밀편지를 쓴다고 가정해보면, 비밀편지의 문장을 암호화해서 다른 사람이 쉽게 알아볼 수 없도록 바꾸는 과정을 인코딩이라고 하며, 암호화된 것을 다시 원래의 형태로 되돌려 주는 과정을 디코딩이라고 한다.

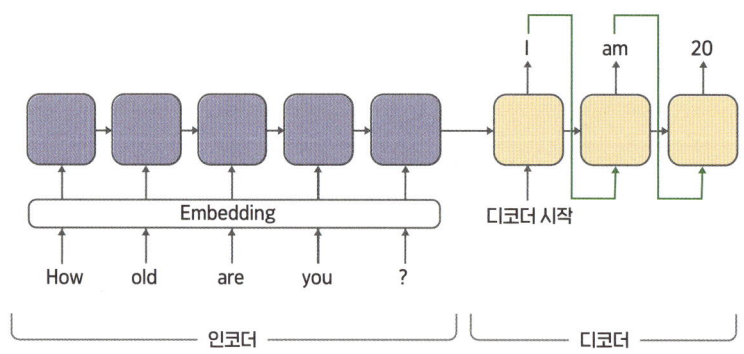

Seq2Seq 구조도

인코더는 입력된 문장의 모든 단어인 입력 시퀀스(원문)를 받아들여 고정된 크기의 벡터인 컨텍스트 벡터(Context Vector)로 생성하고 디코더로 전송한다. 디코더는 이를 받아 출력 시퀀스(번역문)를 출력한다.

Seq2Seq 모델은 번역, 챗봇에서 높은 성능을 보였다. 하지만 입력 시퀀스의 모든 정보를 컨텍스트 벡터에 다 압축 요약하여 정보의 손실이 생길 수밖에 없다. 특히 시퀀스의 길이가 길다면 정보의 손실이 더 커진다. 이러한 문제를 해결하기 위해 어텐션(Attention) 모델이 등장했다. 어텐션 아키텍처에서는 중요하다고 판단된 단어에 집중하여 디코더로 바로 전달하는 방식을 사용한다. 디코더에서 출력 단어를 예측하는 시점마다 인코더에서 전체 입력 문장을 다시 한번 참고하여 정확성을 더욱 높였다.

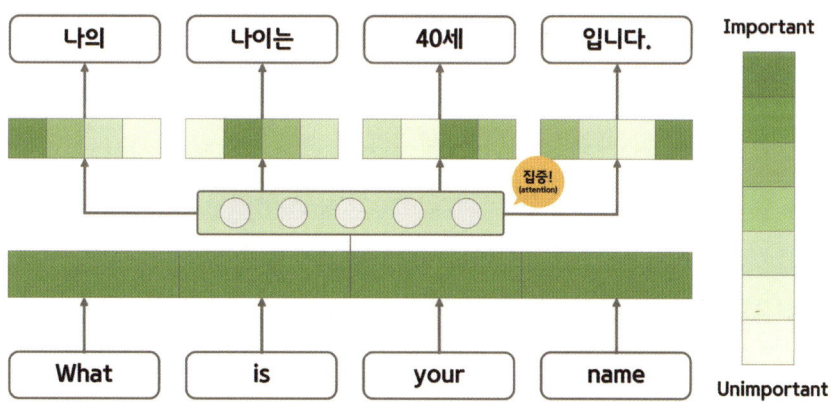

어텐션 구조도

그 뒤 등장한 트랜스포머(Transformer) 모델은 현대의 자연어 처리 네트워크에서 핵심 기술로 활용되고 있다. 트랜스포머는 어텐션 아키텍처만 사용하여 인코더-디코더를 구현한다. 즉, 트랜스포머 모델의 특징은 인코더에서 디코더가 아니라 스스로 언어에 집중한다는 점이다. 대표적인 텍스트 생성 AI 서비스인 ChatGPT는 이 트랜스포머 아키텍처를 기반으로 구성되었다.

이러한 텍스트 생성 AI를 기반으로 개발된 ChatGPT는 복잡한 학습 과정을 거쳐 생성되며, 이 학습 과정은 주로 두 단계로 나뉜다. 첫 번째 단계는 'Generative Pre-trained Transformer', 즉 GPT의 핵심 구조에 기본적인 언어 능력과 지식을 전달하는 단계이다. 'Pre-trained'라는 용어에서 알 수 있듯이, 이 단계에서는 GPT가 특정 작업을 수행하기 전에 이미 대량의 데이터를 통해 학습이 이루어져 있다. 이 학습의 원리는 인간의 학습 방식과 상당히 유사하다. 아이들이 세계를 이해하는 데 필요한 기본 언어 능력을 습득하기 위해 수많은 문장과 이야기를 들으며 학습하는 것처럼, GPT도 수억 건의 문장과 데이터를 통해 언어의 기본 구조와 문맥을 파악한다. 특히 '빈칸 채우기'라는 방식을 통해 학습을 진행한다. 예를 들어 "겨울에는 ___ 입는다"라는 문장에서, GPT는 그 빈칸을 채울 수 있는 수많은 후보 단어 중에서 문맥상 가장 적절한 단어를 선택한다. 이 과정을 수많은 예제와 함께 반복하면서, GPT는 단순한 단어의 선택뿐만 아니라 문장 구조, 문맥, 그리고 단어나 구문 간의 복잡한 연관성까지도 학습하게 된다. 그러나 이런 학습을 통해 GPT는 단순히 언어의 패턴과 구조를 이해할 뿐, 실제로 '코트'나 '스웨터'와 같은 것들이 어떤 것인지, 그 의미나 성질에 대해서는 알지 못한다. 그럼에도 불구하고, 이렇게 습득한 언어적 패턴과 연관성을 바탕으로 사용자의 다양한 질문에 적절한 응답을 생성할 수 있다.

두 번째 단계는 이렇게 기본적인 언어 능력을 갖춘 GPT를 대화와 같은 특정 작업에 특화되게 만드는 과정이다. 여기서 GPT는 특정 형식의 대화나 질문-답변 데이터를 학습하여, 사람들이 질문하는 다양한 형태와 스타일의 질문에 대응할 수 있는 능력을 키운다. 이 과정에서는 인터넷 포럼, 소셜 미디어, 그리고 다양한 대화 데이터를 활용하며, 이를 통해 GPT는 특정 질문에 대한 적절한 답변 형식을 학습하게 된다. 특히, 오픈AI는 GPT 모델의 대화 능력을 향상시키기 위해 RLHF(Reinforcement Learning with Human Feedback)라는 방식을 적용한다. RLHF는 사람의 피드백을 기반으로 강화학습을 수행함으로써 모델의 응답 품질을 향상시키는 기술이다. 이 방법의 핵심은 실제 사용자와의 대화에서 발생하는 다양한 상황에 적합하게 모델을 학습시키는 것이며, 이를 위해 특별히 선발된 작성자들이 제작한 '질문-답' 데이터를 활용한다. 선발된 작성자들은 다양한 주제와 배경에 기반하여 다양한 질문들을 구상하고, 이러한 질문에 대한 답변을 작성하였다. 그 후, 이들이 제공한 답변에 대해 지속적인 피드백과 수정 작업을 통해 최적의 데이터셋을 구축하였다. 이렇게 생성된 데이터는 챗GPT의 학습 과정에서 주요 핵심 데이터로 활용되었다.

RLHF의 도입은 GPT-3.0과 GPT-3.5 사이의 주요 차이점 중 하나이다. GPT-3.0은 기존의 방식으로 학습되었지만, GPT-3.5는 RLHF를 통해 향상된 대화능력을 보유하게 되었다. 이 방식의 도입으로 인해 챗GPT는 사용자의 질문에 대해 보다 정확하고 맥락에 부합하는 응답을 생성하게 되었으며, 전반적인 대화 경험의 품질이 크게 향상되었다.

03 이미지 생성 AI 작동 원리

이미지 생성은 주로 텍스트 프롬프트를 입력하면 해당하는 이미지 결과물이 출력되는 방식으로 동작한다. CLIP(Contrastive Language-Image Pre-Training)는 대표적인 예로, 이미지와 텍스트 간의 관계를 깊이 이해하는 AI 모델로 설계되었다. CLIP은 방대한 양의 이미지와 텍스트 데이터를 활용해 학습하며,

이를 통해 다양한 이미지와 그에 대한 설명 사이의 연결을 파악한다. 학습이 완료되면 '강아지가 공을 물고 있는 사진'이라는 프롬프트를 받을 경우, 그 설명에 최적화된 이미지를 반환한다.

이 과정은 시인과 화가 사이의 상호작용에 비유될 수 있다. 화가는 시인에게 다양한 이미지를 보여주고, 시인은 그 이미지에 알맞는 시를 제시한다. 이러한 상호작용을 계속 반복하면서 시인과 화가는 이미지와 텍스트 간의 관계를 깊이 이해하게 된다. 어떤 날, 시인이 화가에게 해변에서 일몰을 바라보는 모습에 대한 시를 전달하면, 화가는 지금까지 본 이미지 중 그 설명에 가장 부합하는 이미지를 선택하여 시인에게 보여준다. 마찬가지로, 화가가 시인에게 이미지를 제시하면, 시인은 그 이미지에 가장 적합한 시를 찾아 화가에게 반환한다.

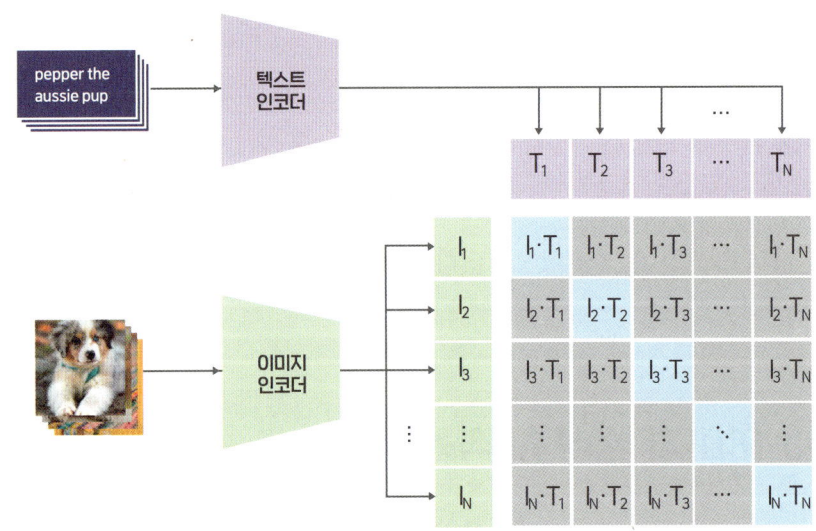

CLIP 작동 원리

이미지는 우리가 눈으로 볼 때 단순한 그림으로 보이지만, 컴퓨터는 이미지를 복잡한 숫자의 나열로 처리한다. 이 숫자들은 이미지의 각 픽셀의 색상, 밝기 등 여러 특징을 나타내기 때문에, 컴퓨터는 이러한 숫자들의 패턴을 통해 이미지를 '이해'한다. 예를 들어, '코끼리'라는 동물을 생각해보면, 우리 대부분은 비슷한 모양과 특징의 코끼리를 상상할 것이다. 그렇다면 이 '평균적인 코끼리' 이미지는 어떤 숫자의 패턴으로 컴퓨터에게 표현될까? 이렇게 대부분의 사람들이 공통적으로 인식하는 이미지의 특징들을 하나의 '평균적인 형태'로 나타내는 것이 가능하다.

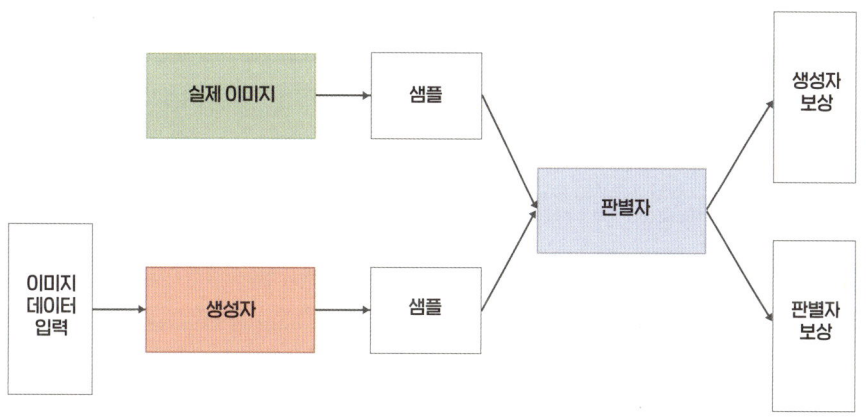

GAN 작동 원리

이제 이 '평균적인 형태'를 기반으로 새로운 이미지를 컴퓨터가 스스로 만들어내는 기술을 생각해보자. 이를 '생성 모델'이라고 부르며, 그중에서도 특히 GAN(Generative Adversarial Network)이라는 모델이 인기를 얻고 있다. GAN의 동작 원리를 게임에 비유하면 이해하기 쉽다. 두 명의 사람이 게임을 하는데, 첫 번째 사람(생성자)은 가장 진짜 같은 그림을 그려야 한다. 그러면 두 번째 사람(판별자)은 그림을 보고 진짜인지 가짜인지 구분해야 한다. 처음에는 생성자의 그림은 쉽게 가짜라는 것을 알아차릴 수 있다. 하지만, 생성자는 계속해서 그림을 개선하며 판별자를 속이려고 노력하고, 판별자는 더 정확하게 그림을 판별하려고 노력한다. 이 게임이 계속되면서 생성자는 점점 더 완벽한 그림을 그릴 수 있게 되고, 판별자도 더욱 뛰어난 판별 능력을 갖추게 된다. 이 과정을 통해, GAN은 실제로 존재하지 않는, 하지만 현실에서 볼 법한 이미지를 생성해 낼 수 있게 된다.

이미지 생성 AI를 통해 제작한 이미지는 시도마다 새롭고 다양한 형태를 띠게 된다. AI의 창의성이라 볼 수 있는 이러한 특성은 VAE(Variational Auto-Encoder, 변분 오토인코더)란 생성 모델의 역할이 크다. VAE는 기본적으로 이미지를 '압축'하고 '복원'하는 역할을 한다. 이미지를 압축하는 부분을 '인코더', 복원하는 부분을 '디코더'라고 부른다. 이 과정을 좀 더 쉽게 이해하기 위해 도서관의 사서에 비유해볼 수 있다. 도서관에는 수많은 책이 있다. 인코더라는 사서는 각 책의 내용을 요약하여 주요 특성만을 추려낸 요약서를 만든다. 그리고 디코더라는 또 다른 사서는 이 요약서만을 보고 원본 책의 내용을 복원하려고 노력한다.

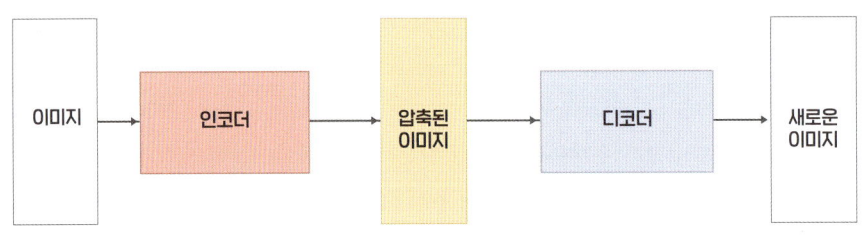

VAE 작동 원리

하지만, VAE의 흥미로운 특성 중 하나는 인코더가 이미지를 압축할 때마다 약간의 '랜덤성'을 추가한다는 것이다. 그래서 동일한 이미지를 여러 번 압축해도 매번 조금씩 다른 요약서가 만들어진다. 결과적으로 디코더는 이 약간 다른 요약서를 바탕으로 매번 약간씩 다른 이미지를 복원하게 된다. 이러한

VAE의 고유한 방식 덕분에, 이미지 생성 AI는 동일한 입력에도 불구하고 다양하고 창의적인 이미지를 계속해서 만들어낼 수 있는데, 이는 마치 무한한 창의력을 지닌 예술가와도 같은 능력이라고 볼 수 있다.

미드저니를 포함한 이미지 생성 AI는 GAN(Generative Adversarial Network)과 VAE(Variational Auto-Encoder) 등의 생성 모델을 활용하여 작동한다. 이미지 생성형 AI 서비스의 작동 과정은 다음과 같다. 첫째, 사용자로부터 입력을 받는다. 이 입력은 특정 주제나 개념에 대한 설명, 키워드, 또는 기존의 이미지 등 다양한 형태가 될 수 있다. 둘째, 이렇게 수집된 입력 데이터는 컴퓨터가 이해할 수 있는 형태로 전처리된다. 이미지의 경우, 각 픽셀의 색상값 등으로 변환되며, 텍스트의 경우 단어나 문장을 벡터 형태로 변환하는 과정을 거친다. 셋째, 전처리된 데이터는 GAN(Generative Adversarial Network) 및 VAE(Variational Auto-Encoder)와 같은 생성 모델에 의해 학습된다. 넷째, 학습된 생성 모델은 새로운 이미지를 만들어낸다. GAN에서 생성자는 판별자를 속이도록 진짜 같은 가짜 이미지를 만들어내고, VAE에서 인코더는 약간의 '랜덤성'을 추가하여 동일한 이미지도 조금씩 다르게 만들어낸다. 마지막으로, 생성된 이미지가 사용자에게 제공된다. 이 과정에서 추가적인 후처리 단계가 필요할 수도 있다. 이렇게 이미지 생성 AI를 통해 생성된 결과물은 동일한 입력에 대해서도 매번 약간씩 다른 결과를 제공함으로써 창조적인 요소를 보여준다.

2장. 다양한 생성형 AI 개요

01 텍스트 생성 AI 개요

텍스트 생성은 AI 기술이 가장 빠르게 연구되는 분야이다. 전기 신호를 기반으로 작동되는 컴퓨터와 프로그램은 인간이 사용하는 다양한 언어를 이해하고 수행하기 위해 일련의 과정이 요구된다. 이러한 과정을 자연어 처리라고 하며 머신러닝을 사용하여 인간이 작성한 텍스트의 구조와 의미를 파악한다. 현재는 자연어 데이터 분석과 인공지능 학습 기술의 발달로 인해 AI의 자연어 처리 능력이 크게 향상되었으며 현재는 다양한 영역의 작문을 수행할 수 있는 수준까지 발전했다. 대표적인 텍스트 생성 AI 서비스로는 OpenAI의 ChatGPT, Google의 Bard 그리고 네이버의 클로바X 등이 있다. 텍스트 생성은 넓은 범위의 분야를 아우를 수 있어 다양한 경영 활동에 사용되고 있는데, 예를 들어 2023년 4월에 공개된 배스킨라빈스의 광고 영상은 ChatGPT가 제작한 시나리오를 기반으로 제작되었으며 국내 최대 퀀트 투자 플랫폼인 '젠포트'는 이용자의 종목 분석을 지원하기 위해 신규 서비스로 ChatGPT를 적용했다.

02 이미지 생성 AI 개요

AI 기술이 발달한 지금, 예술과 창작이 인간만의 영역이라고는 볼 수 없는 시점에 있다. 특히 2010년 이후 미술 분야의 AI는 큰 발전을 이루었다. 이미지 생성에 대한 원시적인 모델인 Generative Adversarial Network(GAN)이 2014년에 처음 제시된 이후 다양한 기업과 단체에서 이미지 생성 AI 모델을 개발해 왔다. 대표적인 서비스로 OpenAI에서 제작된 Dall-E가 2021년에 일부 대중들에게 공개되었으며 1년 뒤인 2022년에 미드저니(Midjourney)가 출시되었다. 같은 해인 2022년 8월 Stability AI 사에서 제작한 Stable Diffusion이 오픈소스로 공개되면서 보다 많은 사람이 이미지 생성 AI를 접할 수 있게 되었다.

한편, 이미지 생성 AI의 존재를 널리 알린 사건은 이미지 생성형 AI의 작품인 '스페이스 오페라 극장'이 2022년 9월 3일 콜로라도 박람회 미술 경연 대회에서 1등 수상을 하면서이다. 이 작품을 제출한 사람은 게임 디자이너인 제이슨 알렌(Jason M. Allen)으로, 그의 우승 작품은 미드저니를 통해 생성되었다. 그 때문에 사람이 아닌 인공지능이 만든 작품을 수상해도 되는지에 대한 큰 논란이 발생하였다.

03 영상 생성 AI 개요

오늘날 AI 기술의 급속한 발전은 영상과 비디오 분야에서 큰 변화를 가져왔다. 2010년대 초반, 그림과 이미지 분야의 AI 연구가 본격화되면서 뒤이어 영상 분야에도 집중적인 연구가 시작되었다. 초기의 간단한 실험적인 영상 생성 모델이 2015년에 등장한 이후, 국제적인 연구팀과 주요 기술 기업들은 이 분야의 가능성을 깨닫고 대거 연구에 투자하기 시작했다. 연구와 투자의 성과로, 여러 기업은 사용자의 지시나 스토리보드를 기반으로 동영상 콘텐츠를 자동으로 생성하는 AI 플랫폼을 선보이기 시작했다. 이러한 기술의 등장은 영화 및 광고 제작자들에게 새로운 창조적인 가능성을 제공하였다.

04 문서자료 생성 AI 개요

AI 기술의 빠른 발전은 문서자료 생성 분야에도 혁신적인 변화를 가져왔다. 2010년대 중반부터, 데이터를 시각적으로 표현하는 데 집중한 AI 연구가 본격화되었다. 초기에는 주로 데이터를 간결하고 알아보기 쉬운 그래픽으로 변환하는 작업에 초점을 맞췄지만, 점차 더 복잡하고 맞춤화된 문서자료 생성을 위한 연구가 이루어졌다. 2020년대 들어서는 AI가 문서 자료를 자동으로 생성하는 다양한 플랫폼이 등장하였는데, 그중에서도 "Gamma"는 특히 주목받았다. Gamma 서비스는 사용자가 제시한 주제, 중점 내용, 그리고 대상 청중의 특성을 기반으로 최적화된 보고서나 발표 자료를 자동으로 생성하는 능력을 보여주었다. 2022년, Gamma는 스토리텔링 기법과 데이터 시각화를 결합하여 발표자나 교육자의 메시지를 명확하게 전달할 수 있는 자료를 제작하는 것으로 큰 인기를 얻었다.

한편, 2023년에는 마이크로소프트사는 개발자 행사인 '마이크로소프트 빌드 2023'에서 생성형 AI와 Word, Excel, Powerpoint 등 오피스 제품군과 결합된 MS 코파일럿(Copilot)을 발표하였다. 특히, 파워포인트에 결합된 코파일럿이 많은 관계자의 주목을 받았는데, 해당 서비스는 내용에 맞게 이미지를 추가해주고, 전체적인 문서 스타일을 수정해 주었다. 이러한 기술의 활용은 기업의 보고서, 학술 발표, 학교 강의 등 다양한 분야에서 정보를 보다 효과적으로 전달하도록 도움을 주며, 문서작성에 소요되는 시간도 크게 줄여줄 것으로 기대하고 있다.

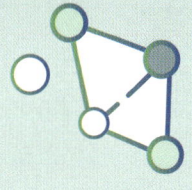

PART 4.
ChatGPT 소개 및 활용 방법

Preview

앞선 장에서는 생성형 AI가 무엇이고, 어떻게 작동하는가에 대해서 알아보았다. PART 4에서는 ChatGPT를 소개하고, ChatGPT를 보고서와 회의록 작성에 이용하여 업무에 활용할 수 있는 방안에 대해서 알아보고, GPT PLUS의 고급 사용방법 및 show me, wolfram, visla와 같은 플러그인과 Advanced data analysis, Custom Instruction, 프롬프트 지니와 같은 확장프로그램, GPT for Sheets and Docs의 사용방법에 대해서 알아보자.

1장. ChatGPT

01 GPT-3.5 개요

GPT-3.5는 OpenAI가 개발한 언어 모델 중 하나로, 기존의 자연어 처리 모델을 뛰어넘는 놀라운 성능과 범용성을 보여주며 AI 분야에 혁신적인 변화를 가져왔다. 이 모델은 다양한 자연어 처리 작업에서 뛰어난 정확도와 유연성을 보여주며, 텍스트 생성, 질문 응답, 문장 완성, 번역 등의 다양한 작업에서 인상적인 결과를 내놓았다. 이로 인해 수많은 개발자와 연구자들 사이에서 인기를 얻게 되었다. GPT-3.5는 주로 영어에 최적화되어 학습되어 있지만, 다른 주요 언어들에 대해서도 충분히 사용할 만한 성능을 보여준다. 특히 영어에서의 성능은 70.1%라는 높은 이해도를 나타내며, 이는 출시 당시 다른 많은 모델들보다 월등하게 높았다.

이 모델은 단순히 문장 생성뿐 아니라 복잡한 문맥 이해와 추론 능력까지 갖추고 있으므로 사용자와의 대화에서도 자연스럽고 의미 있는 응답을 제공할 수 있다. 그러나 GPT-3.5에는 한 가지 제약사항이 있다. 실시간 외부 데이터 연동 기능이 제한적이므로 최신 정보나 특정 외부 애플리케이션과의 상호작용에 한계가 있다. 예를 들면 '오늘의 날씨' 같은 실시간 정보에 관한 질문에 정확하게 답변하는 것이 어렵다는 점이다. GPT-3.5는 그 자체로 혁신적인 성과를 보였음과 동시에 GPT4 등 후속 모델들의 발전을 위한 중요한 발판 역할을 하였다.

1) ChatGPT 가입하기

❶ 구글 검색창에 'ChatGPT'라고 입력한 다음 검색된 항목에서 Openai.com 에서 제공하는 항목인 [ChatGPT]를 클릭한다.

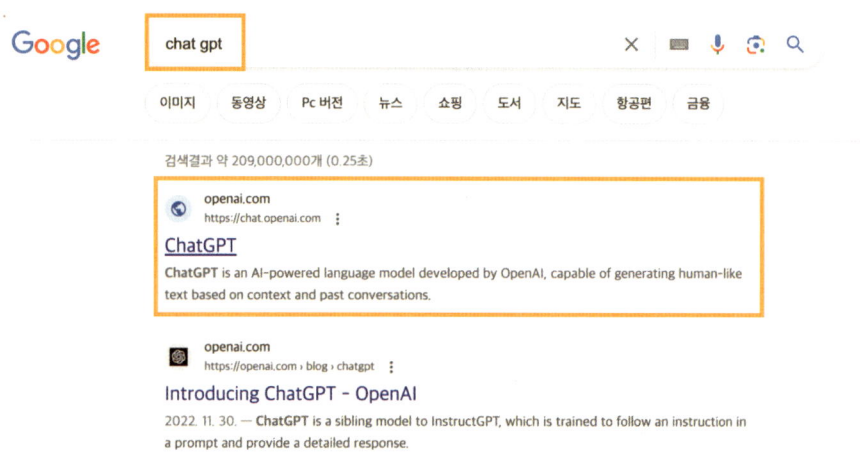

ChatGPT 검색

❷ 아래 화면이 표시되면 ChatGPT에 가입하기 위해 화면 우측의 [Sign up] 버튼을 클릭한다.

ChatGPT 초기화면

❸ 계정을 만드는 창이 표시된다. 이메일을 입력하거나 가입에 사용할 채널(구글 등)을 클릭하고 안내에 따라 가입을 진행한다.

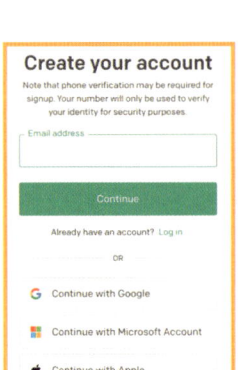

ChatGPT 가입화면

❹ 가입이 완료되면 아래 사진과 같이 ChatGPT 대화 화면이 표시되며 하단에 질문 입력 창이 보인다.

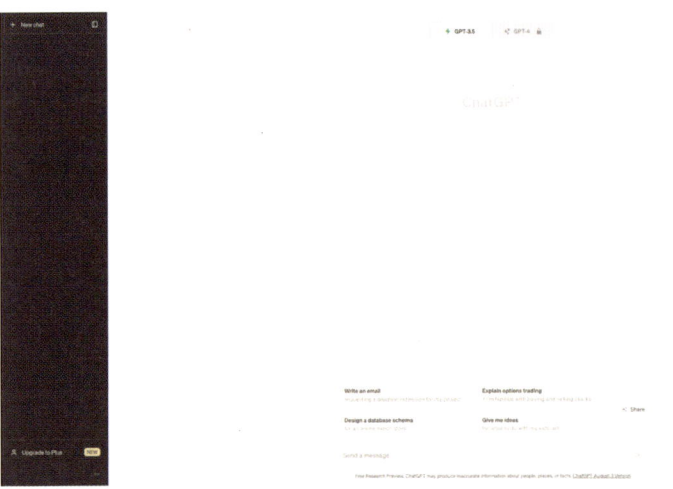

ChatGPT 대화 화면

2장. ChatGPT PLUS 개요

ChatGPT는 기본적으로 무료로 사용할 수 있으며, GPT-3.5 모델을 기반으로 동작한다. 그러나 유료 버전인 ChatGPT Plus를 사용하면, GPT 4.0 기반의 서비스를 받을 수 있다. ChatGPT Plus는 무료 버전보다 응답 속도가 빠르고, 사용자가 많아 서비스가 느려질 때도 안정적으로 이용할 수 있다. 또한, 유료 버전에서는 플러그인과 코드 인터프리터, 그리고 커스텀 인스트럭션 등 다양한 추가 기능을 제공한다. 플러그인은 ChatGPT와 외부 앱이나 정보 소스를 연결해주어, 사전 훈련 과정에서 학습하지 못한 정보도 외부에서 가져와 답변할 수 있게 한다. 예컨대 "오늘 날씨는?"과 같은 질문에는 일반적으로 답변할 수 없지만, 기상청 데이터와 연결된 경우 해당 질문에 대해 정확한 답변을 제공할 수 있다.

한편, 코드 인터프리터는 사용자의 입력을 파이썬 코드로 분석하여 답변을 제공하는 기능이다. 따라서 양적이나 질적인 수학 문제 해결, 데이터 분석 및 시각화 실행, 파일 형식 변환 등에 활용될 수 있다. 또한 커스텀 인스트럭션은 ChatGPT를 개인화하는 데 도움이 된다. 같은 프롬프트를 반복해서 작성하는 번거로움을 줄여주어 생산성 향상과 시간 절약에 도움이 된다.

위와 같은 다양한 추가 기능들을 활용하기 위해서는 월 20달러의 비용으로 ChatGPT Plus를 구매해야 한다. ChatGPT Plus는 무료 버전보다 성능 면에서 여러 면에서 우수하다. 첫 번째로, 언어 처리 능력과 기억력 증가 외에도 영어 이외의 언어 처리 성능 역시 개선되었다. 예시로 들면 한국어나 일본어 등 총 24개 언어에서의 성능이 GPT-3의 영어 처리 성능보다 뛰어나다. 아래 표를 보면 한국어를 포함한 총 34개 언어의 이해력이 GPT-3.5의 영어 이해력인 70.1%보다 향상된 것을 확인할 수 있다.

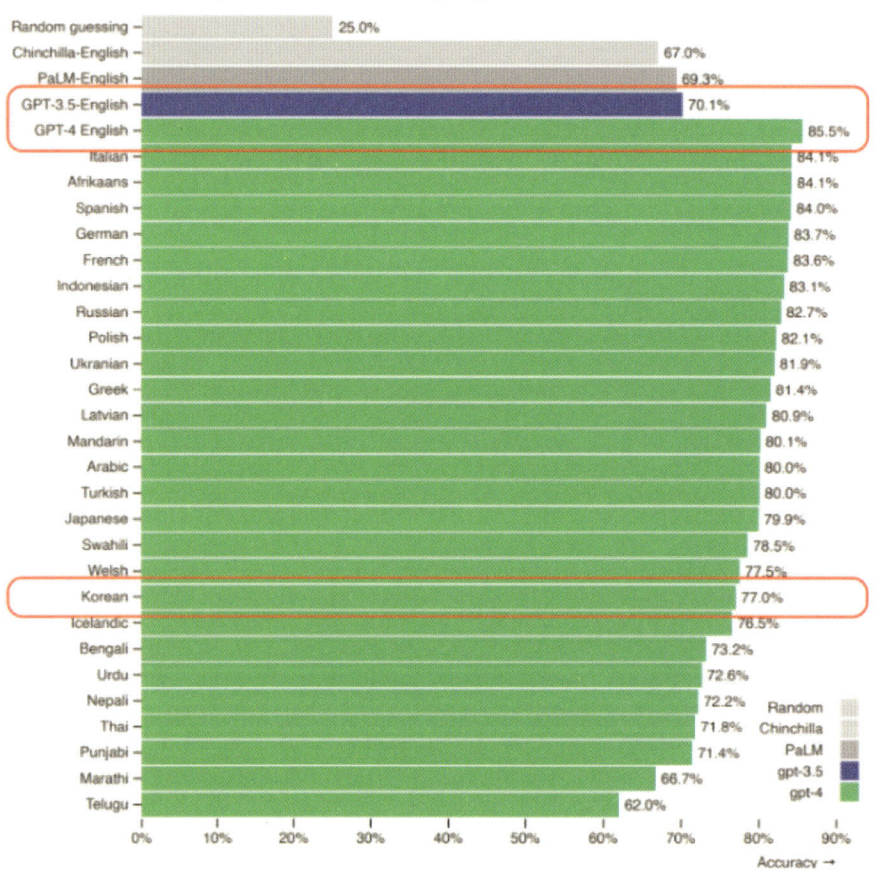

GPT4, GPT3.5 영어와 GPT4 한국어의 성능 차이(출처: OpenAI(2023), Technical Report)

두 번째로, GPT-4는 처리 가능한 단어량이 2만 5천 단어에 이르며, 이는 기존 ChatGPT의 약 8배나 늘어난 수치다. GPT-3.5에서는 영어 기준으로 최대

8,000개 단어(약 책의 4~5페이지 또는 토큰 4,096개)를 처리하고 대화를 나누었다면, GPT-4는 그보다 훨씬 많은 양인 책의 약 50페이지나 단편 소설 분량에 해당하는 약 64,000개 단어(토큰 32,768개)까지 처리하고 대화를 나눌 수 있다.

세 번째로, GPT-4는 창의적이고 일관된 응답을 생성하는 능력이 향상되었다. 이미지가 포함된 긴 텍스트를 생성할 수 있게 되었으며 이는 시각적 자료와 글자 정보가 결합된 문제 해결에 유용하게 활용될 수 있다. 네 번째로, GPT-4는 언어의 세밀한 뉘앙스까지 잡아내는 능력을 보여주었다. 예를 들면 비슷한 맥락에서도 사용자의 의도나 감정 상태 등을 좀 더 정확하게 파악하여 그에 맞춘 응답을 제공한다.

다섯 번째로, GPT-3에서 크게 지적되었던 잘못된 정보를 제공하는 경우가 줄었다. 이것은 모델 학습 과정에서 오류 수정 및 개선이 이루어져서라고 볼 수 있다. 여섯 번째로 멀티 모달 기능으로 이미지 인식과 이해 및 처리 역시 가능하다. 멀티 모달 기능은 다양한 종류의 데이터를 동시에 처리하고 분석할 수 있는 기능으로서, GPT-4는 이미지 인식 후 해당 이미지와 관련된 텍스트 정보 생성이 가능하다. 예를 들면 차트나 그래프 같은 시각 자료 해석부터 시작해서 프랑스어로 작성된 물리학 문제 등 다양한 이미지 정보를 읽고 이해하여 그에 맞는 답변을 제공한다.

이러한 성능 향상의 배경에는 모델의 크기 증가가 있다. GPT-3에서는 약 1조 7천500억 개 파라미터를 사용하였지만, GPT-4는 그보다 약 10배인 7조 개 파라미터를 가진 것으로 추정된다.[2] 레이어 역시 GPT-3의 96개에 비해 120개로 증가하였으며, 16개 MOE(Mixture of Experts)을 사용하여 1MOE당 1,000억 개 파라미터를 보유한다고 전해졌다. 이런 방식으로 각 분야에 최적화된 부분들을 만들고 실제 출력값을 낼 때 특정 부분만 선택적으로 사용함으로써 전체 성능을 향상시킨 것이다.

GPT 3.5	vs	GPT 4.0
오픈AI	개발사	오픈AI
2022년 11월	출시 시기	2023년 3월
1,750억 개	파라미터	약 1.7조 개
대화 1회당 최대 3,000단어 기억 가능	단기 기억력	대화 1회당 최대 2만 5,000단어 기억 가능
텍스트 입력만 가능한 언어 모델	특징	텍스트와 이미지 입력 가능한 멀티 모달모델
유무료관계없이 무제한 이용가능	ChatGPT이용 가능 여부	유료 서비스 4시간당 메시지 100건 제한
무료	사용 금액	월 20달러

ChatGPT 3.5와 4.0의 비교

01 고급 사용방법

ChatGPT는 사용자의 입력에 따라 다양한 방식으로 반응한다. 그러나 더 고품질의 ChatGPT에게 답변을 제공받기 위해서는 적절한 프롬프트 작성법, 사용자 패턴 프롬프트, 마크다운을 사용해야 한다.

1) 프롬프트 엔지니어링

프롬프트(Prompt)란 생성형 인공지능에게 특정한 행동을 지시하는 자연어로 된 입력값을 말한다. 이는 사용자의 명령, 지시, 질문, 요청 등이 될 수 있으며, 이를 통해 원하는 작업을 수행하도록 언어 모델에게 전달된다. 프롬프트를 구성하기 위해 반드시 필요한 특정 요소가 정해져 있는 것은 아니지만, GPT와 같은 언어 모델로부터 원하는 결과를 얻기 위해서는 어떤 방식으로 입력값을 제공할 것인지에 대한 고민이 필요하다.

이러한 고민과 노력을 통해 언어 모델의 역량을 최대로 발휘할 수 있도록 프롬프트를 개발하고 최적화하는 작업을 '프롬프트 엔지니어링'이라고 부른다. 즉, 자연어로 인공지능의 기능과 성능을 극대화하는 것이 프롬프트 엔지니어링의 핵심이다. 보다 효과적인 프롬프트를 작성하기 위해서는 프롬프트의 요소를 이해하는 것이 중요하다. 프롬프트의 요소는 1)맥락(Context), 2)지시(Instructions), 3)예시(example), 4)출력요청(Output Indicator)로 구성되어있다. 각 요소를 적절하게 활용하는 게 무엇보다 중요한데, 다음 네 가지 방법들이 유용하게 활용된다.

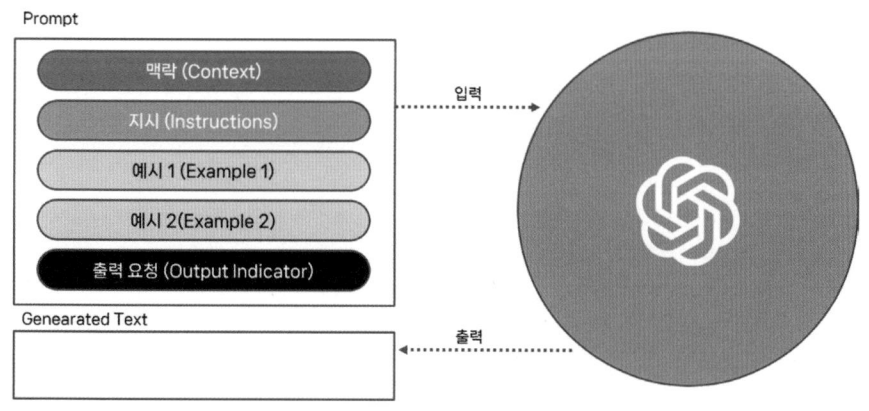

프롬프트 요소

1. 답변의 형태를 구체적으로 요청하기: 사용자 의도에 따라 프롬프트를 구체적이고 명확하게 구성한다. 예컨대 "코로나19의 전파 방식에 대해 설명해주세요."와 같은 명확한 질문은 모델에게 무엇을 해야 할지 정

확하게 지시하여 좀 더 정확한 답변 도출 가능성을 높일 수 있다.
2. 정보나 맥락, 예시 추가 제공: 문제 해결에 필요한 충분한 배경 정보와 맥락 제공은 복잡한 질문이나 다중 단계 요청에서 유용하다. 예컨대 "오늘 오후 3시 서울 강동구 날씨는?"과 같은 질문에서 시간과 장소 등 필요 정보가 포함되면 보다 정확하고 유용한 답변 도출 가능성이 높아진다.
3. 역할 부여: 보고서 피드백, 상담 등 특정 상황에서 ChatGPT에게 역할을 부여하면 그 역할에 따른 적절한 답변을 받을 수 있다. 예컨대 "당신이 미스터리 작가라고 상상하고, 한 대학에서 발생한 범죄 사건에 대한 이야기를 시작해주세요"와 같은 프롬프트는 모델에게 특정 역할을 부여함으로써 다양한 시나리오를 시뮬레이션하고, 특정 관점에서 문제를 해결하는 데 도움이 될 수 있다.
4. 조건 설정: 프롬프트에서 원하는 조건 설정으로 명확한 방향성 제공 및 일반적인 또는 광범위한 답변 방지를 도와준다. 예로 "초등학생이 이해할 수 있도록 태양계에 대해 설명해주세요."라는 프롬프트는 모델에게 단순하고 이해하기 쉬운 언어를 사용하여 복잡한 주제를 설명하도록 지시한다.

위와 같은 방법들을 통해 프롬프트 엔지니어링은 사용자가 원하는 결과를 보다 정확하게, 빠르게 얻을 수 있도록 돕고, 인공지능의 성능과 활용도를 극대화하는 데 중요한 역할을 한다. 다음의 그림은 프롬프트 엔지니어링 기법 사용 여부에 따른 결과 차이를 보여준다.

① 프롬프트 엔지니어링을 하지 않는 경우
　Q. 태양계에 대해서 알려주세요

> 태양계는 태양과 그 주변을 돌고 있는 여덟 개의 행성, 그리고 이들 행성을 중심으로 도는 수많은 위성, 수많은 소행성, 수천 개의 혜성, 그리고 대량의 먼지로 구성되어 있습니다.
>
> 여기에는 다음과 같은 천체가 포함됩니다:
>
> 1. **태양**: 태양계의 중심이며, 질량의 대략 99.86%를 차지하는 별입니다. 태양의 엄청난 질량 때문에, 태양계 내의 모든 천체는 태양 주변을 돕니다.
> 2. **행성들**: 태양계에는 8개의 행성이 있습니다. 이들은 태양에 가장 가까운 순서대로 수성, 금성, 지구, 화성, 목성, 토성, 천왕성, 해왕성입니다. 이들은 궤도, 크기, 구조, 대기 등에 따라 다양하게 분류될 수 있습니다.
> 3. **왜성**: '왜성'은 행성으로 분류되지 않는 천체를 말합니다. 플루토는 한때 9번째 행성으로 분류되었지만, 2006년 국제 천문학 연합에 의해 왜성으로 재분류되었습니다. 이 외에도 에리스, 하우메아, 마케마케 등 다른 왜성들도 존재합니다.
> 4. **소행성**: 소행성은 행성과 비슷한 특성을 가지지만, 크기가 훨씬 작습니다. 가장 잘 알려진 소행성은 아스테로이드 벨트에 위치한 세레스입니다.
> 5. **혜성과 코멧**: 이들은 얼음과 바위로 이루어진 작은 천체들로, 태양에 가까워질 때 태양열에 의해 기체가 증발하면서 머리와 꼬리를 형성합니다. 예를 들면, 할리 혜성이 있습니다.

프롬프트 엔지니어링을 사용하지 않은 일반적인 프롬프트

 프롬프트 엔지니어링을 한 경우

Q. 당신은 초등학교 과학 교사입니다. 초등학생이 이해할 수 있도록 태양계에 대해 설명해주세요.

> 그럼요! 태양계는 말 그대로 태양과 그 주변에 있는 행성들, 그리고 그 행성들의 위성, 그리고 아주 작은 돌들로 이루어져 있어요.
>
> 1. **태양**: 우리 태양계의 중심에 있는 거대하고 뜨거운 별이에요. 태양이 바로 우리 태양계의 '보스'라고 할 수 있어요. 왜냐하면 태양이 너무나도 크고 무겁기 때문에, 우리 태양계의 모든 것들이 태양 주위를 돌고 있거든요.
> 2. **행성들**: 태양 주위를 도는 큰 공들이 있어요. 그것들이 바로 행성이에요. 우리 태양계에는 8개의 행성이 있어요. 가까운 순서대로 수성, 금성, 지구(우리가 사는 곳이죠!), 화성, 목성, 토성, 천왕성, 해왕성이 있어요.
> 3. **왜성**: 이런 행성들 중에는 작아서 '왜성'이라고 부르는 것들도 있어요. 플루토는 예전에는 행성이었지만, 지금은 너무 작아서 '왜성'이라고 부르고 있어요.
> 4. **소행성**: 소행성은 아주 작은 행성 같은 거예요. 그 중에 '세레스'라는 것이 있는데, 이건 아주 작은 행성이에요.
> 5. **혜성과 코멧**: 이들은 바위와 얼음으로 만들어진 아주 작은 것들이에요. 이들이 태양에 가까이 오면, 얼음이 녹아서 꼬리를 만들어요. 그래서 하늘에서 별똥별 같이 보이는 거예요.
> 6. **위성**: 위성은 행성 주위를 도는 것들을 말해요. 가장 잘 알려진 위성은 바로 지구의 달이에요. 하지만 다른 행성들도 달이 있는데, 목성이나 토성 같은 행성에는 달이 수십 개나 있답니다!

초등학교 과학교사라는 역할을 부여하는 프롬프트 엔지니어링을 작성한 프롬프트

2) 사용자 패턴 프롬프트

사용자 패턴은 사용자가 원하는 답변 유형을 명확하게 지시하기 위해 사용하는 특별한 형식의 문구이다. 특정 패턴을 사용하면, 사용자는 챗봇에게 예상하는 답변 유형을 보다 더 명확하게 전달할 수 있다. 그래서 패턴들은 챗봇에게 더 명확한 지시를 주어, 사용자의 질문이나 요청에 대해 더 정확하고 관련성 높은 답변을 제공하도록 돕는다.

(1) 사용자 패턴 종류

- #role: 이 명령어는 사용자나 AI의 역할을 설정하는 데 사용된다. 예를 들어, "#role: 의사"라고 입력하면, AI는 의사의 역할을 수행하게 된다.
- #explain-like: 이 패턴은 AI에게 특정한 방식으로 정보를 설명하도록 요청할 때 사용된다. 예를 들어 "#explain-like: 나는 5살이야, 왜? 지구는 둥글어 설명해 줘?"는 AI에게 5살짜리 아이가 이해할 수 있는 방식으로 설명을 요청하는 것이다.
- #summarize: 이 패턴은 긴 텍스트를 요약하거나, 복잡한 개념을 간단히 설명할 때 사용된다. 예를 들어, "#summarize: [long text]"혹은 "#summarize: Quantum physics"와 같은 방식으로 사용할 수 있다
- #brainstorm: 이 패턴을 사용하면 AI에게 아이디어를 생성하거나 문제 해결에 도움을 요청할 수 있다. 예를 들어 "#brainstorm: ways to reduce plastic waste"는 AI에게 플라스틱 폐기물을 줄이는 방법에 대한 아이디어를 제안하도록 한다.
- #generate-ideas: 이 패턴은 창의적인 아이디어를 생성하거나, 브레인스토밍을 진행하고자 할 때 사용된다. 예를 들어, "#generate-ideas: for a sci-fi short story"와 같이 사용할 수 있다.
- #translate: 이 패턴은 언어 번역에 사용할 수 있다. 예를 들어, "#translate: [Korean] 안녕하세요." 이런 식으로 사용할 수 있다.

- #teach-me: 이 패턴은 특정 주제에 대해 배우고자 할 때 사용된다. 예를 들어, "#teach-me: about the French Revolution"과 같은 방식으로 사용된다.
- #topic: 이 명령어는 대화의 주제를 설정하는 데 사용된다. 예를 들어, "#topic: 우주 여행"이라고 입력하면, 대화는 우주 여행에 관한 내용으로 진행되는 것으로 설정된다.
- #emotion: 이 명령어는 AI의 감정 상태를 설정하는 데 사용된다. 예를 들어, "#emotion: 행복"이라고 입력하면, AI는 행복한 감정 상태에서 대화를 진행하게 된다.
- #style: 이 명령어는 AI의 말투나 표현 방식을 설정하는 데 사용된다. 예를 들어, "#style: 공손한"이라고 입력하면, AI는 공손한 말투로 대화를 진행하게 된다.
- #temperature: 이 명령어는 응답의 창의성을 조절한다. 0에서 1 사이의 값을 입력하며, 값이 높을수록 더 창의적인 응답을 생성한다. 예) #temperature: 0.8
- #top_p: 이 명령어는 응답의 다양성을 조절한다. 0에서 1 사이의 값을 입력하며, 값이 낮을수록 더 일관된 응답을 생성한다. 예) #top_p: 0.9

(2) 사용자 패턴 사용 예시

① #explain-like를 사용해서 프롬프트에 대해 질문

Q. #explain-like : 나는 초등학생이야. gpt에 사용되는 프롬프트에 대해서 설명해 줘

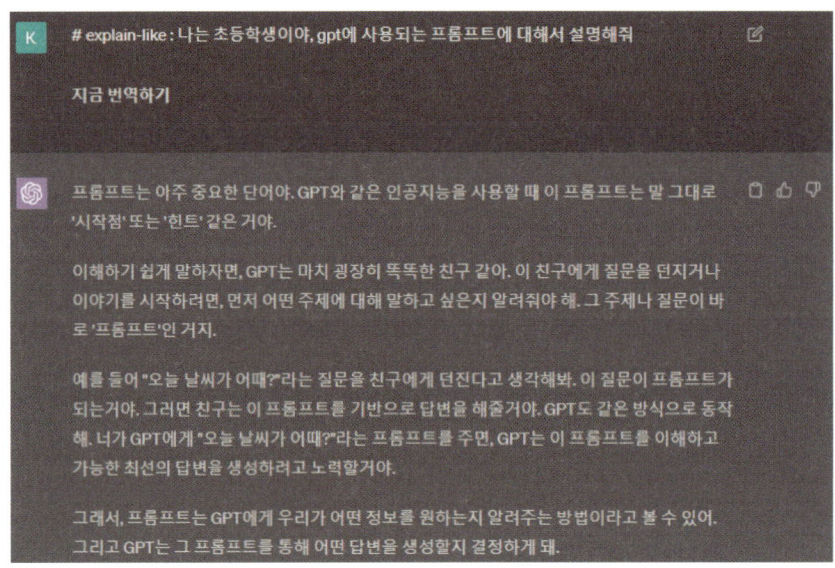

explain-like을 사용해서 프롬프트 작성

② #generate-ideas를 사용해서 AI를 활용한 창업 아이디어 질문

Q. #generate-ideas : 생성형 AI를 활용한 창업 아이디어

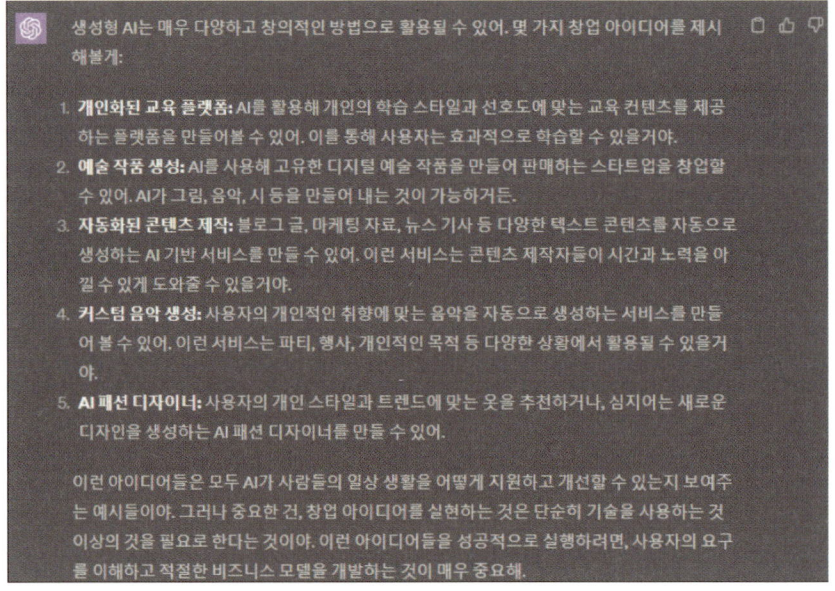

generate-ideas를 사용해서 AI를 활용한 창업 아이디어 프롬프트 작성

3) 마크다운

마크다운(Markdown)은 텍스트를 HTML로 변환하는 언어로, 가독성이 좋고 간단한 문법으로 HTML을 작성할 수 있게 해준다. 제목, 강조, 링크, 이미지, 코드, 표 등 다양한 속성을 나타낼 수 있다. 마크다운은 그 자체로도 유용하지만 ChatGPT와 같은 생성형 AI에 적용하면 더욱 풍부한 결과물을 얻을 수 있다.

(1) 마크다운의 종류

· 제목 : 하나 이상의 #기호로 줄을 시작하고 공백을 입력한 다음 제목 텍스트를 추가한다. #기호의 수는 제목 수준을 결정한다.

마크다운 #

· 강조 : 별표(*) 또는 텍스트 주위에 밑줄(_)

마크다운 *

· 링크 : 하이퍼링크를 생성할 수 있다.

마크다운 링크

· 이미지 : 이미지를 삽입할 수 있다.

마크다운 사진

· 코드 : 코드 블록은 백 틱(`) 세 개를 사용하여 생성할 수 있다.

마크다운 코드

(2) 마크다운 사용 예시

Q. AI에 관한 사전을 마크다운 형식으로 만들고 있다. 내가 단어를 물어보면, 다음 FORMAT에 따라 마크다운을 작성해 줘. 말투는 "~입니다"가 아니라 "~이다"로 해 줘.

FORMAT :
정의

~란 ~이다.(2~3문단)

참고

- 저자,[〈책 제목〉](URL),출판사
- 저자,[〈논문이나 웹페이지 제목〉](URL),출판사
- [URL](URL)

알고 싶은 단어 :

트랜스포머

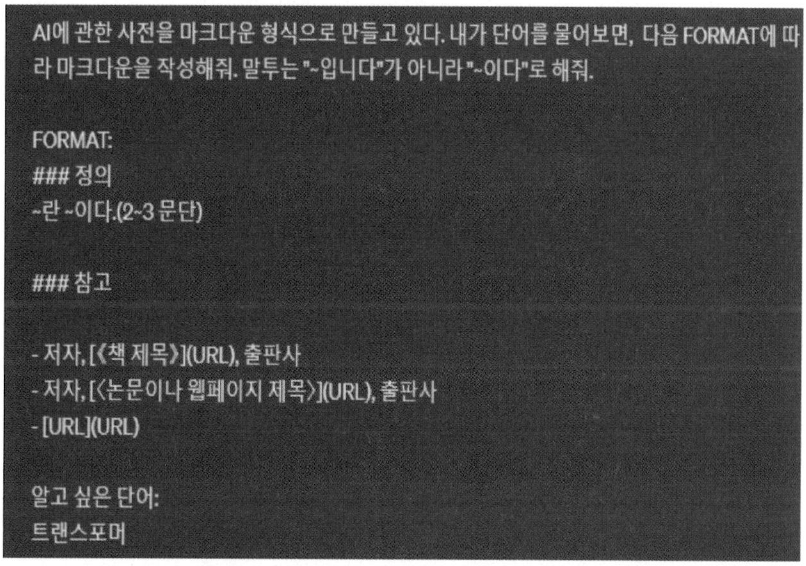

```
AI에 관한 사전을 마크다운 형식으로 만들고 있다. 내가 단어를 물어보면, 다음 FORMAT에 따라 마크다운을 작성해줘. 말투는 "~입니다"가 아니라 "~이다"로 해줘.

FORMAT:
### 정의
~란 ~이다.(2~3문단)

### 참고

- 저자,[〈책 제목〉](URL), 출판사
- 저자,[〈논문이나 웹페이지 제목〉](URL), 출판사
- [URL](URL)

알고 싶은 단어:
트랜스포머
```

마크다운을 사용해서 프롬프트 작성

> **정의**
>
> 트랜스포머(Transformer)란 인공지능 분야에서 사용되는 딥 러닝 모델이다. 이 모델은 "Attention is All You Need"라는 논문에서 처음 소개되었다. 트랜스포머는 주로 자연어 처리(NLP) 태스크에서 사용되며, RNN(Recurrent Neural Network)이나 CNN(Convolutional Neural Network)보다 더 뛰어난 성능을 보여준다.
>
> 트랜스포머의 주요 특징 중 하나는 "어텐션 메커니즘(attention mechanism)"을 통해 입력 데이터의 다양한 부분에 주목하는 것이다. 이 모델은 시퀀스 데이터를 처리하는 데 있어 시간적인 순서에 의존하지 않으므로, 병렬 처리가 가능해 빠른 학습 속도를 보인다. 이러한 특징은 트랜스포머를 다양한 NLP 태스크에 적용할 수 있게 한다.
>
> **참고**
> - Vaswani, Ashish et al., 《Attention is All You Need》, Advances in Neural Information Processing Systems, 2017.
> - The Illustrated Transformer

마크다운을 사용해서 얻은 답변

02 ChatGPT 플러그인

ChatGPT 플러그인은 다양한 브라우저나 애플리케이션 등 타사 서비스와 연동이 가능하게 하는 서비스이다. ChatGPT는 기본적으로 사전 학습된 데이터를 기반으로 답변을 생성하기 때문에, 최신 트렌드나 최근의 정보를 반영하지 못하는 경우가 있었다. 하지만 플러그인을 사용하면 실시간 정보에 접근할 수 있게 되어, 최신 데이터를 바탕으로 한 답변을 제공할 수 있다. 이로 인해 사용자는 보다 정교하고 정확한 답변을 받을 수 있게 되었다.

또한, ChatGPT 플러그인은 회사의 문서 저장소나 DB에 접근하여 지식 기반 정보를 검색하거나, 계산 작업을 수행하거나, 예약/주문과 같은 써드파티 서비스를 이용하여 사용자의 요청에 따른 작업을 지원한다. 아래에서는 몇 가지 유용한 ChatGPT 플러그인 사용 방법과 그 예시들에 대해 알아보겠다.

1. Show me: 이 플러그인은 다이어그램이나 차트 등 시각적 자료를 생성할 때 유용하다. 예를 들어 "5년간 매출 추세 다이어그램을 그려줘"라는 프롬프트가 주어진다면, 해당 시간 동안의 매출 데이터를 바탕으로 한 다이어그램을 생성하여 보여줄 수 있다.
2. Wolfram: 이 플러그인은 복잡한 계산이 필요할 때 또는 과학적 질문에 대답할 때 유용하다. 예를 들어 "$2x^2 - 3x + 4 = 0$의 해를 구해 줘"라는 프롬프트가 주어진다면 Wolfram 애플리케이션을 활용해 해당 방정식의 해를 계산하여 제공한다.
3. Ask your PDF: 이 플러그인은 PDF 파일 내부의 내용에 대한 질문에 답변할 때 유용하다. 예로 "PDF 파일 중 '2023년 회사 보고서'에서 '매출' 부분 읽어줘"라는 프롬프트가 주어진다면, 해당 PDF 파일을 불러와 '매출'에 관한 부분을 읽어줄 수 있다.

이처럼 ChatGPT 플러그인은 다양한 환경에서 적용 가능하며, 사용자의 요구에 따라 다양한 작업을 수행할 수 있게 돕는다. 이를 통해 ChatGPT는 단순히 질문에 답변하는 것을 넘어서 사용자의 작업을 보조하고, 정보 검색 및 처리 등 복잡한 작업도 지원할 수 있는 능력을 갖추게 된다.

단, ChatGPT 플러그인과 API는 서로 다른 개념이므로 혼동해서는 안 된다. ChatGPT API는 외부 기업이나 기관이 자신의 서비스를 업그레이드하기 위해 ChatGPT를 활용하는 것을 의미한다. 예를 들어, 미국의 온라인 식품 배송 업체 인스타카트는 고객들에게 보다 풍부한 쇼핑 경험을 제공하기 위해 ChatGPT API를 활용하여 앱을 강화하였다. 인스타카트는 자체 AI와 75,000개

show me, Wolfram, Ask your PDF 플러그인

이상의 소매 파트너 매장에서 얻은 제품 데이터와 함께 ChatGPT를 사용하여 고객들이 "생선 타코는 어떻게 만들면 좋을까요?", "아이들에게 건강한 점심 메뉴로 무엇이 좋을까요?" 등과 같은 질문에 대한 답변을 제공한다.

결국, 외부 앱에서 ChatGPT의 AI 채팅 기능을 이용하려면 API가 필요하며, 이것은 서비스 개선 및 업그레이드에 큰 도움이 되고 있다. 반면, 플러그인은 사용자가 실시간 정보에 접근하거나 복잡한 작업 등을 수행할 때 유용하게 사용되고 있다.

(1) 플러그인 설치 방법

① chatGPT 메인 페이지에서 [Settings & Beta]를 선택

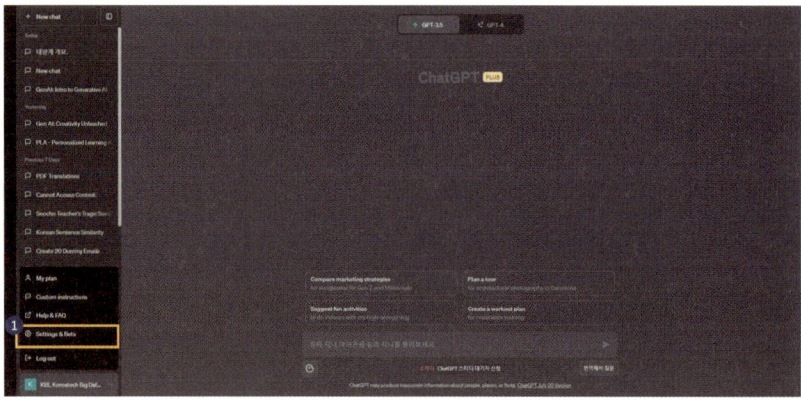

ChatGPT 메인페이지

② ChatGPT 메인 페이지에서 [Beta Features]를 선택하여 Plugins 활성화

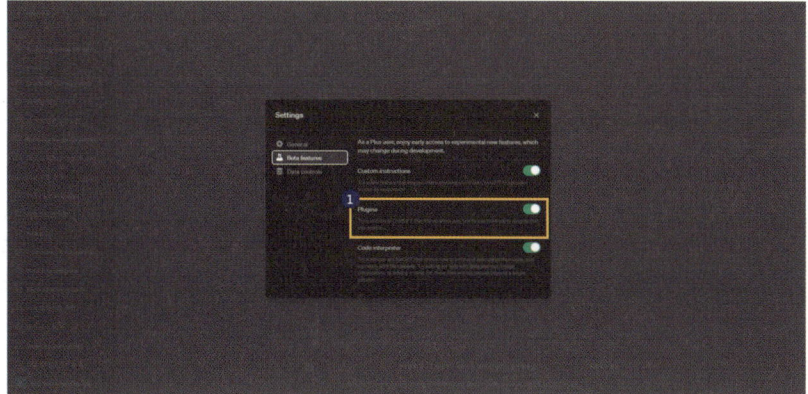

Beta feature 페이지

③ 메인 페이지로 돌아가서 New Chat 클릭

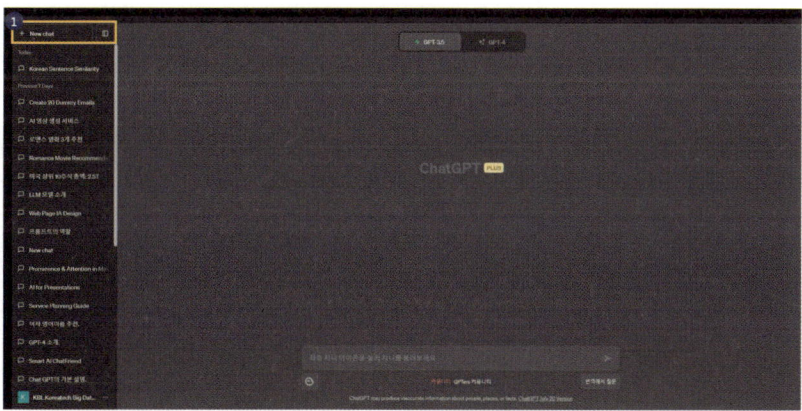

ChatGPT 페이지 New chat 선택

④ ChatGPT 모델을 GPT-4로 바꾸고, Plugins 선택

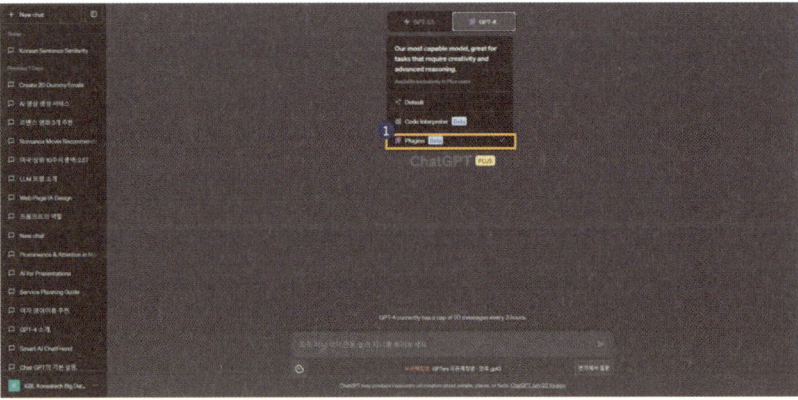

GPT4 기능 중에서 plugin 활성화

⑤ 아이콘을 선택한 뒤에 가장 아래로 내려가서 Plugin store 선택

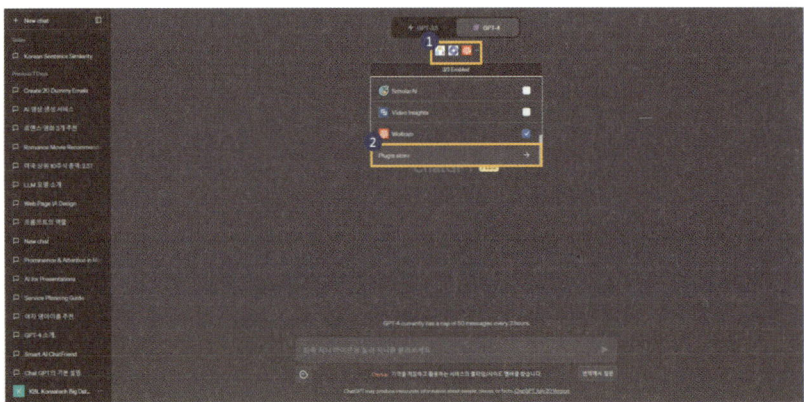

Plugin 페이지

⑥ 필요한 플러그인을 찾은 뒤에 "Install" 클릭

Plugin store에서 Show me 선택

⑦ 사용할 플러그인을 누르고, 프롬프트를 작성한다.

Show me 플러그인 활성화

(2) show me

Show Me 플러그인은 데이터와 정보를 그래프, 차트, 다이어그램 등의

시각적 요소로 표현하는 기능을 가지고 있다. 이는 복잡한 데이터나 개념을 사용자가 이해하기 쉽게 단순화하고 시각화하는 역할을 한다. 또한 차트의 유형이나 색상 등 스타일 설정 옵션을 제공하여 사용자가 자신에게 가장 알맞은 방식으로 데이터를 보여줄 수 있도록 돕는다.

예를 들어 "자동차 엔진이 어떻게 작동하는지 시각적 다이어그램으로 설명해 줘"라는 요청이나 "태양계의 다이어그램을 보여줘"라는 요청에 Show Me 플러그인을 활용할 수 있다. 더 나아가, 어떤 것이 어떻게 작동하는지 설명하거나, 어떤 것이 어떻게 만들어지는지 설명하거나, 책의 내용을 요약하거나 프로세스를 설명하려 할 때도 이 플러그인은 유용하다. 또는 "예산 분배에 대한 이상적인 내역을 보여줘"라든가 "상원에서 각 정당의 비율은 얼마야?"와 같은 비율이나 부분을 나타내고 싶은 경우에도 Show Me 플러그인은 큰 도움이 될 수 있다.

Show Me 플러그인에서 지원하는 다양한 다이어그램 언어 및 유형에는 mermaid, plantuml, d2, nomnoml, graphviz 등과 같은 것들이 있으며 그래프(graph), 순서(sequence), 클래스(class), 상태(state), 엔티티-관계(entity-relationship), 사용자 여정(user-journey), 간트 차트(gantt chart) 등과 같은 형식들도 제공한다.

덧붙여 JSON 혹은 YAML과 같은 데이터 구조를 시각화하거나 소금 와이어프레임(salt wireframe) 등과 같은 UI/UX 디자인 도구로써 활용할 수 있으며 마크다운(Markdown) 기반의 텍스트로 블록(block), 랙(rack), DBML(DBML), 아스키(ASCII) 등과 같은 다이어그램도 생성할 수 있다.

또한 디지털 타이밍(digital timing) 다이어그램, 막대 차트(bar chart), 히스토그램(histogram), 라인 차트(line chart) 등과 같은 통계적 그래프를 만드는 것도 가능하다. 아래 사진들은 Show Me를 사용하여 생성된 다양한 형태의 다이어그램 예시들을 보여주고 있다.

Q. 너는 뛰어난 웹서비스 개발자야. show me를 사용해서 웹페이지 IA를 설계해 줘

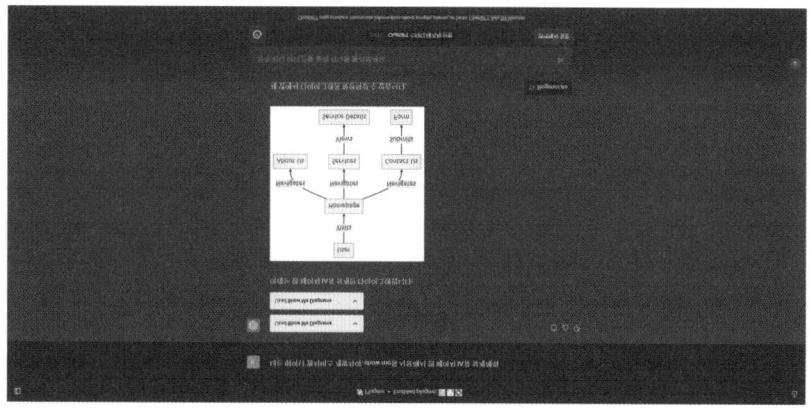

show me 플러그인을 사용해서 웹페이지 IA 설계

Q. gpt 플러그인 5개를 무작위로 뽑아서 다이어그램으로 보여주세요.

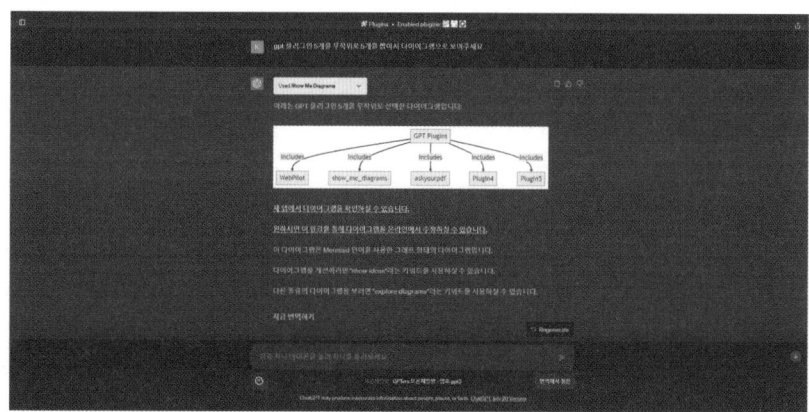

show me 플러그인을 사용해서 GPT 플러그인 5개 다이어그램 생성

(3) 울프람

울프람 플러그인은 Wolfram Alpha와 Wolfram Cloud의 계산 능력과 데

이터를 활용하는 기능을 가지고 있다. 이 플러그인은 'get Wolfram Alpha Results'와 'get Wolfram Cloud Results'라는 두 가지 주요 기능을 제공한다.

'get Wolfram Alpha Results' 기능은 Wolfram Alpha의 자연어 처리 능력을 활용하여 다양한 질문에 대한 답변을 제공한다. 이 기능은 수학적 계산, 날짜와 단위 변환, 공식 해결 등의 작업을 수행할 수 있다. 더 나아가, 화학, 물리학, 지리, 역사, 예술, 천문학 등 다양한 분야에 대한 질문도 이해하고 처리할 수 있다.

반면에 'get Wolfram Cloud Results'는 Wolfram Language 코드를 평가하는 데 사용된다. 이를 통해 복잡한 계산이나 데이터 분석 작업을 할 수 있으며, 그래프를 그리거나 데이터를 가져오는 작업도 가능하다.

이들 기능들을 사용하기 위해서는 사용자가 질문이나 명령어를 텍스트 혹은 JSON 형식으로 전달해야 한다. 예컨대 OECD 국가들 중에서 상위 10개 국가의 GDP 정보를 요청하고 해당 정보에 대한 막대 그래프를 만드는 것도 가능하다.

Q. 울프람을 사용해서 oecd 국가들 중에서 상위 10개 국가의 gdp를 알려줘

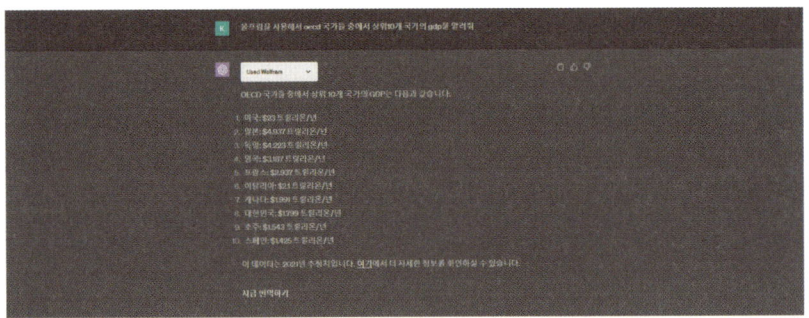

Wolfram 플러그인을 사용해서 OECD 국가들 중에서 상위 10개 국가 GDP 질문

Q. 울프람을 사용해서 이 데이터를 활용해서 막대 그래프를 그려줘

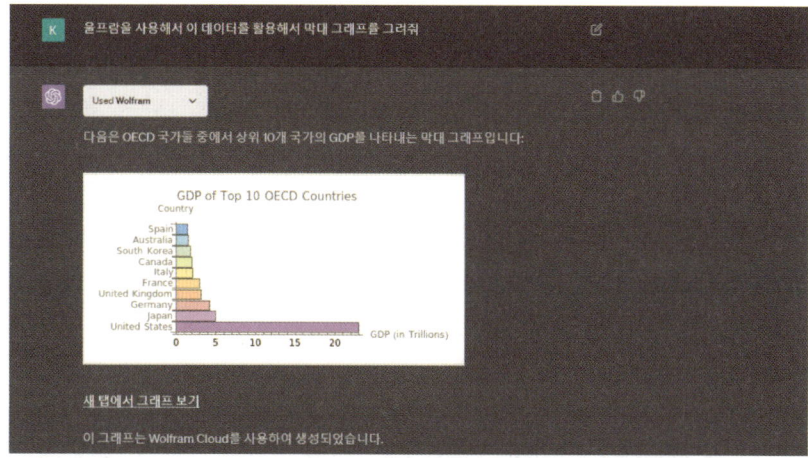

Wolfram 플러그인을 사용해서 OECD 국가들 중에서 상위 10개 국가 GDP 막대 그래프 생성

Wolfram Cloud를 사용하여 복잡한 계산을 수행하려면, 수학 공식을 적은 텍스트 또는 Wolfram Language 코드를 전달해야 한다. 예를 들어, 0에서 파이까지의 사인 함수의 적분을 다음과 같이 요청할 수 있다.

Q. 0에서 파이까지 싸인 함수를 적분해줄래?

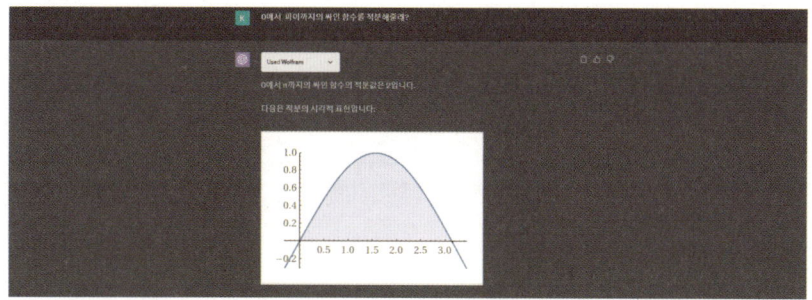

Wolfram 플러그인을 사용해서 0에서 파이까지의 사인 함수 적분 값 도출

(4) Ask your PDF

　　Ask your PDF 플러그인은 PDF 파일의 내용을 분석하고, 이를 ChatGPT와 같이 정리하거나 번역하는 기능을 제공한다. 사용 방법은 먼저 웹페이지에 PDF 파일을 업로드하여 문서 ID(doc_id)를 생성한다. 이렇게 생성된 ID를 ChatGPT에 복사하여 붙여넣으면 된다. 이렇게 하면 전체 문서를 직접 읽지 않아도 필요한 정보만을 ChatGPT에게 질문하여 쉽게 얻어낼 수 있다.

　① Ask your PDF 홈페이지 'https://askyourpdf.com/'

Ask Your PDF 홈페이지

② Upload Document를 눌러서 파일 업로드 후 doc_id 복사하기

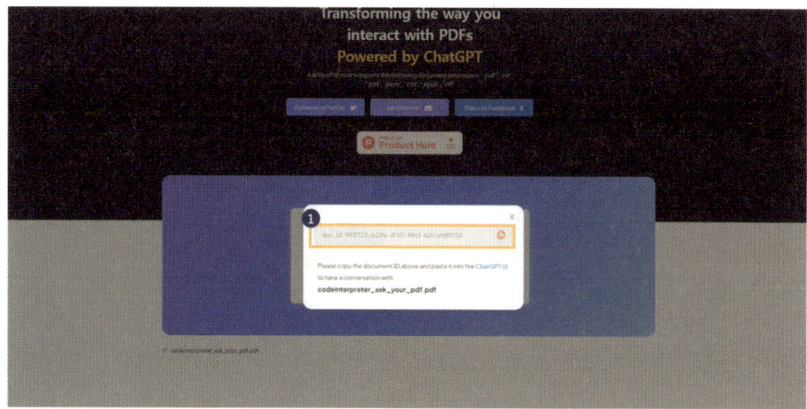

Ask Your PDF에서 doc_id 복사

③ New chat을 누르고 ChatGPT-4 plugin에서 AskYourPDF 선택하기

Ask Your PDF 플러그인 사용

④ ChatGPT에게 PDF 내용 질문하기

Q. ask your pdf 플러그인을 사용해서 doc_id: 19f1723-b09e-4f30-98cf-62fcafd8f734이 파일을 4줄로 요약해 줘

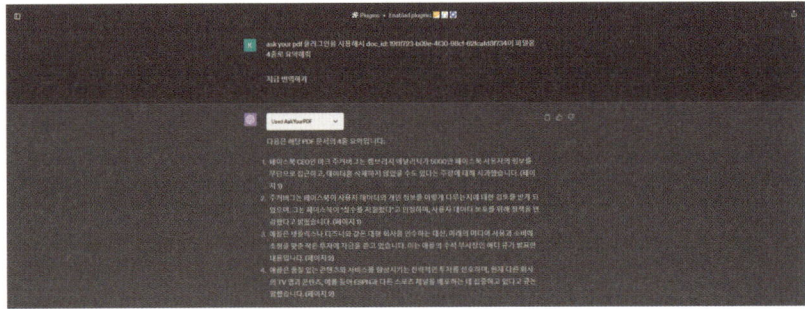

Ask Your PDF 플러그인을 사용해서 4줄 요약 질문

03 Advanced data analysis

ChatGPT PLUS에서 제공하는 Advanced data analysis 기능은 ChatGPT를 통해 파이썬 코드를 실행하고 결과를 반환하는 기능을 제공한다. 이는 기본적으로 샌드박스 파이썬 실행 환경에서 원하는 작업을 손쉽게 수행할 수 있다. 사용자가 직접 파이썬 라이브러리를 설치할 수는 없지만, 300개 이상의 사전 설치된 파이썬 라이브러리 및 패키지를 활용하여 샌드박스 및 방화벽 환경에서 코드를 실행할 수 있다.

현재 'Advanced data analysis'는 임시 디스크 공간을 통해 대화 작업 공간에 파일을 업로드하고 다운로드하는 것도 가능하다. 지원되는 파일 형식은 TXT, PDF, DOC, JPEG, PNG, MP4, AVI, CSV, JSON, XML 등 다양한 형태가 있으

며 XLSX와 같은 엑셀 파일부터 CPP(시소 프로그래밍), PY(파이썬), HTML 등의 코드 파일까지 지원한다.

업로드 가능한 최대 용량은 512MB로 정해져 있으며 업로드된 파일은 채팅 세션 종료 후 자동으로 삭제된다. 일정 시간 동안 채팅하지 않으면 세션이 종료되어 이전에 업로드한 파일과 링크 및 코드 블록 등이 작동하지 않게 될 수 있다.

Advanced data analysis는 업로드한 파일에 대해 코드를 실행하여 데이터 분석부터 이미지/동영상 편집까지 다양한 요청을 처리할 수 있다. 구체적으로 데이터 분석에서는 데이터 시각화부터 전처리와 탐색 그리고 모델링까지 포괄적인 분석 작업을 할 수 있으며 금융 데이터나 인구 관련 지리 정보 등도 처리 가능하다.

수학 계산 부분에서도 기본 연산 외에도 기하학과 미적분 그리고 벡터와 선형 대수 그리고 확률과 통계 관련 계산들도 가능하다. 또한 이미지/동영상 편집 부분에서 이미지 분석과 처리 그리고 광학 문자 인식(OCR) 기능을 통해 이미지에서 텍스트를 추출하는 것도 가능하다. 더불어 기하학적 변환과 워터마크 추가 그리고 동영상 애니메이션 추가 등의 작업도 가능하다.

차트 생성 부분에서는 네트워크 그래프와 히트맵 등 다양한 형태의 차트를 만들 수 있으며 범주형 데이터나 수치형 데이터 분포 시각화, 갠트 차트와 스트림그래프 등 시계열 데이터 시각화도 가능하다. 코드 분석 부분에서는 코드 리뷰 및 리팩토링, 코드 실행과 테스팅, 코드 이해와 분석 등이 가능하며 개선점 제안 및 수정까지 진행할 수 있다.

마지막으로 파일 변환 부분에서는 다양한 형식의 파일들을 읽고 쓰거나 수정 및 생성하는 작업을 할 수 있다. 이 모든 기능들은 사용자가 Advanced data analysis를 활용하여 보다 복잡한 작업을 손쉽게 처리할 수 있게 돕는 역할을 한다.

분류	요약
데이터 분석	거래,생물학적,센서,수치,음성,이미지,텍스트 분석
수학계산	기하학, 대수학,미적분학, 삼각학
이미지 생성과 편집	레터링, 배경제거, 리사이즈, 변형,색상 조정, 흐림 효과, 합성
차트 생성	막대그래프, 박스 플롯, 산점도, 선그래프, 원그래프, 히스토그램
코드 분석	코드 리뷰와 리팩토링, 코드 분석, 코드 실행과 테스팅
파일 변환	업로드한 스프레시트, 압축파일, 오디오 파일, 워드 프로세싱 문서, 프레젠테이션 파일을 수행하고 변환.

(1) 사용 방법

① [Settings]를 클릭하면 Settings 화면이 열린다.

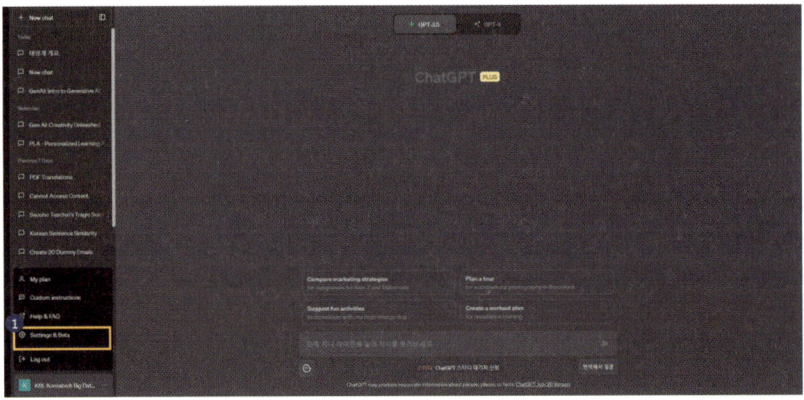

ChatGPT 메인페이지

② [Beta features]를 클릭하고 Advanced data analysis를 클릭하여 활성화한다.

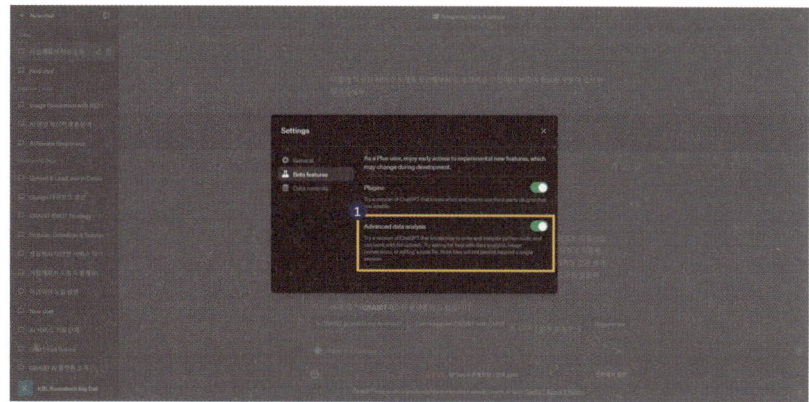

Beta & features에서 Advanced data analysis 활성화

③ Advanced data analysis을 사용할 수 있는 경우 GPT-4 하위 항목에서 'Code Interpreter (Beta)'를 선택할 수 있다. 또한 프롬프트 입력창 오른쪽에 파일 업로드를 위한 ⊕가 생긴 것을 볼 수 있다.

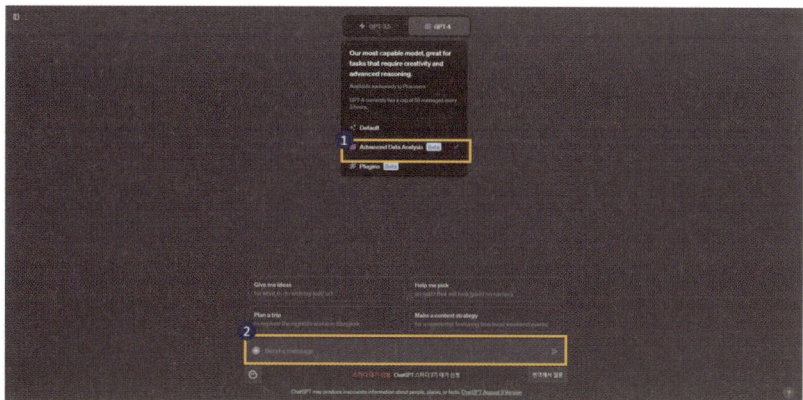

GPT-4 기능 중에서 Advanced data analysis 선택

④ 파일을 첨부하고, 프롬프트를 작성한다.

Q. 이 데이터를 시각화 해주세요

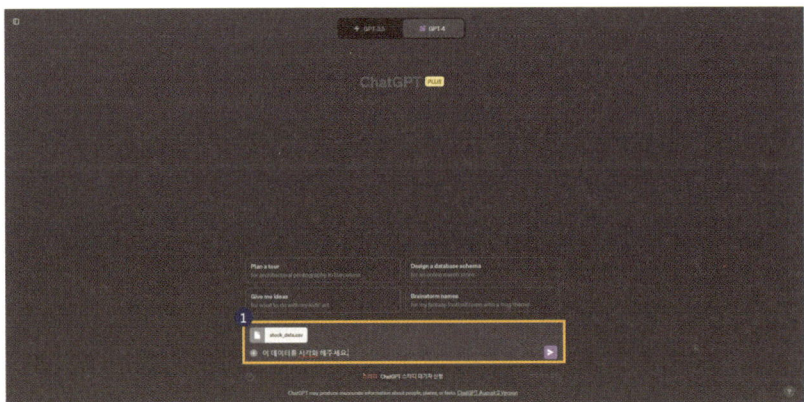

ChatGPT에 파일 첨부

(2) 사용 결과

⑦ 주식 데이터 업로드후 주식의 시가를 시간에 따른 변화 시각화

Q. 이 주식 데이터(stock)의 시가를 시간에 따라 표시해주세요

위의 그래프는 마이크로소프트(MSFT) 주식의 시가를 시간에 따라 표시한 것입니다. 이 그래프를 통해 주식의 시가가 어떻게 변화했는지 확인할 수 있습니다. 다른 시각화나 분석이 필요하시다면 언제든지 말씀해주세요!

Advanced Data Analysis가 파일 데이터를 기반으로 그래프 출력

⑧ 데이터의 기본적인 통계량, 결측치 확인 등 다양한 EDA 제공

Q. 이 데이터(mpg)를 사용해서 EDA를 진행해주세요.

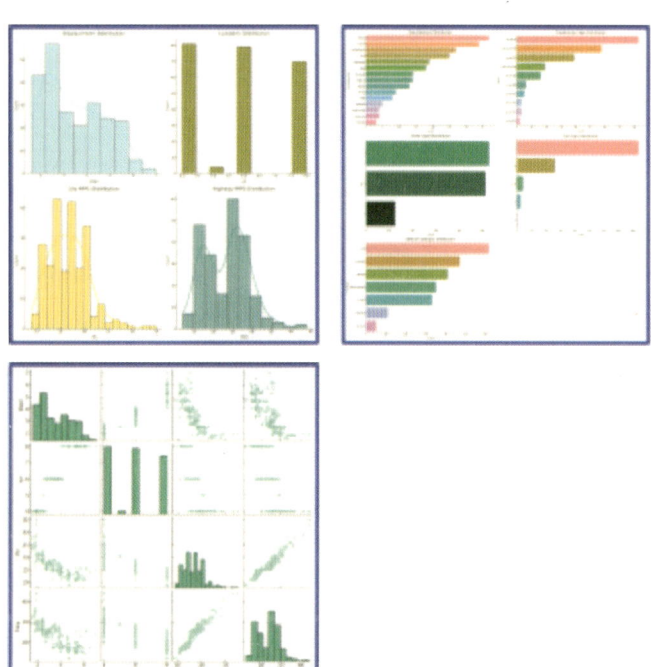

수치형 변수의 분포, 범주형 변수의 분포, 수치형 변수에 대한 산점도 행렬

⑨ SNS 데이터 분석(Blog data)에 활용하여 데이터 시각화

Q. 첨부된 파일은 네이버 블로그의 월간 조회수 통계 데이터입니다. 여기서 읽을 수 있는 정보를 그래프로 시각화하여 주세요. 단, 당신이 전문 소셜 미디어 컨설턴트라는 가정 하에 통계 분석을 진행해주세요.

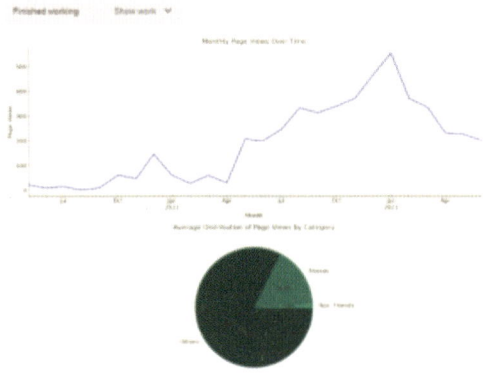

SNS 데이터를 활용한 시각화

⑩ 이미지 편집

Q. 이 사진(Sample_image)을 팝아트 스타일로 바꿔주세요

이미지를 팝아트 스타일로 편집

⑪ 비디오 편집

Q. 이 영상(Sample_video)의 비율을 4:3으로 바꿔주시고, 앞의 5초를 잘라 2배 느린 gif로 생성해주세요

영상 시간 편집 및 확장자 변환

⑫ OCR 텍스트 추출

Q. 이 파일(OCR)을 OCR을 활용해서 텍스트만 추출해주세요.

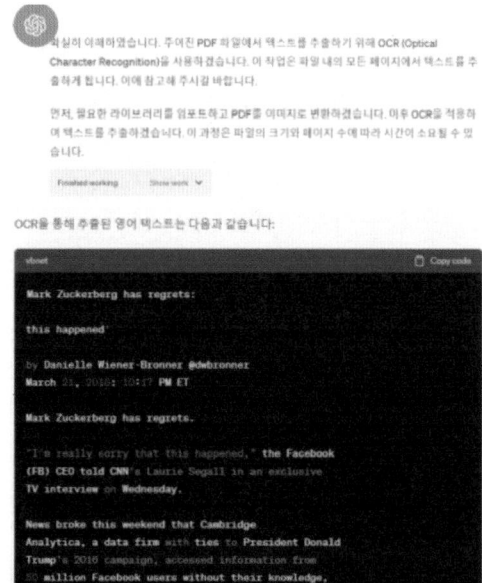

PDF에서 텍스트 추출

⑬ PPT 만들기

Q. 이 내용(6번 결과물)을 기반으로 PPT를 만들어 주세요.

> 1. 슬라이드 1: 제목과 저자, 날짜
> 2. 슬라이드 2: 기사의 주요 포인트 요약
> 3. 슬라이드 3-5: 기사의 주요 세부사항
> 4. 슬라이드 6: 결론 및 토의할 주요 질문
>
> 이러한 구조를 사용하여 PPT를 만들어 보겠습니다. 이 작업은 python-pptx 라이브러리를 사용하여 수행됩니다.
>
> Finished working   Show work ∨
>
> 이제 PPT 생성이 완료되었습니다. 다음 링크를 통해 다운로드하실 수 있습니다:
>
> Download the presentation

텍스트로 PPT 생성

04 Custom Instruction

ChatGPT Plus의 또 다른 기능인 Custom Instruction은 사용자의 필요에 따라 ChatGPT를 맞춤 설정할 수 있는 기능을 제공한다. 이를 통해 사용자는 ChatGPT가 응답을 생성할 때 고려하길 원하는 기본 설정이나 요구사항을 추가할 수 있다. 이로 인해 일반적인 AI 응답에서 개인화되고 타겟팅된 정보로의 상호작용으로 전환할 수 있다.

모델은 각각의 응답 생성 시 Custom Instruction을 고려하므로, 선호 사항이나 정보를 반복적으로 입력하지 않아도 되어 시간을 절약할 수 있다. 예를 들면, 3학년 과학 수업 계획을 작성하는 교사는 한 번만 그 사실을 알리면 된다. 파이썬 대신 다른 언어로 코드 작성을 선호하는 개발자도 한 번만 그 선호 사항을 말하면 충분하다. 또한 6인분 식료품 목록 계산과 같은 대가족 식료품 쇼핑도 더욱 편리해진다. 물론 Custom Instruction은 언제든지 수정하거나 삭제

가능하여 유연한 대화가 가능하다.

Custom Instruction은 두 가지 질문으로 구성되며, 각 응답에는 1500자 제한이 있다. 첫 번째 질문 "ChatGPT가 더 나은 응답을 제공하기 위해 당신에게 알아야 할 사항이 있나요?"에서는 사용자가 자신의 역할, 예시, 추가 정보 등 ChatGPT에게 알려줄 내용들을 작성한다.

두 번째 질문에서는 사용자가 원하는 ChatGPT의 응답 방식과 출력 형식 등에 대해 작성한다. 이 Custom Instruction 부분에 대한 응답 작성 방법은 프롬프트와 동일하여 별도의 학습 없이 쉽게 활용 가능하다.

(1) 사용 방법

① [Settings]를 클릭하여 Settings 화면을 연다.

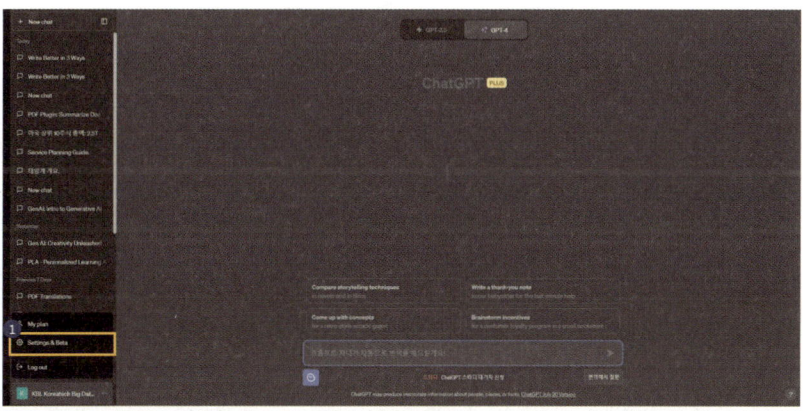

ChatGPT 메인 페이지

② [Beta features]를 클릭하고 Custom instruction을 클릭하여 활성화한다.

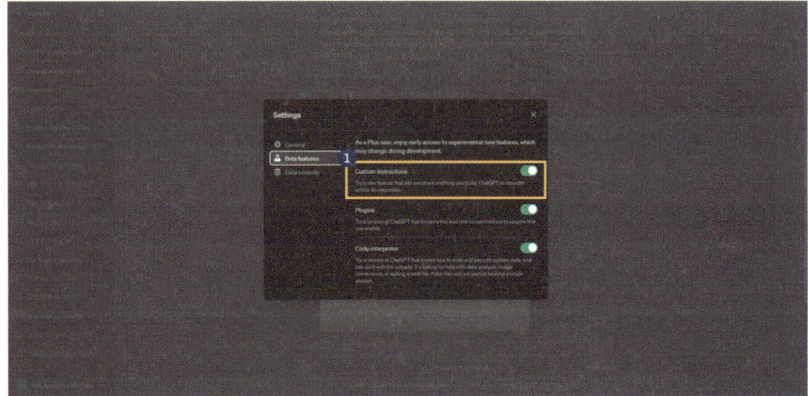

Beta & feature에서 Custom instruction 활성화

③ 좌측 하단을 눌러서 Custom instruction을 누른다.

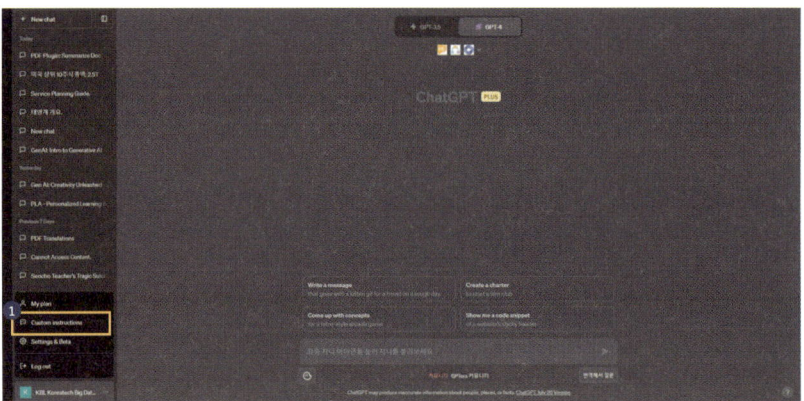

Custom instruction 클릭

④ Custom instructions 프롬프트를 작성한다.

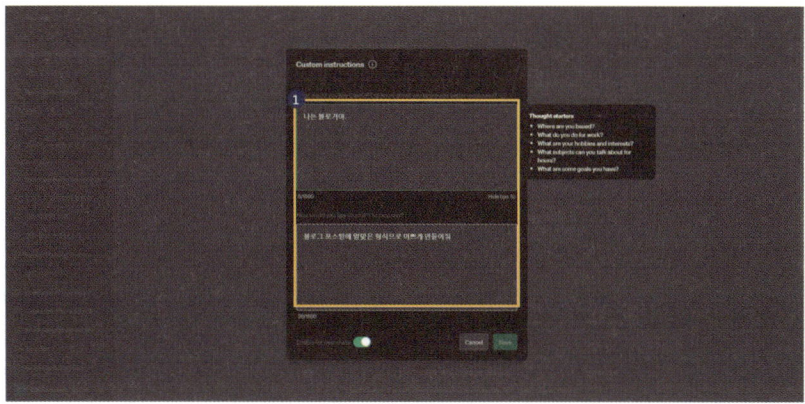

Custom instruction 페이지에서 프롬프트 작성

⑤ New Chat을 누르고 새로운 질문을 입력한다.

ChatGPT에게 ChatGPT 설명 프롬프트 작성

출력 결과

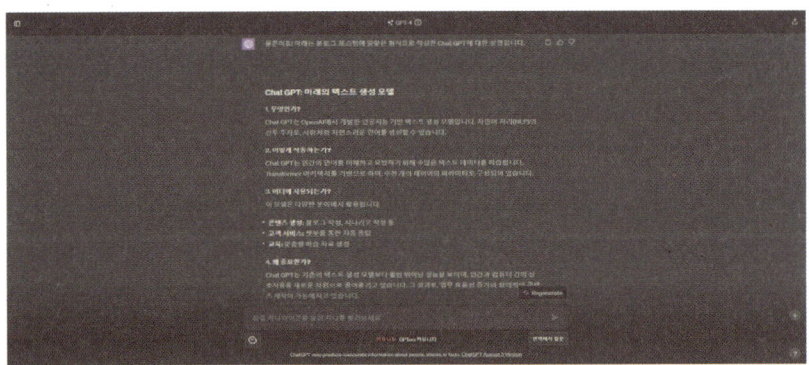

Custom instruction에 따른 결과 도출

05 확장 프로그램

확장프로그램이란 브라우저에 새로운 기능을 추가하고, 브라우저 환경을 사용자에 맞춤 설정할 수 있게 도와주는 프로그램이다. 여기서 알아볼 확장 프로그램은 '프롬프트 지니'와 'ChatGPT for Google'이다. 이 두 개의 확장 프로그램은 브라우저를 더욱 강력하게 만들어 주어 생산성을 향상시킬 것이다. 이 책에서는 브라우저는 크롬으로 진행할 것이다.

1) 프롬프트 지니

ChatGPT에 한글로 질문하면 대답이 느리고, 짧고, 앞서 대화한 내용을 더 빨리 잊어버린다. 프롬프트 지니는 한글 질문을 프롬프트에 작성하면 영어로 번역하고, 받은 답변을 한글로 번역한다. 그래서 2배 더 빠른 응답과 2~5배 더 긴 문자수를 출력할 수 있고, 출력 중간 잘림이 최소화되며, 3~4배는 더 길게 ChatGPT가 기억한다. 또한 웹 연결을 버튼을 누르면 검색 엔진 결과를 포함하여 정확도를 높여 준다. 그래서 기존의 ChatGPT가 가진 단점 중 하나인 최신 데이터가 없다는 것을 해결해 준다. 크롬 웹스토어에서 '프롬프트 지니'를 찾아 크롬에 추가하면 설치가 완료된다. 설치가 끝나면, ChatGPT 첫 화면이 변경된다.

(1) 사용 방법

① 구글에 '프롬프트 지니'를 검색하고 '프롬프트 지니: ChatGPT 자동 번역기'를 누른다.

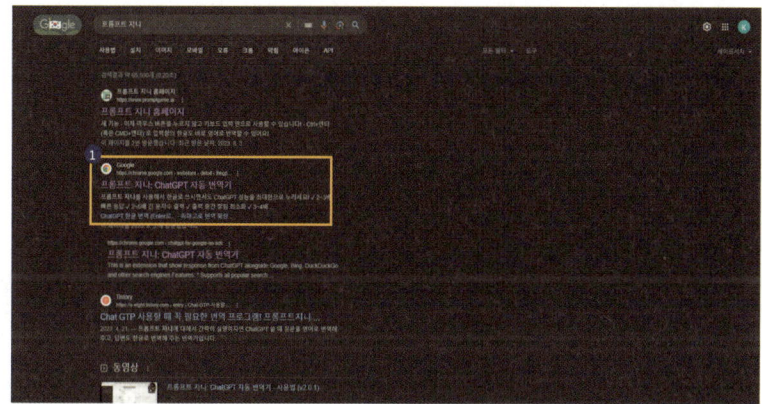

프롬프트 지니 검색

② Chrome에 추가를 누른다.

프롬프트 지니 크롬 웹스토어 페이지

③ ChatGPT로 다시 돌아오면 화면이 변경된다.

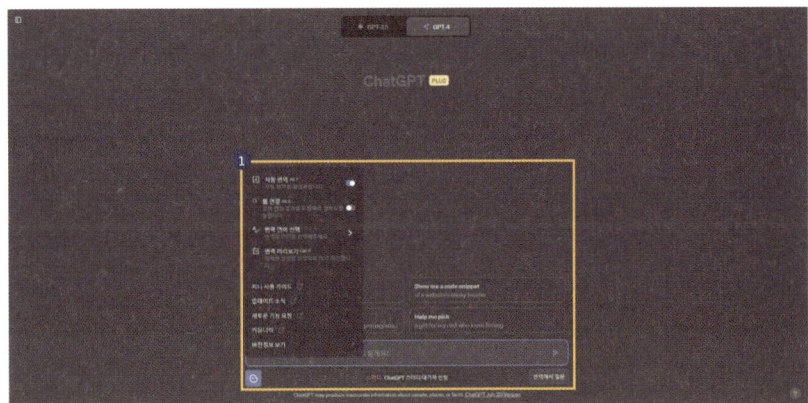

ChatGPT 메인페이지에서 프롬프트 지니 적용 후

④ 프롬프트를 작성한다.

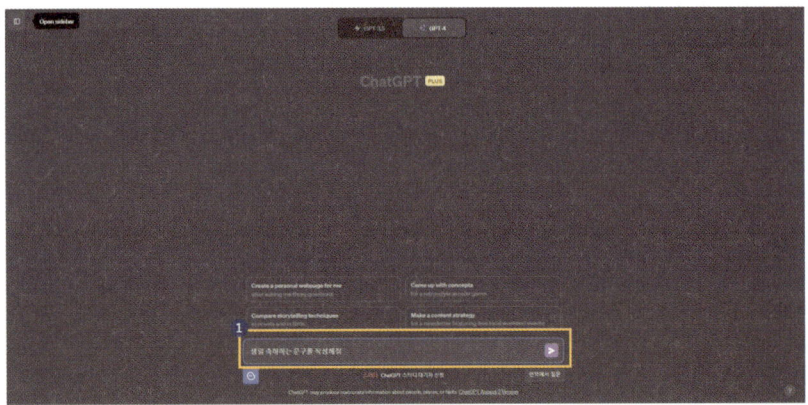

프롬프트 지니 적용 후 프롬프트 작성

(2) 출력 결과

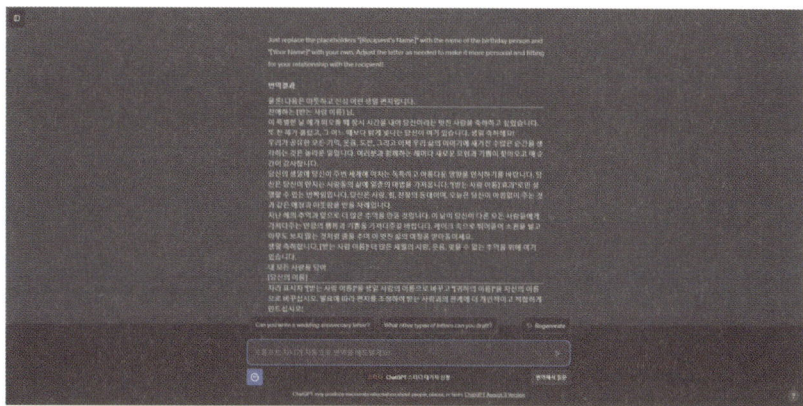

프롬프트 지니 적용 후 프롬프트에 대한 결과값

2) ChatGPT for Google

ChatGPT for Google은 ChatGPT의 강력한 기능을 검색 엔진과 결합한 브라우저 확장 프로그램이다. 일반적인 검색 엔진 결과와 함께 ChatGPT 응답을 표시함으로써 작동한다. 현재 Google, bing 등의 검색 엔진을 지원한다.

(1) 사용 방법

① 크롬으로 접속한 구글에 'ChatGPT for Google' 검색하기

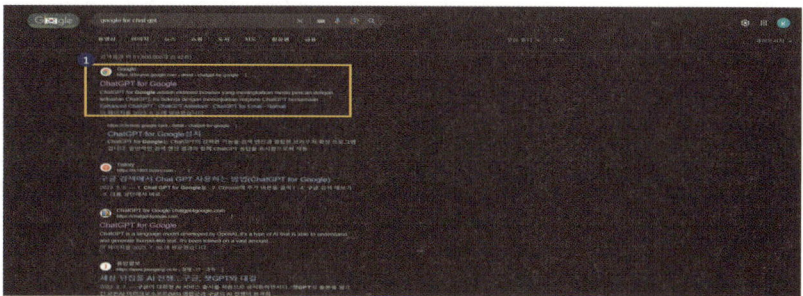

ChatGPT for Google 검색

② Chrome에 추가 누르기

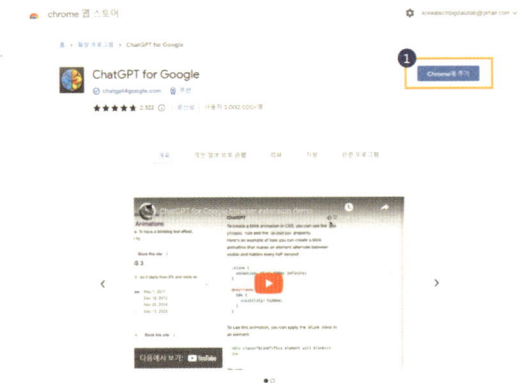

ChatGPT for Google 크롬 웹스토어 페이지

③ 구글에서 검색하기

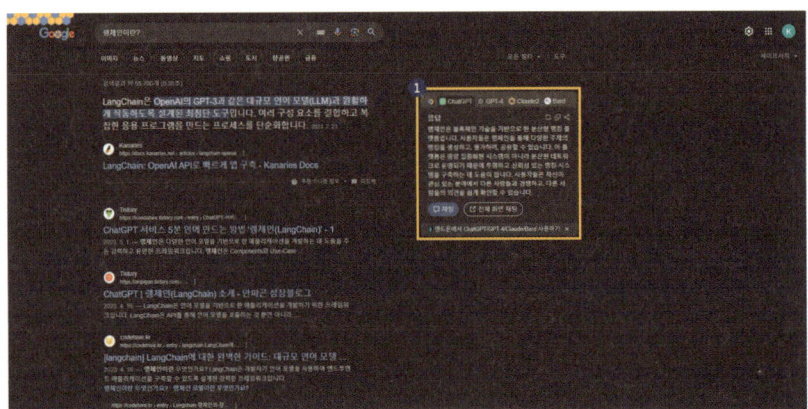

ChatGPT for Google 적용 후 검색창

06 GPT for Sheets & Docs

GPT for Sheets & Docs는 구글 스프레드시트와 구글 독스에서 ChatGPT를 쉽게 연동할 수 있도록 지원하는 부가 기능이다. 이 기능을 활용하면 반복적인 작업을 줄이고 업무 효율성을 크게 향상시킬 수 있다.

GPT for Sheets & Docs는 다양한 ChatGPT 연동을 위한 함수를 제공한다. 이 중 핵심 함수 파라미터로는 'prompt', 'value', 'temperature', 그리고 'max token'이 있다. 'Prompt'는 프롬프트에 값을 동적으로 전달할 때 사용하는 파라미터로, 사용자가 직접 명령어를 입력하거나 셀 번호를 전달하는 방식도 가능하다. 'Value' 역시 프롬프트에 값을 동적으로 전달할 때 사용되며, 처리할 값이 들어 있는 셀 번호를 전달한다. 'Temperature'는 모델의 응답 창의성 정도를 설정하는 파라미터로, 기본값은 0이다. 이 값이 1에 가까울수록 모델은 더 창의적인 답변을 제공한다. 따라서 콘텐츠 생성 목적에 따라 0부터 1 사이의 값을 지정하여 활용 가능하다.

'Max Token'은 응답으로 받을 콘텐츠의 최대 길이를 설정한다. 최대 4,000글자까지 가능하지만, 구글 시트에서 ChatGPT에 응답 요청 후 30초가 지나면 시간 초과 에러 처리가 되므로 일반적으로 약 2,500~3,000 정도를 설정하여 사용하는 것이 적절하다.

(1) 주요함수

- GPT_fill : 사용자가 예시를 만들어 주면 그에 맞게 결과를 출력할 수 있다.
- GPT_list : 조건에 맞는 리스트 형태로 출력할 수 있다.
- GPT_table : 조건에 맞는 결과를 사용자가 지정한 칼럼에 맞는 데이터를 출력할 수 있다.
- GPT_edit : 작성한 글을 다른 형식으로 개편할 수 있다.

- GPT_tag : 문자열에서 태그를 출력할 수 있다.
- GPT_classify : 단어들의 속성들을 분류할 수 있다.
- GPT_extract : 작성한 글에서 특정한 항목들만 추출할 수 있다.
- GPT_summarize : 장문의 글을 간단하게 요약할 수 있으며, 100줄을 리스트 형태로 요약할 수 있다.
- GPT_translate : 작성한 글을 영어, 한국어, 중국어 등 다른 언어로 번역할 수 있다.
- GPT_code : 다양한 컴퓨터 언어로 구현하여 제공한다.
- GPT_convert : HTML의 리스트 형태를 JSON, XML 테이블 형식으로 변환하여 보여줄 수 있다.
- GPT_create_prompt : 문자열을 합쳐주는 역할을 한다.

(2) 구글 스프레드시트에 GPT 연결하기

① OpenAI API 홈페이지('https://platform.openai.com/')에 로그인

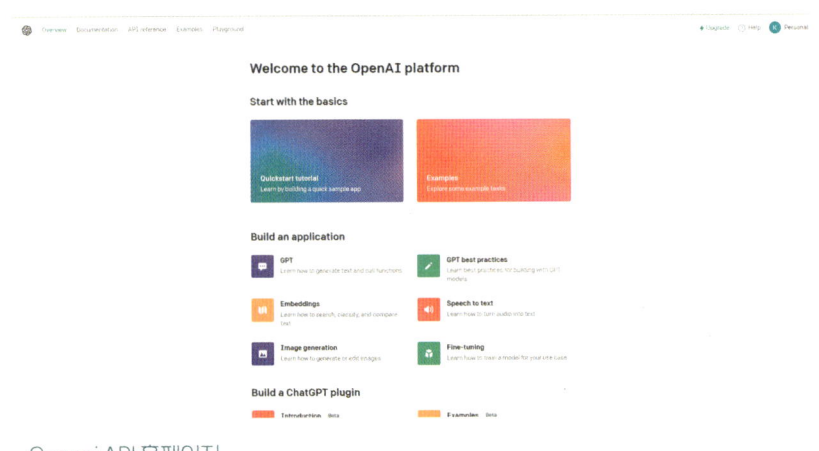

Openai API 홈페이지

② 오른쪽 상단에서 [자신의 아이디]를 클릭한 후, [View API keys]를 클릭

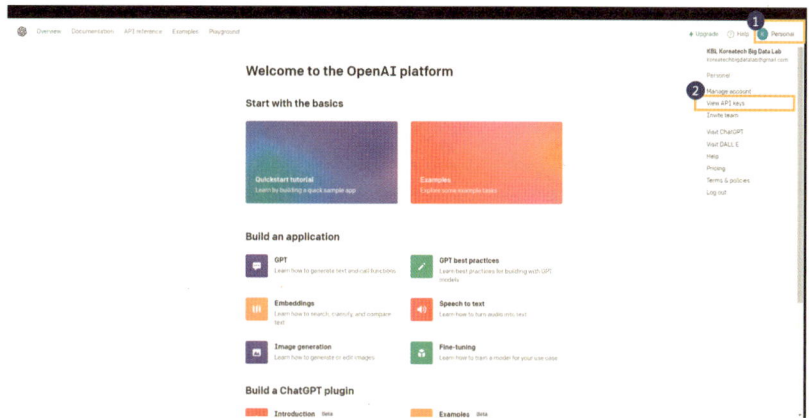

Openai API 홈페이지에서 View API key 선택

③ 화면 중앙의 [+ Create new secret key]를 클릭하고 임의로 name을 입력한 후 Create secret key를 클릭

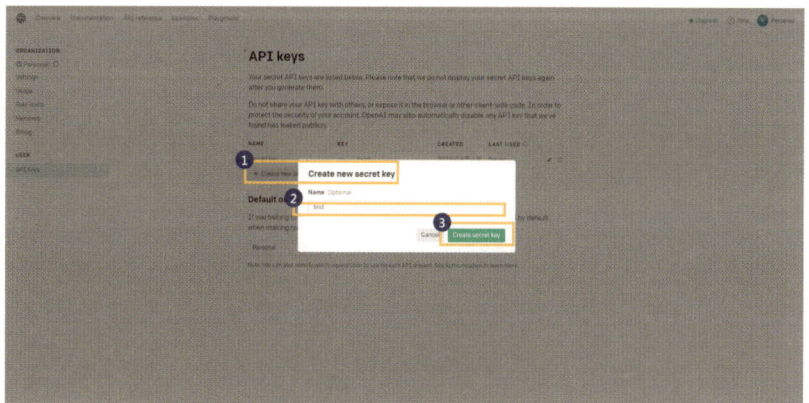

secret key 생성 페이지

④ 발급받은 API 키를 복사

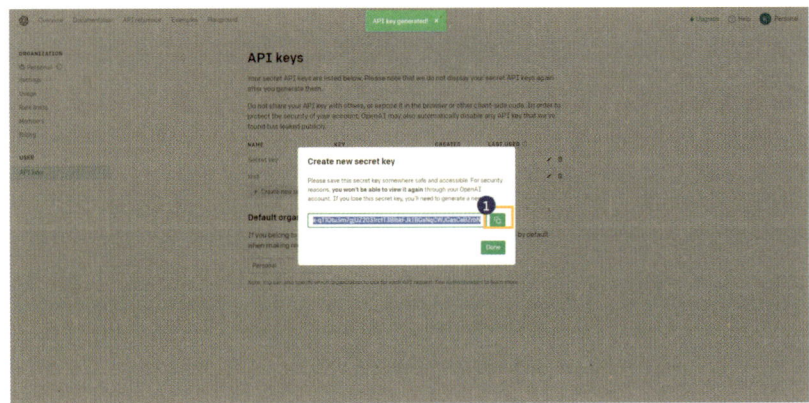

secret key 복사

⑤ 구글 스프레드시트에 들어간 뒤, 메뉴에서 스프레드시트 메뉴에서 [확장 프로그램] → [부가기능] → [부가기능 설치하기]를 클릭

스프레드시트에서 부가기능 설치

⑥ 'GPT'를 검색하고 맨 왼쪽의 [GPT for Sheets and Docs]를 클릭하여 설치

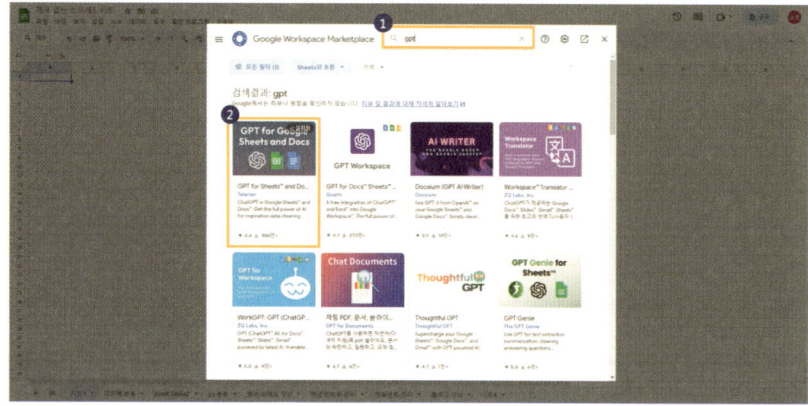

Google works Marketplace 페이지

⑦ 상단 메뉴에서 [확장 프로그램] → [GPT for Sheets] → [Set API Key]를 클릭

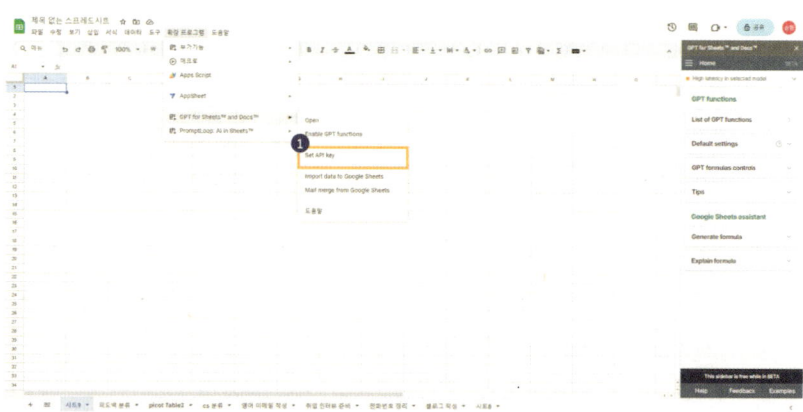

스프레시트에서 GPT for Sheets and Docs 부가기능 추가

⑧ 오른쪽 중간에 [OpenAI API key] 밑 공란에 ④단계에서 복사한 API를 입력하고 save API key를 클릭

Openai API 입력 페이지

⑨ 상단 메뉴에서 [확장 프로그램] → [GPT for Sheets] → [Enable GPT functions]를 클릭했을 때, 그림과 같은 화면이 뜨면 API 키가 정상적으로 입력된 것을 확인

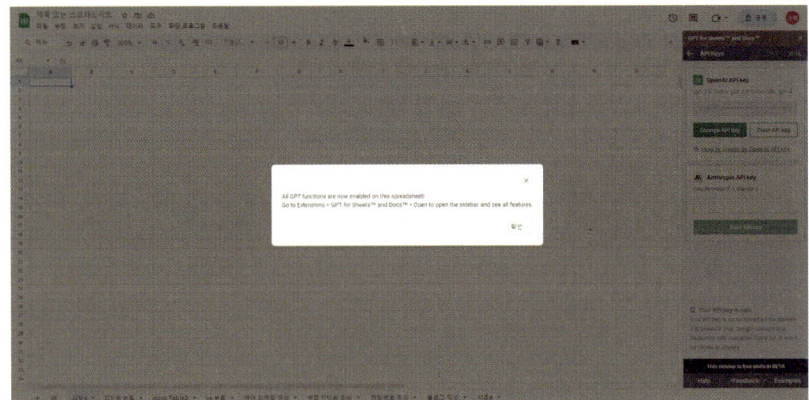

정상적으로 API 키가 설정되면 뜨는 확인창

(3) 사용 예시

① GPT_TAG( )

리뷰	키워드 추출(EN)
이론과 실습을 적정하게 배분해주셔서 실습위주 뿐 아니라 이론적으로도 많은 도움이되는 강의인것 같습니다!	=GPT_TAG(C2, , $C$41:$D$43)
리뷰	키워드 추출(EN)
이론과 실습을 적정하게 배분해주셔서 실습위주 뿐 아니라 이론적으로도 많은 도움이되는 강의인것 같습니다!	이론, 실습, 배분, 실습위주, 이론적, 도움

GPT_TAG() 함수 적용

- C2: 키워드 추출이 필요한 셀
- $C$41:$D$43 : 예시

② GPT_FILL( )

전화번호 원본	전화번호 처리
82-10-2341-2345	010-2341-2345
01025441063	010-2544-1063
010-6984-3856	010-6984-3856
+82-10-5979-4844	010-5979-4844
010.2222.5666	010-2222-5566
01022335555	=GPT_FILL($A$2:$B$6,A7:A14)

GPT_FILL() 함수 적용

- $A$2:$B$6 : 예시
- A7:A14 : 적용할 부분

③ GPT_CLASSIFY( )

- A11 : 분류가 필요한 셀
- B11 : 분류 카테고리
- A2:B10 : 예시

text to classify	categories	output
dummyUser1@gmail.com	email	
dummyUser2@gmail.com	email	
dummyUser3@gmail.com	email	
dummyUser4@gmail.com	email	
dummyUser5@gmail.com	email	
010-1234-5678	phone number	
010-2345-6789	phone number	
010-3456-7890	phone number	
010-4567-8901	phone number	
010-5678-9012	email,phone number	=GPT_CLASSIFY(A11,B11,A2:B10)
icarus1026@gmail.com	email,phone number	email

GPT_CLASSIFY() 함수 적용

④ GPT_TABLE()

=GPT_TABLE("top 10 most eaten fruits and their nutrition data")

Apple	Vitamin C, Fiber, Antioxidants
Banana	Potassium, Vitamin B6, Fiber
Orange	Vitamin C, Fiber, Antioxidants
Strawberry	Vitamin C, Fiber, Antioxidants
Grapes	Vitamin C, Fiber, Antioxidants
Watermelon	Vitamin C, Vitamin A, Lycopene
Pineapple	Vitamin C, Manganese, Bromelain
Mango	Vitamin C, Vitamin A, Fiber
Kiwi	Vitamin C, Vitamin K, Fiber
Blueberries	Vitamin C, Vitamin K, Antioxidants

GPT_TABLE() 함수 적용

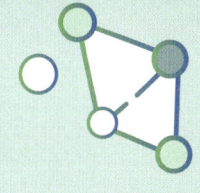

PART 5.
생성형 AI 서비스 활용 1: 문서 생성형 AI 서비스

Preview

PART 5에서는 문서 생성형 AI 서비스의 개념과 활용법에 대해 깊이 있게 설명한다. 특히, 뤼튼과 text.cortex라는 두 주요 서비스를 상세히 소개하며, 이들의 고유한 기능과 장점을 알아본다. 사용자가 실제로 이러한 서비스를 활용하는 방법을 실습 과정을 통해 배우고, 각 서비스의 다양한 메뉴와 기능을 최대한 활용하는 방법에 대해서도 안내한다.

01 문서 생성형 AI 서비스란?

문서 생성형 AI 서비스는 생성형 AI 기술을 활용하여 사용자가 원하는 주제에 대해 자동으로 문서를 생성해주는 서비스다. 이 서비스는 자연어 처리와 기계 학습 알고리즘을 활용하여 콘텐츠를 분석하고, 문맥에 맞는 텍스트를 자동으로 생성한다.

이러한 문서 생성형 AI 서비스를 이용하면 보고서, 에세이, 기사, 이메일, 블로그 글 등 다양한 형식의 문서를 수동으로 작성하는 것보다 효율적으로 생성할 수 있다. 따라서 이 서비스는 사용자의 시간과 노력을 절약해주며, 필요한 콘텐츠를 쉽게 얻도록 도와준다. 문서 생성형 AI 서비스는 다양한 기능과 형식을 제공한다. 사용자가 원하는 문서 형식을 선택하고 주제와 내용의 일부를 입력함으로써 문서 생성 과정을 시작할 수 있다. 그리고 해당 정보를 바탕으로 AI 모델은 문맥에 맞는 텍스트를 자동으로 만들어 사용자에게 제공한다.

이런 문서 생성형 AI 서비스는 다양한 분야에서 활용 가능하다. 예로 교육 기관에서 강의 자료 작성이나 학생들에게 피드백 제공 등에 사용될 수 있으며, 기업에서도 마케팅 콘텐츠나 보고서, 제품 설명서 등을 자동으로 만들어 비용과 시간 절약에 도움이 될 수 있다. 문서 생성형 AI 서비스는 최근 크게 주목받아 오며 관련된 다양한 플랫폼과 도구들이 개발되어 왔다. 그 중에서도 '뤼튼'이라는 플랫폼은 인기 있는 문서 생성형 AI 서비스로 알려져 있다. 아래에서 각각의 서비스에 대해 좀 더 상세하게 알아보자.

뤼튼 로고

02 한국어에 최적화된 AI, 뤼튼(Wrtn) 알아보기

1) 뤼튼(Wrtn) 소개

최근에는 문서 생성형 AI 서비스가 크게 주목받고 있다. 그러나 대부분의 서비스들은 해외에서 개발되어 영어에 최적화되어 있어 한국어 사용에는 성능이 다소 떨어지는 경우가 많다. 이런 상황에서 한국어에 특화된 '뤼튼'을 소개하려 한다. 뤼튼은 인공지능 기반의 글쓰기 도구로, 기업이나 개인이 블로그 글, SNS 게시글, 기사, 보고서 등 다양한 형태의 글 작성에 활용할 수 있다. 뤼튼을 사용하면 글 작성 과정이 쉽고 빠르게 진행되며, 키워드 입력만으로도 다양한 글 템플릿을 제공한다. 사용자의 입력에 따라 자동으로 내용 생성이 가능하며, 기존의 글을 분석하여 유사한 스타일의 글 추천 등 다양한 기능도 제공한다. 이런 점에서 뤼튼은 글 작성에 걸리는 시간과 비용을 절약할 수 있으므로 많은 사람들이 선호하는 경향이 있다. 또한 웹사이트나 블로그에서 검색 엔진 최적화(SEO)[3]를 위해 필요한 키워드 활용 등도 가능하여, 웹사이트의 트래픽 유입과 검색 엔진 순위 개선 등에 효과적으로 활용될 수 있다.

뤼튼에서는 챗봇, 이미지 생성, 툴, 에디터, 뤼튼 스토어, 뤼튼 스튜디오 등 다양한 기능을 사용할 수 있다. '챗봇' 기능은 일반적으로 볼 수 있는 챗봇 형태를 가지고 있으며, 일반 모드에서는 GPT-3.5, GPT-4, GPT-3.5-16K, Palm2 등의 인공지능 모델들 중에서 선택하여 사용할 수 있다. 사용자가 인공지능 모델을 선택한 후에는 질문을 작성하고 엔터키를 누르거나 우측 하단의 '보내기' 버튼을 클릭하면 자동으로 답변이 생성된다. 이때 질문이나 요구사항을 구체적으로 작성할수록 답변의 질이 올라간다. PDF 파일 첨부 기능을 통해 해당 문서에 대한 내용에 대해 질문하는 것도 가능하다. 또한 사용자가 만든 코드에서 발생하는 오류에 대해 질문하거나 원하는 코드를 만들어달라고 요청하는 것도 가능하다. 이미지 생성은 해당 채팅에 '-그려줘'라고 입력하면 프롬프트에 기반하여 이미지를 생성한다.

'툴'은 다양한 양식의 글 초안을 작성해주는 기능이다. 블로그, 마케팅, SMS 프로모션, 쇼핑몰, 인스타그램 캡션, 학생용, 업무용 등 다양한 카테고리를 제공하며 각 메뉴에 맞게 정보를 입력하면 해당 양식에 맞는 글 초안을 작성해준다. 예를 들어 자기소개서 메뉴에서 회사 이름과 직무 및 직군 그리고 본인의 이력과 경험 등을 입력하면 자기소개서 초안이 생성된다.

'에디터'는 글의 초안을 작성하거나 다음 문장을 완성하는 등 긴 글 작성을 돕는 기능이다. 주제와 톤 앤 매너를 선택한 후 포함시키고 싶은 키워드를 함께 입력하면 문장이 자동으로 생성되며 이렇게 생성된 문장은 재생성도 가능하고 내용의 방향성 설정 후에도 추가 문장 생성이 가능하다.

'뤼튼 스토어'는 사용자가 만든 툴과 챗봇들을 공유할 수 있는 공간으로서 다른 사용자가 만든 툴/챗봇도 체험해볼 수 있다. 여기에서는 여러 카테고리와 실시간 트렌드인 툴/챗봇들을 활용할 수 있으며 마음에 드는 것들은 공유나 채팅 페이지 연동 등도 가능하다.

마지막으로 '뤼튼 스튜디오'는 AI 도구인 '툴', '챗봇' 같은 것들을 개인적으로 만들 수 있게 돕는 창작 공간이다. 기본 정보 입력부터 내용 구성, 프롬프트 작성, 테스트 등의 단계를 거쳐 개인화된 툴과 챗봇을 만들 수 있으며 이렇게 창작한 콘텐츠는 뤼튼 스토어에 등록하여 다른 사람들과 공유할 수 있다.

2) 뤼튼(Wrtn) 따라해보기

뤼튼(Wrtn) 따라해보기는 웹사이트 접속부터 회원 가입 과정을 보여주고, 다양한 예시를 활용하여 사용법을 구체적으로 설명하는 내용을 담고 있다. 주로 '채팅 메뉴'와 '툴 메뉴' 두 가지로 나누어 설명이 진행된다.

채팅 메뉴에서는 일반 모드, 검색 모드, 그리고 PDF를 활용하는 방법 등의 예시를 보여준다. 툴 메뉴에서는 SNS, 마케팅, 학생, 업무용 등의 분야별로 나눠서 일상생활에서 밀접하게 활용할 수 있는 블로그 포스팅 작성, SNS 광고 문구 생성, 자기소개서 작성, 세일즈 이메일 작성 등의 예시를 소개한다.

· 채팅 메뉴: 일반 모드, 검색 모드, PDF 활용
· 툴 메뉴: 블로그 포스팅, SNS 광고 문구, 자기소개서, 세일즈 이메일

(1) 뤼튼(Wrtn) 가입하기

① 뤼튼(Wrtn) 사이트(https://wrtn.ai)에 접속하고 가입한다.

❶ [로그인] 버튼 클릭한다.

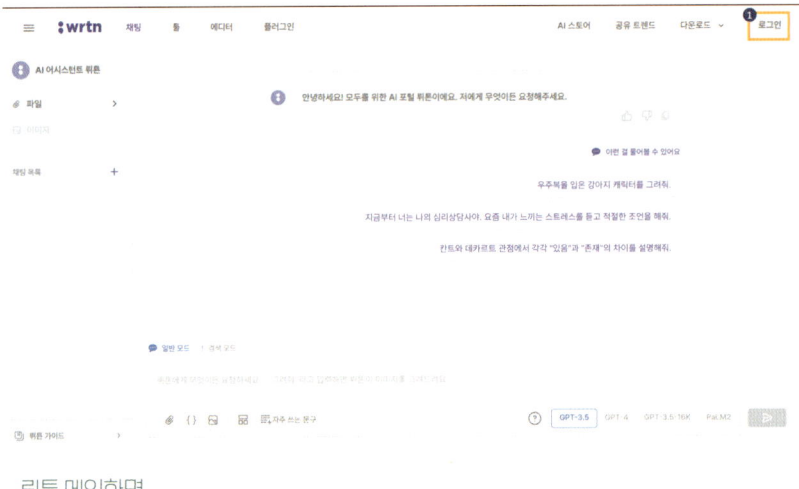

뤼튼 메인화면

② 원하는 로그인 방법을 선택하여 가입한다

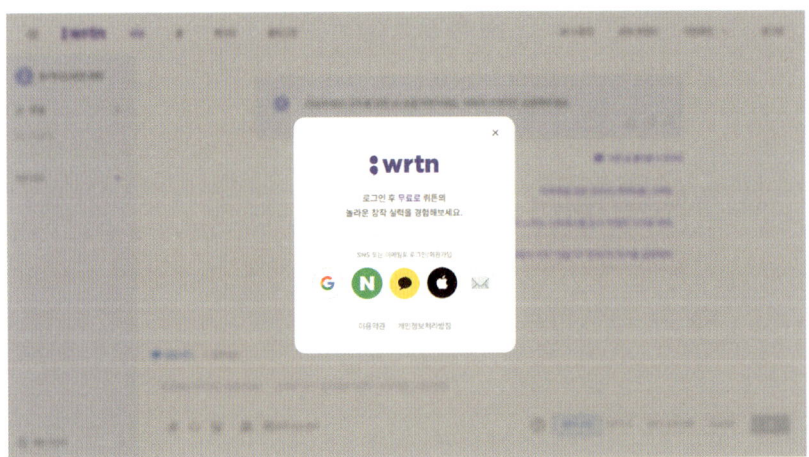

뤼튼 로그인 화면

③ 가입 후, 더 나은 서비스 제공을 위해 어떤 일에 종사하는지의 질문에 답한다.

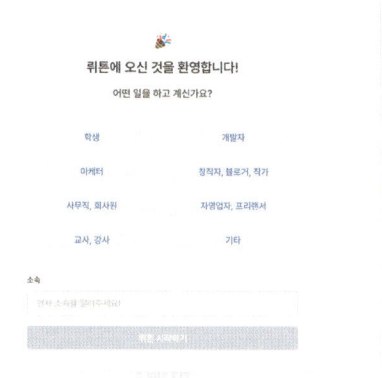

종사하고 있는 분야 질문

(2) 채팅 메뉴 사용하기

1) 일반모드

① 일반모드 선택 후, 프롬프트 입력한다.

❶ 일반모드: 사용자가 입력한 프롬프트를 기반으로 새로운 창작물 제공

❷ 프롬프트: 사용자가 원하는 결과물을 내기 위하여 입력

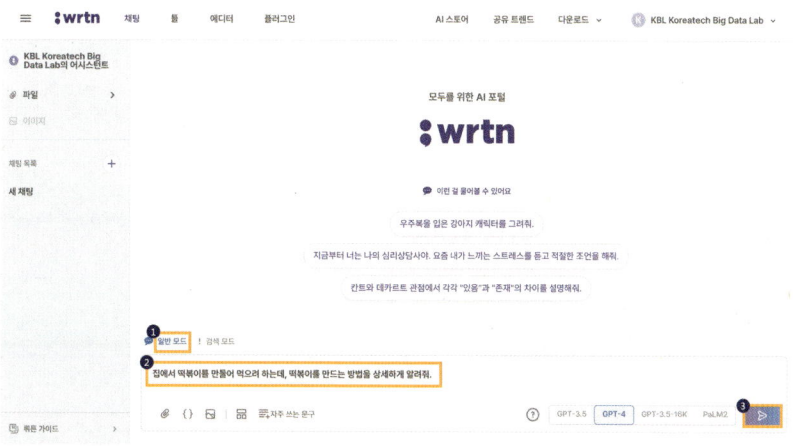

일반모드 화면

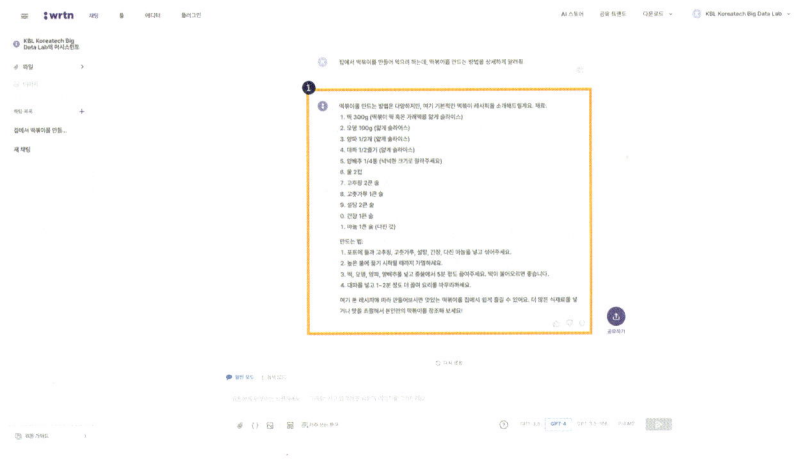

일반모드 결과화면

2) 검색모드

⑭ 일반모드와 동일한 방법으로 검색모드 선택 후, 프롬프트를 입력한다.

❶ 검색모드: 사용자가 입력한 프롬프트 및 인터넷에 돌아다니는 정보 기반하여 결과물 제공

❷ 프롬프트: 사용자가 원하는 결과물을 내기 위하여 입력

검색모드 화면

검색모드 결과화면

3) PDF 활용

① 원하는 PDF를 선택하여 업로드한다.

❶ PDF 파일을 탐색한다.

❷ 저장된 여러 PDF 파일 중, 분석하고 싶은 PDF 선택 후, 열기 버튼을 누른다.

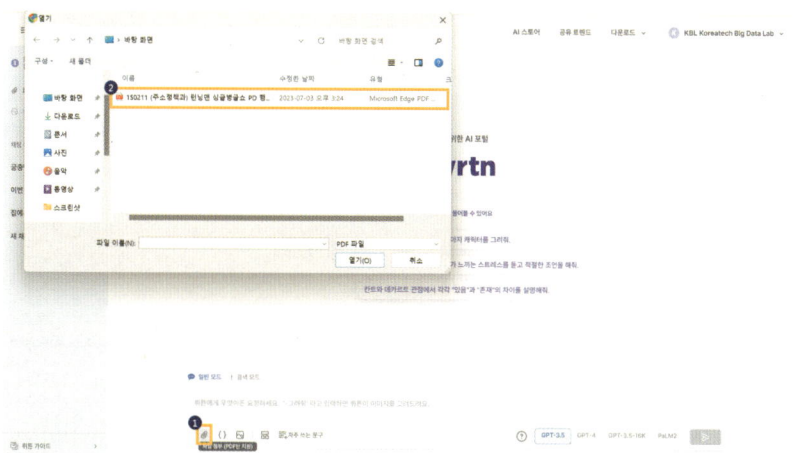

PDF 파일 업로드

② 업로드한 PDF 파일을 분석하여 요약해준다.

❶ 업로드한 PDF 파일을 분석하여 결과물을 제공한다.

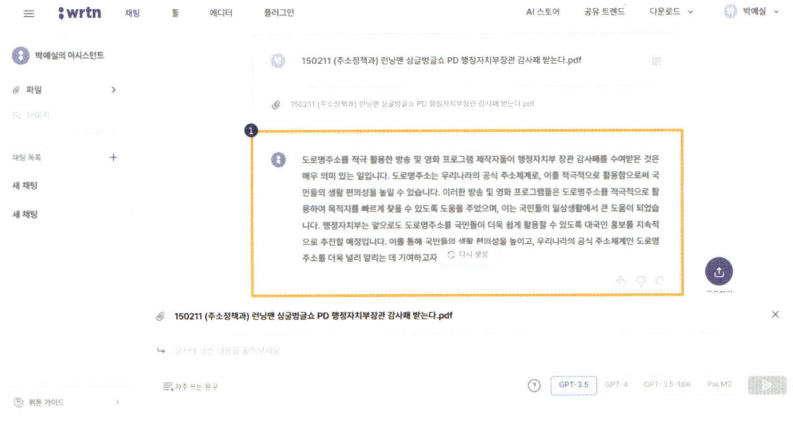

PDF 파일 분석

③ 분석한 내용 외로, 다른 정보를 얻기 위해 검색한다.

❶ 얻고 싶은 정보를 프롬프트에 입력한다.

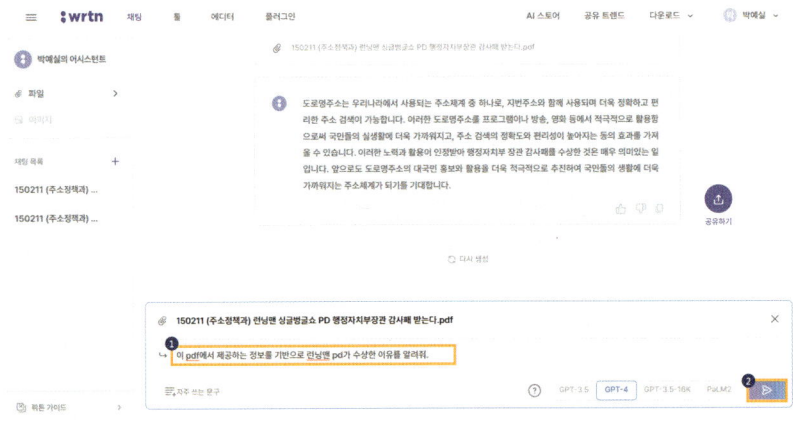

PDF 파일 기반 검색

④ 검색한 내용에 대한 정보를 출력한다.

❶ 프롬프트를 기반으로 구한 결과물을 제공한다.

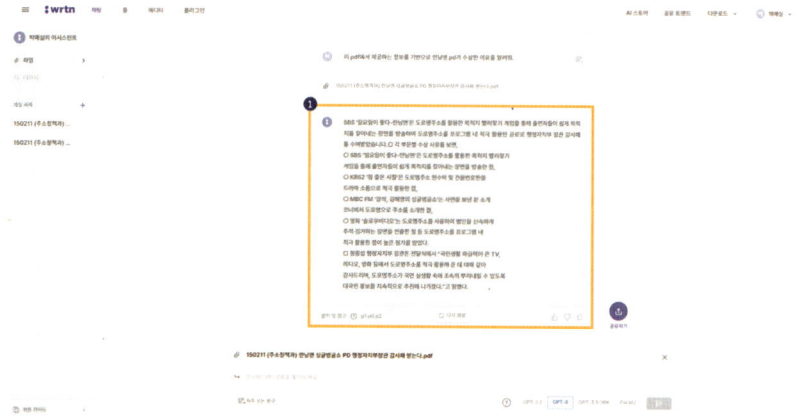

PDF 파일 검색 결과

(3) 툴 메뉴 사용하기

1) SNS 광고 문구

① SNS 광고 문구 기본 설정을 한다.

❶ 툴의 메뉴와 SNS 광고문구(본문)를 선택한다.

❷ 본문에 들어갈 제품/브랜드 이름, 간단 정보, 포함 키워드를 입력한다.

❸ 모든 내용을 입력한 후, 자동 생성 클릭한다.

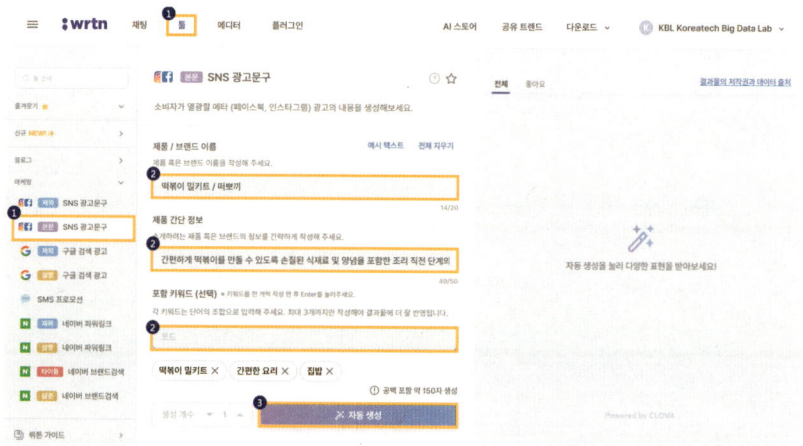

SNS 광고 문구 기본 설정

② 기본 설정한 내용을 바탕으로 문구를 생성한다.
- ❶ 기본 설정한 내용으로 자동 생성한 결과를 제공한다.
- ❷ 마음에 들지 않는 경우, 자동 생성을 누르면 또 다른 결과물을 제공한다.

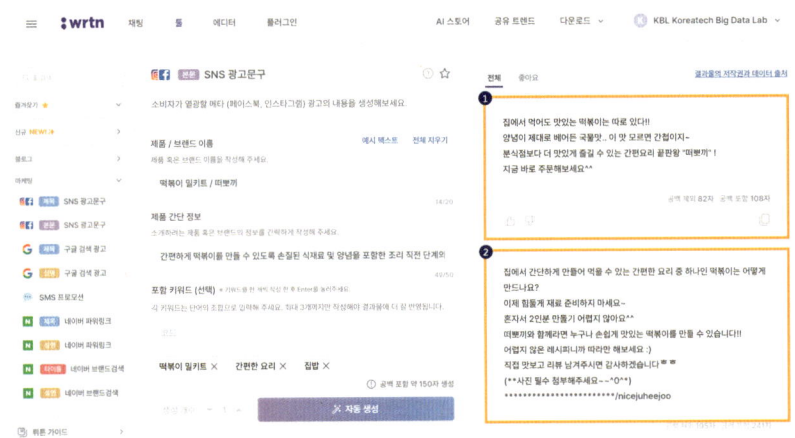

SNS 광고 문구 생성 결과 및 추가 생성

2) 자기소개서

① 자기소개서 기본 설정을 한다.
- ❶ 툴의 메뉴와 자기소개서를 선택한다.
- ❷ 본문에 들어갈 지원 회사 이름, 직무 및 직군, 본인 이력 및 경험을 입력한다.
- ❸ 모든 내용을 입력한 후, 자동 생성 클릭한다.

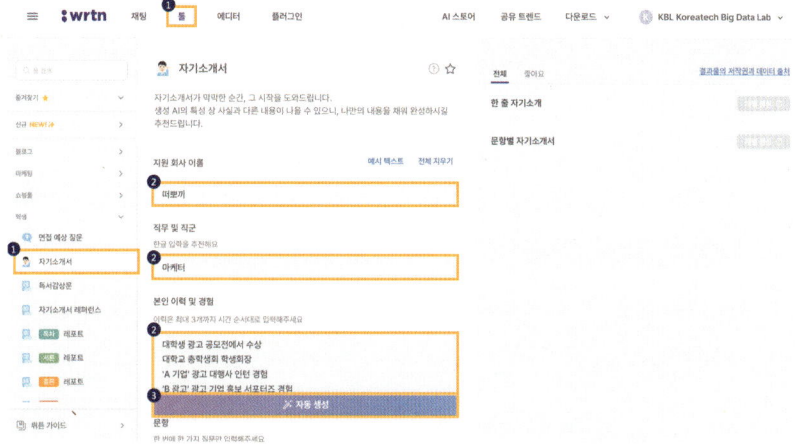

자기소개서 기본 설정

② 기본 설정한 내용을 바탕으로 문구를 생성한다.

❶ 기본 설정한 내용으로 자동 생성한 결과를 제공한다.

❷ 마음에 들지 않는 경우, 개별 생성을 누르면 또 다른 결과물을 제공한다.

자기소개서 생성 결과 및 개별 생성

PART 5. 생성형 AI 서비스 활용 1: 문서 생성형 AI 서비스   157

Do it!

I. 뤼튼을 사용해서 자신만의 결과물 만들기

뤼튼 스튜디오에서 밑에 적시된 조건에 맞춰 자신만의 툴을 만들고 뤼튼 스토어에 등록한다.

1. 1단계(기본 정보)에서 AI 유형은 '툴'을 선택한다.
2. 1단계에서 카테고리는 '학생'을 선택한다.
3. 2단계(내용 구성)에서 만들고자 한 툴의 입력창 제목과 입력 예시를 적는다.
4. 3단계(프롬프트 작성)에서 모델 선택은 gpt-3.5를 선택한다.
5. 3단계에서 프롬프트 구성 난이도 선택은 쉬움으로 선택한다.
6. 3단계에서 AI에게 명령할 내용에 자신이 만들고자 한 툴에 맞게 프롬프트를 작성한다.
7. 3단계에서 지시문의 내용에 부합하는 예제를 작성한다.
8. 3단계에서 사용자 입력 내용에 예제와 똑같은 형식으로 구성하여 작성한다.
9. 내 대시보드에서 스토어 들어가서 자신이 만든 툴 사용해보기

<답안 예시>

답안 예시

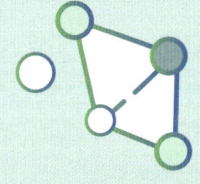

PART 6.
생성형 AI 서비스 활용 2:
이미지 생성형 AI 서비스

Preview

PART 6에서는 이미지 생성형 AI 서비스의 이해와 활용 방법에 대해 상세히 다룬다. 특히, leonardo ai라는 서비스를 중점적으로 살펴보며, 각각의 독특한 기능과 이점을 배운다. 사용자가 이런 서비스들을 실질적으로 활용하는 방법은 실습 과정을 통해 익히게 되고, 각각의 서비스가 제공하는 다양한 메뉴와 기능을 최적으로 활용하는 방법도 안내한다.

01 이미지 생성 AI 서비스란?

창작은 오랫동안 인간만의 영역이었다. 1300년대 르네상스 시기는 인간의 사상과 가치관이 크게 변하고 문화적 발전을 이룬 시기였다면, 현재 2020년대는 AI의 르네상스라고 할 수 있다. 인간 수준이나 그 이상의 결과를 창출하는 AI 기술이 다양한 분야에서 등장하고 있으며, 이는 미술 분야에서도 마찬가지다.

최근 이미지 생성 AI 모델은 인간을 능가하는 성능을 보여주고 있다. 실제 존재하는 주제뿐만 아니라 가상의 주제를 담은 이미지를 출력하는 AI 모델들은 예술, 마케팅 등 다양한 분야에서 활용되고 있다. 디자이너나 화가가 아닌 사람들도 어떤 이미지든 AI 모델을 통해 제작할 수 있다. 이미지 생성 AI 모델은 실제 사진과 그에 대한 설명이 결합된 데이터 세트를 학습한다. 학습 후에는 사용자가 원하는 이미지에 대한 설명인 '프롬프트'를 입력받아 해당 내용을 해석하여 이미지로 제작한다. 프롬프트에는 주제, 화풍, 구도, 조명, 시점 등 다양한 요소가 포함될 수 있으며 자세하게 작성할수록 원하는 이미지 생성 가능성이 높아진다.

AI를 통해 디자인과 예술 분야에서 상상력을 현실로 만드는 것이 가능해진다. 분홍색 전동 칫솔 디자인을 상상했다면 이미지 생성 AI를 통해 실제 제품처럼 확인해볼 수 있으며 회사 로고 디자인 시에도 회사명과 업종 등을 입력하여 로고 시안들을 확인할 수 있다. 이번 장에서는 디자인 분야에서 활용 가능한 이미지 생성형 AI 서비스 사용법에 대해 알아볼 것이다.

02 뛰어난 이미지를 무료로 생성하는 leonardo ai

1) leonardo ai 소개

Dall-e와 미드저니의 등장 이후, 이미지 생성 AI에 대한 수요가 크게 증가하였다. 많은 사람들이 AI를 통해 이미지를 생성하고 싶어했지만, 이 두 서비스는 상당한 요금제 결제가 필요하므로 유료라는 장벽이 존재했다. 그러나 얼마 후에 Stability AI사의 Stable Diffusion 모델이 오픈소스로 배포되면서 무료로 이미지 생성 서비스를 사용할 수 있는 길이 열렸다. 이렇게 배포된 Stable Diffusion 모델은 많은 이용자들에 의해 사용되며 발전을 거듭하였다.

여기서 소개할 'leonardo ai'라는 이미지 생성 AI 서비스는 바로 위에서 언급한 Stable Diffusion 모델을 기반으로 운영된다. 한 계정 당 하루 150코인 제한이 있긴 하지만, 그것은 이미지 생성 서비스를 체험하기에 충분하다. 게다가, Stable Diffusion을 기반으로 학습된 여러 파생 모델들을 제공하여 다양한 스타일의 이미지를 만들 수 있다. 단순히 이미지를 생성하는 것 외에도, AI 캔버스라는 기능을 통해 이미지 확장 및 수정도 가능하며, 직접 모델 학습 등의 다양한 기능도 지원한다.

2) leonardo ai 따라해보기

leonardo ai 따라해보기에서는 웹사이트 접속부터 회원 가입 과정까지를 상세하게 설명한다. 이어서 프롬프트와 옵션 등의 기본적인 기능을 활용하여 이미지 생성 과정을 구체적으로 설명한다. leonardo ai에서는 이미지 생성, 모델 선택, 프롬프트 입력 등의 메뉴가 통합적으로 제공되며 각 메뉴는 개별적으로도 이용이 가능하다. 다양한 예시를 통해 사용자가 leonardo ai를 효과적으로 활용하는 방법을 배울 수 있다.

(1) leonardo ai 가입하기

① leonardo ai 사이트(https://leonardo.ai)에 접속하고 가입한다.

❶ [Launch App] 버튼 클릭한다.

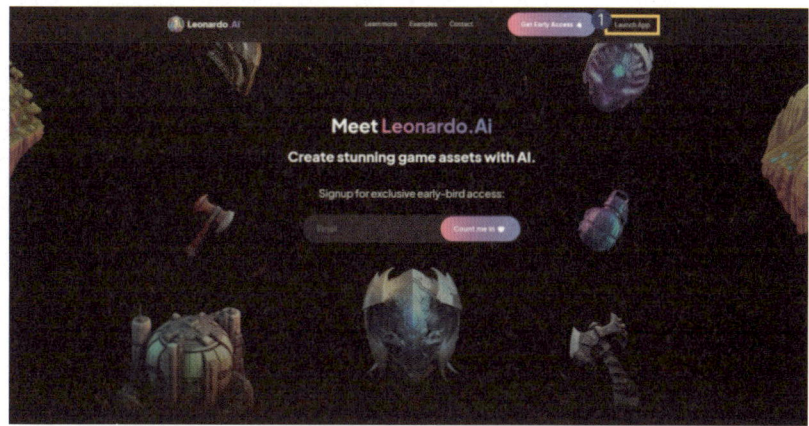

leonardo ai 메인화면

❷ 팝업창에 해당 정보를 입력하고 [Count me in ♥] 클릭한다.

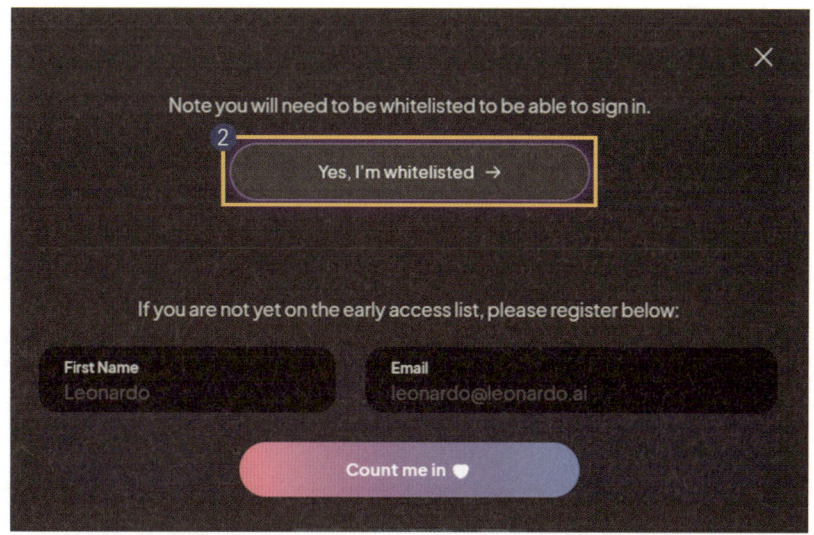

leonardo ai 가입 팝업 창1

❸ [Login to Leonardo Ai] 버튼 클릭한다.

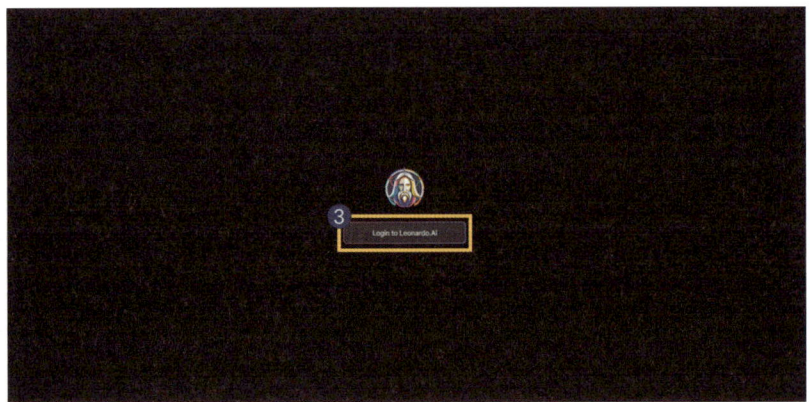

leonardo ai 가입 팝업 창2

❹ [Continue with Goole] 버튼 클릭 후 구글 계정으로 로그인한다.

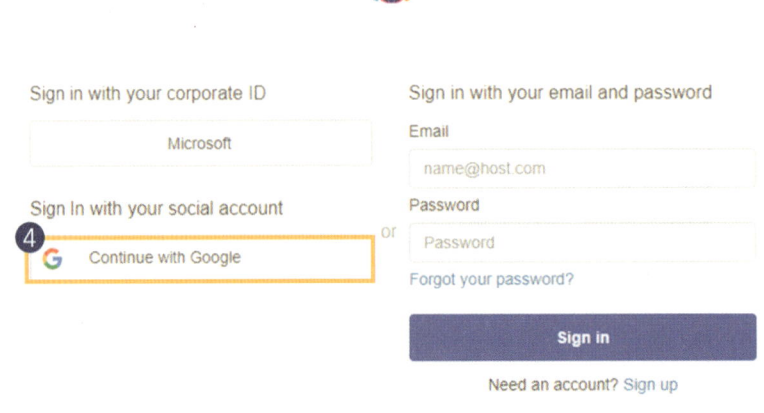

leonardo ai 로그인 창

(2) 이미지 생성하기

① 이미지 생성 창으로 이동한다.

❶ [AI Image Generation] 버튼 클릭한다.

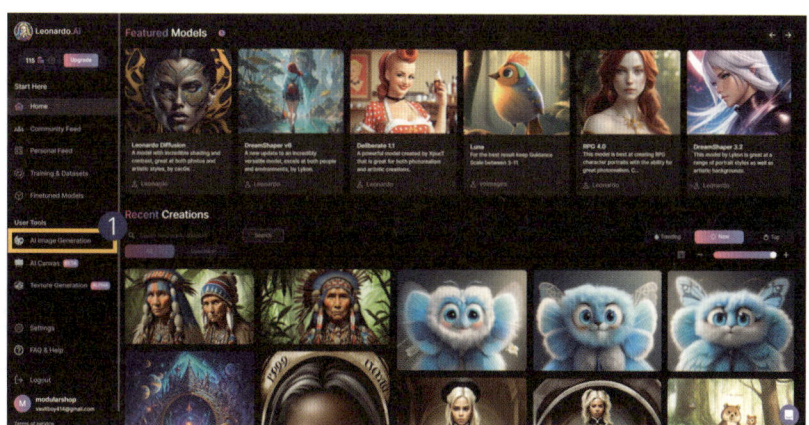

leonardo ai 홈 화면

② 이미지를 생성한다.

❶ 원하는 이미지의 요소를 프롬프트 창에 입력한다.

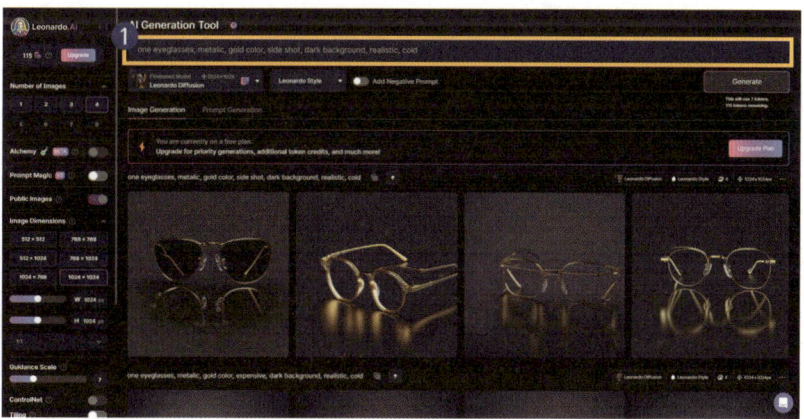

leonardo ai 이미지 생성 창

❷ 이미지 생성에 사용할 모델을 선택한다.

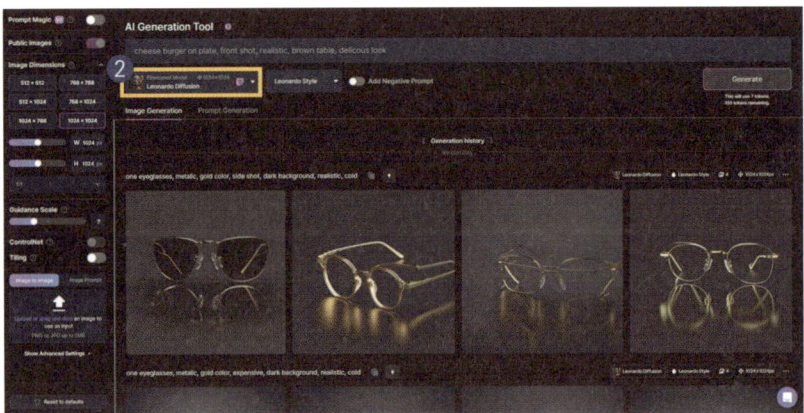

leonardo ai 이미지 생성 창

❸ [Generate] 버튼 클릭한다.

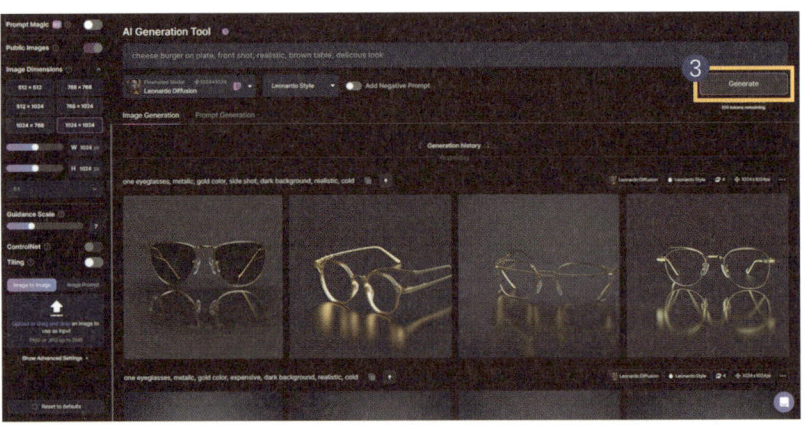

leonardo ai 이미지 생성 창

❹ 생성된 결과물을 확인한다.

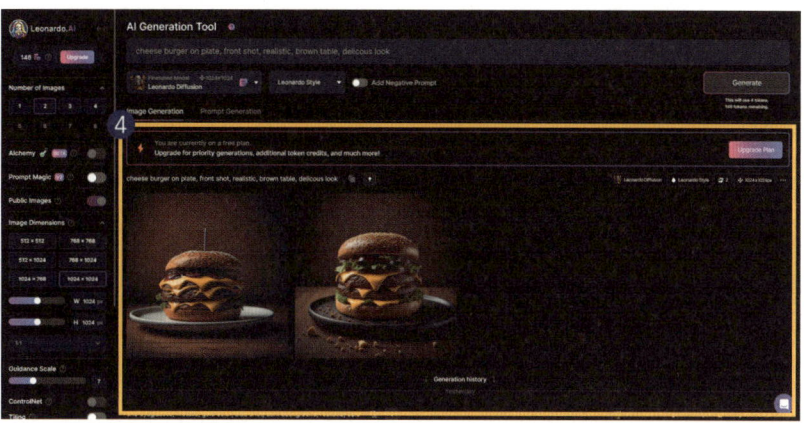

leonardo ai 이미지 생성 창

여기서 잠깐!

이미지가 아닌 로고 제작에 집중한 AI 로고 생성 서비스 BRANDMARK를 소개한다. BRANKMARK는 AI 기반의 로고 생성 플랫폼으로 기업 혹은 브랜드의 간단한 정보를 입력하면 그 정보를 기반으로 생성된 다양한 로고를 추천한다. 단순히 로고 추천뿐만 아니라 해당 로고를 기반으로 제작된 상품 및 굿즈의 예시를 체험할 수 있다.

① BRANDMARK 사이트(https://brandmark.io/)에 접속한다.

❶ [Create my logo] 버튼을 클릭한다.

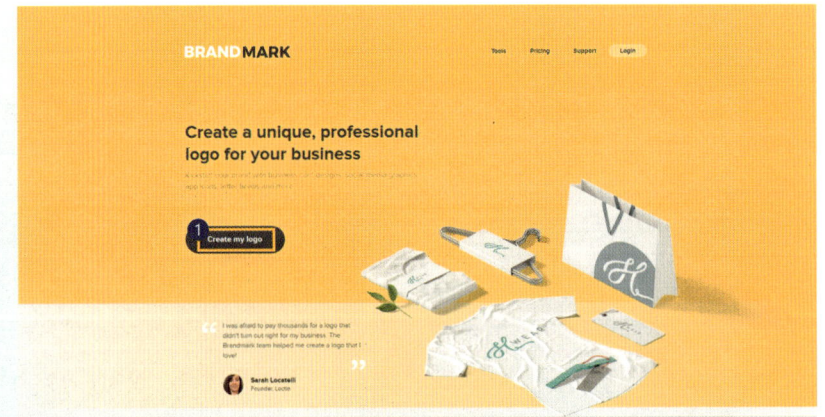

BRANDMARK 메인화면

② 로고 이름 및 슬로건 입력하기

❶ 브랜드의 이름을 입력한다.

❷ 브랜드의 슬로건을 입력한다.

❸ [>] 버튼을 클릭한다.

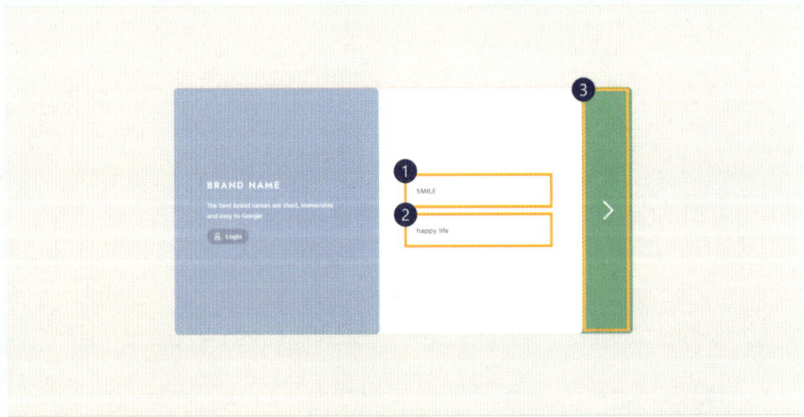

SNS 광고 기획 툴

③ 키워드 입력하기

❶ 브랜드의 산업군 혹은 키워드를 입력한다.

❷ [>] 버튼을 클릭한다.

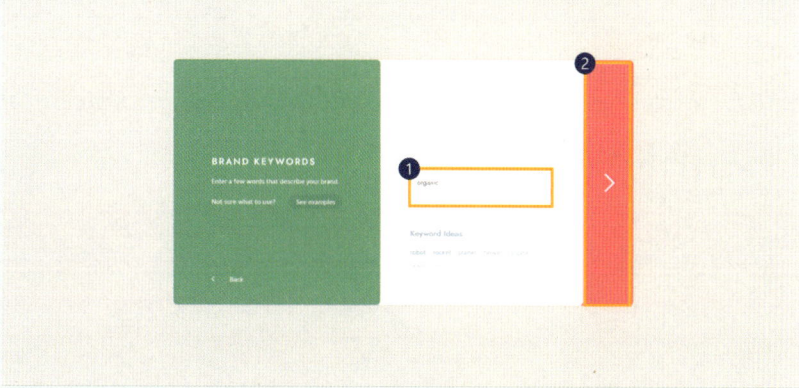

SNS 광고 기획 툴

④ 로고 색상 선택하기

❶ 원하는 로고 색상이나 색상 테마를 선택한다.

❷ [>] 버튼을 클릭한다.

SNS 광고 기획 툴

⑤ 결과물 로고 확인하기

❶ 생성된 로고 결과물을 확인한다.

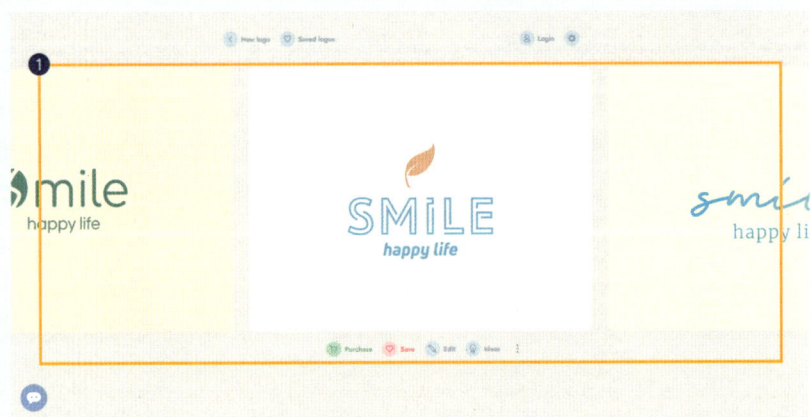

SNS 광고 기획 툴

Do it!

1) leonardo ai를 사용하여 가상의 제품(파란 꽃이 그려진 접시) 제작하기

1. 이미지 생성 화면으로 이동한다.
2. StableDiffusion 1.5 모델을 선택한다.
3. 시드값을 340836096로 설정한다.
4. 텍스트 프롬프트를 다음과 같이 입력한다.
 "a dish, blue flower painted on dish, simple background, photograph, front shot, realistic, highly detailed"
5. [Generate] 버튼을 클릭한다.

<답안 예시>

답안 예시

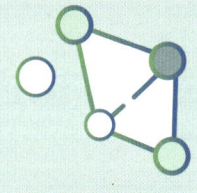

PART 7.
생성형 AI 서비스 활용 3:
영상 생성형 AI 서비스

Preview

PART 7에서는 영상과 문서자료 생성 AI서비스의 기본적인 개념과 활용 방법을 알아본다. 특히, studio D-ID와 Vrew라는 두 가지 주요 영상 생성 AI서비스를 살펴볼 예정이다. 각각의 서비스에 대한 설명과 함께 실습을 통해 직접 이용하는 방법을 익히게 된다. 또한, 대표적인 문서자료 생성 AI 서비스인 Gamma에 대해서도 소개할 예정이다.

1장. 영상 생성 AI 서비스

01 영상 생성 AI 서비스란?

영상 생성 AI 서비스는 사용자의 텍스트, 이미지, 음성 등의 입력을 바탕으로 자동으로 영상을 생성하는 서비스를 의미한다. 이는 사용자가 영상 제작에 필요한 기술적인 요소나 시간, 비용 등을 갖추지 않아도 상대적으로 쉽게 영상을 만들 수 있게 도와준다.

디지털 콘텐츠에 대한 수요가 계속해서 늘어나고 있는 현재 상황에서 특히 온라인 광고, 소셜 미디어, 엔터테인먼트 등의 분야에서는 다양하고 창의적인 비디오 콘텐츠에 대한 수요가 증가하고 있다. 그러나 고품질의 비디오를 만드는 것은 많은 시간과 비용이 들기 때문에 인공지능을 활용하여 효율적으로 비디오를 생성할 수 있는 서비스의 필요성이 부각되었다.

최근 몇 년 동안 인공지능과 딥러닝 기술은 급속도로 발전해왔다. 특히 생성적 적대 신경망 같은 신경망 기술이 등장하면서 사운드, 텍스트, 이미지 등 다양한 형태의 데이터를 학습하고 새로운 데이터를 생성하는 능력을 가질 수 있게 되었다. 이러한 기술의 발전은 바로 영상 생성 서비스의 출현을 가능하게 하였다.

시장에서 원하는 것과 기술 발전이 결합하여 인공지능 기반의 영상 생성 AI 서비스가 탄생할 수 있었다. 현재 이런 영상 생성 AI 서비스는 매우 다양한 분야에서 활용되고 있다. 마케팅 및 광고 분야에서는 프로모션용 영상 제작에 유리하게 활용되며 교육 분야에서는 강의나 교육 콘텐츠를 보다 시각적이고 흥미롭게 제공하는 데 활용되고 있다.

02 아바타 영상 제작에 특화된 studio D-ID

studio D-ID 소개

23년 3월, 한 해외 유튜버가 'Harry Potter by Balenciaga'라는 제목의 영상을 게시했다. 이 영상은 전 세계적으로 화제를 모으며, 1,000만 회가 넘는 조회수를 기록하고 있다. 이 영상은 해리포터에 출연한 배우들이 발렌시아가 패션쇼에 참여한 것처럼 보이지만, 실제로는 AI 프로그램을 활용해 해리포터 캐릭터의 이미지와 패션쇼 참가 모델들의 이미지를 절묘하게 합성한 결과물이다.

영상에서 사용된 AI 프로그램 중 하나인 studio D-ID는 Midjourney에서 생성한 해리포터 캐릭터와 Eleven Labs에서 만든 캐릭터 목소리를 업로드하여 동영상을 완성하는 데 사용되었다. 이번 파트에서는 이렇게 세상을 떠들썩하게 한 영상에서 마지막으로 사용된 AI 서비스인 D-ID에 대해 설명한다. D-ID는 ChatGPT의 출시와 함께 주목받고 있는 AI 아바타 영상 제작 서비스다. 전 세계적으로 인정받은 대표적인 영상 생성 서비스 중 하나로, 사용자가 움직이고 말하는 아바타로 비디오를 만드는 기능을 제공한다. D-ID의 딥러닝 얼굴 애니메이션 기술과 ChatGPT의 텍스트 생성 및 Stable Diffusion의 텍스트-이미지 기능을 결합하여 'Harry Potter by Balenciaga' 같은 놀라운 작품도 만들 수 있다.

D-ID는 주로 마케팅, 학습, 개발, 엔터테인먼트 분야 등에서 다양한 사용 사례를 위해 창조적이고 매력적인 비디오 제작 방법을 제공한다. 뿐만 아니라 직원 교육 및 회사 내부 커뮤니케이션과 같은 내부 용도나 고객 대면 경험

을 위한 신선하고 흥미진진한 애플리케이션 구축에도 활용될 수 있는 비즈니스 규모의 플랫폼을 제공한다.

studio D-ID 따라해보기

studio D-ID 따라해보기는 웹사이트 접속부터 회원 가입 과정을 안내한다. 이어서 사용자가 원하는 아바타를 선택하고 동영상을 제작하는 전체 과정을 상세히 설명한다.

① Type Your Script: 아바타의 말을 직접 사용자가 입력하여 생성한다.
② Upload Voice Audio: 사용자가 가진 음성 파일을 업로드하여 아바타의 말을 생성한다.

(1) studio D-ID 가입하기

① D-ID 사이트(https://studio.d-id.com)에 접속하고 가입한다.
  ❶ Guest 버튼 클릭한다.
  ❷ Login/Signup 버튼 클릭한다.

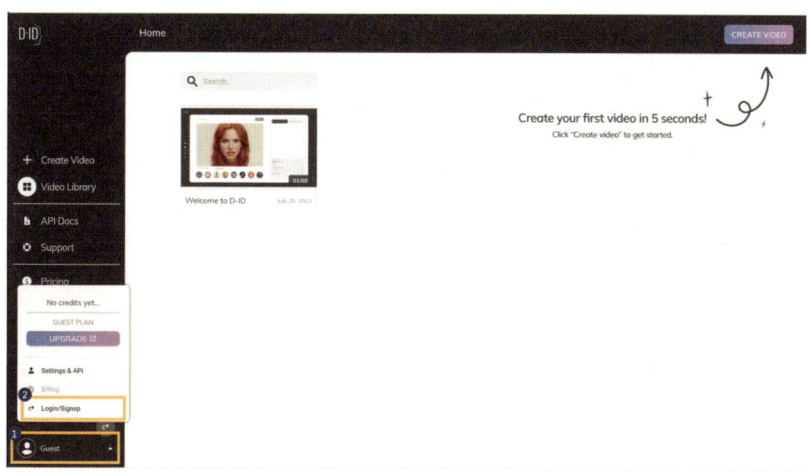

D-ID 메인화면

② 원하는 로그인 방법을 선택하여 가입한다.

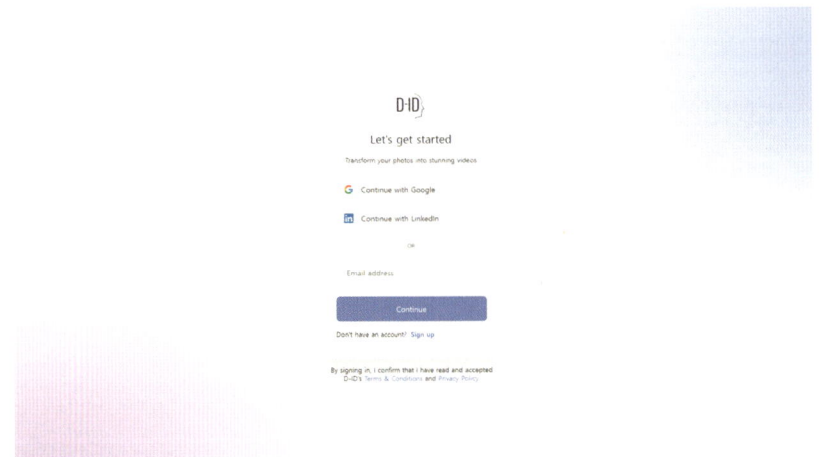

D-ID 로그인 화면

③ 로그인 후, 남은 credit 개수를 확인하고 비디오를 생성한다.

❶ 남은 credit 개수를 표시하여 무료로 사용할 수 있는 개수를 알려준다.

❷ 비디오 생성 단계로 넘어간다.

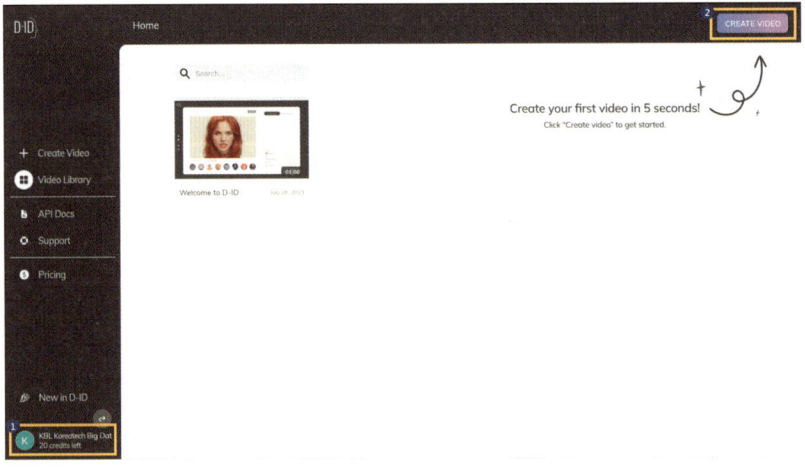

남은 credit 개수 및 비디오 생성

(2) 비디오 생성하기

1) Type Your Script

① 직접 아바타의 말을 입력한다.

❶ 마음에 드는 아바타를 선택한다.

❷ AI 아바타를 생성한다.

❸ 출력하고 싶은 아바타의 말을 입력한다.

❹ 출력하고 싶은 아바타의 언어와 목소리 유형을 선택한다.

❺ 비디오 생성 버튼을 눌러 비디오를 생성한다.

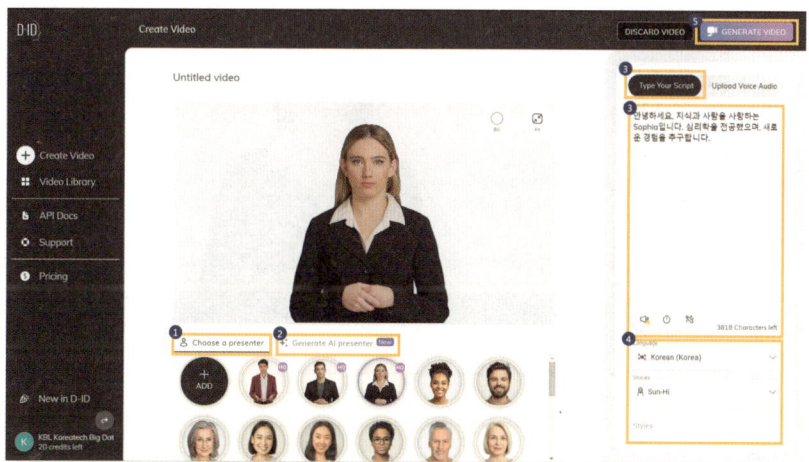

비디오 생성 화면

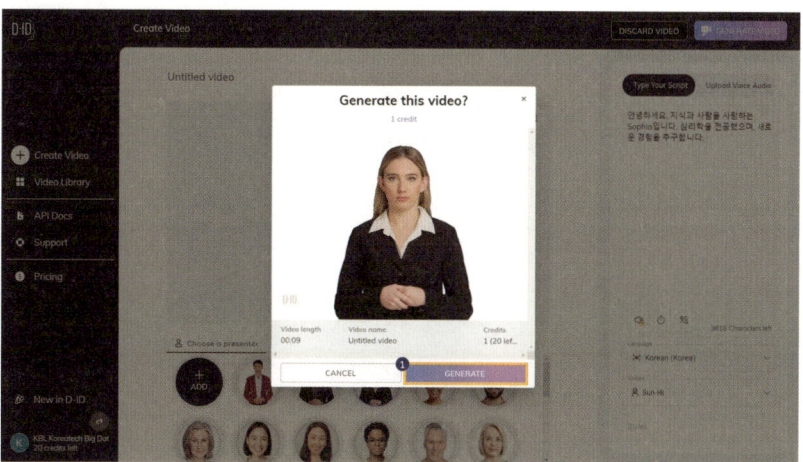

비디오 생성 화면

② 비디오의 생성 여부를 다시 확인하고 생성한다.

❶ Generate 버튼을 눌러 비디오를 생성한다.

③ 생성된 비디오 재생 및 다양한 기능 활용이 가능하다.

❶ 생성된 비디오 다운로드를 원한다면 해당 버튼을 누른다.

❷ 생성된 비디오 공유를 원한다면 해당 버튼을 누른다.

❸ 생성된 비디오 삭제를 원한다면 해당 버튼을 누른다.

생성된 비디오 다운로드, 공유 및 삭제 기능

(3) Upload Voice Audio

① 목소리 오디오를 업로드하여 아바타에 적용한다.

❶ 아바타에 적용하고 싶은 목소리 오디오를 업로드한다.

❷ 업로드가 완료되었다면 Generate Video 칸을 클릭하여 비디오를 생성한다.

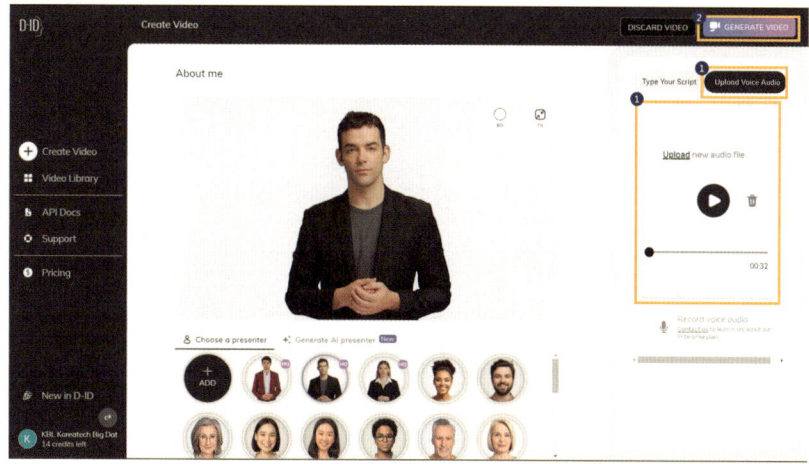

목소리 오디오 업로드 화면

② 생성된 비디오 재생 및 다양한 기능 활용이 가능하다.
  ❶ 생성된 비디오 다운로드를 원한다면 해당 버튼을 누른다.
  ❷ 생성된 비디오 공유를 원한다면 해당 버튼을 누른다.
  ❸ 생성된 비디오 삭제를 원한다면 해당 버튼을 누른다.

생성된 비디오 다운로드, 공유 및 삭제 기능

03 무료로 뛰어난 영상을 생성하는 Vrew

1) Vrew 소개

유튜브에 대한 수요 증가와 함께 영상 제작에 관심을 가진 사람들의 수도 늘어나고 있다. 그러나 편집 과정에서의 어려움 때문에 많은 사람들이 영상 제작을 시작하는 것을 주저하곤 한다. 이런 문제를 해결해 줄 수 있는 도구와 서비스를 Vrew에서 무료로 제공하고 있다.

Vrew는 사용법이 간단하며 전문적인 기술을 필요로 하지 않는다는 점에서 다른 영상 편집 도구와 차별화된다. 사용자가 원하는 요소를 쉽게 추가하고 편집할 수 있는 다양한 기능을 제공한다. 텍스트, 이미지, 비디오 클립, 음악 등을 자유롭게 영상에 추가할 수 있으며, 크기와 위치 조정도 가능하다. 또한, 필터와 효과를 활용해 영상의 전체 스타일도 자유롭게 변경할 수 있다.

사용자는 직접 녹화 및 녹음한 내용으로 영상을 만들거나, 원하는 주제를 요약하여 작성한 텍스트를 입력하면 AI가 대본을 생성해준다. 이 외에도 현재 시대의 트렌드에 맞춰 쇼츠(Shorts) 생성이 가능하며, PDF 파일 내용을 기반으로 하는 영상 제작 서비스도 제공한다.

2) Vrew 따라해보기

Vrew 따라해보기는 웹사이트 접속부터 회원가입 과정을 단계별로 소개한 후, 다양한 예시를 활용하여 사용법을 구체적으로 설명한다. AI 목소리로 시작하기, 텍스트로 비디오 만들기, 템플릿으로 쇼츠 만들기를 활용하여 실습해 본다.

- AI 목소리로 시작하기: 사용자가 입력한 텍스트를 AI 목소리로 읽어준다.
- 텍스트로 비디오 만들기: 사용자가 입력한 대본을 비디오로 생성한다.

· 템플릿으로 쇼츠 만들기: 사용자가 선택한 템플릿으로 쇼츠를 생성한다.

(1) Vrew 가입하기

① Vrew 사이트(https://vrew.voyagerx.com/ko)에 접속하고 앱 다운로드를 한다.

❶ 무료 다운로드를 클릭하여 앱을 다운로드한다.

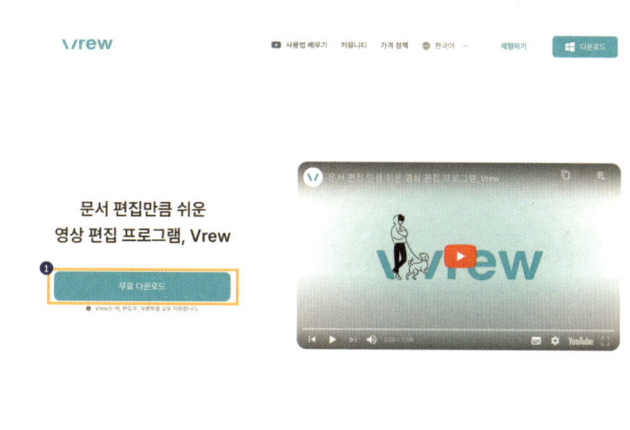

Vrew 앱 다운로드 화면

② 다운로드한 앱에 들어가서 회원가입을 한다.

❶ 요구하는 정보를 모두 입력한다.

❷ 요구하는 정보를 모두 입력한 후, 다음으로 클릭한다.

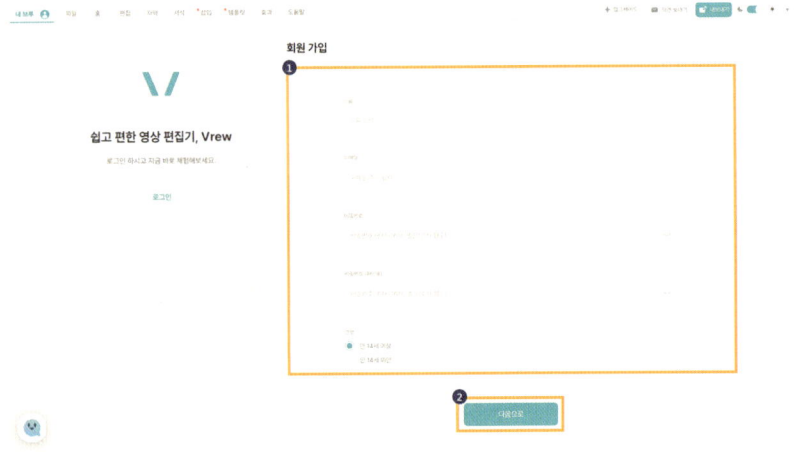

Vrew 회원가입

(2) AI 목소리로 시작하기

① 새로 만들기를 클릭한 다음 AI 목소리로 시작하기를 선택한다.

❶ 5가지 서비스 중, AI 목소리로 시작하기를 클릭한다.

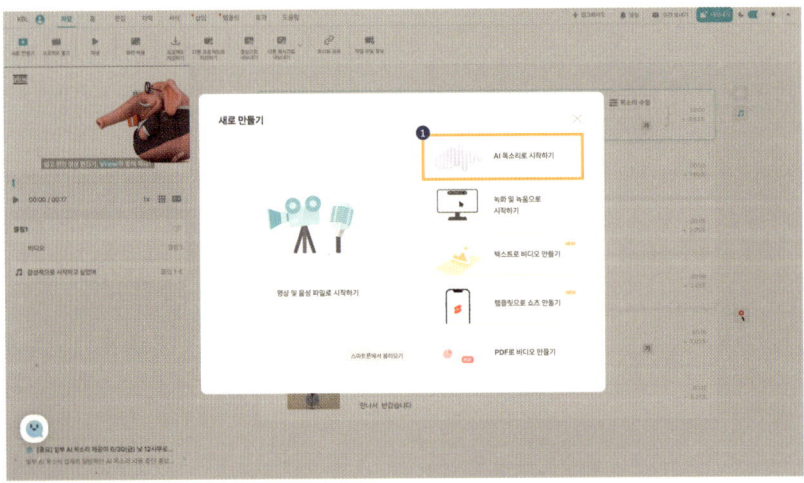

AI 목소리 시작하기 메인화면

② AI 목소리를 만드는 데에 필요한 사항들을 설정한다.

❶ AI 목소리에 사용할 말을 입력한다.

❷ AI 목소리를 설정하고 생성하기 전, 미리 들어본다.

❸ 해당 버튼을 클릭하거나 Enter를 눌러 AI 목소리를 완성한다.

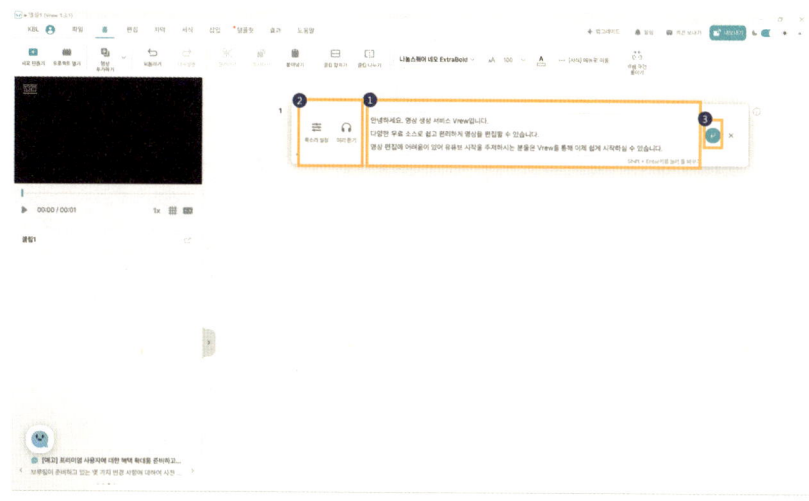

AI 목소리 시작하기 메인화면

③ 원하는 AI 목소리를 설정한다.

❶ AI의 언어, 성별 및 연령대를 선택한다.

❷ 해시태그된 특징을 확인한 후, 추천 AI 목소리를 선택하고 미리 들어본다.

❸ 설정을 모두 완료하였으면 확인 버튼을 누른다.

AI 목소리 설정 화면

④ 생성한 AI 목소리를 파일로 내보내기

❶ 내보내기 버튼을 누른다.

❷ 원하는 내보내기 형식을 선택하여 내보낸다.

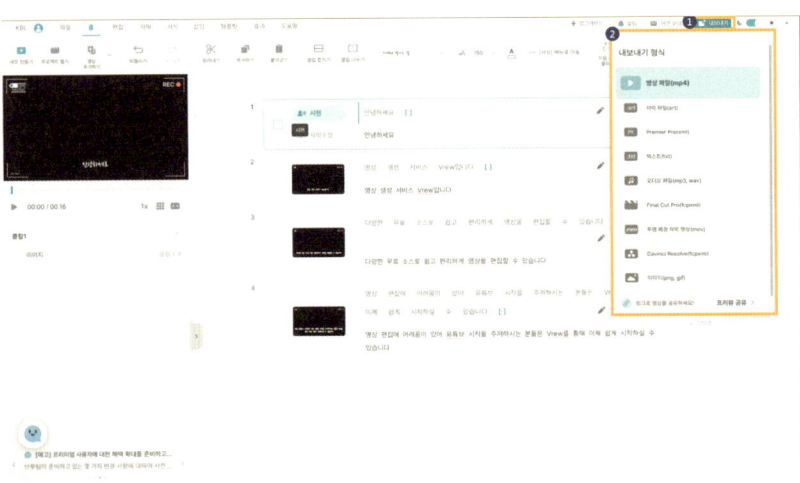

생성한 AI 목소리 내보내기

(3) 텍스트로 비디오 만들기

① 새로 만들기를 클릭한 다음 텍스트로 비디오 만들기를 선택한다.

❶ 5가지 서비스 중, 텍스트로 비디오 만들기를 클릭한다.

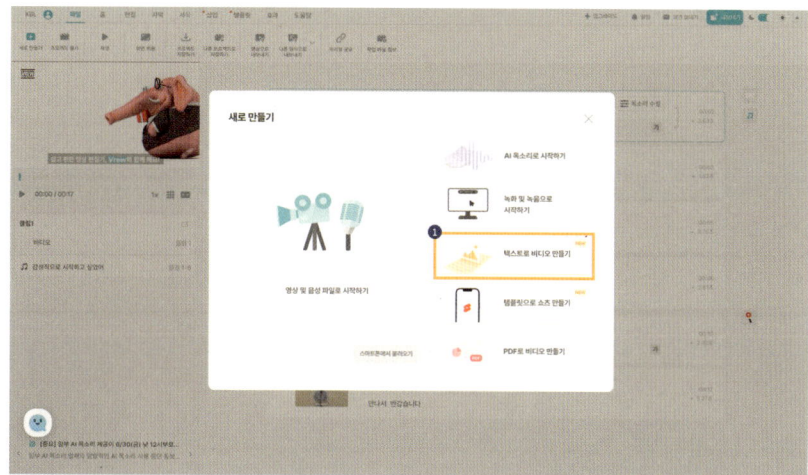

텍스트로 비디오 만들기 메인화면

② AI 글쓰기로 영상 대본 작성하기 전, 주제와 영상 유형을 선택한다.

❶ 생성할 영상의 주제를 요약하여 작성한다.

❷ 생성할 영상의 유형을 선택한다.

❸ 주제 및 영상 유형을 설정한 후, AI 글쓰기를 클릭한다.

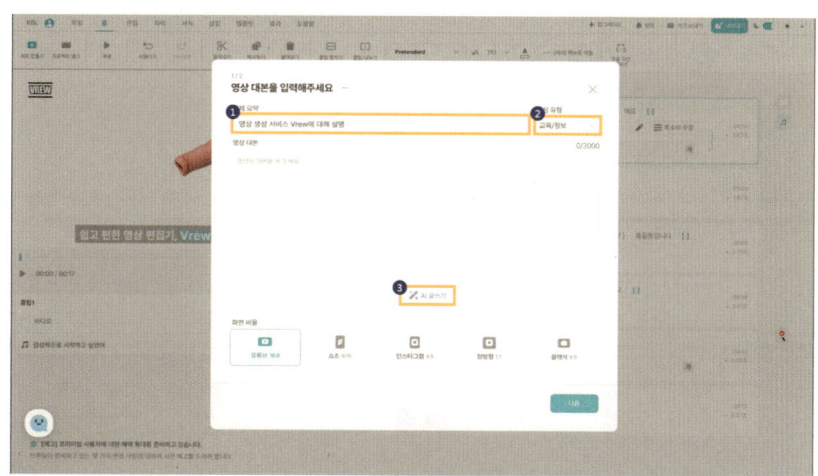

영상 대본 주제 요약 및 유형 입력

③ AI 글쓰기로 생성된 영상 대본을 바탕으로 영상을 생성한다.

❶ 영상 대본을 추가 생성한다.

❷ 영상 화면 비율을 선택하여 클릭한다.

❸ 모두 설정하면 다음을 눌러 영상을 생성한다.

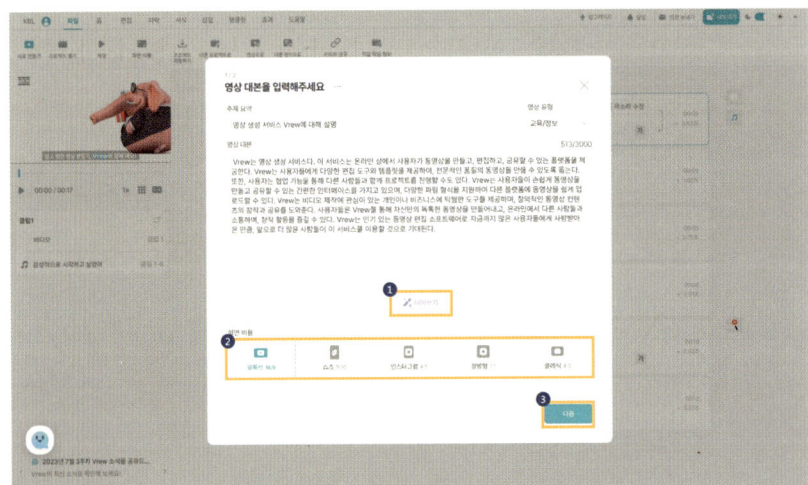

영상 대본 작성 및 영상 생성

④ AI 대본을 바탕으로 생성된 유튜브 영상 결과물이다.

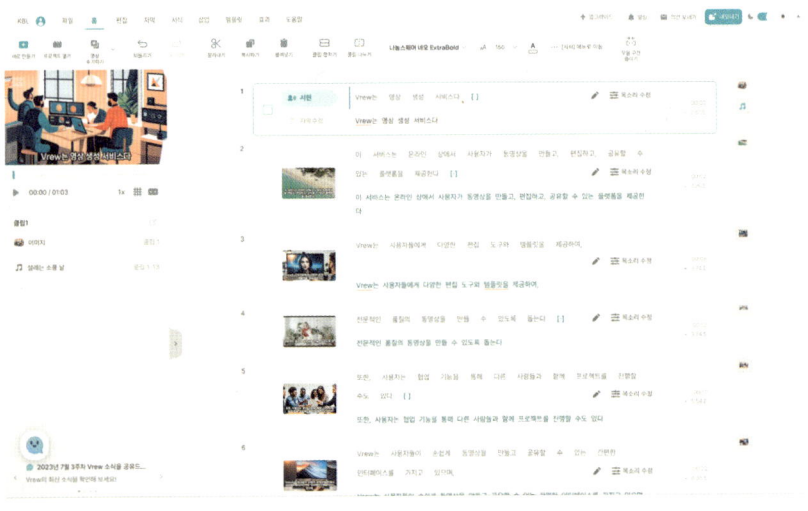

대본 생성 결과

(4) 템플릿으로 쇼츠 만들기

① 새로 만들기를 클릭한 다음 템플릿으로 쇼츠 만들기를 선택한다.

❶ 5가지 서비스 중, 템플릿으로 쇼츠 만들기를 클릭한다.

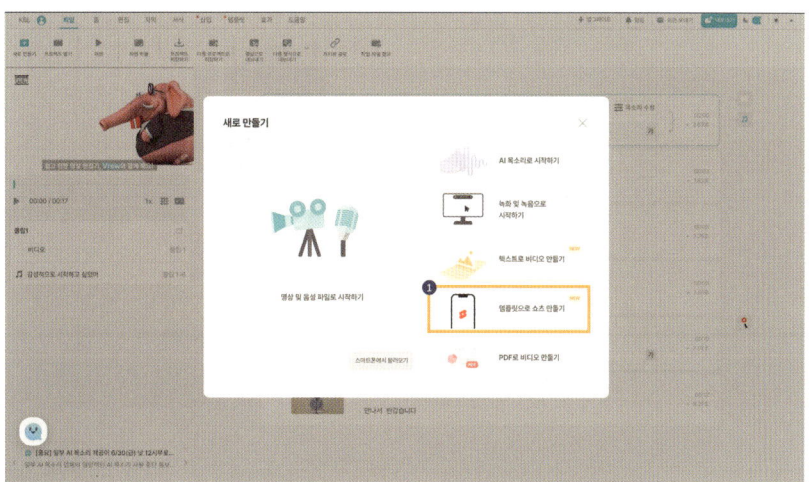

템플릿으로 쇼츠 만들기 메인화면

② 쇼츠에 필요할 영상 및 템플릿을 선택한다.

❶ 쇼츠에 사용할 영상을 선정하고 클릭한다.

❷ 쇼츠에 사용할 템플릿을 선정하고 클릭한다.

❸ 모두 선정하면 다음을 누른다.

영상 및 템플릿 선택

③ 쇼츠 영상 편집 중, 자막 서식을 정한다.

❶ 제시된 자막 서식 중, 원하는 자막을 선택한다.

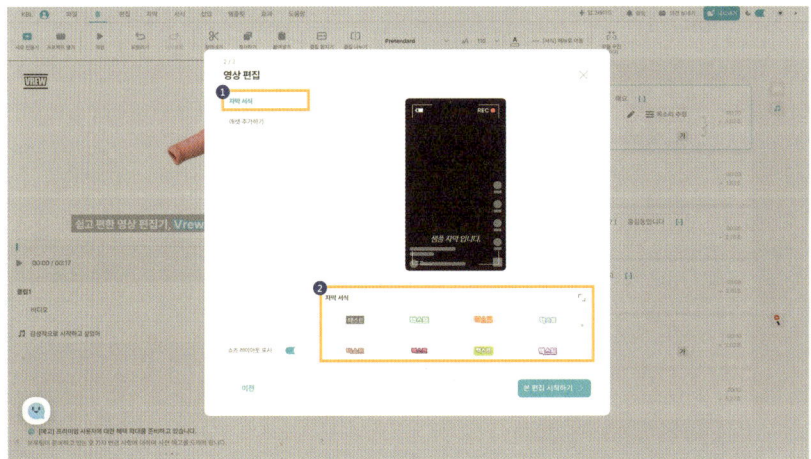

쇼츠 영상 자막 서식

④ 쇼츠 영상 편집 중, 에셋을 추가한다.

❶ 에셋 추가하기를 누른다.

❷ 쇼츠에 넣을 이미지를 추가한다.

❸ 쇼츠에 넣을 텍스트를 추가한다.

❹ 모두 추가한 후, 본 편집 시작하기를 누른다.

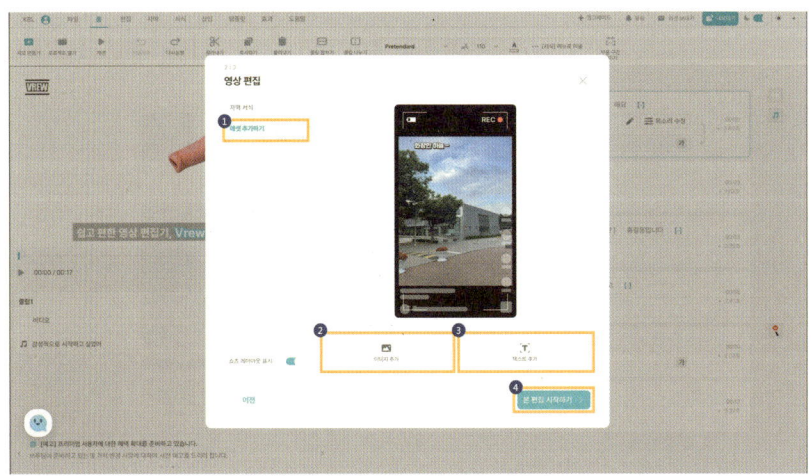

쇼츠 영상 에셋 추가하기

⑤ 쇼츠를 파일로 내보낸다.

❶ 내보내기 버튼을 누른다.

❷ 원하는 내보내기 형식을 선택하여 내보낸다.

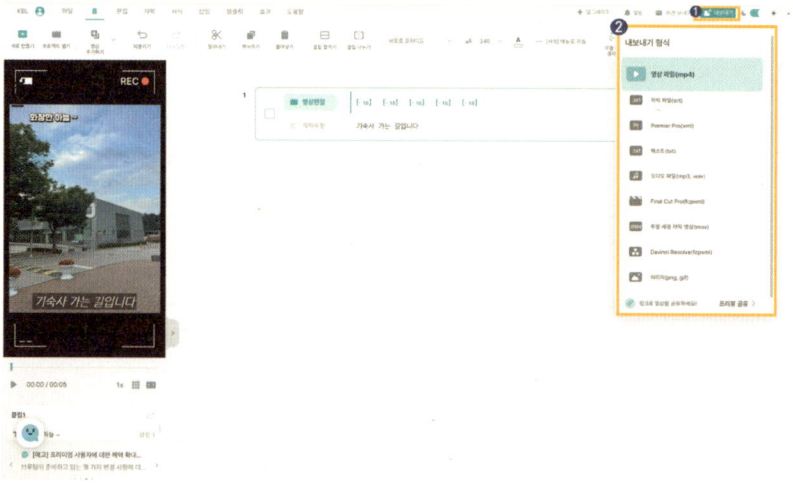

쇼츠 영상 내보내기

2장. 발표자료 생성 서비스

01 발표자료 생성 서비스란?

발표자료 생성 서비스는 생성형 AI를 활용하여 사용자가 프레젠테이션을 준비할 때 도움을 주는 서비스이다. 다양한 기능과 도구를 제공하여 사용자가 효과적이고 전문적인 발표 자료를 만들 수 있도록 기능을 제공한다.

일반적으로 발표자료 생성 서비스는 템플릿 및 디자인 제공, 텍스트 작성 및 이미지 생성 후 삽입, 시각화 자료 생성 등과 같은 기능을 포함하고 있으며 비즈니스 프레젠테이션, 강의, 세미나, 학술 발표 등 프레젠테이션이 필요한 다양한 분야에서 활용 가능하다. 사용자는 이러한 서비스를 통해 쉽고 빠르게 전문적이고 효과적인 발표 자료를 작성하여 청자에게 더욱 효과적으로 프레젠테이션 내용을 전달할 수 있다.

02 Gamma 알아보기

1) Gamma 소개

Gamma는 생성형 AI를 통해 전문적인 프레젠테이션을 쉽고 빠르게 만들 수 있는 서비스이다. 기본적으로 템플릿과 테마 양식을 제공하며, 핵심적인 주제와 관련한 글을 작성하기 시작하면 서식 제작과 디자인 작업은 생성형

AI를 통해 자동으로 생성된다. 기본 400 크레딧이 제공되며 AI를 활용한 문서 생성 1회당 40 크레딧이, AI를 활용한 수정은 1회당 10 크레딧이 차감된다.

2) Gamma 따라해보기

Gamma 따라해보기는 사이트 접속부터 가입까지 보여준 후, 예시를 활용하여 사용법을 구체적으로 설명한다. 크게 'AI를 활용한 프레젠테이션 생성'과 'AI를 활용한 프레젠테이션 수정'으로 나누어 진행한다. AI를 활용한 프레젠테이션 생성에서는 입력한 주제를 활용한 프레젠테이션 생성을 소개하고 AI를 활용한 프레젠테이션 수정에서는 기존에 작업하였던 문서를 발전된 형태로 수정하여 더 나은 프레젠테이션을 제공하는 방법을 소개한다.

(1) Gamma 가입하기

① Gamma 사이트(https://Gamma.app)에 접속하고 가입한다.

❶ [Sign up for free] 버튼 클릭한다.

Gamma 첫 화면

❷ 구글 계정이나 이메일로 안내에 따라 가입한다.

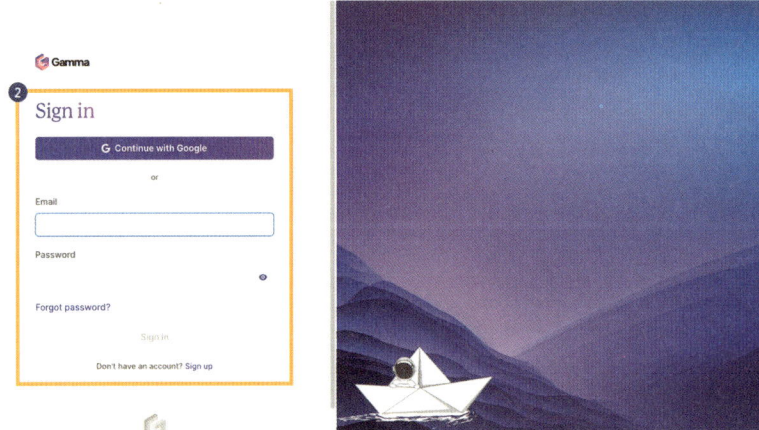

Gamma 가입

❸ 사용 목적에 따라 팀 / 개인 선택 후 워크스페이스 이름을 작성한 뒤 워크스페이스를 생성한다.

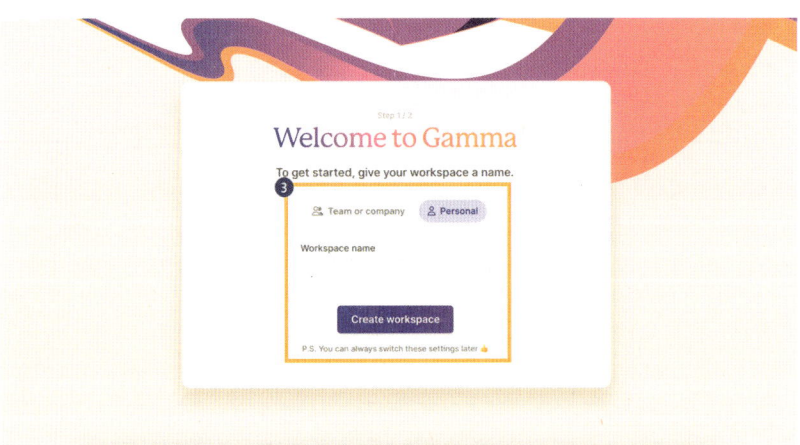

Gamma 워크스페이스 생성

(2) Gamma 활용하기

① Gamma로 프레젠테이션 만들기

❶ 홈 화면에서 '+ 새로만들기' 버튼 클릭

Gamma 홈 화면

❷ '생성' 메뉴를 눌러 다음 단계로 이동한다. 이때 '텍스트 변환' 메뉴로 메모를 프레젠테이션으로 제작할 수도 있다.

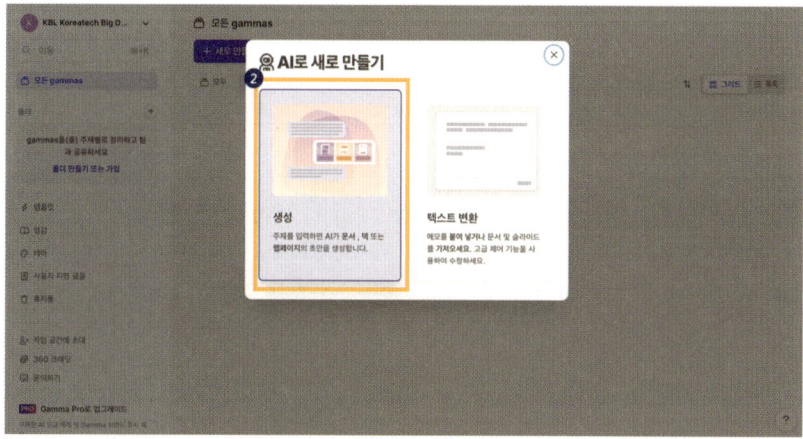

Gamma 새로만들기

❸ 프레젠테이션을 클릭한다. 필요에 따라 문서나 웹페이지 제작도 가능하다.

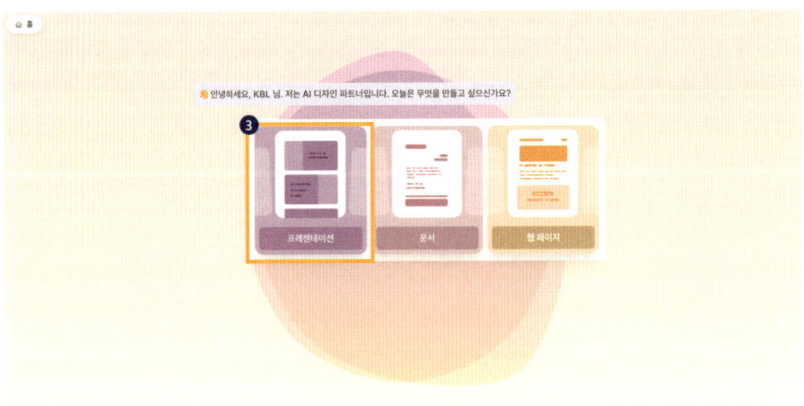

Gamma 프레젠테이션 생성

❹ 아래에 생성된 주제 입력칸에 프레젠테이션의 주제를 입력한 뒤 화살표 버튼을 누른다.

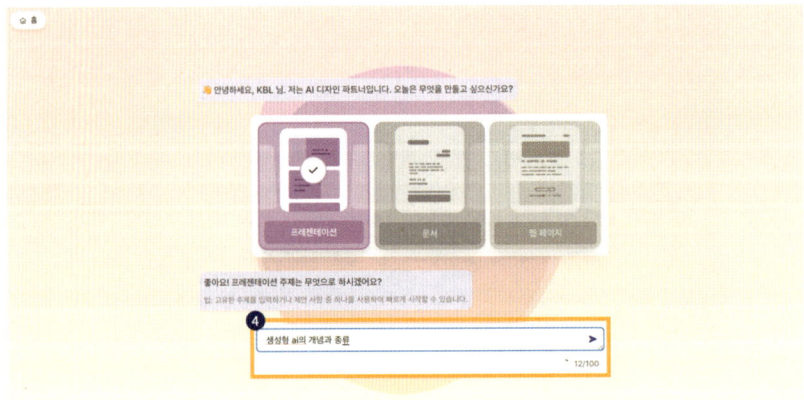

Gamma 프레젠테이션 주제 입력

❺ 생성된 목차를 확인하고 수정할 수 있으며 수정할 것이 없으면 계속 버튼을 클릭한다.

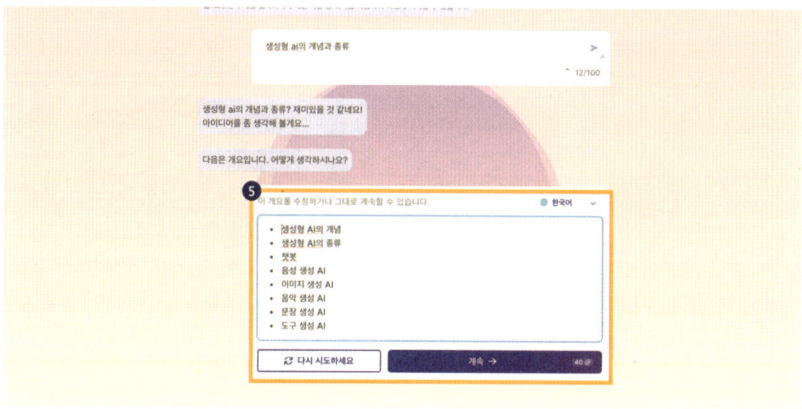

Gamma 프레젠테이션 목차 확인

❻ 원하는 테마를 선택한 뒤 계속 버튼을 누른다.

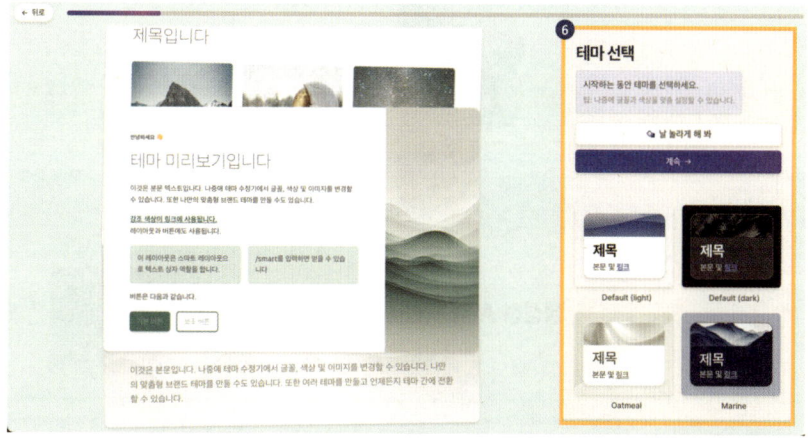

Gamma 프레젠테이션 테마 선택

❼ 프레젠테이션이 생성되는 과정을 기다린다.

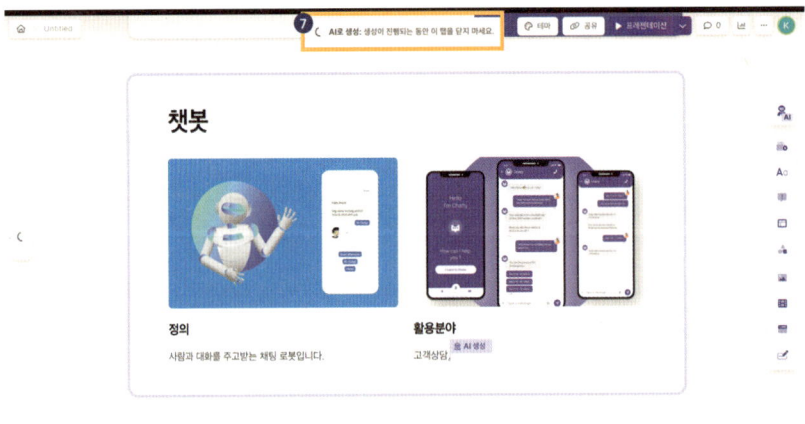

Gamma 프레젠테이션 생성

❽ 생성된 프레젠테이션을 확인한다.

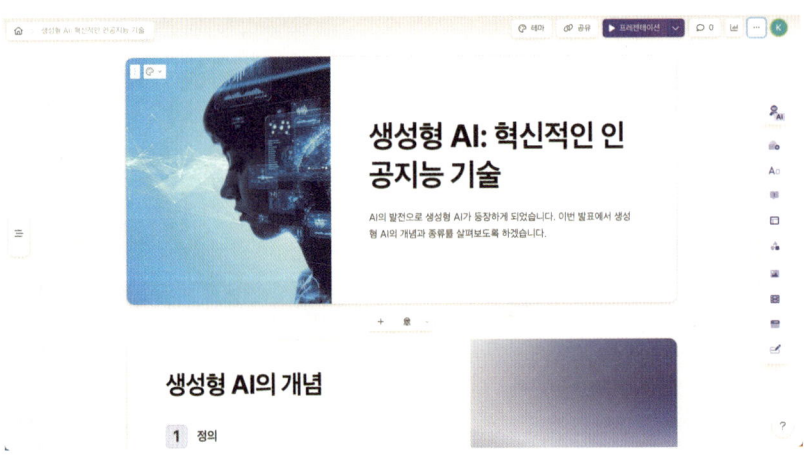

Gamma 프레젠테이션 생성본

② Gamma로 프레젠테이션 수정메뉴 소개

❶ 각종 수정메뉴를 확인할 수 있으며 AI를 통해 텍스트로 수정을 요청하거나, 필요한 부분을 직접 수정할 수 있다.

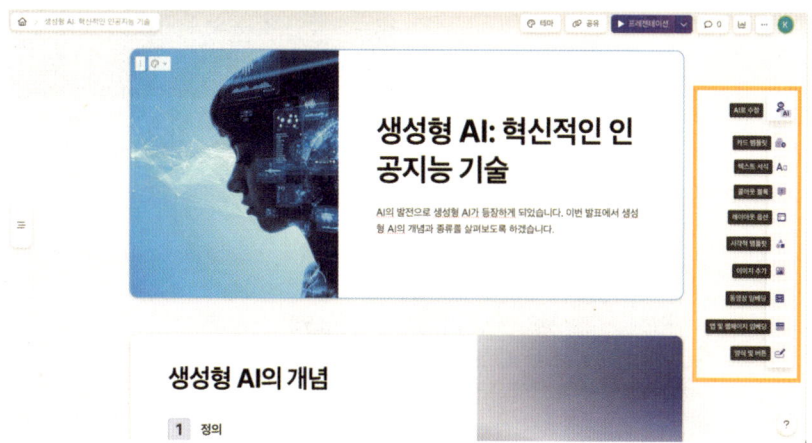

Gamma 프레젠테이션 수정도구

❷ 수정하고자 하는 슬라이드를 선택한 뒤 'AI로 수정'메뉴를 클릭하면 대화창이 나온다.

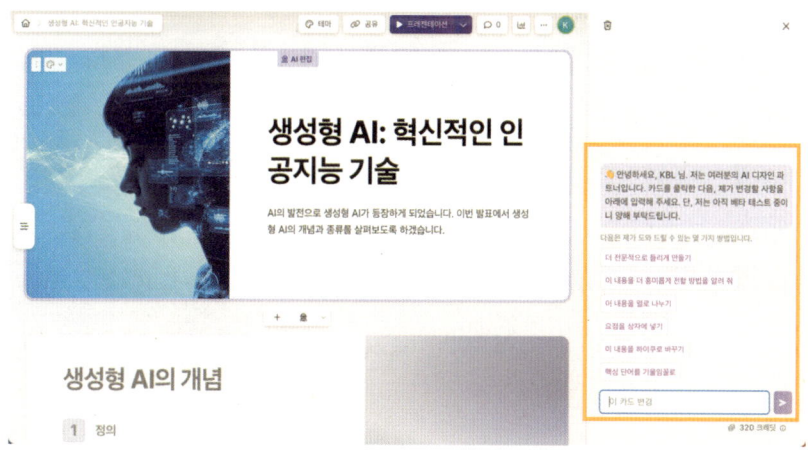

Gamma 프레젠테이션 AI로 수정

❸ 사진 추가, 내용 수정 등 AI에게 요청하면 여러 개의 결과값을 제시하고, 마음에 드는 결과를 선택하여 삽입가능하다.

· Gamma 프레젠테이션 생성

03 프레젠테이션 생성형 AI 비교

프레젠테이션 생성 AI 서비스로는 위에서 소개한 Gamma 외에도 Tome, Beautiful AI 등이 있다. 이 서비스들은 사용자들에게 높은 퀄리티의 프레젠테이션을 제작할 수 있는 도구를 제공한다. 각 서비스 별 특징에 차이가 있으며 사용자가 어떤 상황에서 어떤 서비스를 사용하는 것이 적절한지 그 특징을 비교해보도록 하겠다.

Gamma

기능: 앞부분에서 설명했듯이, Gamma는 사용자가 입력한 텍스트의 내용을 기반으로 프레젠테이션 슬라이드를 자동으로 생성해준다.

문장 생성: 주어진 주제나 키워드에 기반한 설명 글을 gpt 기반으로 제공한다.

사진 추천: 사용자의 내용과 관련된 사진을 자동으로 추천해주며 web 상에서 이미지 검색도 가능하다.

특징: 사용자 인터페이스가 친숙하며, 초보자도 쉽게 사용할 수 있다.

Tome

기능: Tome은 고급 사용자를 대상으로 한 서비스로, 다양한 템플릿과 디자인 옵션을 제공한다.

문장 생성: 스토리텔링 대한 문장 생성능력이 특히 뛰어나다.

사진 추천: 이미지 생성형 AI를 활용하여 프롬프트 입력을 통한 이미지 생성이 가능하다.

특징: 전문가용 서비스로, 상세한 조절 및 커스터마이징이 가능하다.

Beautiful AI

기능: 이 서비스는 디자인 중심의 프레젠테이션 생성을 목표로 한다.

문장 생성: 사용자의 입력을 통해 풍부한 문장을 제공한다.

사진 추천: 높은 퀄리티의 이미지와 함께 독창적인 시각적 요소를 추천하여 프레젠테이션에 아름다움을 더한다.

특징: 디자인에 특화된 AI 알고리즘을 사용하여, 프레젠테이션의 시각적 품질을 최적화한다.

Gamma, Tome, Beautiful AI는 각각의 특색과 장점을 가진 프레젠테이션 생성형 AI 서비스이다. 사용자의 필요와 요구에 따라 적절한 서비스를 선택하여, 효과적이고 품질 높은 프레젠테이션을 만들 수 있다.

Do it!

1. studio D-ID와 Vrew를 사용해서 자신만의 결과물 만들기

studio D-ID에서 밑에 적시된 조건에 맞춰 자기소개 영상을 만들고 Vrew에서 여러 도구를 활용하여 자신만의 영상 파일을 생성한다.

- D-ID에서 create video를 선택한다.
- D-ID에서 자신을 나타낼 아바타를 선택한다.
- Type Your Script에 자기소개 글을 작성한다.
- 본인의 자기소개에 어울리는 언어 및 목소리 유형을 선택한다.
- 유형 선택이 완료되면 Generate Video를 선택하여 비디오를 생성한다.
- 생성한 비디오를 다운로드하고 Vrew 새로 만들기를 연다.
- 새로 만들기에서 영상 및 음성 파일로 시작하기를 누르고 다운로드한 비디오를 가져온다.
- Vrew로 본인의 자기소개 영상을 꾸민다.

<답안 예시>

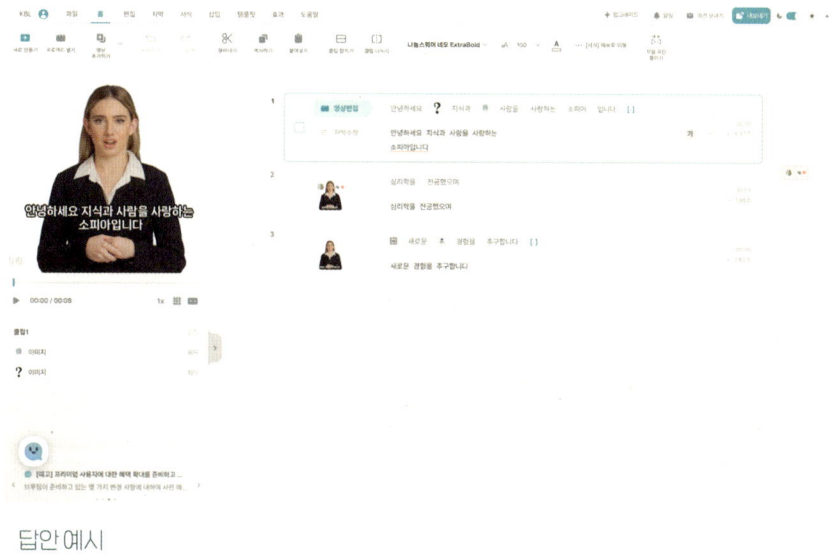

답안 예시

2. Gamma를 사용해서 강의자료 만들기

Gamma에서 아래에 적시된 조건에 맞춰 강의자료 만들고 전문성있는 사진을 추가하여 발표자료를 생성한다.

● 프레젠테이션의 주제는 생성형 ai를 알려주는 강의이다.
● 목차에는 생성형 ai의 개념과 강의 개요, 계획이 있어야한다.
● 각 슬라이드 새롭게 만들어진 사진이 첨부되어야 한다.

<답안예시>

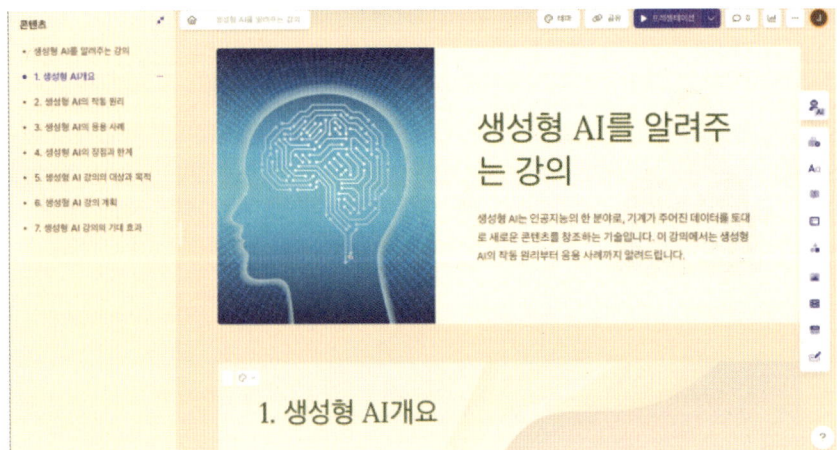

프레젠테이션 Do it!

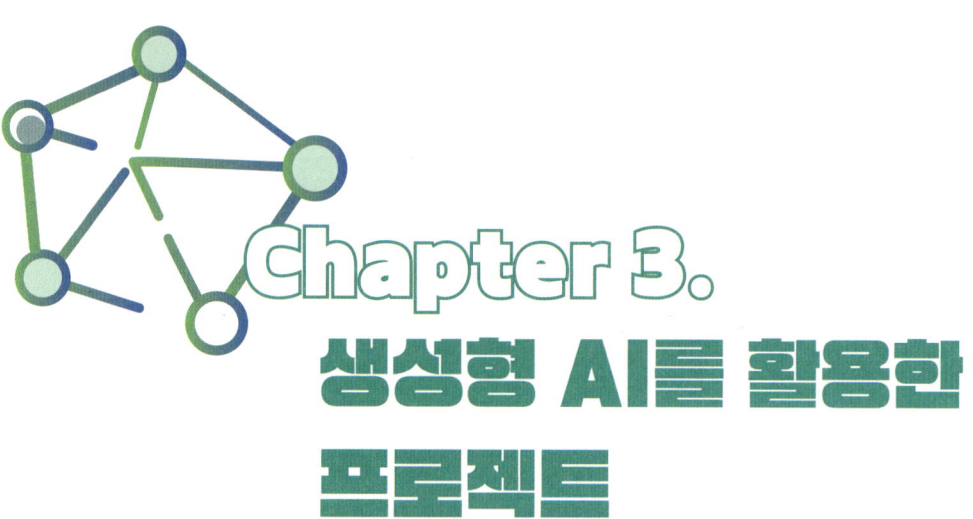

Chapter 3.
생성형 AI를 활용한 프로젝트

PART 8.
프로젝트 따라하기

Preview

PART 8에서는 이전에 배운 생성형 AI를 현실의 경영 환경에 적용할 수 있는 프로젝트를 진행하고자 한다. 이를 통해 AI가 어떻게 실제 비즈니스 환경에서 활용될 수 있는지 체험하고 탐색하는 기회가 될 것이다. 첫 번째 프로젝트에서는 인공지능 챗봇인 ChatGPT를 활용하여 신사업 준비 과정을 보다 효율적으로 진행하는 방법을 알아본다. 그리고 두 번째 프로젝트에서는 제품 혹은 브랜드에 대한 숏폼 형식의 광고 영상 제작을 목표로 한다. 이렇게 생성형 AI를 활용하여 광고 영상을 만드는 과정은 실제 마케팅 상황에서 많은 도움이 될 것이며, 다양한 미디어 포맷에 대한 이해도 함께 키울 수 있을 것이다.

1장. 생성형 AI를 활용한 창업 준비하기

01 ChatGPT를 활용한 사업계획서 작성하기

사업계획서란 새로운 프로젝트나 계획하는 사업에 관련된 사업 아이템, 투자, 개발, 생산, 판매, 자금 등에 명확히 초점을 맞추어 추진 계획을 요약 정리한 보고서이다. 따라서 사업계획서에는 사업자가 자신의 기업 또는 계획하고 있는 사업을 어떠한 방향으로 추진해 나갈 것이며, 어떻게 목표를 달성할 수 있는지에 대하여 구체적인 의지를 체계적, 객관적으로 설명해야 한다.

특히 이 프로젝트에서는 사업계획서 중 하나인 창업계획서를 ChatGPT를 사용해서 작성해볼 것이다. 그러기 위해서는 창업계획서에 대해 알아보아야 한다. 창업계획서는 내부적으로는 창업 회사 조직 구성원 간의 사업에 대한 커뮤니케이션, 내용 공유의 목적으로 활용되며, 외부적으로는 각종 투자처, 정부 기관 등의 사업에 대한 자금조달 및 지원, 판매 등을 목적으로 사용되며, 투자자들은 계획서를 투자할 만한 가치가 있는지 평가할 수 있다. 창업계획서의 목차는 창업개요, 사업소개, 시장분석, 마케팅 전략, 예산안, 기대효과, 요약으로 이루어져 있다. 창업 개요에는 창업하고자 하는 회사의 현황, 향후 경영 목표나 비전 등을 적는다. 반면 사업 소개는 상세하게 기술해야 한다. 만약 창업 아이템이 제품이라면 시제품 사진 혹은 디자인 시안 등을 첨부하고, 서비스나 앱 개발 쪽이라면 서비스 과정 및 기획 시나리오 등을 구체화하여 최대한 이해하기 쉽게 설명해야 한다. 시장 분석은 최근 트렌드 및 전망, 경쟁사 분석 등이 들어간다. 현재 해당 아이템의 전체 시장 규모는 어떠한지, 향후 성장 가능성 및 전망은 어떠한지, 아이템에 대한 소비자들의 인식은 어떠한지 등을 객관적인 자료에 근거하여 설명한다. 이후 이미 진출한 대표적인 경쟁업체들을 선정하여 사례로 소개한다. 경쟁사의 가격, 서비스, 기능, 편의성 등을 분석한 후로 표로 정리하면 좋다. 시장 분석을 마쳤다면, 자사의 제품을 어떻게 마케팅할 것인지에 대한 계획을 세워야 한다. 온라인, 오프라인으로 마케팅 채널을 다각화하고 제품 및 서비스 출시와 함께 시기별 진행 계획을 상세하게 수립해야 한다. 예산안은 초기 창업비부터 월간 운영비, 예상되는 매출액 등을 모두 계산하여 작성한다. 기대효과에는 사업을 통해 파생될 수 있는 여러 가지 기대효과에 대해 기술한다. 마지막으로 요약은 전체 사업 계획이 한눈에 들어올 수 있도록 간단명료하게 2장 이내로 작성하는 것이 좋다.

① ChatGPT가 사업계획서를 잘 쓸 수 있도록 역할 부여하기

Q: 너는 엄청나게 똑똑한 20년차 PM이야. 그래서 많은 사업계획서를 작성해왔어. 지금부터 너는 나의 사업계획서 쓰는 것을 도와줄 거야. 알겠으면 알겠다고 답변해 줘.

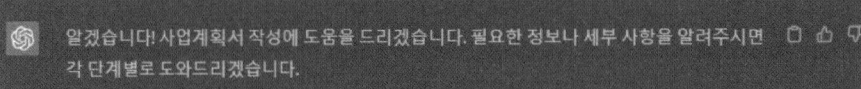

ChatGPT에게 PM 역할 부여

② 사업계획서 단계를 정해주기

Q: 사업계획서는 창업개요, 사업소개, 시장분석, 마케팅전략, 예산안, 기

대효과, 요약 순으로 진행할 것입니다.

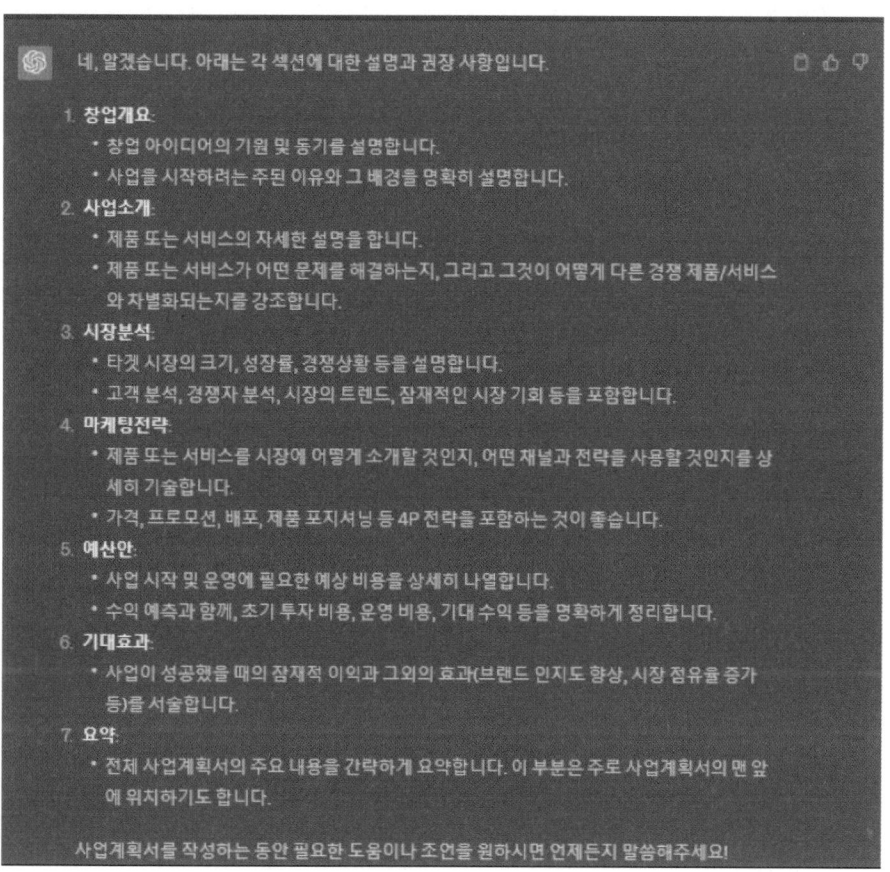

ChatGPT 사업계획서 순서 출력

③ 주어진 단계별로 진행

Q: 1단계부터 진행하겠습니다. 진행하면서 궁금한 점은 물어보고 진행하세요.

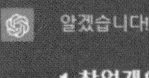

ChatGPT가 창업개요에 필요한 정보 요구

④ 창업 개요

Q: 아이디어는 숏폼을 제작하고 싶었는데, 생각보다 어려웠어. 시장에서는 아직 숏폼 제작에 쉽게 접근할 수 있는 플랫폼이 없지. 그래서 이 사업 아이디어의 주요 내용은 다음과 같아.

(1) 글 기반 숏폼 생성: 사용자가 스크랩한 글을 입력하면 AI가 자동으로 요약하여 15초에서 1분 미만의 숏폼 스크립트를 제안한다. 사용자가 스크립트를 선택한 후 그에 맞는 이미지를 업로드하거나 AI가 추천한 이미지를 선택하면 플랫폼이 자동으로 음성, 자막을 삽입하여 숏폼을 생성하고, 해시태그와 제목을 추천한다.

(2) Youtube 영상 기반 숏폼 생성: 사용자가 유튜브 영상의 링크와 파일을 업로드하면 플랫폼은 콘텐츠를 분석하여 spike 구간과 top moment 구간에 대한 정보를 제공하고, 사용자는 구간을 선택하여

이를 기반으로 숏폼을 제작할 수 있다.

(3) 'GRABIT'은 각종 다양한 AI 서비스를 제공한다. 특히 글을 분석하여 스크립트를 생성해주는 서비스, 자동 음성/자막 삽입 서비스, 해시태그 및 제목 추천 서비스 등의 사용자에게 개인화된 정보를 제공함으로써 주요 서비스들의 퀄리티와 가치를 높인다.

(4) 서비스 목적 및 기대효과: GRABIT은 생성형 AI 기술을 활용한 자동 숏폼 생성 플랫폼이다. 플랫폼에서 제공하는 서비스는 사용자들이 긴 콘텐츠를 간결하고 흥미로운 숏폼 형태로 쉽게 변환하도록 돕는 것이며, 이를 통해 사용자는 빠르고 간편하게 다양한 채널에서 활용할 수 있는 숏폼 콘텐츠를 만들 수 있다. 이처럼 GRABIT은 사용자들이 숏폼을 생성하여 활용하는 데 있어 편리성과 간편함을 제공하는 것을 목적으로 하며 이를 통해 누구나 숏폼을 마케팅에 활용할 수 있는 기회를 제공한다.

> 네, 이해했습니다. 아래는 창업개요에 대한 초안을 작성해보았습니다.
>
> **1. 창업개요**
>
> **아이디어의 기원**
> 숏폼 콘텐츠는 현대 사회에서 트렌드로 자리 잡고 있습니다. 그러나 자신만의 숏폼을 제작하고자 할 때, 그 과정이 생각보다 복잡하고 어려운 점을 발견하였습니다. 시장에서 쉽게 접근할 수 있는 숏폼 제작 플랫폼의 부재를 확인하며, 이 문제점을 해결할 방안을 모색하게 되었습니다.
>
> **창업 동기**
> GRABIT의 탄생 배경은 사용자들이 빠르고 간편하게 숏폼 콘텐츠를 제작할 수 있도록 도와주는 플랫폼의 필요성에서 시작되었습니다. AI의 발전과 그 기술을 활용한 콘텐츠 제작의 효율성을 볼 때, 이를 통해 사용자들에게 더 나은 서비스를 제공할 수 있을 것이라 판단하였습니다.
>
> **창업 아이디어의 핵심**
> GRABIT은 사용자가 손쉽게 숏폼 콘텐츠를 제작할 수 있도록 지원하는 플랫폼입니다. 글 기반 숏폼 생성과 유튜브 영상 기반 숏폼 생성 기능을 통해 사용자들은 손쉽게 다양한 콘텐츠를 숏폼으로 변환할 수 있습니다. 또한, GRABIT의 AI 기술은 글 분석, 자동 음성/자막 삽입, 해시태그 및 제목 추천 등 다양한 서비스를 제공하여, 사용자들에게 최적화된 숏폼 제작 경험을 제공합니다.

ChatGPT에게 정보제공 후 창업개요 초안 작성

⑤ 사업 소개

Q. 다음 단계인 사업소개 진행해 줘.

> **2. 사업소개**
>
> 경쟁자와의 차별화:
>
> GRABIT은 숏폼 콘텐츠 제작 플랫폼의 새로운 패러다임을 제시하며, 기존의 플랫폼과의 다음과 같은 주요 차별화 전략을 가지고 있습니다:
>
> 1. **생성형 AI기반 숏폼 자동 생성 서비스:**
>   - 사용자 제공 자료(글, 이미지, 영상)로부터 플랫폼이 자동으로 자막을 삽입하고 숏폼을 추출합니다. 이는 기존 플랫폼들과의 큰 차별점이며, 사용자의 의도에 따라 영상 분위기, 자막, 나레이션, BGM 등을 조절하여 완성도 높은 숏폼을 제작해줍니다.
> 2. **개인화된 서비스 제공:**
>   - 사용자의 행동 패턴과 이전 사용 이력을 분석하여 초개인화된 숏폼을 제공합니다. 이로써 사용자는 자신만의 독특한 스타일과 내용의 숏폼을 경험할 수 있습니다.
> 3. **숏폼 제목 및 해시태그 추천:**
>   - 플랫폼은 스크립트 및 컨셉 분석을 통해 최적화된 제목과 해시태그를 자동으로 추천합니다. 이는 사용자의 콘텐츠 홍보와 전파력을 높이는 데 도움을 줍니다.
> 4. **다양한 숏폼 채널에 활용 가능:**
>   - 다양한 숏폼 채널의 특성을 반영하여 사용자에게 특화된 스타일의 숏폼을 제공합니다. 이는 여러 플랫폼에서 콘텐츠의 최적화된 활용을 보장하며, 효율성과 효과성을 극대화합니다.
> 5. **시청자들의 영상 시청 분석을 통한 숏폼 제작:**
>   - 유튜브 영상 분석 기능을 통해 Top moment와 Spike를 파악하여 그 구간들을 중심으로 숏폼을 생성합니다. 이를 통해 사용자는 시청자들이 가장 관심을 가진 구간을 중심으로 강력하고 효과적인 숏폼을 제작할 수 있습니다.
>
> 이러한 차별화 전략을 바탕으로 GRABIT은 숏폼 콘텐츠 제작 분야에서의 새로운 표준을 제시하며, 사용자들에게 최상의 경험과 효과를 제공합니다.

ChatGPT가 제공된 정보를 기반으로 사업소개 초안 작성

⑥ 시장 분석

Q. 가상의 데이터를 넣어서 시장 분석 단계 초안을 작성해 줘.

> 알겠습니다. 가상의 데이터를 기반으로 "시장분석" 섹션의 초안을 작성하겠습니다.
>
> **시장분석**
>
> **시장의 크기와 성장률**
>
> 최근 몇 년 동안, 숏폼 콘텐츠 제작 시장은 연평균 20%의 성장률을 보이며 빠르게 확장되고 있다. 2023년 현재, 이 시장의 규모는 약 5억 달러로 추정되며, 2025년까지 8억 달러에 이를 것으로 예상된다.
>
> **주요 경쟁사 및 시장 점유율**
>
> 현재 시장에서는 Shorty, ClipGenius, QuickForm과 같은 유사한 서비스를 제공하는 플랫폼들이 존재한다. 이 중 Shorty가 시장의 35%를 차지하며 선두를 달리고 있으나, 다른 경쟁사들도 빠르게 성장하며 시장 점유율을 확대하고 있다.
>
> **고객의 필요 및 트렌드**
>
> 최근 사용자들은 더욱 빠르고 간편한 콘텐츠 제작 도구를 원하고 있다. 특히 AI 기반의 자동화 기능, 다양한 템플릿 제공, 그리고 소셜 미디어 최적화 도구 등에 대한 수요가 증가하고 있다.
>
> **시장의 기회 및 위협**
>
> 시장의 빠른 성장과 사용자들의 다양한 요구사항은 CRABIT에게 큰 기회를 제공한다. 특히 AI 기술을 활용한 서비스 제공은 시장에서 독특한 경쟁력을 가질 수 있다. 그러나 기술의 빠른 발전과 새로운 경쟁사의 등장은 지속적인 혁신과 발전이 필요함을 의미한다.

ChatGPT가 제공된 정보를 기반으로 시장분석 초안 작성

⑦ 마케팅 전략

Q. 다음 단계인 마케팅 전략 진행해 줘.

> **4. 마케팅 전략**
>
> **목표 고객층:**
> - 숏폼 콘텐츠 제작에 관심이 있는 기업 및 개인 크리에이터
> - 브랜드 프로모션, 광고, 소셜 미디어 마케팅을 위한 숏폼 콘텐츠를 활용하고 싶은 기업
> - 기존의 긴 콘텐츠를 짧게 요약하여 활용하고자 하는 유튜버, 블로거
>
> **채널 전략:**
> 1. **소셜 미디어**: 틱톡, 인스타그램 리얼즈, 유튜브 쇼츠 등의 숏폼 콘텐츠 플랫폼을 활용하여 GRABIT의 숏폼 콘텐츠 제작능력을 홍보합니다.
> 2. **파트너십**: 크리에이터 에이전시, 인플루언서, 유튜브 크리에이터와 협업하여 GRABIT의 기능과 장점을 알린다.
> 3. **웹 세미나**: 숏폼 콘텐츠 제작과 관련된 웹 세미나를 개최하여 GRABIT의 기능 소개 및 사용 방법을 교육한다.
>
> **프로모션 전략:**
> 1. **체험판 제공**: GRABIT의 기능을 체험할 수 있는 무료 체험판을 제공하여 사용자들의 관심을 끈다.
> 2. **리퍼럴 프로그램**: 기존 사용자를 통해 신규 사용자를 모집하면 보상을 제공하는 프로그램을 운영한다.
> 3. **할인 프로모션**: 출시 초기, 특정 기간에 할인 프로모션을 진행하여 사용자들의 구매욕을 높인다.
>
> **브랜딩 전략:**
> 1. **가치 제안**: GRABIT는 "빠르게, 간편하게, 직관적인 숏폼 제작"이라는 가치 제안을 홍보한다.
> 2. **콘텐츠 마케팅**: GRABIT의 기능과 숏폼 콘텐츠 제작에 관한 유용한 팁을 제공하는 블로그나 영상 콘텐츠를 제작하여 브랜드 인지도를 높인다.

ChatGPT가 제공된 정보를 기반으로 마케팅 전략 초안 작성

⑧ 예산안

Q. 다음 단계인 예산안 초안 작성해 줘.

네, 다음 단계는 "예산안"입니다.

이 섹션에서는 사업을 시작하고 운영하기 위한 예상 비용과 예상 수익을 포함합니다. 아래와 같은 내용을 포함시킬 수 있습니다:

1. **시작 비용 (초기 투자)**: 사업 시작에 필요한 초기 비용을 나열합니다. 이에는 사무실 임대료, 장비 구입, 웹사이트 및 앱 개발, 초기 마케팅 및 광고비용 등이 포함될 수 있습니다.
2. **운영 비용**: 일반적인 월별 또는 연간 운영 비용을 나열합니다. 이에는 임금, 유지보수 비용, 마케팅 및 광고비, 기타 사무 비용 등이 포함됩니다.
3. **예상 수익**: 서비스 구독료, 광고 수익, 프리미엄 기능 수익 등을 기반으로 한 예상 월별 또는 연간 수익을 제시합니다.

이러한 내용을 기반으로 "예산안" 섹션의 초안을 작성하겠습니다.

예산안

시작 비용 (초기 투자)

- 사무실 임대: $5,000 (월별)
- 장비 및 서버 구입: $20,000 (한 번의 비용)
- 웹사이트 및 앱 개발: $50,000 (한 번의 비용)
- 초기 마케팅 및 광고비: $10,000 (한 번의 비용)

총 초기 투자: $85,000

운영 비용 (월별)

- 임금 및 급여: $30,000
- 서버 및 유지보수 비용: $2,000
- 마케팅 및 광고비: $5,000
- 기타 사무 비용 (전기, 인터넷, 임대료 등): $7,000

월별 운영 비용: $44,000

예상 수익 (월별)

- 서비스 구독료: $60,000
- 프리미엄 기능 수익: $20,000
- 광고 및 파트너십 수익: $10,000

월별 예상 수익: $90,000

ChatGPT가 제공된 정보를 기반으로 예산안 초안 작성

⑨ 기대효과

Q. 다음 단계인 기대효과 초안을 작성해 줘.

> **6. 기대효과**
>
> GRABIT의 숏폼 자동 생성 플랫폼은 콘텐츠 제작의 효율성과 활용도를 향상시키는 혁신적인 서비스로서, 다음과 같은 기대효과를 가지고 있습니다.
>
> 1. **콘텐츠 제작의 간소화:**
>   - GRABIT을 이용하면 사용자는 복잡한 비디오 편집 기술을 배울 필요 없이 손쉽게 숏폼 콘텐츠를 제작할 수 있습니다. 이는 콘텐츠 제작의 진입 장벽을 낮추고, 더 많은 사용자가 콘텐츠를 제작하게끔 합니다.
> 2. **맞춤형 콘텐츠 제공:**
>   - 개인화된 서비스 제공으로 인해, 사용자의 선호와 행동 패턴에 따라 최적화된 숏폼 콘텐츠를 제공할 수 있습니다. 이로 인해 사용자의 만족도와 재방문율이 향상될 것으로 예상됩니다.
> 3. **다양한 플랫폼 활용:**
>   - GRABIT에서 생성된 숏폼은 다양한 소셜 미디어 플랫폼에 적합한 형식으로 제작될 수 있기 때문에, 사용자는 넓은 범위의 채널에서 콘텐츠 홍보와 마케팅을 진행할 수 있습니다.
> 4. **시장 점유 확대:**
>   - 시장에서 쉽게 접근 가능한 숏폼 제작 플랫폼의 부재로, GRABIT은 큰 시장 점유율을 확보하는 데 기여할 것으로 예상됩니다.
> 5. **콘텐츠 분석의 가치 제공:**
>   - Top moment 및 Spike 분석 기능을 통해, 사용자는 자신의 콘텐츠가 어떤 부분에서 높은 관심을 받았는지 파악할 수 있으며, 이를 통해 더 효과적인 콘텐츠 전략을 세울 수 있습니다.
> 6. **광고 및 파트너십 기회 확대:**
>   - 플랫폼의 사용자 증가와 인지도 상승으로, 광고주와의 파트너십 기회 확대 및 광고 수익의 증가가 기대됩니다.

ChatGPT가 제공된 정보를 기반으로 기대효과 초안 작성

⑩ 요약

Q. 마지막 단계인 요약 초안 작성해 줘.

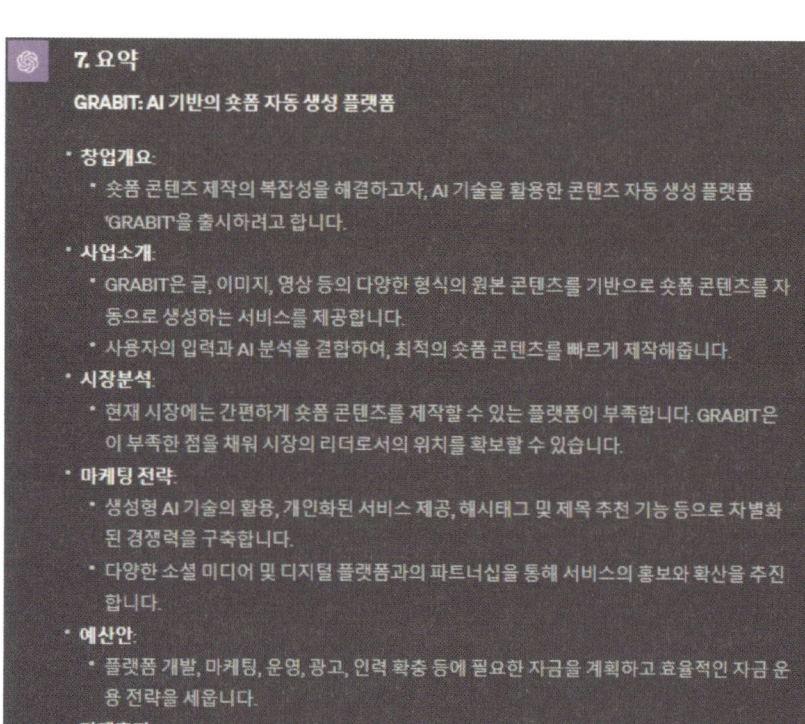

ChatGPT가 제공된 정보를 기반으로 요약 초안 작성

02 로고 및 포스터(상세페이지) 제작하기

1) 로고 제작하기

① Brandmark 사이트(https://brandmark.io/)에 접속한다.

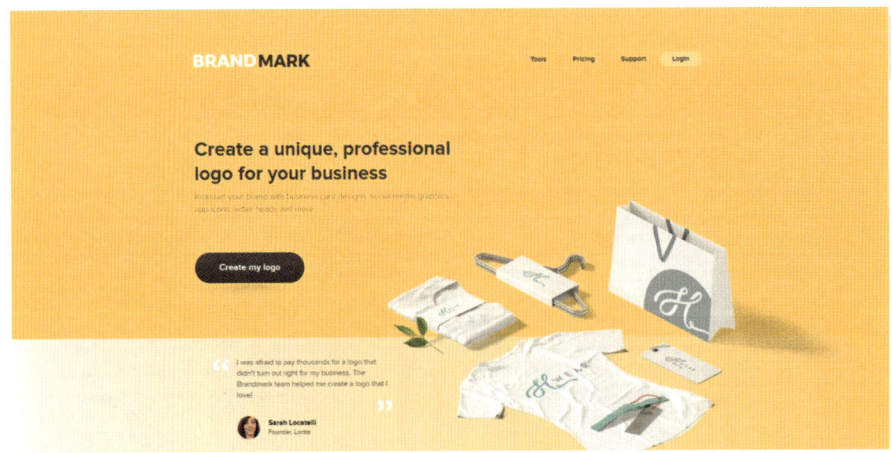

Brandmark 사이트

② Create my logo를 클릭하고 사업계획서를 기반으로 Brand name과 Slogan을 결정한다.

Brand name과 slogan 결정

③ Keyword ideas를 입력

Brand name과 slogan에 맞는 태그 결정

④ Color style을 결정

Brand logo에 맞는 color style 결정

⑤ 로고 결정하기

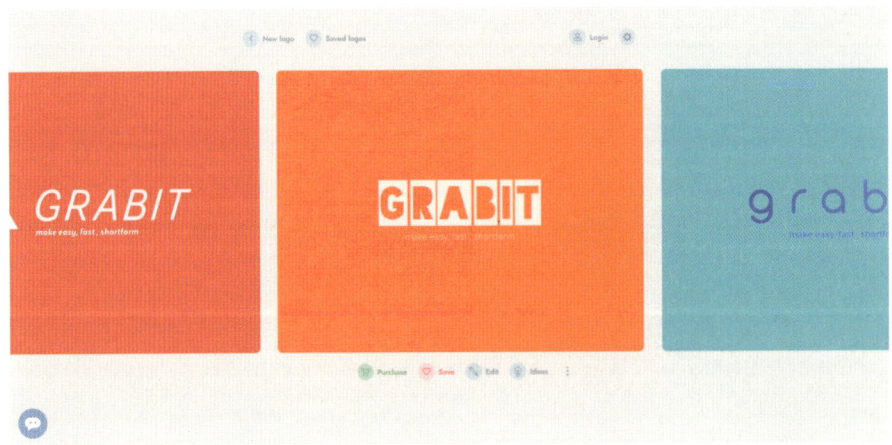

Brand logo 결정

⑥ 로고를 스크린샷을 사용해서 저장

선택한 Brand logo 스크린샷으로 저장

2) 상세설명서 제작하기

① ChatGPT로 서비스 소개 생성하기

Q. 이 어플을 어플리케이션 마켓에 올리려고 합니다. 어플리케이션 마켓

에 등록할 때 필요한 서비스 소개를 적어 주세요.

> 물론이죠! 아래는 제안된 내용을 기반으로 한 아티클입니다.
>
> **GRABIT: 숏폼 콘텐츠 제작의 차세대 플랫폼**
>
> 최근 숏폼 콘텐츠가 세상을 휩쓸고 있습니다. 온라인 세상에서 주목 받기 위해서는 간결하면서도 파워풀한 콘텐츠가 필요한데, 그렇게 만들기 위한 완벽한 파트너가 바로 GRABIT입니다.
>
> **1. AI와 손잡은 크리에이터의 새로운 세계**
> GRABIT은 AI를 활용하여 사용자의 요구에 맞는 숏폼 콘텐츠를 빠르고 쉽게 제작할 수 있는 도구입니다. 이제 복잡한 기술이나 전문 지식 없이도 전문가 수준의 콘텐츠를 만들어 낼 수 있습니다.
>
> **2. 다양한 스타일, 무한한 가능성**
> 개인 블로그부터 비즈니스 프로모션, 교육 자료까지 다양한 분야에서 GRABIT을 활용하세요. 국경 없는 스타일과 템플릿으로 귀하만의 독특한 숏폼을 만들 수 있습니다.
>
> **3. 직관적인 편집, 끝없는 창작의 기쁨**
> 영상, 이미지, 텍스트를 드래그 앤 드롭만으로 편집하세요. GRABIT의 직관적인 인터페이스로 초보자도 손쉽게 멋진 콘텐츠를 제작할 수 있습니다.
>
> **4. 데이터와 함께하는 개인화 경험**
> GRABIT은 귀하의 사용 패턴과 취향을 분석하여 최적의 콘텐츠 스타일과 템플릿을 추천합니다. 이제 매번 새로운 영감을 찾는 수고 없이도 최고의 결과물을 얻을 수 있습니다.
>
> **5. 콘텐츠 공유의 혁신**
> GRABIT과 함께 제작한 콘텐츠는 다양한 소셜 미디어와 플랫폼에 쉽게 공유할 수 있습니다. 더 넓은 세상에 귀하의 작품을 선보이세요.
>
> **6. 커뮤니티와 함께하는 창작 활동**
> GRABIT 커뮤니티를 통해 다른 사용자들의 작품을 확인하고, 그들과 함께 영감을 주고받으며 새로운 아이디어를 발견하세요.
>
> GRABIT과 함께라면 무엇이든 가능합니다. 지금 바로 다운로드 받아, 숏폼 콘텐츠의 놀라운 세계를 경험해보세요!

창업 아이디어를 기반으로 서비스 소개 생성

② 제품 소개 기반으로 아티클 만들기

Q. 이 소개를 바탕으로 아티클을 만들어 주세요.

> 앱을 어플리케이션 마켓에 등록할 때는 사용자의 관심을 끌고 다운로드를 유도할 수 있는 유익하고 흥미로운 서비스 소개가 필요합니다. 아래는 "GRABIT"라는 숏폼 콘텐츠 생성 앱을 대상으로 한 예시 서비스 소개입니다:
>
> ### GRABIT: 숏폼 콘텐츠 제작의 혁신
>
> 📱 **AI가 도와주는 콘텐츠 제작!**
> GRABIT은 AI를 활용하여 사용자의 필요에 맞는 숏폼 콘텐츠를 빠르고 간편하게 제작하는 앱입니다.
>
> 🎨 **다양한 스타일과 템플릿**
> 개인 블로그, 비즈니스 프로모션, 교육 자료... 어떤 주제든 GRABIT와 함께 멋진 숏폼을 만들어 보세요!
>
> ✏️ **간편한 설정과 편집 기능**
> 영상, 이미지, 텍스트를 드래그 앤 드롭으로 손쉽게 편집하세요. 원하는 스타일과 분위기에 맞춰 조정 가능합니다!
>
> 📊 **데이터를 기반으로 한 개인화 추천**
> 귀하의 사용 패턴과 취향을 분석하여 최적의 콘텐츠 스타일과 템플릿을 추천해드립니다.
>
> 🚀 **다양한 SNS와 채널에 바로 공유**
> 제작한 숏폼 콘텐츠를 다양한 소셜 미디어와 플랫폼에 바로 공유하며, 더 큰 관심을 받아보세요!
>
> 💡 **영감을 찾아보세요**
> GRABIT 커뮤니티에서 다른 사용자들의 멋진 작품을 확인하고, 새로운 아이디어를 얻어보세요!
>
> 지금 바로 다운로드 받아, GRABIT과 함께 놀라운 숏폼 콘텐츠의 세계를 경험해보세요!

서비스 소개를 기반으로 서비스 소개 아티클 생성

③ 서비스 소개 아티클을 기반으로 Gamma를 사용해서 상세페이지 만들기

Gamma를 사용해서 창업 서비스 웹페이지 생성

03 콜드 이메일 작성하고 관리하기

1) 콜드 이메일 작성하기

① ChatGPT를 사용해서 콜드 이메일 틀 만들기

Q. 아래 문장들을 고려해서 GRABIT을 고객에게 인식시킬 콜드이메일을 작성해주세요.[제목: 수신자의 관심을 끌 수 있는 간결하고 명확한 제목을 사용하세요. 개인화: 가능한 한 수신자에게 맞춤형 메시지를 제공하려고 노력하세요. 간결함: 메시지는 짧고 명확하게 전달하세요. 너무 길면 수신자가 읽는 것을 포기할 수 있습니다. 호출을 행동: 메시지의 끝에 수신자가 원하는 행동을 명확하게 알려주세요(예: 회신 요청, 미팅 제안 등). 전문성: 메시지는 전문적이며 신뢰할 수 있어야 합니다.] 작성하는데 궁금한 것이 있으면 반드시 물어보면 도움을 주겠습니다.

> 콜드 이메일 작성을 위한 가이드라인에 따라 아래와 같이 grabit에 관한 콜드 이메일을 작성해 보겠습니다.
>
> **제목**: GRABIT: 숏폼 콘텐츠 제작의 혁신
>
> 안녕하세요 [수신자 이름],
>
> 저는 GRABIT의 [당신의 이름]입니다. 최근에 귀사의 온라인 콘텐츠 활동을 주목하며, 어떻게 귀사의 콘텐츠 전략을 더욱 강화할 수 있을지 생각해 보았습니다.
>
> GRABIT은 AI를 기반으로 한 숏폼 콘텐츠 자동 생성 플랫폼입니다. 간단한 입력만으로도 최적화된 숏폼 콘텐츠를 빠르게 제작할 수 있어, 귀사의 콘텐츠 마케팅 효율성을 크게 향상시킬 수 있습니다.
>
> 기회가 된다면 귀사의 팀과 함께 어떻게 GRABIT을 활용하여 콘텐츠 전략을 향상시킬 수 있는지 고민해보고 싶습니다. 관심 있으시면 언제든지 회신 부탁드립니다.
>
> 감사합니다.
> [당신의 이름]
> GRABIT 팀
>
> 이메일 내용은 간결하면서도 전문성 있게 GRABIT의 핵심 가치를 전달하고, 수신자에게 명확한 호출을 행동(회신 요청)을 포함하고 있습니다. 수신자의 이름이나 다른 개인화된 정보를 포함시키면 더욱 효과적일 것입니다.

서비스 소개를 기반으로 ChatGPT가 콜드 이메일 생성

2) 스프레시트로 콜드 이메일 관리하기
① 스프레시트에 콜드 이메일에 필요한 컬럼을 만들기

스프레시트에서 자동화에 필요한 컬럼 작성

② 체크 박스 만들기

자동화를 위해 체크 박스 생성

③ 이메일 최종 결과물에 ChatGPT가 생성한 콜드 이메일 틀을 스프레드시트 GPT 함수를 사용해서 생성하기

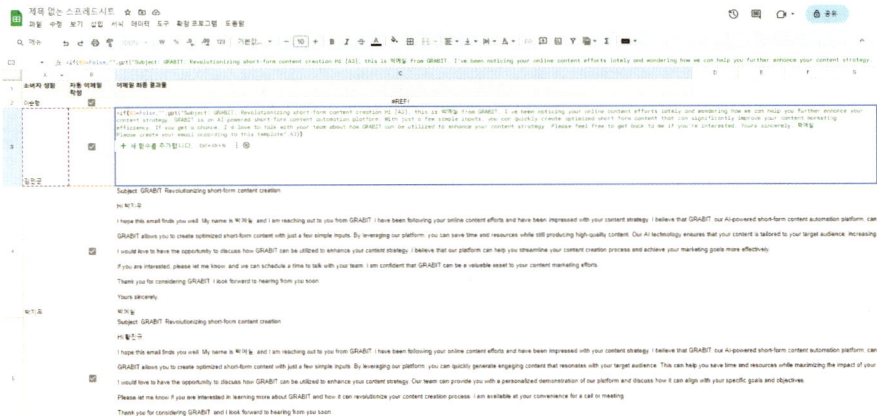

콜드 이메일 툴을 기반으로 이메일 작성 자동화 생성

2장. 생성형 AI를 활용한 숏폼 광고 제작

01 광고 시나리오 제작

1) wrtn을 활용한 광고 기획서 작성

본 단계에서는 앞서 소개한 문서 생성 AI 서비스의 하나인 wrtn을 활용하여 기본적인 광고 기획서를 작성한다. 광고 기획서에는 광고에서 전달하고자 하는 핵심 메시지인 기본 문구와 광고를 본 사람이 원하는 행동을 취하도록 유도하는 CTA, 광고의 주요 대상 고객층을 의미하는 타겟, 광고 기획의 주요 목적이나 의도를 설명하는 기획 의도를 포함하도록 작성한다.

(1) wrtn의 SNS 광고 기획 툴에서 광고 기획서 도출하기

① SNS 광고 기획 툴에서 광고 대상 제품을 입력한다.
❶ 제품의 특징을 담아 간단한 정보를 입력한다.
❷ [자동 생성] 버튼을 클릭한다.

SNS 광고 기획 툴

❸ 제목, 기본 문구, CTA, 타겟과 기획 의도가 포함된 결과물을 확인한다.

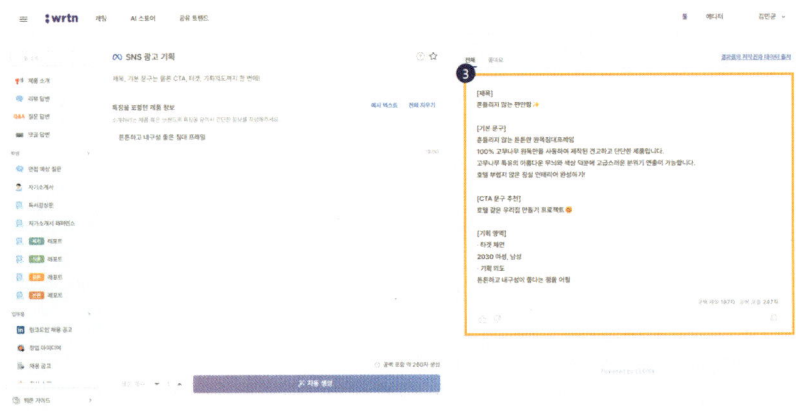

SNS 광고 기획 툴

2) 광고 시나리오 작성

본 단계에서는 wrtn으로 작성한 광고 기획서를 ChatGPT에 삽입하여 알맞은 광고 영상의 대본을 도출한다.

(1) 광고 영상 대본 제작하기

① ChatGPT를 활용하여 광고 영상의 대본을 생성

❶ wrtn에서 작성한 광고 주제를 삽입한다.

❷ wrtn에서 생성된 광고 기획서 내용을 삽입한다.

❸ 광고 주제와 기획서의 내용을 바탕으로 영상의 대본을 작성하도록 요청한다.

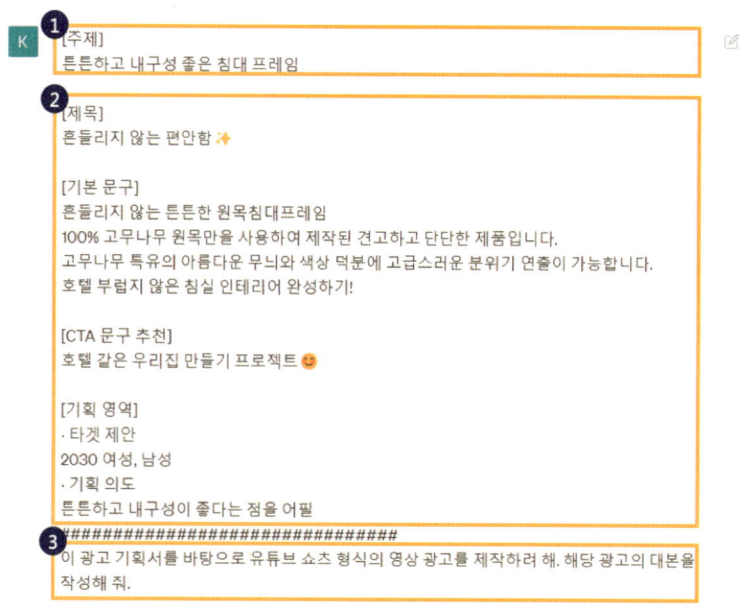

ChatGPT 광고 영상 대본 생성

② 광고 영상의 대본을 확인하기

❶ ChatGPT에서 생성된 광고 영상의 대본을 확인한다.

[유튜브 쇼츠 대본]

[초반, 카메라가 호텔 스위트룸 같은 고급스러운 침실을 휘감는 장면]
나레이션: "이곳은 어디일까요?"

[침대 위에서 잘 때 모습, 침대가 흔들리지 않음을 강조하는 장면]
나레이션: "흔들리지 않는 편안함 ✨"

[클로즈업: 침대의 고무나무 무늬와 디테일한 부분을 확대해서 보여주는 장면]
나레이션: "100% 고무나무 원목만의 아름다운 무늬와 색상. 단순히 침대가 아닌, 예술작품입니다."

[침대 옆, 책상 위에 달력이 있음. 2030년을 가리키며, 장면에서 여성과 남성이 함께 편안하게 침대 위에서 이야기하는 모습]
나레이션: "2030년. 여러분의 침실을 호텔 부럽지 않은 공간으로 전환해보세요."

[마무리 장면, 침대의 전체 모습을 배경으로 로고 또는 브랜드 이름이 나타남]
나레이션: "튼튼하고 내구성이 좋은 원목 침대 프레임으로 편안한 밤을 보내세요."
텍스트: "호텔 같은 우리집 만들기 프로젝트 😊"

ChatGPT 광고 영상 대본 생성

02 숏폼 영상 제작

1) Vrew를 활용한 숏폼 영상 제작

본 단계에서는 Vrew를 통해 앞서 제작한 광고의 대본을 삽입하여 숏폼 광고 영상을 제작한다. 기본적으로 AI가 생성한 이미지와 음성을 바탕으로 제작하나, 수정이 필요한 경우 영상의 요소를 조정할 수 있다.

(1) 새로운 영상 생성하기

① Vrew의 텍스트로 비디오 만들기 기능 선택하기
❶ [새로 만들기] 버튼을 클릭한다.
❷ [텍스트로 비디오 만들기] 버튼을 클릭한다.

Vrew 텍스트로 비디오 만들기

② 화면 비율 정하기

❶ [쇼츠 9:16] 버튼을 클릭한다.
❷ [다음] 버튼을 클릭한다.

Vrew 텍스트로 비디오 만들기

③ 비디오 스타일 선택하기

❶ [제품 홍보 영상 스타일] 버튼을 클릭한다.

❷ [다음] 버튼을 클릭한다.

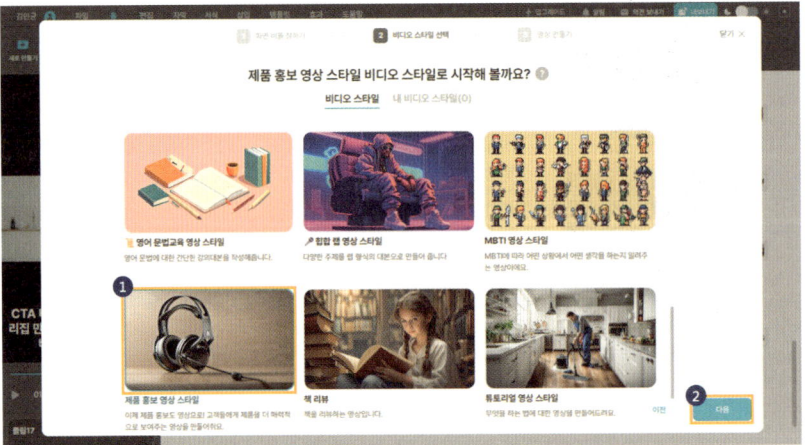

Vrew 텍스트로 비디오 만들기

④ 영상 만들기

❶ 영상의 주제를 입력한다.

❷ 영상의 대본을 입력한다.

❸ [완료] 버튼을 클릭한다.

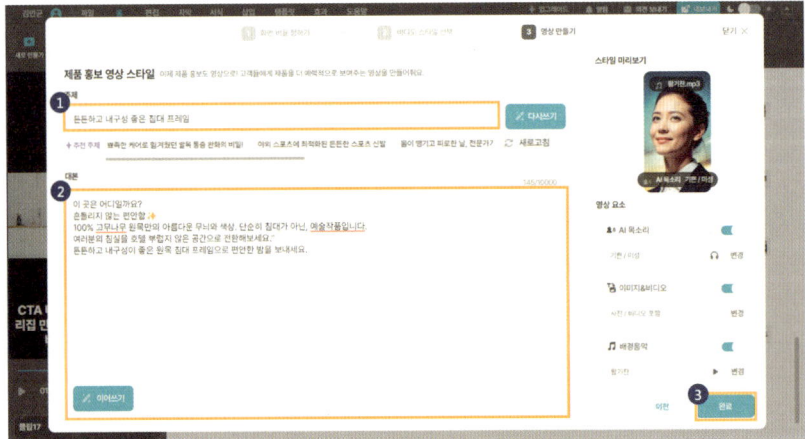

Vrew 텍스트로 비디오 만들기

⑤ 영상 편집하기

❶ 생성된 영상을 확인한다.

❷ 영상을 편집한다.

❸ [내보내기] 버튼을 클릭하여 영상을 저장한다.

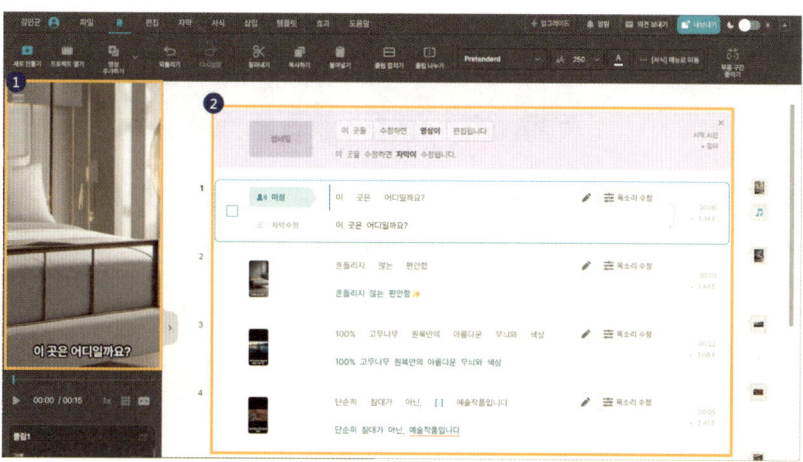

Vrew 텍스트로 비디오 만들기

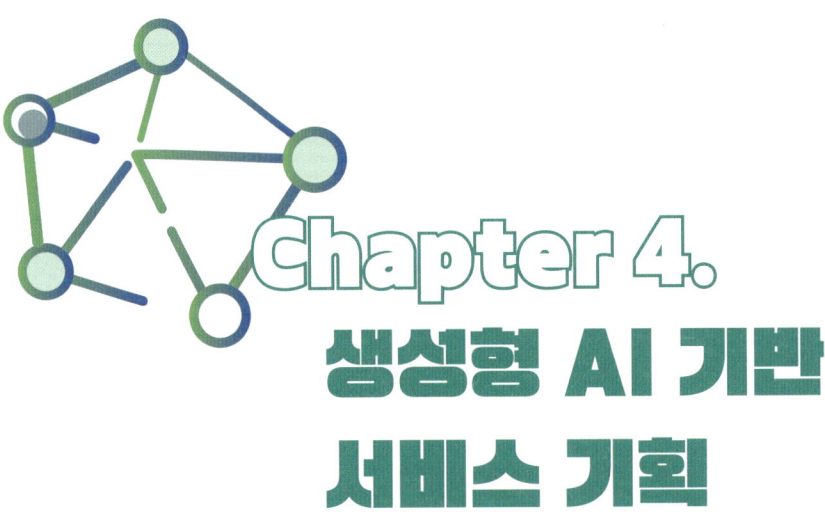

Chapter 4.
생성형 AI 기반 서비스 기획

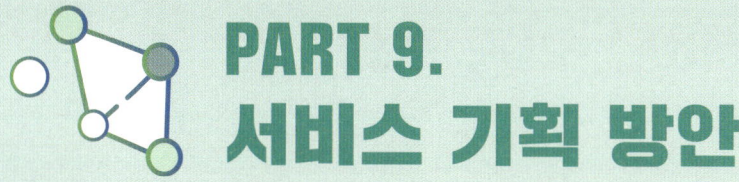

PART 9.
서비스 기획 방안

Preview

PART 9에서는 서비스 기획의 핵심 요소와 현대 기술의 진화가 어떻게 결합하는지 탐색한다. 서비스가 고객에게 제공하는 특정 가치, 이를 구현하기 위한 설계와 프로세스는 모두 인공지능(AI)의 도움으로 더욱 효율적이고 창의적으로 이루어질 수 있다. 특히 생성형 AI를 활용한 브레인스토밍은 문제 해결과 기회 창출을 위한 다양한 아이디어를 도출할 수 있다. 이 파트에서는 AI를 서비스 기획에 어떻게 효과적으로 적용할 수 있는지, 그리고 그 결과로 얻을 수 있는 잠재적인 기회와 전략에 대해 깊이 있게 논의한다.

1장. 서비스 기획 개요

01 AI 시대의 서비스 기획

인공지능(AI)은 현대의 모든 산업과 서비스 분야에 걸쳐 혁신을 주도하고 있다. 이 기술의 발전은 단순히 정보 처리 방식의 변화를 넘어, 인간만이 가능했던 창작의 영역까지 도전하고 있다. 이미 작곡, 시나리오 작성, 디자인 제안 등 다양한 창작활동에서 AI가 활약하는 모습을 볼 수 있으며 질적인 면에서도 뒤처지지 않는 모습을 확인할 수 있다. 이러한 창작 능력의 확장은 서비스 기획의 핵심 과정에도 근본적인 변화를 가져오고 있다. 기획자는 이제 AI의 창작 능력을 활용하여 더 다양하고 창의적인 서비스 아이디어를 도출하거나, 사용자 경험을 더욱 풍부하게 만들 수 있는 기회를 얻게 되었다.

예를 들어, 서비스 기획 초기 단계에서는 타겟 사용자의 페르소나를 설정하는 것이 중요하다. 과거에는 이러한 페르소나 설정 과정이 주로 직접적인 인터뷰나 설문조사를 바탕으로 이루어졌다. 그러나 현대에는 AI 플랫폼, 특히 자연어 처리를 기반으로 하는 ChatGPT와 같은 도구를 활용하여 실시간 피드백이나 대규모 데이터 분석을 통한 페르소나 설정이 가능하게 되었다. 이러한 혁신을 통해 기획자는 복잡하고 시간이 많이 소요되는 조사 과정을 간소화할 수 있으며, 대규모의 데이터에서 사용자의 의견과 행동 패턴을 분석한 내용을 바탕으로 편리하면서도 명확하고 구체적인 페르소나를 구축할 수

ChatGPT에게 브레인스토밍 요구하기(미드저니 활용 자체제작 이미지. 활용 프롬프트: concept of artificial intelligence, sci-fi, abstract, futuristic)

있게 된다.

또한 기획서 작성 단계에서 AI 기술을 활용하면, 기존의 수동적인 데이터 수집 및 분석 작업을 크게 줄일 수 있다. 경쟁 서비스의 사용자 리뷰, 대량의 피드백 데이터 등을 AI가 빠르게 분석하여 기획자에게 중요한 인사이트나 트렌드를 제공할 수 있으며, 이를 통해 기획자는 시장의 변화나 사용자의 니즈에 민첩하게 대응함으로써 서비스의 질을 향상시킬 수 있다.

Netflix나 Spotify와 같은 선도 기업들은 사용자의 행동과 선호를 분석하여 개인화된 추천을 제공하며, 이를 통해 서비스의 품질과 사용자 만족도를 높이고 있다. 이처럼 AI는 기획 단계에서부터 사용자 경험 최적화까지 광범위하게 활용되며 서비스의 효율성을 극대화할 수 있다. 또한 AI 기반의 도구와 솔루션은 기획의 실행과 검증 단계에서도 큰 장점을 발휘한다. 프로토타입의 효과성 검증이나 사용자 피드백의 수집과 분석 과정에서 AI는 빠르고 정확한 정보 제공을 가능케 하여 기획자의 의사결정을 도울 수 있다.

결과적으로 AI는 서비스 기획의 전 과정에서 혁신적인 변화를 가져오고 있으며, 이 변화는 단순히 기술의 도입과 활용 수준을 넘어서, 서비스 기획의 방향성에 깊은 영향을 주고 있다. 기획자들은 AI의 발전을 통해 보다 고도화된 분석 도구와 창의적인 아이디어 제안 기능을 이용할 수 있게 되었다. 그로 인해 기획 과정에서의 시간적, 비용적 소모가 크게 줄어들고, 보다 정확하고 효율적인 결과를 도출할 수 있다. 이를 통해 기획자들은 더욱 창의적이고 효과적인 서비스를 효율적으로 기획할 수 있는 기회를 얻었다. 이러한 변화를 적극적으로 수용하고 활용하는 것이 현대 서비스 기획의 역량이며, 미래의 경쟁력을 결정짓는 요소가 될 것이다.

02 서비스 기획이란?

1) 서비스 기획의 개념

서비스 기획은 고객에게 제공할 서비스의 설계와 구현 프로세스를 구축하는 것을 의미한다. 이 기획 단계에서는 기획자가 고객의 문제와 니즈를 파악하며, 경쟁 서비스 분석을 통해 고객의 기대에 부응하는 서비스를 제공한다. 다시 말하면, 고객의 페인포인트(Pain Point)를 해결하기 위한 아이디어를 설계하고, 이를 실행할 수 있는 형태로 구체화하는 과정이 포함된다.

서비스 기획 개요

그렇다면 서비스 기획자는 무슨 업무를 하는 사람일까? 서비스 기획자는 비즈니스 요구사항을 분석하고, 이를 바탕으로 IT 기술을 활용한 제품 설계를 진행한다. 또한 제품 설계 범위를 설정하고 필요한 스토리보드를 작성한다. 서비스 기획자의 주요 업무는 크게 두 가지로 볼 수 있다. 첫 번째는 신규 서비스 구축이다. 여기서는 웹이나 앱을 타겟으로 한 비즈니스 서비스를 만들며, 서비스 정책과 제공 방식 등의 세부 설계에 집중한다. 두 번째는 기존 서비스의 고도화이다. 문제를 식별하고 사용자 데이터나 운영 데이터, 운영진의 의견을 통해 개선 목표를 설정한다.

2) 서비스 기획의 단계

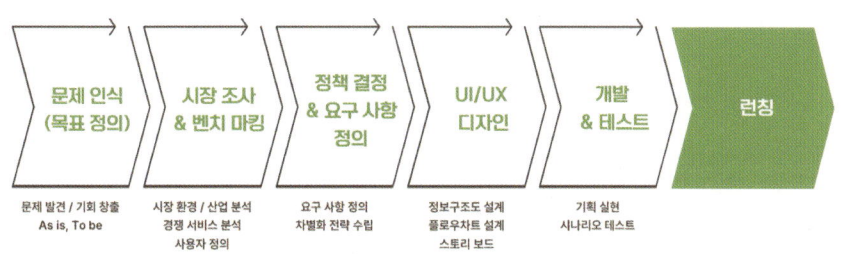

서비스 기획의 단계

이렇게 기획자가 어떤 서비스를 기획할 것인지(what) 문제를 발견하고 이를 실제로 실현하기까지의 과정은 다음과 같다. 먼저 문제를 발견하고 이를 통해 새로운 기회를 창출하는 '문제 발견 및 기회 창출' 단계가 있다. 이 단계에서는 현재 업계 또는 서비스의 문제를 발견하고 정의한다. 이어서 '문제 정의 및 정책 수립' 단계에서는 발견한 문제로부터 새로운 신규 서비스를 고안해 내거나, 기존의 문제를 해결하기 위한 아이디어와 방안을 도출한다. 다음으로 '시장 환경 및 경쟁 서비스 분석', '페르소나 설정', 그리고 '차별화 전략 수립' 등의 단계가 있다. 여기서 시장과 산업 분석을 통해 환경을 파악하고, 사용자들의 대표적인 특성과 필요성을 파악하여 페르소나를 설정한 후, 해당 서비스의 차별화 전략을 수립한다.

그다음 본격적으로 웹/앱 서비스에 대한 구체적인 설계 작업이 진행된다. 처음에는 웹/앱 서비스에 대한 이해와 UI/UX 디자인에 대한 개념을 익혀야 한다. 그 후 정보구조도(Information Architecture, IA) 작성과 함께 각각의 페이지와 컴포넌트들이 어떻게 연결되어 있는지 시각화하는 작업을 진행한다. 다음으로, 전체적인 서비스 흐름을 구조화하며 어떤 순서로 사용자가 경험할 것인지 정리하는 '서비스 흐름 정리(Flow Chart)' 작업과 함께 페이지마다 어떤 내용과 상호작용이 필요한지 상세하게 설명하는 '스토리보드 (Storyboard) 작성'도 병행한다.

마지막으로 모든 준비 과정이 완료되면 개발된 서비스를 테스트하는 과정을 거친 후, 하나의 서비스를 런칭 및 운영한다. 이렇게 기획에서부터 실행까지 모든 과정이 잘 연결되어야 서비스가 성공적으로 마무리될 수 있다.

2장. 문제 발견 및 기회 창출

01 아이디어 도출

사업 또는 프로젝트 아이템 등 다양한 아이디어에 대해서 기획자들은 직관적으로 선택할 수 있지만, 자칫 섣부른 판단으로 프로젝트 실패를 유발할 수도 있다. 이 때문에 기획자는 아이디어를 기획으로 가져오는 단계에 있어 체계적인 설계 과정을 거쳐, 투자가치가 높고 이해관계가 타당한 아이디어를 선택해야 한다. 아이디어를 도출하는 방안에는 '개인이 느낀 필요', '기존 서비스의 문제점 개선', '자원/기술을 활용', '이슈가 되는 기술을 응용' 등이 있다.

1) 개인이 느낀 불편함/필요

먼저 개인이 느낀 필요에 의해 도출된 아이템은 사업 아이템으로 많이 활용된다. 평소 생활 속에서 불편하다고 느꼈거나, 직업, 학업, 취미 생활 속에서 공통적으로 발견할 수 있는 불편함을 근거로 아이템을 만들어내는 것이다. 이러한 불편함을 공유하는 사용자가 많을수록 사업 아이템으로서의 매력도는 높아진다. 요즘 가장 인기 있는 서비스인 새벽배송도 맞벌이 부부가 느끼는 장보기의 불편함에서 시작되었으며, 배달 애플리케이션도 '스마트폰에서 이용할 수 있는 배달 서비스가 있으면 좋겠다.'라는 생활 속의 불편함 또는 필요에 의해 창업이 시작되었다. 이처럼 우리가 잘 아는 많은 서비스들이

아이디어 도출(미리캔버스 AI 드로잉 활용 자체제작 이미지. 활용 프롬프트: 팀원들이 포스트잇을 붙이며 아이디어 회의를 하는 사진)

창업자 또는 사용자들의 개인적인 불편함에서 시작된 경우가 많다.

2) 기존 서비스의 문제점

　기존 서비스나 제품의 문제점을 파악하고 그것을 해결하는 방안을 제시하는 것도 서비스 기획 아이디어 도출의 중요한 방법 중 하나이다. 사용자들이 이미 사용하고 있는 서비스나 제품에서 느끼는 불만족이나 불편함을 근거로 새로운 아이템을 생성함으로써 그 서비스나 제품의 기존 사용자들을 쉽게 유도할 수 있다. 또한, 이미 시장에 존재하는 서비스의 문제점을 개선한 새로운 서비스를 제공함으로써 사용자들의 만족도를 높일 수 있다. 예를 들어, 초기의 스트리밍 서비스들은 다양한 콘텐츠를 제공했지만 사용자 인터페이스나 검색 기능, 콘텐츠 추천 시스템 등에서 불편함을 느끼는 사용자들이 많았다. 이러한 문제점을 파악하고, 사용자 중심의 인터페이스와 효과적인 추천 시스템을 도입한 새로운 스트리밍 서비스들이 등장하면서 큰 성공을 거두었다.

3) 이슈가 되는 기술의 활용

기술 트렌드의 빠른 파악과 이를 기반으로 한 아이디어 도출은 새로운 창조의 원천이며, 큰 기회가 될 수 있다. 대중화되는 혁신적인 기술들, 예를 들어 가상현실(VR)이나 증강현실(AR), 사물인터넷(IoT) 등을 활용한 다양한 서비스와 제품들이 등장하고 있는 것을 보면 이해할 수 있다. 구체적으로, VR과 AR은 게임, 교육, 의료 등 여러 분야에서 활용되며, IoT는 스마트홈 및 스마트시티와 같은 서비스의 탄생을 이끌고 있다. 이 모든 변화는 다양한 사업 모델에 대한 새로운 가능성을 제시한다.

02 생성형 AI를 활용한 아이디어 도출 : 브레인스토밍

1) 브레인스토밍이란?

브레인스토밍이란 '두뇌(Brain)'와 '폭풍(Storm)'의 합성어로 머리에서 폭풍이 몰아치듯이 거침없는 발상과 자유로운 관점에서의 아이디어 도출 기법을 의미한다. 브레인스토밍을 제대로 수행하기 위해서는 4가지의 원칙이 있다.

첫째는 '질보다 양'이라는 원칙이다. 아이디어의 수가 많다 보면 그중에 기발한 생각이 나올 확률도 높기 때문에 우선적으로는 다양하고 많은 아이디어를 모으는 데 집중해야 한다. 둘째는 '비판 보류'의 원칙이다. 의견에 대해 비판하기보다는 다양한 아이디어를 추가하는 데 집중함으로써 자유로운 아이디어를 도출하고 이를 바탕으로 다양한 아이디어를 모으는 것이 가능해진다. 셋째는 '어떠한 아이디어도 환영'한다는 원칙이다. 고정관념을 타파하고 자유롭게 의사 표출을 함으로써 아이디어를 편안하게 제안할 수 있는 분위기에서 좋은 방안이 나올 수 있기 때문이다. 넷째는 '아이디어 결합 및 개선'의 원칙이다. 도출된 아이디어를 조합하고 이를 통해 더 나은 아이디어로 발전시키는 데 집중한다. 타인의 아이디어를 모방하고 결합하면, 아이디어 간에도 연쇄반응을 일으키게 되고 이러한 과정을 통해 아이디어는 더 강화되고 개선될 수 있기 때문이다.

2) 생성형 AI를 활용한 브레인스토밍

(1) ChatGPT를 활용한 브레인스토밍

① ChatGPT에게 서비스 기획 아이디어 제안받기

❶ ChatGPT에게 최근 트렌드/이슈에 대해 브레인스토밍을 요구한다.

Q. 최근 각광받고 있는 기술을 3depth까지 브레인스토밍 해주세요.

> "최근 각광받고 있는 기술"은 시기와 위치, 그리고 관심 분야에 따라 다를 수 있습니다. 그러나 2021년까지의 데이터를 기반으로 몇 가지 주요 기술 트렌드를 나열하고 각 기술에 대해 3-depth까지 브레인 스토밍을 해보겠습니다.
>
> 1. 인공 지능 (AI) 및 머신러닝
>   - **딥러닝**: 인공 신경망에 기반한 학습 방법론.
>   - **GAN (Generative Adversarial Networks)**: 생성 모델과 판별 모델이 경쟁하며 학습하는 방식.
>   - **Transformer 구조**: 자연어 처리에서 효과적인 인공 신경망 구조.
>   - **Transfer Learning**: 이미 학습된 모델을 다른 작업에 활용하는 방법.
>   - **자연어 처리 (NLP)**
>   - **BERT, GPT**: 트랜스포머 구조를 기반으로 한 선도적인 모델.
>   - **Zero-shot learning**: 미리 학습되지 않은 카테고리에 대한 추론 가능.
>   - **언어 번역**: 실시간 번역, 다양한 언어간 번역 기술 발전.
>   - **컴퓨터 비전**
>   - **Object Detection**: 실시간 객체 탐지 및 분류.
>   - **Facial Recognition**: 얼굴 인식을 통한 보안 및 인증.
>   - **Augmented Reality**: 가상과 현실을 접목시킨 환경 구성.

ChatGPT에게 브레인스토밍 요구하기

❷ ChatGPT에게 아이디어 제안 받기

Q. '생성형 AI'와 관련된 서비스를 기획하고 싶습니다. 당신이 기획자라고 가정하고 10가지 창의적인 아이디어를 제안해주세요.

> 물론이죠! "생성형AI"를 활용한 다양한 서비스 아이디어를 제시해 드리겠습니다:
>
> 1. **개인화된 소설 생성 서비스**: 사용자의 선호하는 키워드, 장르, 스타일, 캐릭터 등을 입력받아 특정된 요구에 맞는 소설을 생성해주는 서비스입니다.
> 2. **AI 아트 스튜디오**: 사용자의 기존 작품, 취향, 색상 등의 정보를 입력 받아서 개인화된 예술 작품(그림, 음악, 조각 등)을 생성해 주는 플랫폼입니다.
> 3. **온라인 교육 콘텐츠 제작 도우미**: 학생들의 학습 스타일과 선호도에 따라 맞춤형 교육 콘텐츠(텍스트, 비디오, 퀴즈 등)를 생성해주는 서비스입니다.
> 4. **맞춤형 뉴스 및 기사 생성기**: 사용자의 관심사와 취향을 기반으로 하루의 뉴스나 기사를 개인화하여 생성해 주는 서비스입니다.
> 5. **가상 패션 디자이너**: 사용자의 취향, 체형, 피부 톤 등의 정보를 기반으로 맞춤형의 옷과 액세서리 디자인을 생성해 주는 플랫폼입니다.
> 6. **역사와 미래 시나리오 생성기**: 사용자가 입력하는 특정 사건이나 시대를 기반으로 과거의 역사적 사건이나 미래의 가능한 시나리오를 생성하는 서비스입니다.
> 7. **맞춤형 요리 레시피 생성기**: 사용자가 집에 있는 재료를 입력하면 그에 맞는 레시피를 생성해 주는 서비스입니다.
> 8. **기업 광고 콘텐츠 제작 도우미**: 기업의 제품, 타겟 고객, 브랜드 이미지 등의 정보를 바탕으로 광고 콘텐츠(텍스트, 이미지, 비디오)를 생성하는 서비스입니다.
> 9. **가상 여행 스토리 생성기**: 사용자의 여행 스타일과 선호 도시/국가를 기반으로 가상의 여행 경로와 스토리를 생성해 주는 서비스입니다.
> 10. **개인화된 음악 생성 플랫폼**: 사용자의 음악 취향, 원하는 장르, 기분 등의 정보를 입력받아 맞춤형 음악을 생성해주는 서비스입니다.

ChatGPT에게 아이디어 제안받기

❸ ChatGPT에게 아이디어 구체화 요구하기

Q. '5. 가상 패션 디자이너'가 아이디어가 좋은 것 같습니다. 이 서비스에 대해 구체적으로 설명해주세요.

> 물론이죠! "가상 패션 디자이너" 서비스를 좀 더 구체적으로 설명하겠습니다.
>
> **가상 패션 디자이너 서비스 개요**
>
> 서비스 명: AI Fashionista
>
> 서비스 개요: AI Fashionista는 개인의 취향, 체형, 피부 톤, 현재 보유 중인 옷 등의 정보를 기반으로 맞춤형의 옷과 액세서리 디자인을 생성하는 플랫폼입니다.
>
> **기능 및 특징**
> 1. **프로필 생성 및 관리**: 사용자는 자신의 기본 정보(키, 몸무게, 피부 톤 등)를 입력하고, 자신의 스타일과 패션 취향을 선택할 수 있습니다.
> 2. **디자인 생성**: 사용자는 원하는 옷의 유형(예: 드레스, 셔츠, 바지 등)과 색상, 패턴, 스타일 등을 선택하면 AI가 그에 맞는 디자인을 생성합니다.
> 3. **가상 피팅**: 생성된 디자인을 사용자의 가상 아바타에 입혀보며 실제로 어떻게 보일지 미리 확인할 수 있습니다.
> 4. **보유 옷과의 매칭**: 사용자가 이미 보유하고 있는 옷과 액세서리를 등록하면, AI가 새로운 디자인과의 매칭 제안을 해줍니다.
> 5. **디자인 수정 및 저장**: 생성된 디자인에 미세한 수정을 할 수 있으며, 원하는 디자인을 저장하여 나중에 참조할 수 있습니다.
> 6. **제작 및 구매 연계**: 특정 패션 브랜드나 제작사와 연계하여, 실제로 사용자의 맞춤형 옷을 제작 및 구매할 수 있는 기능을 제공합니다.
> 7. **커뮤니티 기능**: 사용자들은 자신의 디자인을 공유하고 다른 사용자의 디자인에 피드백을 줄 수 있는 커뮤니티 기능을 제공합니다.

ChatGPT에게 아이디어 구체화 요구하기

(2) 아보카도AI를 활용한 브레인스토밍

check point

- 아보카도AI 서비스란?

  아보카도AI는 2023년 4월 14일 출시된 생성형 AI를 활용한 무료 직장인 업무툴 플랫폼이다. 이 플랫폼에서는 이메일, 개요 작성, 이유/근거 작성, 브레인스토밍, 고객 정의 등 직장에서 필요한 실용적인 기능들을 제공하며 업무 효율을 높이는 것 돕는다. 또한, 운세나 상담 등과 같은 가볍고 흥미로운 기능들도 함께 제공하여 직장에서의 졸음, 지루함 등에서 벗어날 수 있도록 돕고자 한다.

① 생성형 AI 서비스 '아보카도'를 활용하여 아이디어 제안받기

❶ 아보카도AI 웹사이트 방문 https://avocadomail.co.kr/

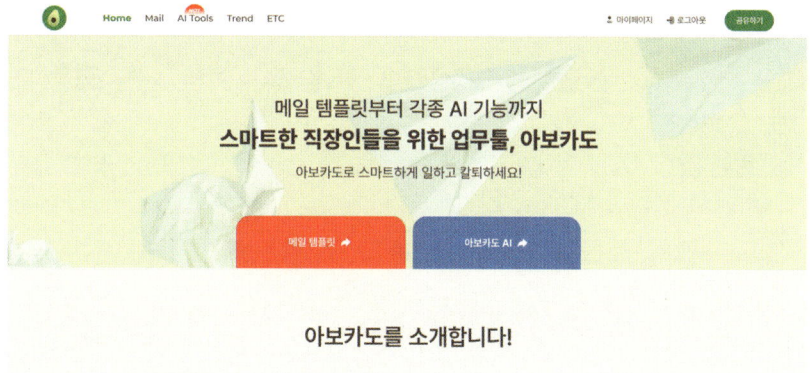

아보카도AI 웹사이트 방문

❷ AI Tools 메뉴 중 '브레인스토밍' 클릭 후 주제 입력

생성형 AI를 활용한 서비스 기획 아이디어

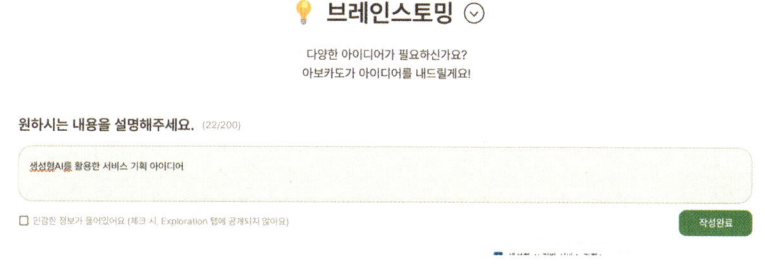

브레인스토밍 Tool 클릭

❸ 브레인스토밍 결과 확인

브레인스토밍 결과 확인

3장. 문제 정의 및 정책 수립

01 문제 정의

1) 문제 상황 정의

페인 포인트(Pain point)란 사용자가 니즈를 충족할 수 없도록 막아 좌절을 주는 모든 UX 문제 또는 마찰 지점을 뜻한다. 페인 포인트는 사용자가 인식한 니즈와 인식하지 못한 무의식적 욕구를 모두 포함하며, 이를 인식하는 것은 사용자 경험 개선의 핵심적인 역할을 한다.

문제 문장(Problem statement, User needs statement)은 해결해야 하는 사용자의 니즈 또는 페인 포인트에 대해 명확히 정의하는 하나의 문장을 말한다. 이는 어떠한 상황과 문제에 대해 관점을 하나로 모으고, 기획 과정에 걸쳐 성공 지표를 제공하는 역할을 한다.

가장 대표적인 문제 문장의 형태는 '사용자', '니즈', '목표'로 구성된다. 사용자는 서비스의 대상이 되는 최종 사용자이며, 사용자가 느끼는 '니즈'는 실제 사용자의 문제를 반영하여야 한다. 이러한 서비스를 통해 도달하고자 하는 '목표(인사이트)'는 니즈를 만족시켰을 때의 결과물로, "이 서비스를 통해 사용자가 무엇을 해결할 수 있을까?"라는 질문의 답이 된다.

PROBLEM STATEMENT

_____Arnold_____ is a/an _____busy executive_____
　　user name　　　　　　　　　　user characteristics

who needs ____an easy app experience to hire a dog walker____
　　　　　　　　　　　　　user need

because ____he's not technologically savvy____
　　　　　　　　　　　insight

문제 문장 작성

2) 문제 정의 'As-is', 문제 해결 'To-be'

'As-is, To-be 기법'은 현재(As is)와 이상(To be) 사이의 차이(Gap)를 찾아내어 목적에 달성하도록 하는 비즈니스 기법이다. 즉, 현상의 문제를 해결하기 위해 현재 상황을 인식하고, 현재 상황(As-is)과 이상적인 지향점(To-be)과의 차이(Gap)를 인식하여 이를 일치시키기 위한 전략적 사고 방식을 말한다.

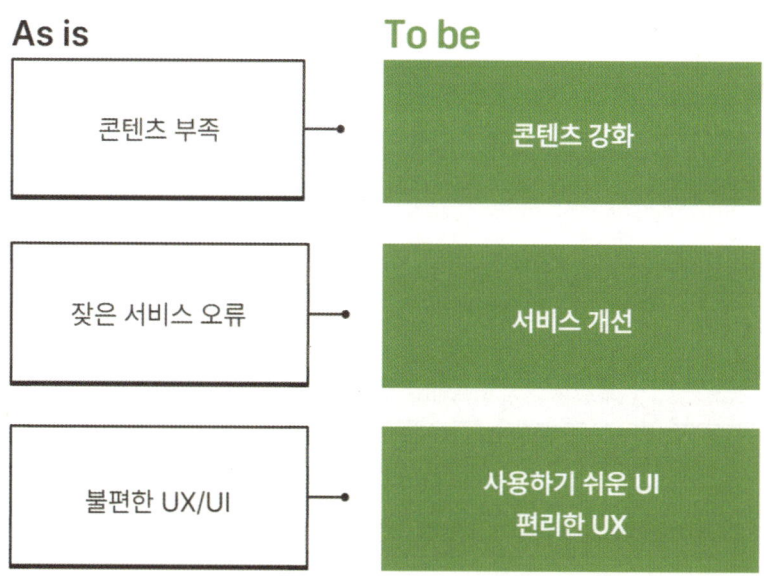

As-is / To-be 분석 예시

PART 9. 서비스 기획 방안　247

먼저 현재의 서비스 또는 니즈/페인 포인트를 발견한 지점에서의 문제점과 상황을 나열한 후, 나열한 문제들을 그룹별로 묶어 분류함으로써 현재 상황을 정의한다. 'To-be'에서는 '앞선 문제점을 어떻게 고치면 좋겠다.'와 같은 청사진을 보여주는 부분이다. 이처럼 현재 문제 상황과 목표를 정의하고 나면 각 개선 사항에서 구체적으로 무엇이 필요한지 생각할 수 있게 되고, 어떤 서비스가 나올지 대략적인 그림을 그릴 수 있다.

02 서비스 정의 및 정책 수립

서비스를 기획하고 실현하기 위해서는 아이디어를 설득하는 과정을 거쳐야 한다. 기획자로서 아이디어를 간결하고 명확하게 설명하기 위해 아이디어를 시각화하거나 문장으로 간결하게 표현하여 이해시켜야 할 필요가 있다. 아이디어를 구체화하고 서비스를 정의하기 위해 기본적으로 필요한 구성에는 고객이 가진 문제와 대체/경쟁 서비스의 '문제 상황', 어떤 사용자가 사용할 것인지 명확하게 정의한 그룹 명칭인 '타겟', 사용자에게 제공하는 문제해결 가치인 '제공 가치', 솔루션 및 서비스의 내용인 '제공 솔루션', 마지막으로 프로젝트를 통해 구현하고자 하는 기능이나 구체적인 과제인 '제공 솔루션의 세분화'가 있다.

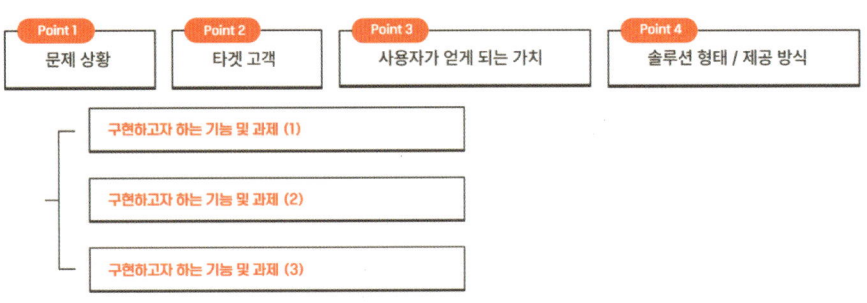

아이디어 문장으로 정의하기

이러한 형태로 아이디어 문장을 표현함으로써 '왜 이것을 해야 하는지?', '무엇을 만들고자 하는지?', '어떻게 만들고자 하는 것인지?'에 대해 아이디어를 명확히 정의할 필요가 있다. 예를 들어, 숏폼을 자동으로 생성해주는 서비스를 기획하고자 할 때, 기획자는 'SNS를 활용한 마케팅에 익숙하지 않아 온라인 쇼핑몰 운영에 어려움을 겪는 중년의 개인 사업자가 가장 각광받고 있는 마케팅 수단인 숏폼을 활용하여 개인 사업 홍보활동을 할 수 있도록 자동으로 숏폼을 생성해주는 서비스'라고 아이디어를 정의할 수 있다. 이때 긴 영상을 숏폼으로 자동 생성해주는 서비스, 긴 글을 숏폼으로 자동 생성해주는 서비스, 온라인 쇼핑몰 사이트 url을 삽입하면 숏폼을 생성해주는 서비스 등을 구현하고자 하는 상세 기능 및 과제로서 정의할 수 있다. 특히, 제공하고자 하는 솔루션(기능)은 제품과 서비스에 해당하는데, 발견한 문제에 대한 해결 아이디어가 이러한 형태로 구현되는 것이다.

Do it!

생성형 AI를 활용하여 서비스 기획 아이디어를 도출하고 문제 상황 및 아이디어 정의하기

Part 9에서 다룬 서비스 기획 방안 및 절차에 따라 나만의 서비스 기획 아이디어를 도출하고, 이를 정의 및 문서화한다.

1. ChatGPT를 활용하여 자신의 관심 분야에 대해 3-depth의 브레인스토밍을 요구한다.

2. ChatGPT가 제시한 소재 중 자신이 기획하고자 하는 한 분야를 선택하여, 서비스를 구체화하는 과정을 반복한다.

3. 최종적으로 ChatGPT를 활용하여 원하는 주제 및 서비스 기획 아이디어를 도출하고, 해당 서비스에 대한 개요를 출력 받는다.

4. 선택한 서비스 기획 아이디어를 문장으로 정의하고, 구체적인 솔루션 형태 및 제공 방식을 정한다.

PART 10.
시장 및 사용자 조사

Preview

PART 10에서는 성공적인 서비스 기획의 핵심 요소를 탐색한다. 현재 시장 환경과 산업 동향을 분석하여 서비스의 진입 시장과 차별화 전략을 명확히 하는 것, 이는 페르소나 설정과 같은 사용자 이해를 더욱 세밀하게 하기 위한 필수 과정이다. 특히 생성형 AI를 활용하여 사용자에 대한 풍부하고 정교한 이해를 도모하며, SWOT분석, 3C분석 등의 분석 도구로 서비스의 강점과 시장 위치를 확실하게 정립하는 방법을 제시한다. 이 모든 것이 결합되어 생성형 AI와 함께하는 깊은 시장 인사이트가 서비스 기획의 튼튼한 발판을 제공한다.

1장. 시장 환경 및 경쟁 서비스 분석

시장환경 및 산업 분석은 서비스를 기획하는 초기단계에서 매우 중요한 과정이다. 이를 위해 생성형 AI 서비스인 'Bing'을 활용하여 시장 환경 및 경쟁 서비스 분석을 하는 방법에 대해 알아보자. 여기서 시장 환경 분석은 마이클 포터의 5force 분석 모델을 활용하였는데, 이 분석 모델은 산업 내 경쟁 상황을 이해하고 전략을 수립하는 데 도움을 주는 프레임워크이다. 이 모델은 산업 내의 경쟁 정도, 공급업체 및 구매자의 협상력, 신규 진입 장벽, 대체 제품의 위협 등 5가지 중요한 요소를 분석하여 산업의 매력성과 기업의 전략적 위치를 평가한다.

01 시장 환경 및 산업 분석

① 생성형 AI 서비스 Bing을 활용한 시장 환경 및 산업 분석 진행하기
　❶ Microsoft edge 실행 후 우측 상단의 Bing 실행하기

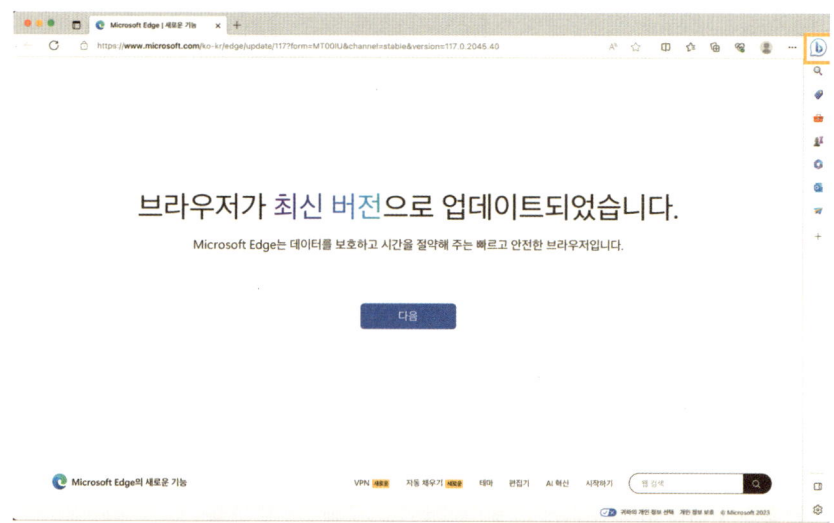

Bing 실행하기

❶ 대화 스타일을 '보다 정밀한'으로 설정하기

❷ 프롬프트 입력 후 전송하기

Q. 생성형 AI 시장에 대한 5force 분석을 진행해주세요.

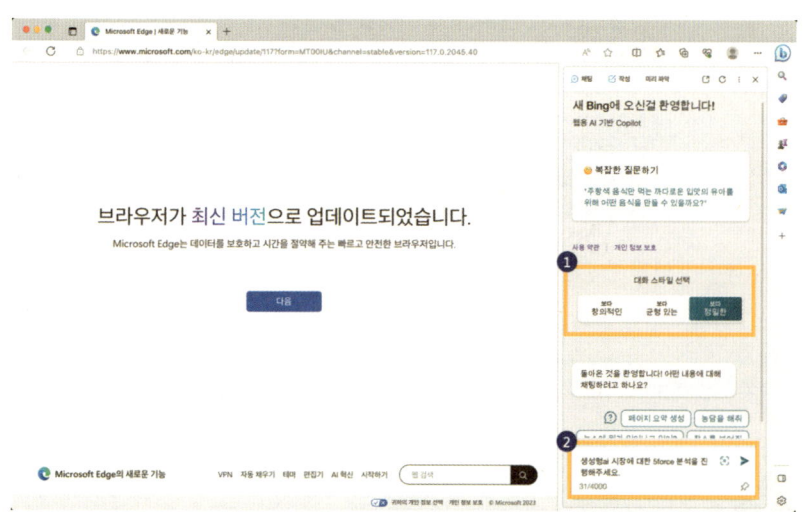

Bing으로 산업분석하기

PART 10. 시장 및 사용자 조사   253

❶ 5force 분석에 대한 답변으로 시장환경 분석하기

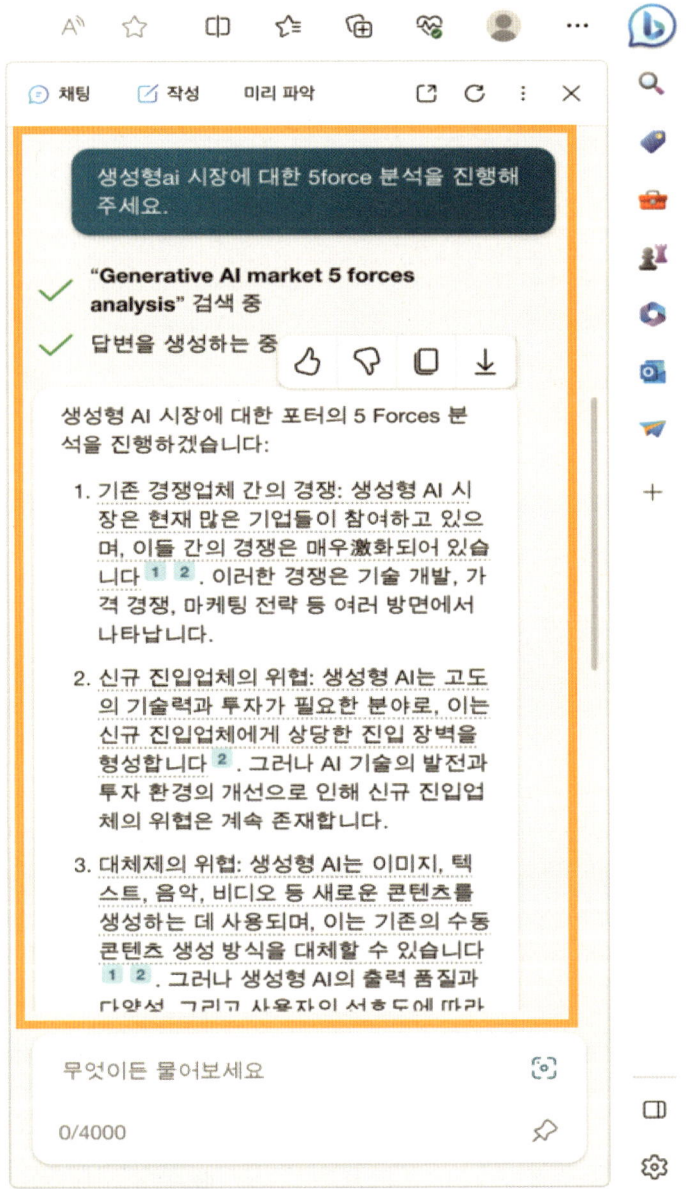

산업 분석에 대한 답변 확인하기

02 경쟁 서비스 분석

① 생성형 AI 서비스 Bing을 활용한 경쟁 서비스 분석 진행하기

❶ Microsoft edge 실행 후 우측 상단의 Bing 실행하기

❷ 경쟁 서비스 분석에 대한 프롬프트 입력 후 전송하기

Q. 생성형 AI에 대한 경쟁 서비스 분석을 진행해주세요.

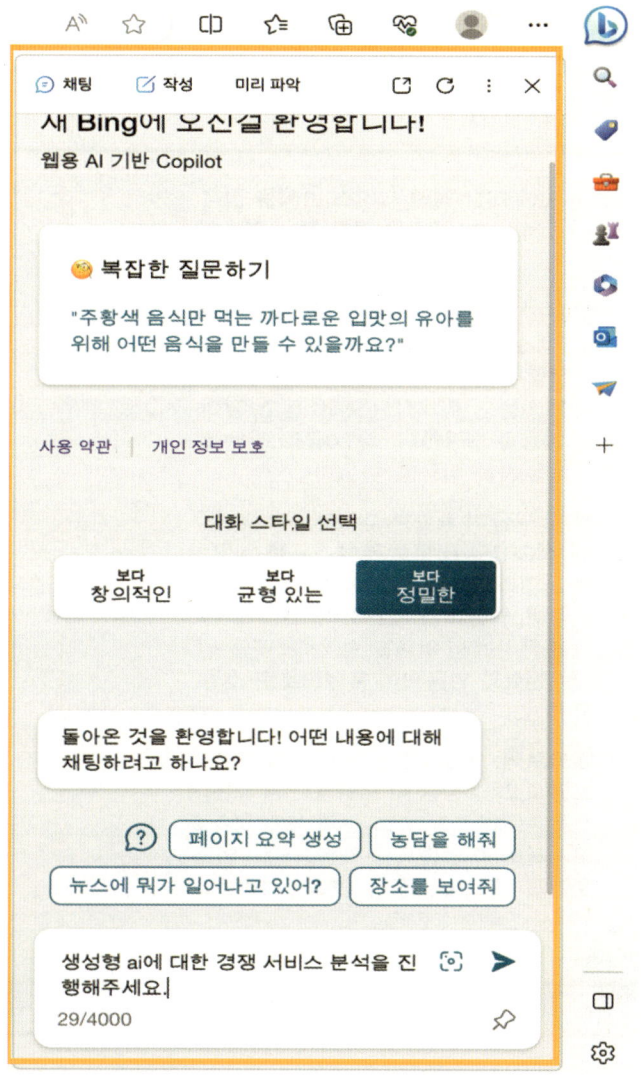

Bing으로 경쟁 서비스 분석하기

PART 10. 시장 및 사용자 조사

❶ 5force 분석에 대한 답변으로 시장환경 분석하기

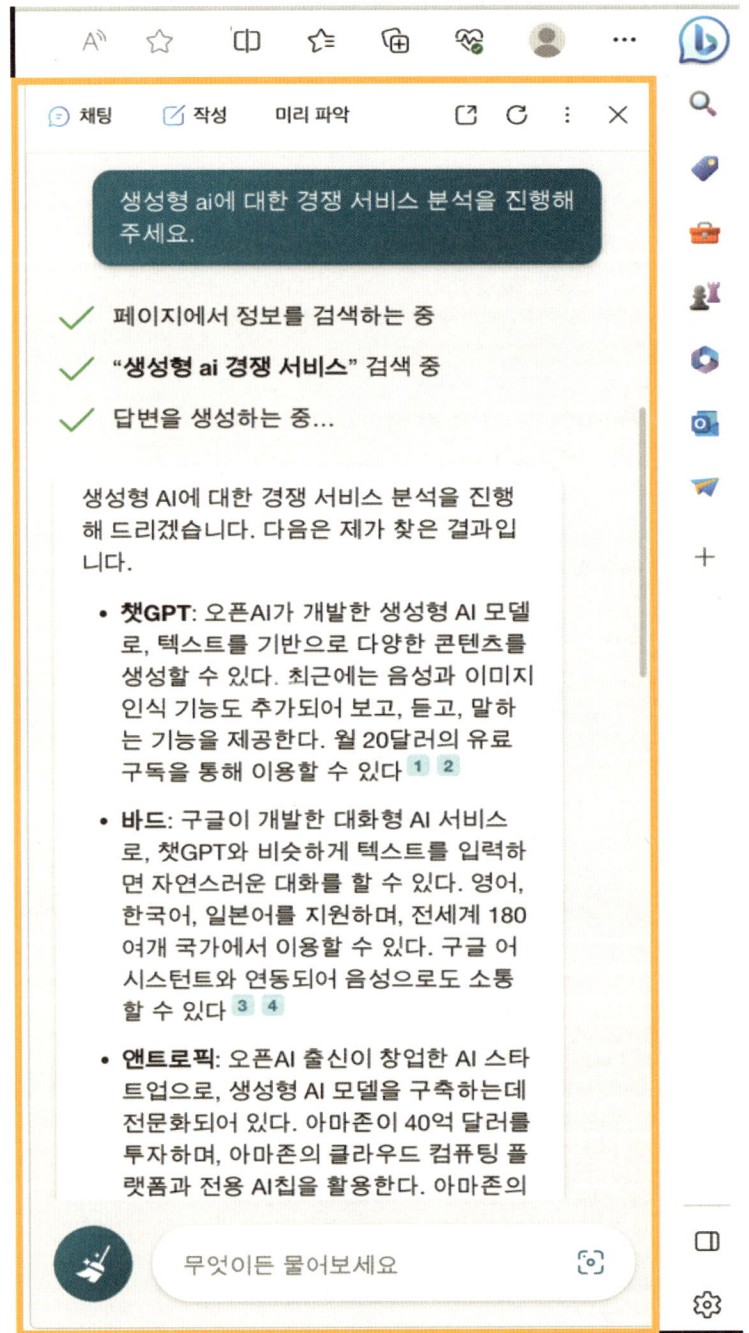

경쟁 서비스 분석에 대한 답변 확인하기

2장. 페르소나 설정

01 페르소나란?

페르소나(Persona)는 제품 또는 서비스를 사용할 만한 타겟 집단에 있는 다양한 사용자 유형을 대표하는 가상의 인물로서, 가장 이상적인 고객의 모습을 가상 인물로 설정하는 것이다. 이는 특정 상황이나 환경에서 사용자가 어떻게 행동할지 예측하기 위해 사용되며, 시장과 기존 고객 데이터를 기반으로 만들어낸 가상의 페르소나를 설정함으로써 나의 고객이 어떻게 생각하고, 무슨 결정을 내리는지, 어떠한 영향을 받는지 등 고객을 이해하는 데 중요한 화살표의 역할을 한다. 페르소나를 설계하며 이를 기반으로 기획을 진행할 때 장점은 사용자에게 어떤 기능과 콘텐츠를 제공해야 할지, 사용자의 입장에서 생각해볼 기회를 제공한다. 또한, 다양한 이해관계자들을 설득하는 도구가 되거나, 서비스를 평가하는 데 있어 기준점을 설정할 수도 있다.

하지만, 이러한 페르소나를 잘못 사용하는 경우도 존재한다. 실제 서비스를 사용하게 될 때 데이터를 기반으로 사용자를 제대로 조사하고 설정하는 것이 아니라 어림짐작으로 페르소나를 설정할 때가 그러한 경우이다. 정확한 근거 없이 '이러할 것이다.'라는 추측만으로 페르소나를 설정하게 되면 오히려 서비스의 방향성을 잘못 설정하게 될 수도 있다. 따라서 실제로 내 제품과 서비스에 반응하는 고객 데이터를 기반으로 실제 고객과 페르소나 사이의 간극을 줄여 나가 최적화된 페르소나를 구성하는 것이 중요하다. 이러한 페르소나를 서비스 기획 단계에 활용함으로써 기획자는 타겟 사용자의 실제 필요와 문제점을 이해하고 그에 맞는 제품을 설계할 수 있으며, 특히 페르소나 인터뷰를 진행할 경우 사용자의 실제 필요와 기대를 반영한 기획을 통해 서비스의 성공 가능성을 높일 수 있다.

02 생성형 AI를 활용한 페르소나 설정

서비스 기획 과정에서 페르소나 설정은 핵심적인 단계이다. 그러나 고전적인 방식으로 페르소나를 설정하고 인터뷰를 진행하려면 많은 시간과 비용이 소요되기 마련이다. 이런 과정을 보다 효율적으로 진행하기 위해 생성형 AI를 활용할 수 있다. 특히 ChatGPT를 사용하면 여러 방면에서 효율적으로 페르소나를 설정하고 활용할 수 있는데, 먼저 기존 방식보다 훨씬 빠르게 다양한 페르소나 프로필을 구축할 수 있다. 기획자가 단순히 몇 가지 키워드나 사용자 데이터를 입력하면, ChatGPT는 이를 기반으로 실제 사용자와 유사한 페르소나를 자동으로 제작해준다. 또한, ChatGPT의 광범위한 학습 데이터 덕분에, 생성된 페르소나는 다양한 배경을 가질 수 있으며, 기획자는 다양한 시각에서 서비스를 바라볼 수 있게 된다. 예를 들어, 여행 앱을 기획하는 경우, 기존의 방식으로는 여행자의 다양한 유형을 하나하나 생각하고 그에 맞는 페르소나를 설정하는 데 많은 시간이 소요될 수 있다. 그러나 ChatGPT를 활용하면 "20대 여성 백패커", "50대 남성의 비즈니스 여행자", "학생 여행단" 등 다양한 페르소나를 훨씬 빠르게 생성할 수 있다.

더하여, GPT의 대화 기능을 활용하여 기획자는 페르소나와 직접적인 대화를 통해 그들의 반응이나 생각을 실시간으로 파악할 수 있으며 이는 서

생성형 AI를 활용한 페르소나 제작 단계

비스의 방향성이나 디테일을 결정하는 데 큰 도움이 된다. 그 밖에도 Stable Diffusion과 같은 이미지 생성 AI 서비스를 활용하여 페르소나의 실제적인 이미지를 생성하거나, D-ID와 같은 비디오 생성 AI 서비스를 활용하여 페르소나를 영상으로 제작함으로써 더 입체적인 페르소나를 경험할 수 있다.

결론적으로 ChatGPT와 같은 생성형 AI를 활용한 페르소나 설정은 서비스 기획의 효율성과 정확성을 크게 향상시키며, 사용자 중심의 서비스를 더욱 효과적으로 기획하는 데 있어 강력한 도구가 될 것이다.

1) 생성형 AI를 활용하여 페르소나 설정하기

(1) ChatGPT를 활용한 페르소나 형성 및 이미지 제작 프롬프트 생성하기

① 페르소나 제작 프롬프트에 [기업명, 제품/서비스 소개, 타겟] 입력한다.

② 페르소나 카테고리는 인구통계학적 정보, 제품/서비스 사용 목적 및 평가, 브랜드 태도 등을 포함한다.

[프롬프트]

I want you to act as a professional 'marketer' who knows everything about creating persona's.

I will provide you with the product and the general knowledge I have over the persona. You Will Provide me with 1 specific persona's in table form that I can then use for my 'marketing' include this:

- Demographic information: Age, gender, income, education level, location, etc.
- Psychographic information: Values, interests, lifestyle, personality traits, etc.
- Goals: What motivates the persona and what they hope to achieve through your product or service.
- Pain points: The challenges and obstacles the persona faces that your product or service can help solve.
- Communication preferences: How the persona likes to receive information and engage with brands.
- Buying habits: How the persona makes purchasing decisions, including decision-making process and influences.
- Brand attitudes: How the persona perceives your brand, as well as competitors. You will write this in fluent English.

개인 제품&회사에 대한 소개로 수정

[Product&Company Information]
- Company introduction: "an advertising company"
- Product Introduction: "A service that creates advertisements for a product or

service."

- Persona Target: "a private/small business operator."

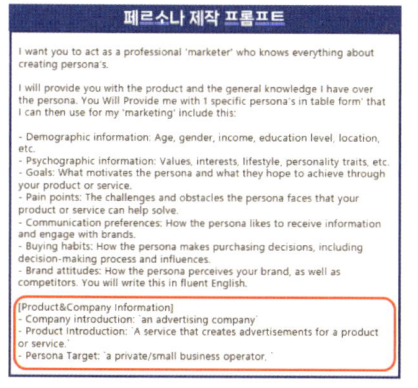
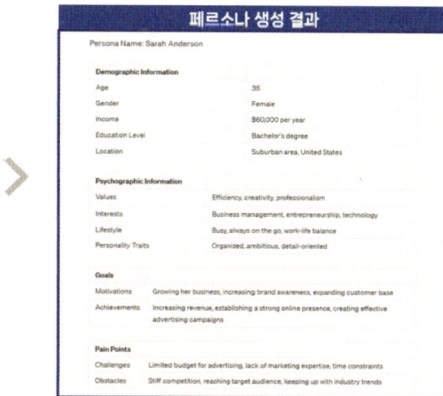

ChatGPT를 활용한 페르소나 생성

③ 페르소나 이미지 제작(Stable diffusion) 프롬프트 생성

[프롬프트]

List the physical characteristics of 'Sarah Anderson'.

I want the characteristics in words, like tags.

For example: mature woman, in 30s, a Korean-American.

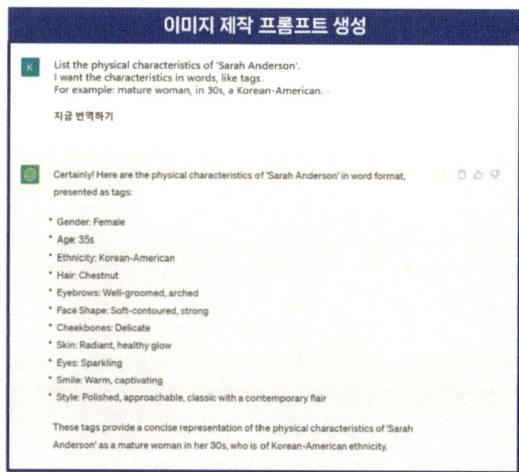

ChatGPT를 활용한 이미지 제작 프롬프트 생성

PART 10. 시장 및 사용자 조사   261

(2) Stable Diffusion을 이용한 페르소나 이미지 생성

① ChatGPT에서 생성한 페르소나 이미지 제작 프롬프트를 입력한다.

[GPT 생성 프롬프트]

Gender: Female

Age: 35s

Ethnicity: Korean-American

Hair: Chestnut

Eyebrows: Well-groomed, arched

Face Shape: Soft-contoured, strong

Cheekbones: Delicate

Skin: Radiant, healthy glow

Eyes: Sparkling

Smile: Warm, captivating

Style: Polished, approachable, classic with a contemporary flair

These tags provide a concise representation of the physical characteristics of 'Sarah Anderson' as a mature woman in her 30s, who is of Korean-American ethnicity.

[추가 프롬프트 설정 사항]

- Portrait: 1.2

- Steps: 45

- Sampler: DPM++ 2S a

- Model: lifeLikeDiffusionEthnicitiesSupportedNative_lifeLikeDiffusionV20 #실사풍

- Hires upscale: 1.25, Hire steps: 20, Hires upscaler: Latent, Version: v1.4.1 #

해상도 높이기

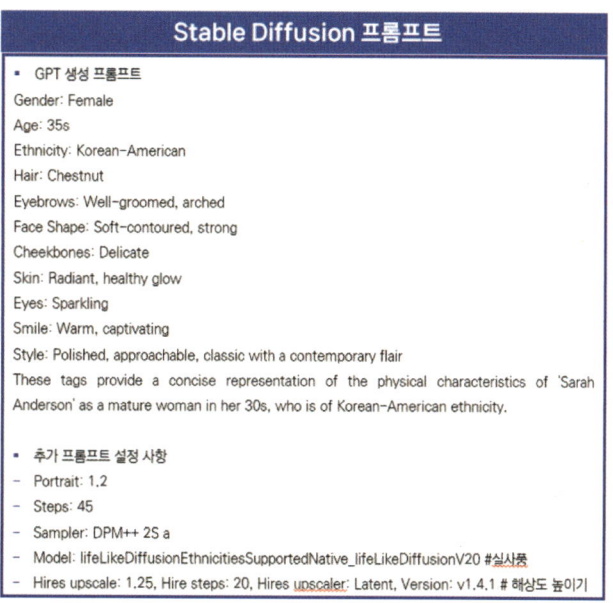

ChatGPT를 활용한 이미지 제작 프롬프트 생성

③ D-ID를 활용한 페르소나 영상 제작

❶ Stable Diffusion에서 생성한 이미지를 삽입하여 영상을 제작한다.

페르소나 영상 제작

03 생성형 AI를 활용한 페르소나 인터뷰

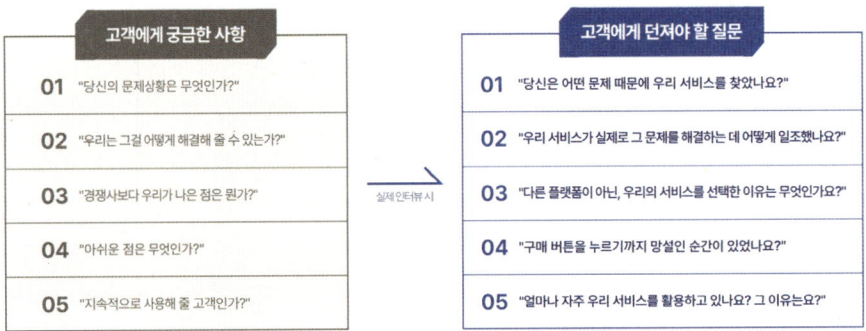

페르소나 인터뷰 질문

이렇게 설정한 페르소나를 대상으로 기획자는 사용자 인터뷰를 진행할 수 있다. 이를 통해 기획자는 직접적인 대화를 함으로써 실시간으로 세심한 피드백을 받을 수 있고, 타겟팅한 고객에게 더욱 맞춤화된 서비스 기획이 가능해진다.

1) 생성형 AI를 활용한 페르소나 인터뷰
(1) ChatGPT를 활용한 페르소나 인터뷰
① 고객에 대입한 GPT에게 상품 및 서비스에 대해 궁금한 것을 확인한다.

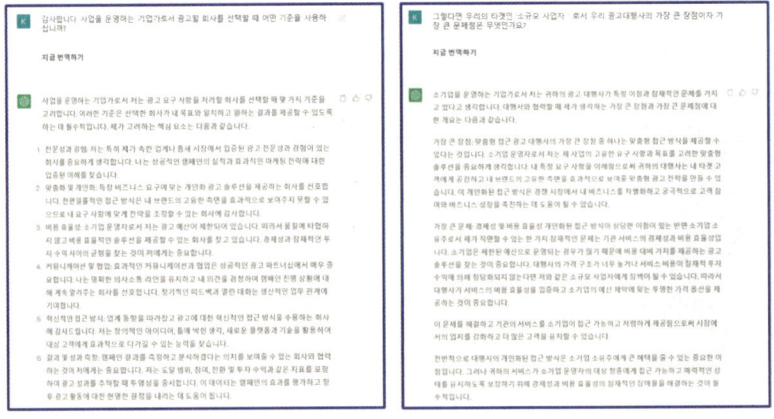

ChatGPT를 활용한 페르소나 인터뷰

3장. 차별화 전략 수립

01 SWOT 분석

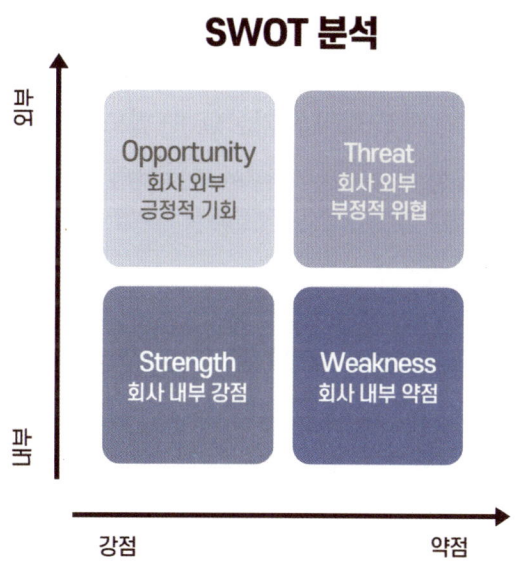

SWOT분석

SWOT분석은 강점strength, 약점weakness, 기회opportunity, 위협threat의 머리글자를 따서 만든 약자로 자사 현황을 객관적으로 분석하기 위해 사용하는 도구이다. 분석 방법은 먼저 기업 내부자료를 통해 자사 서비스의 강,약점을 파악하고, 시장 분석과 벤치마킹을 통해 기회와 위협을 분석한다. 네 가지 요인을 분석한 후에는 각 요인을 교차 비교하여 공격전략(SO), 우회전략(ST), 만회전략(WO), 생존전략(WT)을 세울 수 있다.

- SO: 강점과 기회, 시장에서 강점을 살릴 기회가 어떤 것인가
- SW: 강점과 위협, 강점을 살림으로써 직면한 위협을 어떻게 피할 수 있을 것인가
- WO: 약점과 기회, 약점 때문에 기회를 잃지 않으려면 어떻게 해야 하는가
- WT: 약점과 위협, 약점과 위협이 충돌하여 발생할 상황을 피하려면 어떻게 해야 하는가

이러한 SWOT 분석은 성장 기회를 가늠할 수 있고, 기존 프로젝트의 개선점과 위험 영역을 파악할 수 있다는 점에서 중요하다.

1) 생성형 AI를 활용한 SWOT분석
(1) ChatGPT를 활용한 SWOT분석
①ChatGPT에게 특정 서비스에 대한 SWOT 분석을 요구한다.

Q. 제가 숏폼을 자동으로 생성해주는 애플리케이션 'GRABIT'을 기획하려고 합니다. 이 서비스에 대한 3C분석을 진행해주세요.

> 먼저, GRABIT 서비스에 대한 SWOT 분석을 수행하겠습니다.

SWOT 분석

1. 강점 (Strengths)

- **AI 기반 숏품 생성**: 텍스트 및 비디오 콘텐츠를 효과적으로 분석하고 요약하는 고급 AI 기술 사용.
- **다양한 기능 제공**: 글 기반 숏품 생성, Youtube 영상 기반 숏품 생성, 해시태그 및 제목 추천 서비스 등 다양한 기능을 통합 제공.
- **사용자 맞춤형 서비스**: 사용자의 요구에 따라 개인화된 정보 제공.
- **자동화된 프로세스**: 사용자의 노력을 최소화하며, 효율적인 숏품 콘텐츠 생성.

2. 약점 (Weaknesses)

- **신뢰성 문제**: AI가 제공하는 요약 및 제안에 대한 정확도 및 적절성에 대한 의문.
- **경쟁사 대비 차별성**: 유사한 서비스를 제공하는 다른 플랫폼들과의 경쟁.
- **초기 사용자 적응 기간**: 새로운 기능 및 서비스에 대한 사용자의 적응 기간 필요.

3. 기회 (Opportunities)

- **숏품 콘텐츠의 인기**: 현재의 미디어 트렌드에서 숏품 콘텐츠의 수요가 증가.
- **다양한 마케팅 채널**: 숏품 콘텐츠를 활용한 다양한 마케팅 채널의 확장 가능성.
- **AI 기술의 발전**: AI 기술의 지속적인 발전과 개선으로 서비스 품질 향상.

4. 위협 (Threats)

- **경쟁사의 진입**: 유사한 기능을 제공하는 경쟁사의 시장 진입.
- **기술의 빠른 변화**: AI 및 관련 기술의 빠른 변화에 따른 지속적인 업데이트 필요.
- **사용자 데이터 보호**: 사용자 데이터의 보안 및 개인정보 보호 문제.

ChatGPT를 활용한 SWOT분석

② 제안한 SWOT분석에 대하여, 공격전략(SO), 우회전략(ST), 만회전략(WO), 생존전략(WT) 수립을 요구한다.

Q. 'GRABIT'에 대해서 공격전략(SO), 우회전략(ST), 만회전략(WO), 생존전략(WT) 전략을 수립해주세요.

전략 수립

1. SO 전략 (Strengths-Opportunities)

- 숏폼 콘텐츠의 인기와 다양한 마케팅 채널의 기회를 활용하여 GRABIT의 AI 기반 숏폼 생성 기능을 강조하고 홍보.
- AI 기술의 발전을 통해 서비스 품질을 지속적으로 향상시키고 사용자에게 더 나은 경험 제공.

2. ST 전략 (Strengths-Threats)

- 경쟁사의 시장 진입과 기술의 빠른 변화에 대비하여 GRABIT의 핵심 강점을 지속적으로 개선 및 확장.
- 사용자 데이터 보호에 중점을 둔 보안 기능 강화.

3. WO 전략 (Weaknesses-Opportunities)

- 사용자의 신뢰를 얻기 위해 AI 기반 분석의 정확도와 적절성을 지속적으로 개선.
- 사용자 교육 및 지원을 통해 서비스의 초반 적응 기간을 단축.

4. WT 전략 (Weaknesses-Threats)

- 경쟁사와의 차별성을 강조하기 위해 유니크한 기능 및 서비스 추가.
- 사용자의 피드백을 적극 수렴하여 서비스의 약점을 개선.

이렇게 SWOT 분석을 통해 GRABIT의 전략을 수립할 수 있습니다. 이 전략들은 GRABIT의 성장과 지속 가능성을 위한 방향성을 제공할 것입니다.

ChatGPT를 활용한 SWOT분석

02 3C(Customer, Competitor, Company)분석

3C분석은 자사에 직접적인 영향을 미치는 미시환경 변화를 '고객(Customer), 경쟁사(Competitors), 자사(Company)' 등 세 가지 관점으로 구분해 분석하는 도구이다. 3C분석은 고객에게 경쟁기업보다 차별화된 가치를 제공하도록 도움으로써 기업의 경쟁우위를 향상시키는 데 활용되며, 고객의 수요를 파악하고 경쟁사의 약점과 차별성을 찾아 자사의 차별화 전략을 수립하는 데 목적이 있다.

(1) 고객 Customer

대상 고객의 요구와 원하는 것이 무엇인지, 그들의 구매 동기는 무엇인지 등을 파악하고, 고객의 구매 패턴, 선호도, 가치 인식 등을 분석하여 제품이나 서비스가 어떻게 고객의 요구를 만족시킬 수 있는지 이해해야 한다.

(2) 경쟁사 Competitor

경쟁 기업의 전략, 강점 등을 분석하고 시장의 경쟁 구조와 경쟁 기업의 서비스를 파악하여 자사의 상대적 위치와 경쟁 우위를 평가한다.

(3) 회사 Company

회사의 내부 환경을 분석하고, 회사의 핵심 역량과 시장에서의 경쟁력을 평가하여 이를 어떻게 활용하고 향상시킬 수 있는지를 판단한다.

1) 생성형 AI를 활용한 3C분석

(1) ChatGPT를 활용하여 3C분석하기

① ChatGPT에게 특정 서비스에 대한 3C 분석을 요구한다.

Q. 제가 기획하려는 애플리케이션 'GRABIT' 서비스에 대한 3C분석을 진행해주세요.

GRABIT 서비스의 3C 분석

1. **Customer (고객)**:
   - **대상 고객**: 숏폼 콘텐츠를 생성하고 싶은 소비자, 특히 SNS와 같은 플랫폼에서 활동하는 크리에이터, 마케터, 기업 등.
   - **고객의 요구**: 품질 높은 숏폼 콘텐츠 생성, 사용하기 쉬운 도구, 다양한 템플릿과 AI 기반의 분석/제안.
   - **구매 동기**: 콘텐츠 생성의 효율성 향상, 다양한 채널에서의 활용성, 마케팅 효과 극대화.
2. **Competitor (경쟁자)**:
   - **주요 경쟁사**: AI 기반의 콘텐츠 생성 도구를 제공하는 기업들, 기존의 비디오 편집 및 콘텐츠 생성 플랫폼들.
   - **경쟁사의 강점**: 브랜드 인지도, 다양한 기능 제공, 사용자 기반 확보.
   - **경쟁사의 약점**: 복잡한 사용 인터페이스, AI 기반의 분석/제안 부재, 높은 가격.
3. **Company (GRABIT)**:
   - **강점**: 다양한 AI 서비스 제공, 사용자 맞춤형 서비스, 자동화된 프로세스.
   - **약점**: 신뢰성 문제, 경쟁사 대비 차별점 부재, 초기 사용자 적응 기간.
   - **핵심 역량**: AI를 활용한 글 및 비디오 분석 기술, 사용자의 요구에 맞는 개인화된 정보 제공.

이렇게 3C 분석을 통해 GRABIT 서비스의 현재 위치와 시장에서의 경쟁력을 평가하고, 앞으로의 전략 수립에 대한 통찰을 얻을 수 있습니다.

ChatGPT를 활용한 3C분석

Do it!

생성형 AI를 활용하여 시장 및 사용자 조사

Part 10에서 다룬 시장 및 사용자 분석 절차에 따라 여러 툴을 사용하여 내가 기획할 서비스의 시장 및 고객을 분석한다.

1. Bing 서비스를 활용하여 나만의 서비스를 기획할 시장환경을 5 force 분석 모델로 파악한다.
2. Bing을 활용하여 나만의 서비스가 진입할 시장의 경쟁사를 파악한다.
3. ChatGPT를 활용하여 나만의 서비스에 맞는 페르소나를 형성한다.
4. ChatGPT에서 페르소나 인터뷰를 진행함으로써 서비스에 대한 고객의 의지와 정보를 파악한다.
5. ChatGPT에서 페르소나의 Stable Diffusion 이미지 프롬프트를 생성한다.
6. Stable Diffusion을 이용하여 페르소나 이미지를 제작한다.
7. DID를 활용해 페르소나 영상을 제작해본다.
8. ChatGPT를 활용하여 SWOT분석을 진행하고 SO, ST, WO, WT 전략을 수립해본다.
9. ChatGPT를 활용하여 3C 분석을 진행한다.

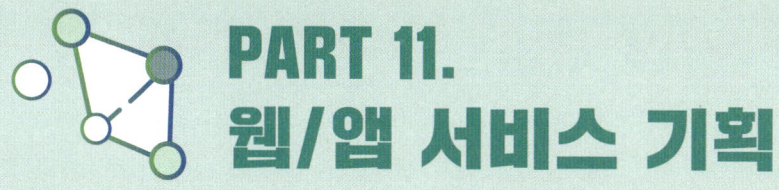

PART 11.
웹/앱 서비스 기획

Preview

Part 11에서는 웹/앱 서비스 기획의 핵심 요소인 UI/UX, 정보구조도, 플로우차트 등을 통한 서비스 구조와 흐름 설계에 대해 알아본다. 사용자의 만족도와 사용성에 직접적인 영향을 미치는 이 요소들의 중요성과 함께, 스토리보드를 활용한 서비스 단계와 시나리오 구체화 방법도 소개한다. 또한, 생성형 AI를 활용한 효과적인 웹/앱 서비스 기획 방법에 대해서도 상세하게 다룰 예정이다.

1장. 웹/앱 서비스 기획의 이해

01 웹/앱 서비스 기획이란?

웹 기획은 인터넷 웹사이트 또는 모바일 구조 콘텐츠의 기획으로 비즈니스를 하는 데 있어 웹을 도구로 사용하여 기획하는 것을 의미한다. 크게는 웹 비즈니스의 새로운 영역 및 방향성을 개척하는 것에서부터 작게는 웹사이트 구조를 설계하는 등의 구체적 업무까지를 포함한다. 웹/앱 서비스 기획은 앞서 이해한 서비스 기획의 한 줄기라고 할 수 있다. 따라서 웹 기획을 잘하려면 당연히 '왜 그것을 해야 하는가?'에 대한 이유를 찾는 것에서부터 스토리보드를 잘 그리는 단계까지의 기획력이 요구된다.

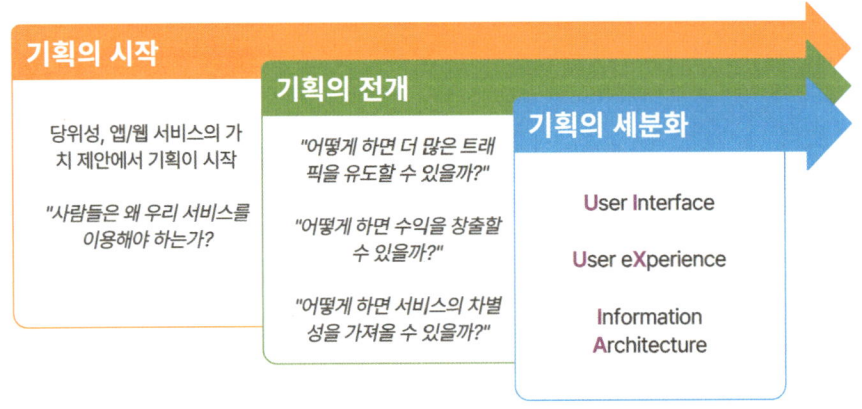

UX/UI *그림 변경 예정

고객 가치는 우리가 기획한 이 사이트가 고객에게 왜 필요한지, 혹은 고객이 원하는 무엇을 충족시켜주는 지와 관련되어 있으며 이를 당위성이라고 한다. 경쟁 서비스가 잘 되고 있다면 그 이유를 찾아내야 하고, 새로운 서비스를 개척하고자 한다면 그 서비스를 왜 만들어야 하는지 이유와 그 서비스의 가치를 찾아내야 한다. 이렇게 당위성을 찾는 것이 모든 기획의 시작점이 되어야 하며, 당위성을 기반으로 웹/앱 기획의 모든 단계가 설계되어야 한다. 이러한 핵심적인 가치가 부여되지 않은 서비스는 장기적으로 사용자에게 유의미한 경험을 제공할 수 없어 잠시 이슈가 되거나, 잠깐의 빛도 발하지 못한 채 사라지게 된다. 따라서 성공적인 웹 기획을 하기 위해서는 기획의 목표가 명확하고 참신해야 하며, 우후죽순처럼 불어나는 웹사이트 속에서 신선하고 매력적인 주제로 사용자에게 접근해야만 성공할 수 있다.

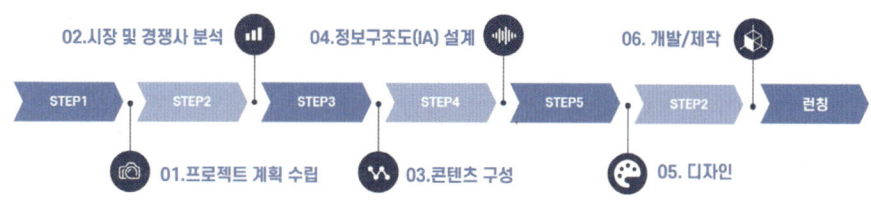

웹/앱 기획 프로세스

02 웹/앱 서비스 기획 프로세스

웹/앱 기획을 시작하는 단계에서 가장 먼저 프로젝트의 계획을 수립하게 된다. 이 단계에서는 아이디어를 도출하여 개선하거나 새로 구축하려는 웹/앱 서비스의 목적을 명확히 하게 되며 업무 정의, 환경 구축 등의 업무를 하게 된다. 전체 프로젝트에 대한 계획이 수립되었다면 다음으로 본격적인 기획 업무에 들어가게 된다. 이 단계에서는 리서치를 통하여 수집하거나, 사용성 테스트를 통하여 수집한 정보를 활용해 환경 요구 분석, 사용자 요구 분석, 콘텐츠 분석, 현재 유사 서비스의 문제점 및 개선 방향을 분석한다. 이후 분석 단계에서 수행한 분석 결과를 토대로 웹/앱 서비스의 제작 방향을 결정한다. 어떤 콘텐츠와 내용으로 웹사이트를 채우고, 어떠한 서비스를 제공할 것인지 계획하고 프로듀싱하는 작업이 이에 포함된다. 이 단계에서 어떻게 콘텐츠를 구성할지 설계를 완료하면 준비한 콘텐츠를 조직적으로 정리하는 구조화 작업을 수행하게 되는데, 이러한 작업을 정보구조도(Information Architecture)설계라고 한다. 전체 웹사이트 또는 앱 플랫폼의 구조와 페이지, 화면 레이아웃을 설계하고 이러한 과정과 맞물려 UX/UI를 설계하는 작업이 이 단계에서 이루어진다. 앞의 단계에서 이루어지는 '웹 기획'을 마치면 디자인 작업으로 들어가게 되는데, 설계를 토대로 나온 스토리보드에 대해서 웹/앱 디자인을 하게된다. 이러한 단계를 위해 앞의 기획 단계에서 스토리보드의 문서화는 의견을 전달하고 전달된 내용이 의도대로 실현될 수 있도록 명료하게 이루어져야 한다. 마지막으로 최종 디자인이 결정되면 전체 가이드에 따라 웹 페이지 또는 애플리케이션을 제작한다. 이후 정상적으로 웹사이트가 구동되는지 검수와 테스트의 과정을 거치고 정상적인 제작이 확인되면 웹 또는 앱을 런칭하게 된다.

2장. UI/UX의 이해

01 UI/UX란?

UI(User Interface)와 UX(User Experience) 사용자들이 서비스를 이용할 때의 경험과 만족도에 큰 영향을 미치는 두 개념이다. 먼저, UI는 User Interface의 약자로, 사용자가 서비스와 상호작용할 수 있는 표면 또는 인터페이스를 의미한다. 이에는 버튼, 텍스트, 이미지, 슬라이더, 입력 필드 등의 시각적 요소들이 포함되어 있으며, 간단히 말해 UI는 서비스가 '어떻게 보이는가'에 대한 것이다. 예시로 스마트폰의 앱 아이콘 디자인이 이에 해당한다. 카메라 앱의 아이콘이 카메라 모양과 유사하다면, 사용자는 쉽게 그 기능을 이해하고 접근할 수 있을 것이다.

반면 UX는 User Experience의 약자로, 사용자가 서비스를 사용하면서 느끼는 경험 전체를 의미한다. 여기에는 서비스의 사용성, 효율성, 직관성, 그리고 만족감 등 여러 요소가 포함된다. UX는 '어떻게 느끼는가'에 중점을 둔다. 예를 들면, 온라인 쇼핑몰 사이트에서 상품을 장바구니에 담고, 결제 과정을 거칠 때의 사용자 경험이 여기에 해당한다. 결제 과정이 간편하고 직관적이면 사용자는 만족감을 느끼게 될 것이다.

UX/UI(미리캔버스 AI 드로잉 활용 자체제작 이미지, 활용 프롬프트: 팀원들이 모바일 스토리보드를 설계하는 모습)

02 UI와 UX의 차이

UI와 UX는 종종 혼동되어 사용되는 개념이지만, 각각은 서로 다른 요소를 의미하며, 그 차이를 이해하는 것은 서비스 기획과 설계에 있어서 중요하다. UI는 사용자가 서비스를 이용하기 위해 직접적으로 만지고 보고 상호작용하는 부분을 말하며, 화면 디자인, 버튼 배치, 색상 선택, 폰트 스타일 등이 포함된다. UI는 '사용자 인터페이스'라는 이름에서 알 수 있듯이 사용자가 제품 또는 서비스와 상호작용하는데 필요한 모든 시각적 요소를 포함한다.

반면에 UX는 사용자가 제품 또는 서비스를 경험하면서 느끼게 되는 전반적인 느낌과 반응을 의미한다. 즉, 좋은 UX 설계란 사용자의 기대와 필요성을 충족시키며, 동시에 편리하고 즐거운 경험을 제공하는 것이다.

UI와 UX의 관계를 좀 더 구체적으로 들여다보면 다음과 같다. 예를 들어 장바구니 아이콘이 있는 온라인 쇼핑몰 사이트에서, 해당 아이콘이 어디에 위치하고 어떻게 보여지느냐(UI)가 고객들로 하여금 그것을 클릭하게 만들거나(UX), 아니면 그것을 찾지 못하게 만드느냐(악화된 UX) 하는 결정적 역할을 한다.

따라서 잘 디자인된 UI만으로도 사용자에게 좋은 첫 인상을 줄 수 있다. 하지만 그 안에 담긴 UX가 사용자의 기대치나 필요성에 부응하지 못한다면 결국 사용자의 만족도나 재방문률 등에서 부정적 결과로 나타날 수 있다. 그 반대도 마찬가지이다. 우수한 UX 설계로 인해 고객들의 실제 행동 및 반응 등에서 긍정적인 결과를 얻을 수 있지만, 만약 UI 디자인이나 구성이 사용자의 취향과 맞지 않거나 지저분하다면 그 서비스에 대한 첫 인상 자체가 좋지 않게 될 것이다.

결국, 서비스를 기획하고 설계할 때는 이 두 요소가 서로 조화롭게 작동하도록 고려하는 것이 중요하다. 사용자의 입장에서 서비스를 경험하게 될 모든 상황을 고려하며, 그 경험이 어떻게 전달되고 받아들여질지에 대한 섬세한 고려가 필요하다. 이것은 단순히 '예쁜' 디자인을 넘어서 사용자의 목소리와 반응을 청취하고 이해하는 능력에서 비롯된다.

3장. 정보구조도(Information Architecture, IA)

01 정보구조도(IA)란?

1) 정보구조도(IA)의 개념

정보구조도(Information Architecture, IA)를 간단히 표현하면 '정보를 어떻게 구성하고 표현할 것인지에 대한 설계'이다. IA는 웹사이트나 앱의 사용자 경험(UX)를 크게 좌우하는 요소 중 하나로, 사용자가 원하는 정보나 기능을 쉽고 빠르게 찾을 수 있게 도와주는 구조를 설계하는 과정이다.

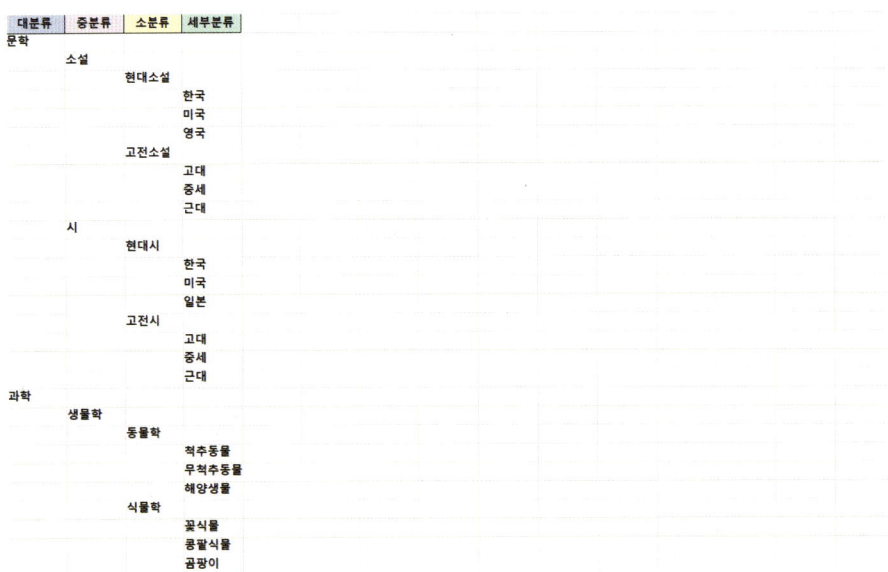

도서관 책 분류 체계 정보구조도

사람들이 종종 말하는 "정보의 바다"라는 표현이 있다. 이것은 현대 사회에서 접근할 수 있는 정보의 양이 엄청나게 많다는 것을 의미한다. 이처럼 정보가 넘쳐나는 세상에서, 우리는 정보를 찾기 위해 구조화된 체계의 필요성을 느낀다. 거대한 도서관을 생각해보자. 도서관에 들어가 원하는 책을 찾고자 할 때 만약 수많은 책이 무작위로 배열되어 있다면, 원하는 책을 찾기 위해 어마어마한 시간과 노력이 필요할 것이다. 하지만 도서관에는 체계적인 분류 시스템이 있다. 문학, 역사, 과학 등의 카테고리로 나뉘어져 있고, 그 안에서도 다시 세부적으로 주제나 저자별로 배열되어 있다. 더 나아가, 도서관에는 책의 제목, 저자 등을 통해 원하는 책을 쉽게 찾을 수 있도록 도와주는 시스템도 있다. 이러한 체계와 구조 덕분에 방문객은 빠르게 원하는 책을 찾을 수 있다.

웹사이트나 앱도 도서관과 같다. 정보와 기능의 바다에서 사용자가 원하는 것을 쉽게 찾을 수 있게 도와주는 '도서관의 분류 시스템'과 같은 것이 바로 '정보구조도(IA)'이다. 웹사이트나 앱에서 IA가 잘 구성되어 있지 않다면, 그것은 무작위로 책이 배열된 도서관과 다를 바 없다. 사용자는 원하는 정보나 기능을 찾기 위해 많은 시간과 노력을 소비하게 될 것이다. 이런 경험은 사용자 만족도를 크게 저하한다.

따라서 웹사이트나 앱을 설계할 때, 정보구조도는 그 중심에 있어야 한다. 사용자의 경험을 최적화하고, 원하는 정보나 기능에 빠르게 접근하게 도와주는 체계적인 구조는 서비스의 성공을 크게 좌우한다. 결국, 정보구조도는 사용자의 만족도와 서비스의 효율성을 높이는 핵심 열쇠라고 할 수 있다.

2) 정보구조도(IA) 설계 프로세스

정보구조도는 대부분 엑셀을 통해서 규정하며 초기 단계에서는 가장 먼저 전체의 흐름을 파악하는 것이 중요하다. 정보구조도를 설계하는 과정은 다음

정보구조도(IA) 예시

과 같다. 가장 먼저 고객의 행동 흐름을 규정하고, TOP MENU 등 1뎁스의 포괄적 메뉴를 정의해야 한다. 이후 2뎁스의 구체적 트리구조를 설계한 뒤, 3뎁스의 서비스 이용 경험 트리 구조로 설계한다. 마지막으로 4뎁스를 결정하여 정보구조도 설계를 완료하고 트리 구조를 확인함으로써 마무리한다. 전체 흐름을 정리했다면 엑셀로 옮기는 과정이 필요하다. 이때 주의할 점은 엑셀에 들어가는 요소 필드는 중복될 수 없어 한 라인 안에 한 개의 메뉴 트리만 존재해야 한다는 점이다. 특히 IA는 고객과 나아가 관리자가 경험하는 모든 이벤트를 포함하므로 최대한 신중하게 확정하는 것이 좋다.

Name	Tags
No	메뉴의 계층 구조를 표현하는 번호입니다. 1.1의 하위는 1.1.1 형식으로 부여합니다.
Depth #	Depth1부터 시작합니다. 하위 메뉴로 들어갈수록 더 높은 숫자를 부여합니다.
유형	page, popup, alert, mail, link 등 해당 화면의 속성을 기재합니다.
권한	해당 화면을 어떤 권한을 가진 사용자가 볼 수 있는지 표시합니다.
폴더, 파일명, URL	해당 화면에게 부여되는 주소 혹은 소스가 저장된 위치를 표시합니다.
진행상황, 일정	기획→디자인→퍼블리셔→개발→검수 순으로 완료일, 완료 여부를 기재합니다.
ID	화면설계서(Wireframe)와 대칭할 수 있게 고유 번호를 부여합니다.

정보구조도(IA) 설계 내용

02 생성형 AI를 활용한 정보구조도(IA) 설계

1) ChatGPT를 활용하여 정보구조도(IA) 설계하기

① ChatGPT에게 특정 서비스에 대해 소개하고, 정보구조도(IA)에 대한 제안을 요구한다.

Q. 저는 기사를 스크랩하여 입력하면 자동으로 숏폼 영상을 만들어 주는 앱 'GRABIT'을 기획하려고 합니다. 이 앱의 정보구조도(IA)를 제안해주세요.

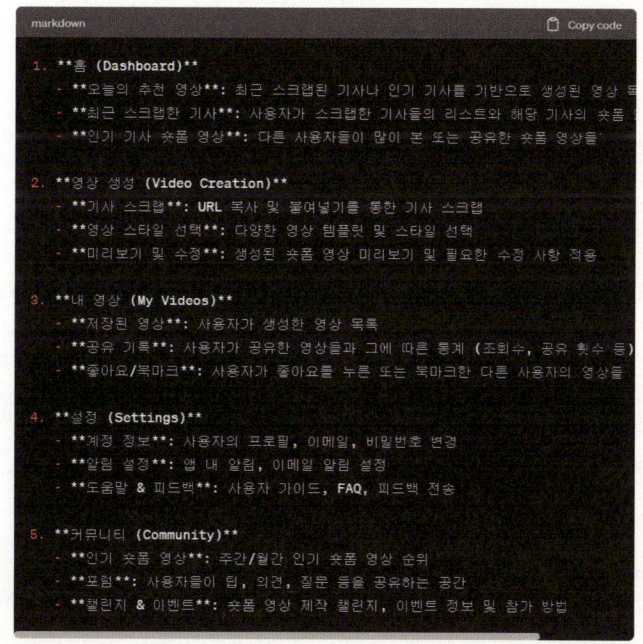

ChatGPT를 활용한 정보구조도(IA) 설계

② ChatGPT가 생성해준 정보구조도 복사하여 엑셀 파일 생성하기

Q. 이 정보구조도(IA)에 대해서 엑셀 형식의 파일을 만들어 주세요.

> 알겠습니다. 이 정보구조도(IA)를 기반으로 엑셀 형식의 파일을 생성하겠습니다.
>
> 각 탭을 대표하는 메인 카테고리를 첫 번째 열에 위치시키고, 해당 카테고리에 속하는 하위 항목들을 두 번째 열에 위치시킬 예정입니다.
>
> 이러한 형식으로 엑셀 파일을 구성하겠습니다:
>
> ```lua
> | 메인 카테고리 | 하위 항목       |
> |--------------|----------------|
> | 홈           | 오늘의 추천 영상 |
> | 홈           | 최근 스크랩한 기사|
> | ...          | ...            |
> ```
>
> 이제 위의 구조에 따라 엑셀 파일을 생성하겠습니다.
>
> Finished working Show work ∨
>
> 정보구조도(IA)에 따라 엑셀 파일을 생성했습니다. 아래 링크를 클릭하면 파일을 다운로드 받을 수 있습니다:
>
> 다운로드 링크: information_architecture.xlsx

ChatGPT를 활용한 정보구조도(IA) 설계 (2)

❶ ChatGPT가 생성해준 정보구조도를 복사하기 위해 Copy code를 클릭한다.

❷ 복사한 정보구조도를 ChatGPT 코드 인터프리터 기능을 활용하여 엑셀 파일로 변환한다.

메인 카테고리	하위 항목
홈	오늘의 추천 영상
홈	최근 스크랩한 기사
홈	인기 기사 숏폼 영상
영상 생성	기사 스크랩
영상 생성	영상 스타일 선택
영상 생성	미리보기 및 수정
내 영상	저장된 영상
내 영상	공유 기록
내 영상	좋아요/북마크
설정	계정 정보
설정	알림 설정
설정	도움말 & 피드백
커뮤니티	인기 숏폼 영상
커뮤니티	포럼
커뮤니티	챌린지 & 이벤트

ChatGPT를 활용한 정보구조도(IA) 설계 (3)

이렇게 ChatGPT를 활용하여 정보구조도를 설계하는 과정에서 더 많은 요구를 통해 4뎁스까지 내려가거나, 세부적인 내용을 추가하고 조율함으로써 더 완성도 있는 정보구조도를 설계할 수 있다. 또한 ChatGPT와 대화하는 과정에서 마인드맵과 같은 방식으로 아이디어를 도출하거나, 생각의 흐름을 정리할 수 있다.

4장. 서비스 흐름 정리(Flow Chart)

01 플로우 차트(Flow Chart)란?

1) 플로우 차트(Flow Chart)의 개념

플로우 차트는 사용자가 서비스를 어떤 순서로 사용하는지 쉽게 파악하기 위해 일련의 작업이나 절차를 시각적으로 표현하는 도구이다. 웹사이트나 앱을 만들 때, 어떤 단계를 거쳐 어떻게 진행되는지를 쉽게 보여주기 위해 사용된다. 예를 들어, 쇼핑몰 앱에서 상품을 구매하는 과정을 그림으로 나타낼 때 플로우차트를 사용함으로써 사용자의 행동과 서비스의 반응을 명확하게 그려내기 위해 사용된다. 쉽게 말해, 플로우 차트는 복잡한 프로세스나 시스템을 간단한 기호와 선으로 나타내어, 그 구조와 흐름을 이해하기 쉽게 만드는 도구이다.

그렇다면, 왜 플로우 차트(Flow Chart)는 웹사이트나 앱의 기획 과정에서 중요할까? 먼저, 플로우 차트는 복잡한 서비스의 절차를 명확히 이해할 수 있게 도와준다. 기획자나 디자이너는 플로우차트를 통해 서비스의 전체적인 흐름과 구조를 한눈에 파악할 수 있어 이에 따라 누락되거나 중복되는 단계를 미리 발견하고 수정할 수 있다. 또한, 플로우 차트는 다양한 부서와의 원활한 커뮤니케이션을 도와준다. 개발자, 디자이너, 마케터 등 다양한 팀원들이 서비스의 동작 방식과 흐름을 명확하게 이해할 수 있게 되어, 팀 간의 협업이 보다 원활해진다. 결론적으로, 플로우 차트는 복잡한 서비스의 구조와 흐름을 명확하게 이해하고, 팀 간의 효율적인 커뮤니케이션을 가능하게 하는 중요한 도구이다. 웹사이트나 앱을 기획하는 과정에서 플로우 차트의 활용은 빠질 수 없는 핵심 요소라고 할 수 있다.

2) 플로우 차트(Flow Chart)의 요소

기호	설명
처리 및 페이지 표시	❶ 처리 서비스 흐름도에서 모든 처리 과정을 이 도형으로 표시한다. 간혹 페이지를 구분하는 용도로 사용되기도 한다.
판단이 필요한 경우	❷ 판단 YES or NO에 따라 결과가 달라지는 경우 사용하는 기호이다.
Y/N	❸ 조건 표시 Y/N 조건이 '예'일 때 'Y', '아니요'일 때 'N'으로 표기한다.
출력	❹ 출력 흐름상 결과 혹은 안내 시에 사용한다. 예를 들어 특정 버튼을 누르고 '정보를 입력해 주세요.'와 같은 결과 안내 시에 해당 기호를 사용한다.
시작	❺ 시작 시작되는 페이지 혹은 사이트를 표기한다. 예를 들면 사용자 사이트에서 시작되었다면 <사용자>를 표시해준다.
끝	❻ 끝 흐름도가 종료되는 시점을 표기한다.
→	❼ 흐름선 서비스가 흘러가는 방향을 표시한다.

표. 플로우 차트의 요소

02 플로우 차트(Flow Chart) 작성법

플로우 차트는 파워포인트, draw.io, Figma, 종이에 직접 그리기 등 다양한 툴을 사용하여 플로우 차트를 작성할 수 있다

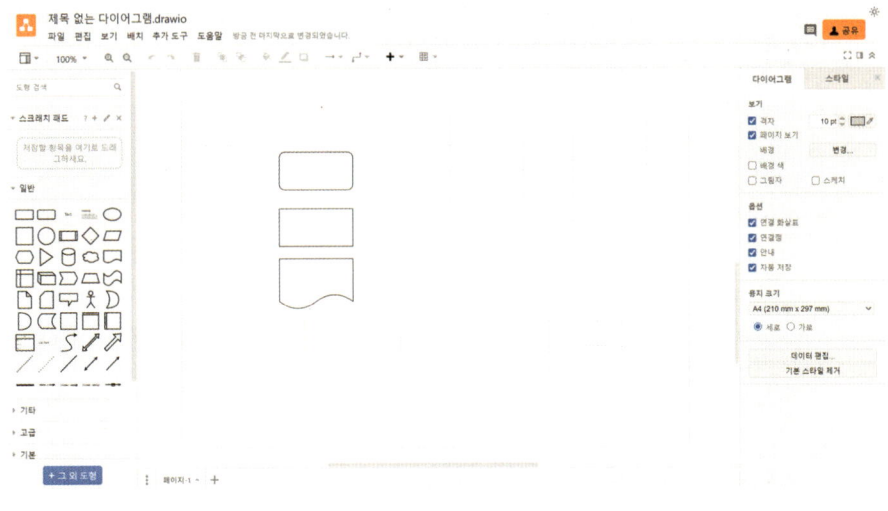

draw.io

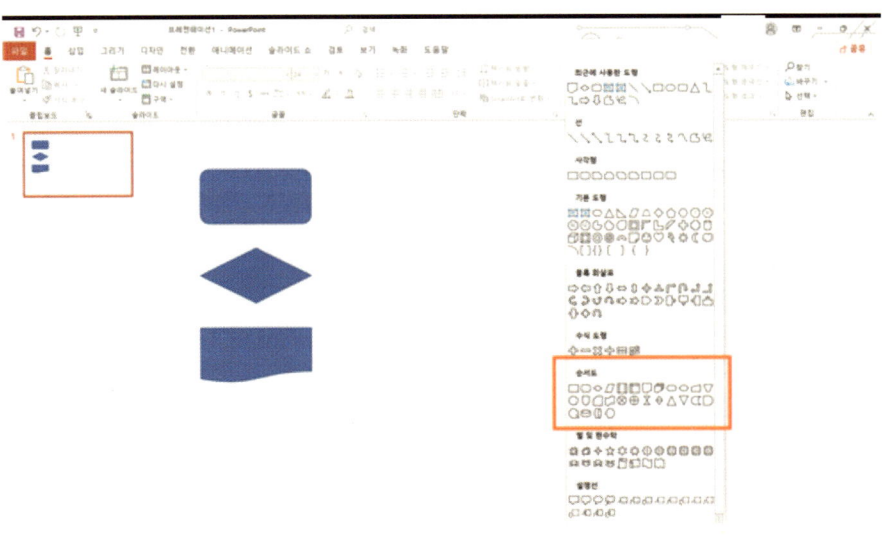

Powerpoint

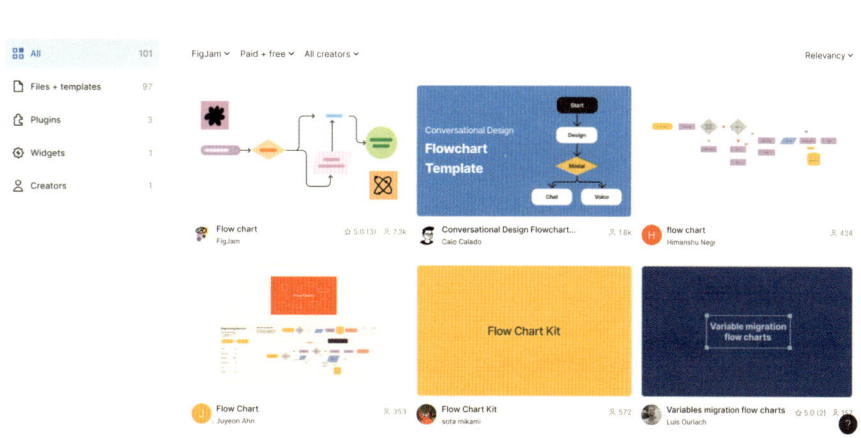

Figma

    특히, 플로우차트를 작성하는 데 있어서 몇 가지 팁이 있다. 먼저, 일관된 디자인 요소를 사용하는 것이다. 다이어그램 모양, 선, 텍스트를 일관성 있게 작성함으로써 가독성을 높일 수 있고, 이를 위해 도형이나 흐름선에 색상을 주어 흐름을 명확하게 보여주는 방법도 있다.

    또한, 모든 프로세스를 한 페이지에 보관하는 것이다. 순서도를 단일 페이지에 넣음으로써 텍스트 가독성을 높일 수 있고, 만일 한 페이지에 표현하기 어렵다면 분할하되 페이지 간의 연결성을 주는 것이 좋다.

    마지막으로, 왼쪽에서 오른쪽으로 이어지게 데이터를 작성하는 것이 좋다. 서비스 흐름도를 읽는 팀원들이 글을 읽듯 서비스 흐름도도 같은 방법으로 읽고 이해할 수 있도록 이와 같은 규칙을 적용하는 것이 좋다.

03 플로우 차트(Flow Chart) 작성하기

(1) draw.io를 활용하여 플로우 차트(Flow Chart) 작성하기

① draw.io 사이트에 들어간다.

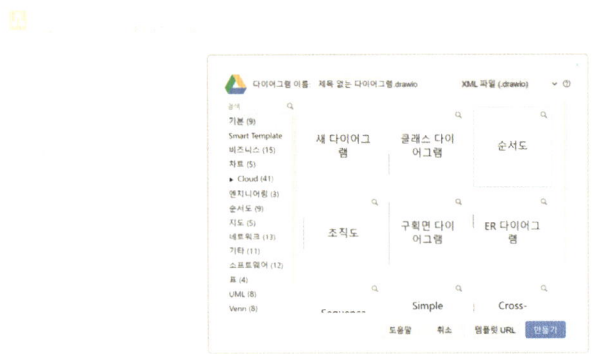

draw.io

❶ 사이트에 들어간 후 '새로운 다이어그램 만들기'를 클릭한다.
❷ 순서도를 선택한 후, 만들기 버튼을 누른다.

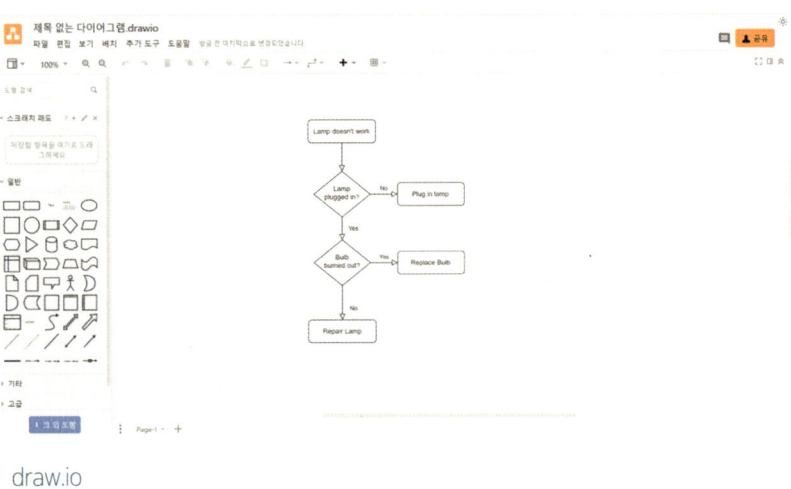

draw.io

② 좌측 메뉴바에 있는 요소들을 활용하여 플로우차트를 그린다.

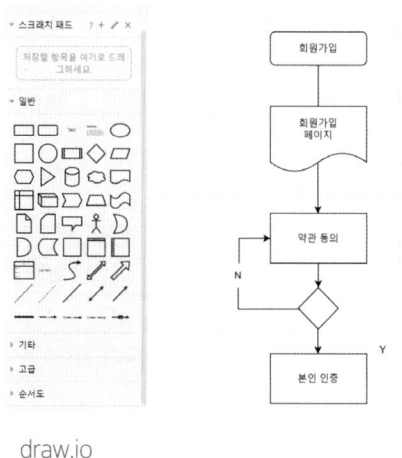

draw.io

플로우 차트 작성 팁에 따라 서비스의 흐름을 시각화한다.

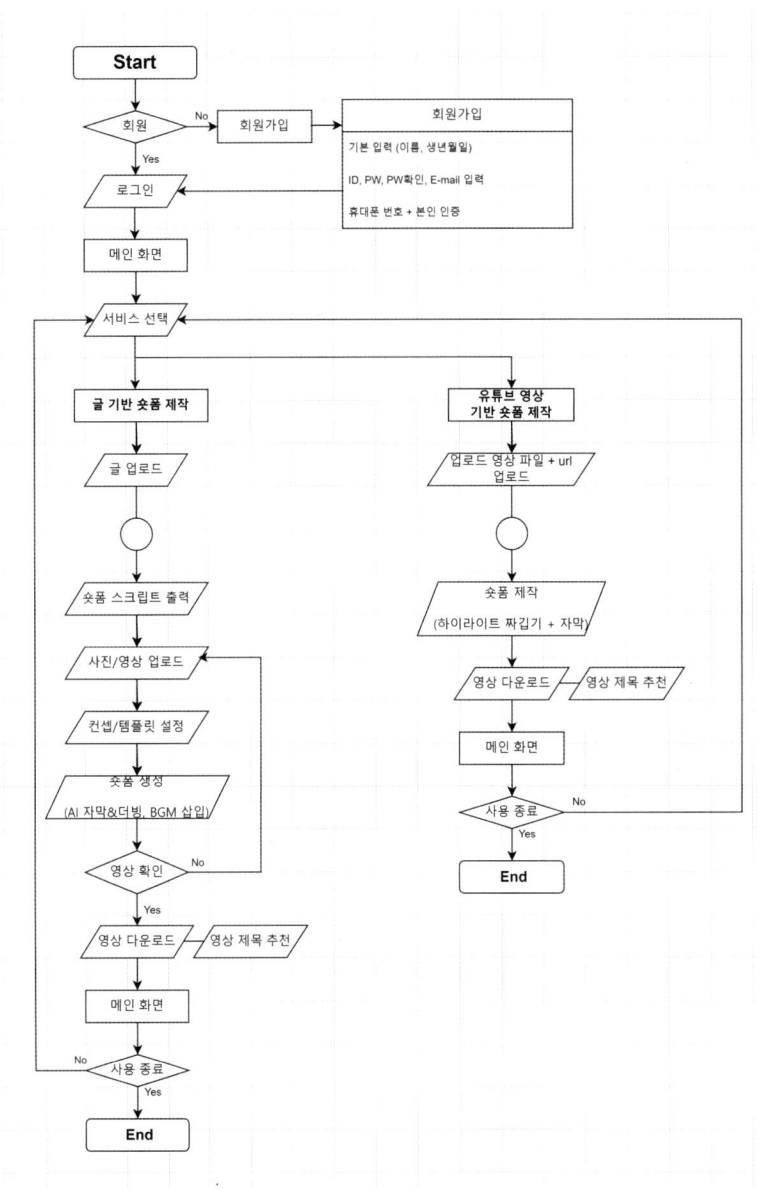

플로우 차트 결과물

5장. 스토리보드(Storyboard) 작성

01 스토리보드(Storyboard)란?

1) 스토리보드(Storyboard)의 개념

스토리보드 설계(미리캔버스 AI 드로잉 활용 자체제작 이미지. 활용 프롬프트: 스토리보드를 그리는 이미지)

　스토리보드(Storyboard)는 서비스나 제품의 사용자 경험을 시각화하는 과정이다. 이를 통해 기획자, 디자이너, 개발자 등 다양한 이해관계자들이 동일한 비전을 공유하고, 해당 서비스나 제품의 흐름과 기능을 명확히 이해할 수 있다. 사람마다 생각하는 서비스의 이미지와 방향이 조금씩 다를 수 있는데, 스토리보드를 통해 이런 차이를 명확히 확인하고 조율할 수 있다. 예를 들어, 기획자가 생각하는 로그인 화면과 디자이너나 개발자가 생각하는 로그인 화면의 인터페이스 또는 기능이 조금 다를 수 있는데, 스토리보드를 작성함으로써 이러한 차이를 좁힐 수 있다.

또한, 스토리보드는 사용자의 관점에서 서비스를 체험하게 만들어 사용자 중심 설계를 가능하게 한다. 사용자가 서비스를 어떻게 이용할지, 어떤 기능이 필요한지, 어떤 순서로 화면을 탐색할지 등을 미리 시각화하면서, 사용자의 경험을 최적화하는 방향으로 서비스를 설계할 수 있다. 예를 들어, 온라인 쇼핑몰에서 사용자가 상품을 찾고, 장바구니를 담고, 결제하는 과정을 스토리보드를 통해 단계별로 그려보면 사용자가 겪을 수 있는 어려움이나 불편함을 미리 파악하고 개선할 수 있다.

그 외에도 스토리보드는 의뢰자에게 승인받는 기획 문서로서의 역할을 하기도 한다. 웹사이트 구조도, 플로우 차트 등과 같은 기획 문서들은 비전문가가 이해하기 어렵고, 어떻게 사이트로 실현되는지 파악하기 어려워 스토리보드로 기획 승인을 받게 되는 경우가 많다. 즉, 스토리보드는 지금까지 다른 기획 문서들이 표현하지 못한 세부적인 부분을 많이 보완하는 역할을 한다.

2) 스토리보드(Storyboard) 작성법

① 시나리오 작성

가장 먼저 사용자가 앱을 실행할 때부터 목표 달성까지의 모든 과정을 순차적으로 기술한다. 각 단계에서 사용자가 무엇을 보고, 어떻게 느끼며, 어떤 행동을 취하는지 상세하게 기술하여 시나리오를 작성한다.

② 스케치

이후 간단한 연필과 종이로 대략적인 화면 레이아웃, 버튼의 위치, 메뉴

구조 등을 그린다. 이 과정에서는 디테일보다 큰 틀을 잡는 것이 중요하다.

③ 화면 구성

다음으로 화면의 주요 요소와 그 위치, 크기, 형태 등을 결정한다. 예를 들어, 상품 목록 화면에서 상품 이미지의 크기, 상품 이름과 가격의 위치, '장바구니에 추가' 버튼의 위치와 디자인 등을 구체적으로 정한다.

④ 화살표와 주석 사용

각 화면 사이의 연결관계를 화살표로 표시하고, 특정 요소의 기능이나 특징을 간략하게 설명하는 주석을 추가한다. 예를 들어, '장바구니에 추가' 버튼 옆에 "이 버튼을 클릭하면 상품이 장바구니에 추가됩니다."라는 주석을 달 수 있다.

⑤ 디지털 도구 사용하기

ChatGPT를 활용한 시나리오 작성

초기 스케치를 바탕으로 Adobe XD, Figma, Sketch와 같은 디지털 도구를 사용하여 스토리보드를 더욱 세밀하게 작성할 수 있다. 디지털 도구를 사용하면 정교한 디자인과 애니메이션 효과 등을 추가하여 실제적으로 서비스 기획 화면을 구현할 수 있다.

02. 스토리보드(Storyboard) 작성하기

1) ChatGPT를 활용하여 시나리오 작성하기

① ChatGPT에게 기획하려는 서비스에 대해 정의하고, 시나리오 작성을 요구한다.

Q. 제가 기획하고 있는 숏폼 자동 생성 플랫폼에 대해서 아래 내용의 시나리오를 작성해주세요.

시나리오 내용 : 사용자가 앱을 실행할 때부터 목표 달성까지의 모든 과정을 순차적으로 기술한다. 각 단계에서 사용자가 무엇을 보고, 어떻게 느끼며, 어떤 행동을 취하는지 상세하게 기술

GRABIT 사용 시나리오

1. 앱 실행 및 로딩 화면
- 사용자는 GRABIT 아이콘을 클릭하여 앱을 실행한다.
- 앱의 로딩 화면에는 GRABIT의 로고와 함께 "숏폼 영상을 쉽게 만들어보세요!"라는 문구가 나타난다.
- 사용자는 흥미를 느낀다.

2. 초기 환영 화면 및 간단한 튜토리얼
- 화면에는 "GRABIT에 오신 것을 환영합니다!"라는 큰 제목과 함께 간단한 사용 설명이 표시된다.
- 사용자는 화면의 안내를 따라 오른쪽으로 스와이프하며 튜토리얼을 진행한다.
- 각 튜토리얼 화면은 GRABIT의 주요 기능 (기사 스크랩, 영상 스타일 선택, 영상 미리보기 등)을 간략하게 소개한다.
- 사용자는 앱의 기본 기능에 대해 이해하며 흥미를 느낀다.

3. 기사 스크랩 화면
- 사용자는 화면의 중앙에 위치한 "기사 URL 붙여넣기" 영역에 기사의 링크를 붙여넣는다.
- 사용자는 "영상 생성 시작" 버튼을 클릭한다.
- 사용자는 자신이 선택한 기사가 영상으로 변환되기를 기대하며 설레게 된다.

ChatGPT를 활용한 시나리오 작성

② ChatGPT가 제공해준 시나리오에 대해서 레이아웃을 요구한다.

Q. 위의 시나리오에 대하여 화면 레이아웃을 스케치한 자료를 제공해주세요.

> 물론, 직접 그림을 그리는 기능은 제한되어 있지만, 간략한 레이아웃 구성과 설명을 텍스트로 제공하여 PPT의 각 슬라이드에 어떤 내용이 들어가야 할지 알려드리겠습니다. 이 내용을 바탕으로 PPT 제작 도구나 그래픽 디자인 툴을 사용하여 직접 디자인하실 수 있습니다.
>
> 슬라이드 1: 로딩 화면
> - 제목: GRABIT 로딩 화면
> - 내용:
>   - GRABIT 로고 중앙에 위치
>   - "숏폼 영상을 쉽게 만들어보세요!"라는 문구 아래에 위치
>
> 슬라이드 2: 초기 환영 화면
> - 제목: GRABIT 환영 화면
> - 내용:
>   - "GRABIT에 오신 것을 환영합니다!"라는 큰 제목 중앙에 위치
>   - 간단한 사용 설명 아래에 위치

ChatGPT를 활용한 시나리오 작성

ChatGPT가 제안한 내용을 반영하여 레이아웃을 스케치한다.

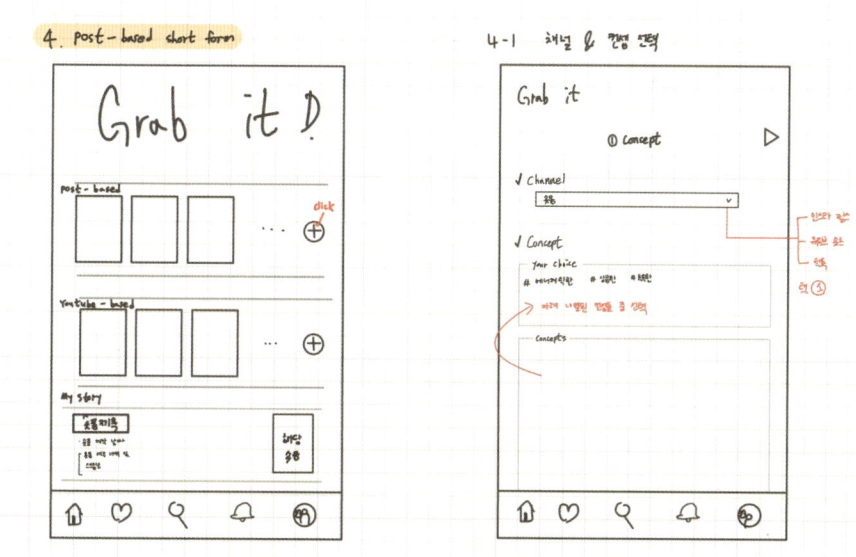

ChatGPT를 활용한 시나리오 작성

PART 11. 웹/앱 서비스 기획

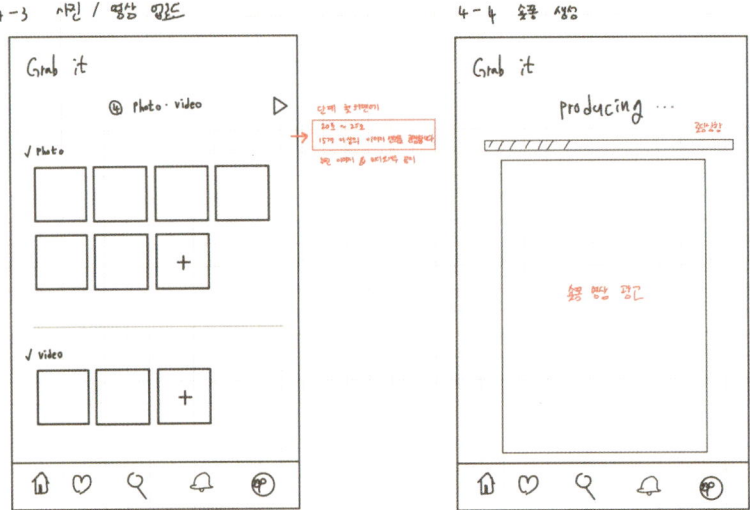

ChatGPT를 활용한 시나리오 작성

Do it!

생성형 AI를 활용하여 웹/앱 서비스 기획 및 구체화하기

Part11에서 다룬 서비스 기획 방안 및 절차에 따라 다양한 툴을 사용하여 나만의 서비스 기획 아이디어를 구체화한다.

1. 기획하고자 하는 웹/앱 서비스의 콘텐츠를 구체적으로 구성한다.
2. 정보구조도(IA)의 개념을 이해하고, ChatGPT를 활용하여 IA를 설계해본다.
3. ChatGPT로 생성한 정보구조도를 구체화하여 엑셀 파일을 생성한다.
4. 플로우 차트(Flow Chart)의 개념을 이해하고, 파워포인트, draw.io 등의 툴을 이용하여 플로우차트를 작성한다.
5. 스토리보드 작성법에 따라 내 서비스를 시각화한다.

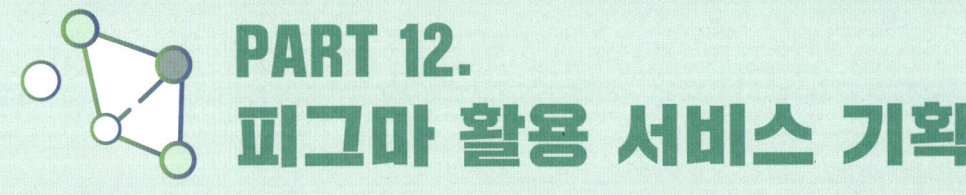

PART 12.
피그마 활용 서비스 기획

Preview

PART 12에서는 디자인 툴인 피그마에 대해 알아보고, 이를 직접 사용해보며 다양한 활용법을 익힌다. 실습을 진행하면서 피그마 활용법을 잘 이해했는지 확인해본다.

1장. 피그마 이해하기

01 피그마란?

피그마는 웹 기반의 현대적인 UI/UX 디자인 및 프로토타이핑 도구다. 사용자 인터페이스 디자인, UX 디자인, 프로토타이핑, 그래픽 디자인 등의 작업을 처리하는 데 사용되며, 웹 기반 인터페이스로 어디에서나 접근이 가능하다.

1) 피그마가 주목받는 이유

2022년 UX Tools 조사 결과, 피그마는 Adobe XD, Sketch를 모두 제치고 가장 많이 사용하는 UI 디자인 툴 1위를 차지하였다. 더불어 가장 흥미로운 디자인 도구로 도드라져, 다른 도구들을 압도하며 1위를 차지하였다. 이렇게 피그마가 유명한 디자인 툴을 제치고 1위를 할 수 있었던 이유는 기존 디자인 툴과 비교해 '협업 기능'이 강화되어 있다는 점이다. 여러 사용자가 동시에 디자인을 편집할 수 있게 해주며, 이를 통해 팀원들이 서로의 작업을 실시간을 볼 수 있다. 디자인에 직접 코멘트를 추가하는 기능을 제공하며, 이를 통해 특정 요소에 대한 피드백을 제공하거나 문제를 지적하는 코멘트 및 피드백 기능도 포함되어 편리성을 제고시켰다.

기존 디자인 툴은 핸드오프 과정에서 개발에 필요한 많은 자료 및 정보 등을 별도로 준비하고 공유해야 했다. 하지만 피그마의 등장으로 개발자 핸드오프[6] 과정이 편리해졌다. 피그마는 기존 디자인 툴과 달리 자료를 별도로 준비할 필요 없이 피그마 하나로 개발자에게 모든 것을 전달할 수 있다. 이 기능은 자료 준비 시간을 생략하여 디자인과 개발 간의 소통 시간을 단축하고, 오류를 줄여 더 원활한 협업을 가능하게 해주었다. 이러한 기능을 통해 피그마는 현재 UX/UI 분야에서 가장 많이 사용되는 디자인 툴을 넘어 필수로 사용하는 디자인 툴이 되었다.

2) 피그마의 주요 특징

UX/UI 디자인 툴에는 피그마 외에도 Adobe XD, Sketch 등이 있다. 한때는 대표적으로 여겨졌던 디자인 툴인 Adobe XD, Sketch를 제치고 피그마가 현재 1위를 할 수 있었던 이유는 무엇일까? 이는 피그마만이 가진 대표적인 주요 특징들 덕분으로 볼 수 있다.

웹 기반 프로그램

피그마는 웹 기반의 디자인 툴로, 별도의 설치 없이 웹 브라우저에서 바로 사용이 가능하다. 이에 따라 사용자는 작업 환경을 설정하는 데 드는 시간을 크게 절약할 수 있다. 그동안의 대표적인 디자인 툴들은 특정 운영체제에 종속적이었지만, 피그마는 Windows, macOS, Linux 등 다양한 운영체제에서 접근이 가능하며, 웹의 특성상 자동으로 모든 디자인의 버전이 저장된다. 이에 따라 사용자는 별도로 저장하는 수고 없이 이전 디자인 상태로 쉽게 돌아갈 수 있으며, 중간 수정사항을 잃는 위험도 없다. 인터넷 연결만 가능하다면 어디서든 작업을 시작하거나 이어나갈 수 있는 유연성을 보여주기 때문에 원격 환경이나 다양한 위치에서의 협업에 매우 효과적이다. 또한 웹 기반 특성으로 다양한 플러그인 및 라이브러리와의 통합도 원활하다.

벡터 그래픽 기반 프로그램

피그마는 벡터 그래픽 기반 프로그램으로 점, 선, 곡선 및 기타 도형들을 사용하여 이미지를 구성한다. 이러한 벡터 기반의 특징 덕분에 이미지의 크기를 어떻게 조절하더라도 그 품질이 손상되지 않고 항상 선명하게 유지된다. 또한 피그마는 사용자에게 직사각형, 타원, 다각형, 선과 같은 기본 벡터 도구를 제공하며 이를 활용해 복잡한 디자인 요소도 손쉽게 생성할 수 있다. 펜 툴을 이용하면 사용자는 복잡한 벡터 경로나 형상을 자유롭게 그릴 수 있고, 원하는 세부 부분을 선택하여 조정하거나 수정할 수도 있다. 여러 벡터 도형들을 결합하여 새로운 형상을 만들거나, 필요 없는 부분을 쉽게 잘라내도록 설계되어 있다. 이외에도 색상, 그라데이션, 그림자와 같은 다양한 스타일과 속성을 적용할 수 있어, 아이콘부터 로고, 일러스트레이션, UI 요소 생성 및 편집까지 가능하다.

실시간 협업

실시간 협업 기능은 대표적인 피그마의 핵심 특징이다. 피그마에서는 인원수 제한 없이 여러 사용자가 동시에 같은 파일에 접속하여 작업할 수 있고, 이 과정에서 팀원 각각의 커서 움직임을 실시간으로 볼 수 있다. 이렇게 함으로써 어떤 부분이 현재 수정 중인지를 쉽게 알 수 있어 효율적인 협업이 가능하다. 또한 디자인에 필요한 피드백이나 제안 사항을 댓글로 바로 추가하면 모든 팀원이 이를 실시간으로 확인하며 디자인 작업을 수행할 수 있다. 이러한 실시간 피드백은 작업 흐름을 원활하게 만들어 주며, 변경사항이나 추가 요소를 즉각적으로 확인하게 해준다. 더불어 별도의 통신 도구 없이 피그마 내에서 직접 채팅이나 음성 대화를 통해 의견을 나누는 것도 가능하여 원격으로 작업하는 팀이나 다양한 위치에 있는 팀원들 사이에서도 효과를 발휘한다.

플러그인 시스템

피그마의 플러그인 시스템은 사용자에게 디자인 프로세스를 강화하고 확장할 수 있는 도구를 제공한다. 플러그인을 통해 사용자는 피그마의 기본 기능을 넘어서 다양한 작업을 수행할 수 있게 된다. 커뮤니티에서 제공되는 다양한 플러그인 중 원하는 것을 선택해 설치하면, 개인화된 작업 환경을 만들 수 있다. 설치 및 사용 외에도 피그마 사용자는 커뮤니티를 통해 다양한 플러그인을 개발하고 공유할 수 있다. 피그마는 플러그인 개발자를 지원하기 위해 API를 제공하여 디자인 데이터에 접근 및 조작을 가능하게 한다. 이러한 피그마의 지원 덕분에 플러그인 시스템은 지속적으로 성장하여 사용자들에게 다양한 편의 기능을 제공한다.

디자인 시스템 및 컴포넌트

피그마의 디자인 시스템은 조직 내에서 디자인의 일관성을 유지하고 작업의 효율을 위한 UI 컴포넌트 가이드를 뜻한다. 예를 들어 색상, 타이포그래피, 스페이싱, 아이콘 등의 디자인 토큰을 정의하고 이를 기반으로 다양한 UI 요소를 제작할 수 있다. 이 시스템을 통해 팀원들은 일관된 디자인 경험을 가질 수 있으며, 전반적인 디자인 품질을 향상시킬 수 있다.

컴포넌트는 재사용이 가능한 UI 구성 요소나 그룹을 가리킨다. 예를 들어 버튼, 카드, 내비게이션 바 등의 UI 요소를 컴포넌트로 만들어 관리하고 재사용할 수 있다. 이렇게 컴포넌트는 디자인의 일관성을 유지하면서 작업 효율성을 향상시키는 핵심 요소다. 변동 사항이나 업데이트가 필요할 때, 한 곳에서만 수정하면 되므로 디자인 프로세스가 단순화된다.

피그마의 디자인 시스템과 컴포넌트 기능은 반복 작업을 줄이고, 팀 간의 협업을 강화하는 데 큰 장점을 제공하여 더 빠르고 일관된 결과물을 만들어낸다.

02 피그마 사용해보기

피그마를 처음 접하여도 어려움이 없도록 피그마의 기본적인 사용 방법을 소개한다. 먼저 피그마의 가입과 설치 과정을 안내하며, 이후 피그마의 대표 서비스와 그 기능들을 살펴본다. 마지막으로, 피그마의 기본적인 사용법을 간략하게 소개하여 디자인 작업을 시작하는 데 필요한 기초 지식을 습득할 수 있게 한다.

1) 피그마 가입 및 설치

피그마의 기본 사용법부터 시작하여 회원가입 방법, 데스크탑 앱의 다양한 설치 방법, 그리고 모바일 앱에서의 'Mirror' 서비스 사용법까지 체계적으로 안내한다. 누구나 쉽게 피그마를 시작하고 효과적으로 활용할 수 있도록 구성된 이 가이드를 통해, 디자인의 효율성을 한 단계 끌어올릴 수 있다.

(1) 피그마 가입하기

① 피그마 사이트(www.figma.com)에 접속하고 가입한다.

❶ Get started for free 버튼을 눌러 피그마 가입 창으로 넘어간다.

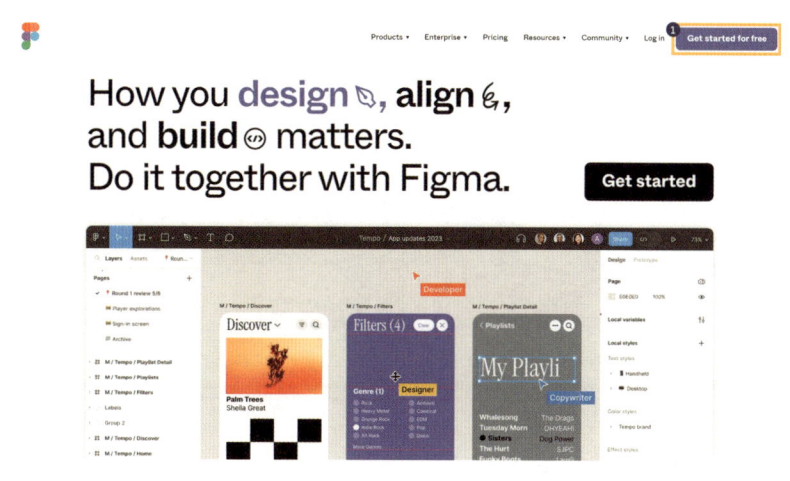

피그마 메인화면

② 원하는 로그인 방법을 선택하여 가입한다.

❶ 회원가입 창에서 가입할 방식을 선택 후 가입 절차를 진행한다.

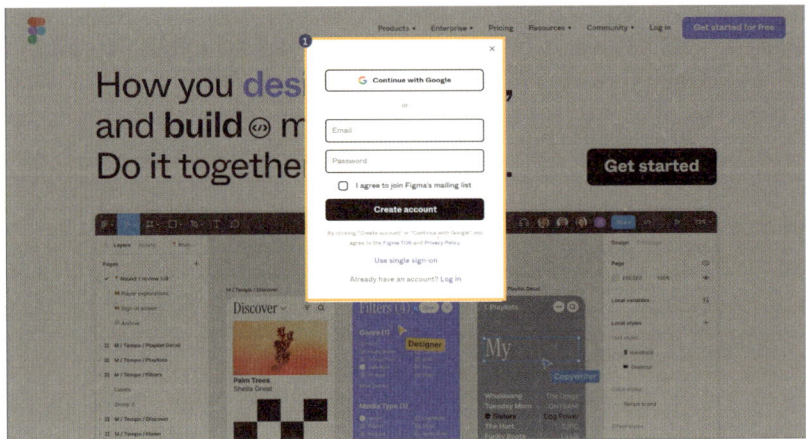

피그마 로그인 화면

(2) 피그마 설치하기

① 피그마 다운로드 사이트(www.figma.com/downloads)에 접속하고 앱을 설치한다.

❶ 본인의 OS에 맞는 유형을 선택하여 피그마 앱을 설치한다.

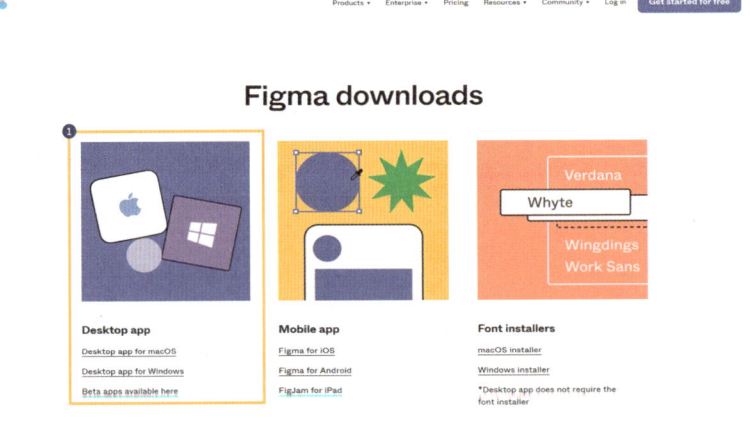

피그마 앱 다운로드 1

② 웹 브라우저에서 로그인한 상태라면, 피그마 홈에서 앱을 설치한다.

❶ 피그마 홈 왼쪽 상단에 위치한 본인 계정을 클릭한다.

❷ Get desktop app을 누르고 피그마 앱을 설치한다.

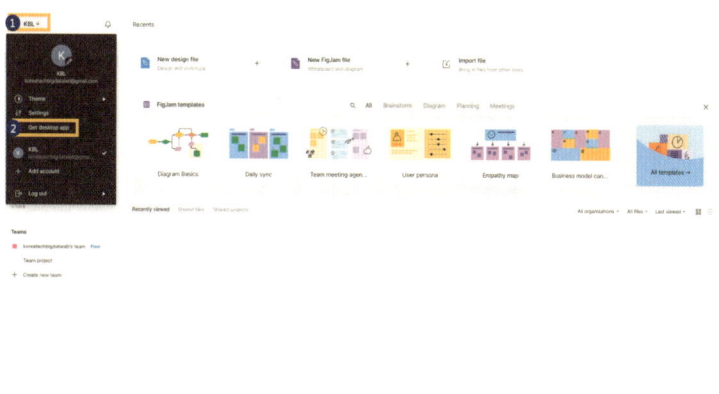

피그마 앱 다운로드 2

(3) 모바일 앱에서 사용하기

① App store(아이폰) 또는 Google play(삼성 갤럭시)에서 피그마 모바일 앱을 설치한다.

피그마 모바일 앱(App store)

피그마 모바일 앱(Google store)

❶ '피그마'를 검색한 후, 받기 또는 설치를 클릭하여 피그마 모바일 앱을 설치한다.

② 웹사이트 및 데스크톱 앱과 같게 로그인한 후, 웹사이트 또는 데스크톱 앱에서 실행하고 싶은 프레임을 선택하고 모바일 앱에서는 Mirror 서비스를 실행한다.

❶ Log in to Figma를 눌러 웹사이트 및 데스크톱 앱과 같게 로그인한다.

❷ 로그인을 마쳤으면 모바일 앱에서 Mirror 버튼을 누른다.

❸ 사이트 또는 데스크톱 앱에서 실행하고 싶은 프레임을 선택하면 Begin mirroring 버튼이 등장하므로 해당 버튼을 눌러 Mirror 서비스를 실행한다.

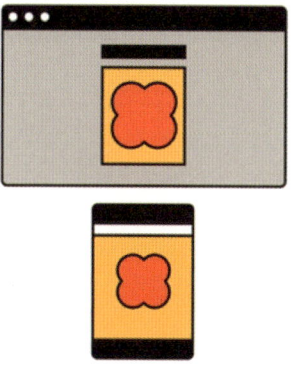

피그마 모바일 앱 로그인

PART 12. Figma 활용 서비스 기획

피그마 모바일 Mirror

③ Mirror 서비스를 사용한 결과를 확인할 수 있다.

mirror(데스크앱), 피그마 mirror(모바일)

2) 피그마 대표 서비스

피그마의 대표 서비스인 커뮤니티와 팀 프로젝트를 중심으로 손쉽게 디자인을 진행할 수 있게 설명한다. 피그마 커뮤니티의 활용 방법부터 팀 프로젝트 시작과 진행 방법에 이르기까지 단계별로 구체적으로 설명한다. 이를 통해 피그마의 주요 기능을 효과적으로 활용하는 방법을 배울 수 있다.

(1) 커뮤니티 사용하기

피그마 커뮤니티는 디자인과 관련된 자료들을 공유하고, 다른 디자이너들과 협업하며 네트워킹을 할 수 있는 공간이다. 사용자들은 피그마 커뮤니티를 통해 자신이 만든 디자인, 템플릿, UI 키트 등의 자료를 다른 사람들과 공유할 수 있으며, 반대로 필요한 자료나 영감을 얻기 위해 다른 사람들이 공유한 자료를 탐색하고 사용할 수 있다.

① 피그마 데스크톱 앱에서 Community 서비스로 들어간다.

❶ 또는 Explore Community 버튼을 눌러 Community 화면으로 넘어간다.

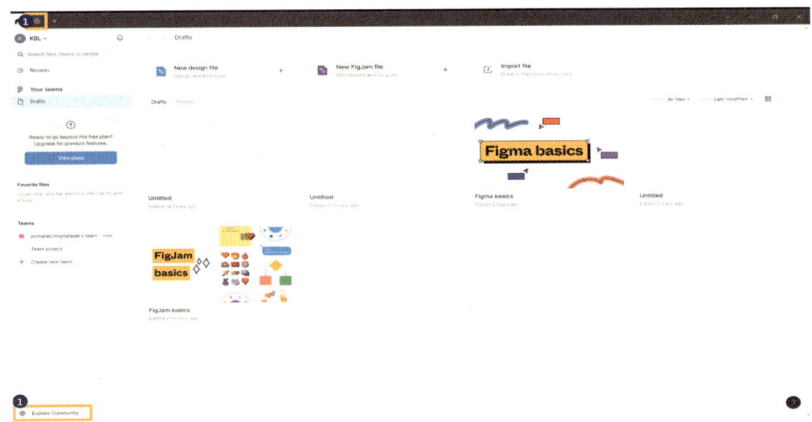

피그마 커뮤니티 경로

② Community에 들어가서 필요한 자료를 사용한다.

❶ 주어진 요소 중에서 필요한 자료가 있으면 사용한다.

❷ 주어진 요소에서 필요한 자료가 없으면 직접 검색해서(ex. youtube shorts) 사용한다.

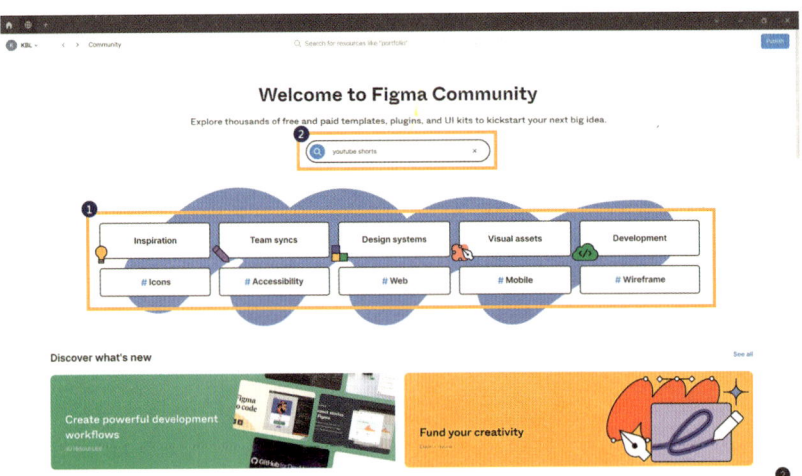

피그마 커뮤니티

(2) 팀 프로젝트 시작하기

　피그마의 팀 프로젝트는 여러 사람이 협업하여 디자인을 진행할 수 있는 공간이다. 다른 팀원들과 디자인 파일을 공유하고, 실시간으로 함께 편집하며 피드백을 주고받을 수 있다.

　① 피그마 데스크톱 앱에서 팀 프로젝트 만드는 서비스로 들어간다.

　❶ + Create new team을 눌러 팀 프로젝트 생성 화면으로 넘어간다.

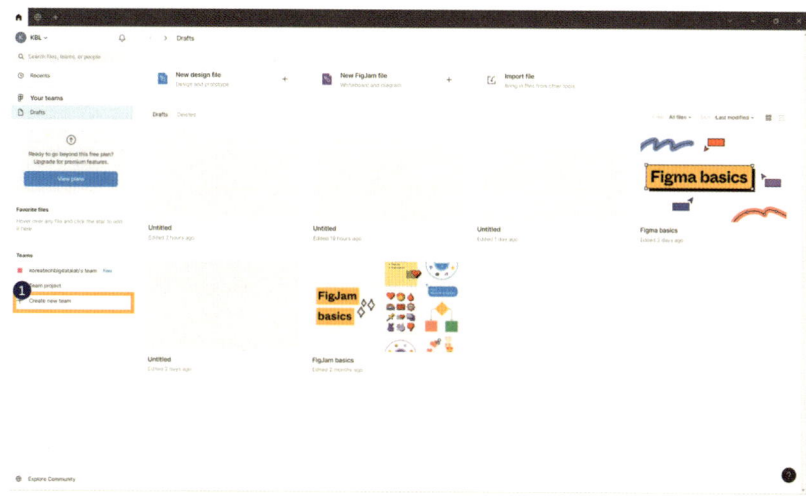

피그마 팀프로젝트

　② + Create new team에 들어간 후, 팀 이름을 선정한다.

　❶ 팀 이름(ex. Team A)을 입력한다.

　❷ Create team 버튼을 눌러 다음 단계로 넘어간다.

피그마 팀 이름

③ 팀 프로젝트를 같이 진행할 팀원을 추가한다.

❶ 추가할 팀원의 이메일을 입력한 후, Continue 버튼을 누른다. (단, 팀원을 나중에 추가할 계획이라면 Skip for now 버튼을 누를 것)

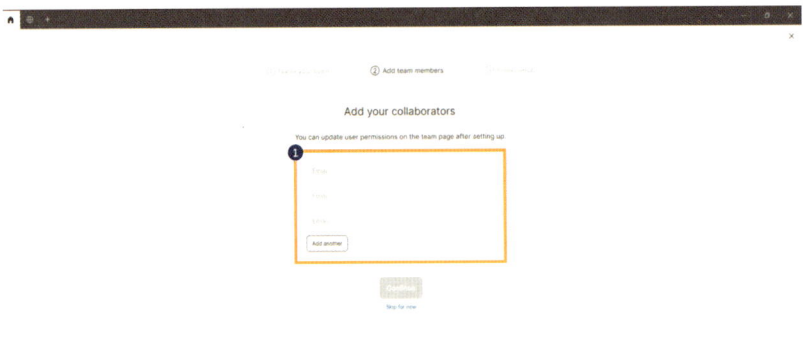

피그마 팀원 초대

④ 팀 플랜을 선택한다.

❶ Monthly billing, Yearly 중에서 지불 방법을 선택한다.
❷ 지불 방법에 따른 플랜 종류를 선택한다.

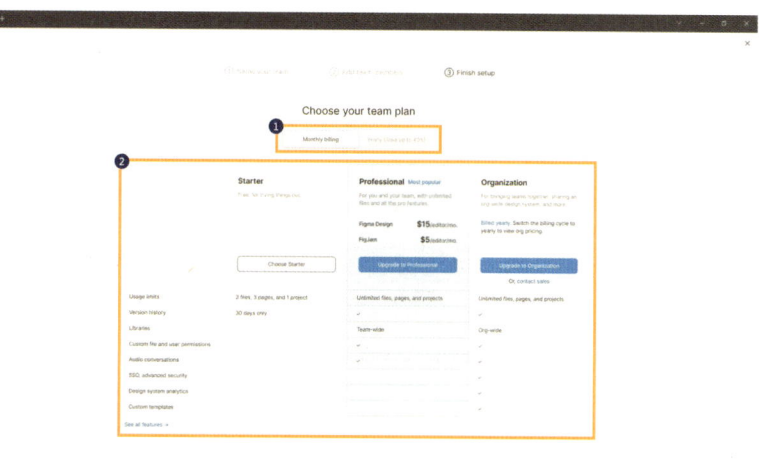

피그마 팀 플랜

3) 피그마 기본 사용법

피그마의 기본 사용법을 시작으로 에디터의 전반적인 구조와 툴바, 레이어 패널, 그리고 디자인 패널의 세부 기능을 알아본다. 이후 실제 디자인 작업을 위한 기초 단계부터 시작하여 파일 생성, 프레임 및 그리드 설정, 텍스트 입력까지의 과정을 단계별로 따라갈 수 있도록 설명한다.

(1) 에디터(편집 모드) 살펴보기

❶ 툴바(Tool Bar): 화면 상단에 위치하며, 디자인 작업을 진행할 때 필요한 다양한 도구와 기능들을 쉽게 접근할 수 있게 한다.

❷ 레이어 패널(Layer Panel): 화면 좌측에 위치하며, 현재 작업 중인 디자인의 모든 오브젝트나 요소들의 계층구조를 명확하게 보여준다. 개별 레이어의 관리, 순서 변경, 그룹화, 숨기기 등의 작업을 손쉽게 수행할 수 있다.

❸ 캔버스(Canvas): 디자인 생성, 편집, 프로토타이핑하는 주요 작업 영역이다. 무한한 공간으로 제공되어, 여러 개의 디자인 프레임이나 요소들을 자유롭게 배치하고 조작할 수 있다.

❹ 디자인 패널(Design Panel): 화면 우측에 위치하며, 레이어나 객체의 디자인 속성을 조정하는 주요 영역이다. 다양한 디자인 속성들을 상세하게 편집할 수 있게 한다.

피그마 에디터 화면

· 툴바(Tool Bar)

❶ Move(V): 오브젝트나 레이어를 선택하고 이동할 때 사용한다.
　Scale(K): 객체의 모든 속성(폭, 높이, 획 굵기, 텍스트 크기 등)을 동시에 조절하여 확대 및 축소할 수 있다.

❷ Frame(F): 프레임을 생성하는 도구로, 웹페이지나 앱의 화면을 디자인할 때 기본적으로 사용한다.
　Section(Shift+S): 여러 프레임을 하나로 묶어서 전달할 수 있다.
　Slice(S): 특정 부분을 선택하고 그 부분만을 내보낼 때 사용한다.

❸ Rectangle(R) ~ Place image/video(Ctrl+Shift+K): 다양한 기본 도형을 생성하거나 이미지/비디오를 추가한다.

❹ Pen(P): 복잡한 형태의 아이콘이나 도형을 정교하게 그릴 때 사용한다. Pencil(Shift+P): 자유형의 그림이나 스케치를 그릴 때 사용한다. Pen(P)보다 덜 정교한 드로잉을 할 때 쓰인다.

❺ Text(T): 텍스트를 추가한다.

❻ Hand(H): 화면을 드래그하여 이동한다.

❼ Zoom(Z): 화면을 확대하거나 축소한다.

피그마 툴바

· 레이어 패널(Layer Panel)

❶ Layers: 현재 페이지의 모든 객체와 그 구조를 나열하여 보여준다. 디자인 파일 내의 개별 요소들이 트리 구조로 표시되며, 이를 통해 객체의 계층구조와 관계를 한눈에 파악할 수 있다. 레이어의 순서를 변경하거나 레이어 이름을 더블 클릭하여 쉽게 이름을 변경할 수 있다.

❷ Assets: 프로젝트 내에서 정의된 모든 컴포넌트와 스타일을 보여주어, 디자인 시스템이나 일관된 UI 구성 요소의 관리와 재사용을 쉽게 해준다. 이름이나 태그를 통해 빠르게 원하는 컴포넌트나 스타일을 검색할 수 있으며, 선택한 컴포넌트는 캔버스로 드래그 앤 드롭하여 바로 사용할 수 있다.

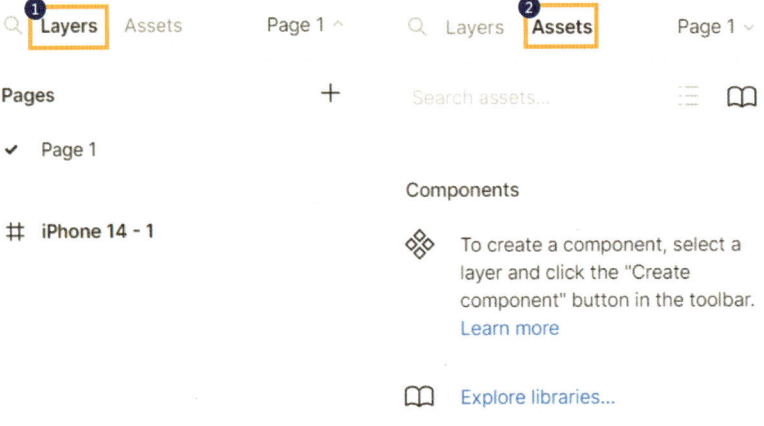

피그마 레이어 패널(Layers)(왼), 피그마 레이어 패널(Assets)(오)

· 디자인 패널(Design Panel)

❶ Design: 기본적인 디자인 작업을 위한 다양한 도구와 설정을 제공한다. 객체의 속성(색상, 테두리, 그림자 등)을 조절하거나 텍스트의 스타일을 변경할 수 있다. 또한, 디자인의 구조와 배열을 위해 레이아웃, 정렬, 간격과 같은 기능들을 활용하여 객체들을 의도에 맞게 배치할 수 있다. 그 외에도 다양한 효과와 필터를 적용하여 디자인의 완성도를 높인다.

❷ Prototype: 디자인한 UI 요소 간의 상호작용과 전환 효과를 정의하는 데 사용된다. 버튼 클릭, 화면 전환, 애니메이션 효과 등의 인터랙션을 설정할 수 있다. 특정 객체나 버튼에 액션을 할당하여 그 객체를 클릭하였을 때의 반응(원하는 화면 전환, 특정 애니메이션 실행 등)을 지정할 수 있다. 이러한 기능을 통해 실제로 구현될 앱이나 웹사이트의 작동 방식과 유사한 프로토타입을 쉽게 제작할 수 있어 사전에 체험하고 테스트해볼 수 있다.

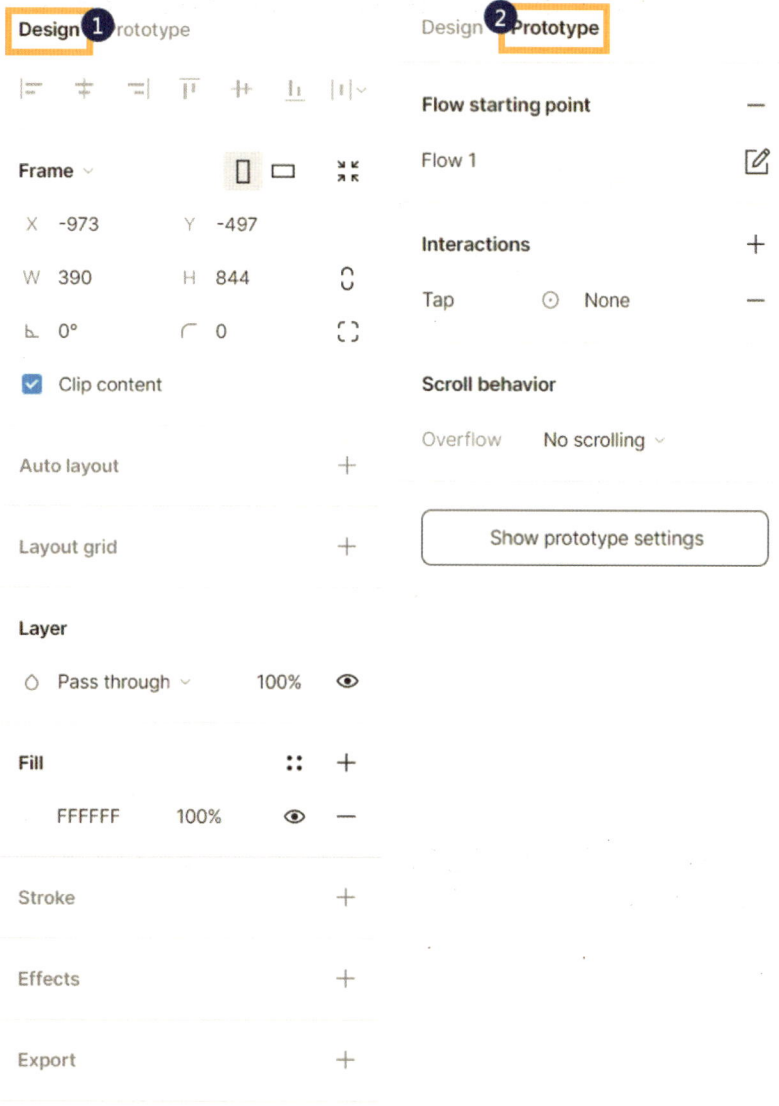

피그마 디자인 패널(Design)(왼), 피그마 디자인 패널(Prototype)(오)

(2) 기초 작업 시작하기

① 디자인 파일을 생성하여 작업을 시작한다.

❶ New design file 버튼을 눌러 디자인 파일을 생성한다.

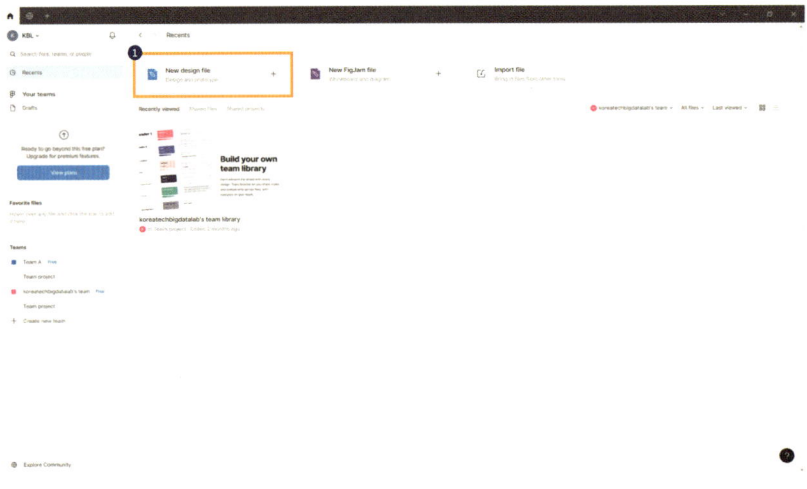

피그마 디자인 파일 생성하기

② UI, 디자인 작업 시작을 위해 프레임(Frame)을 생성한다.

❶ 툴바에서 # 버튼을 누른다.

❷ #Frame(F) 버튼을 누르면 다양한 프레임이 화면 우측에 나타난다.

❸ 다양한 프레임에서 iPhone 14 프레임을 선택한다.

피그마 프레임 생성하기

③ 프레임을 선택한 상태에서 우측 디자인 패널의 Layout grid 버튼을 눌러 그리드를 생성한다.

❶ 프레임을 선택한 상태에서 우측 디자인 패널의 Layout grid 버튼을 누른다.

❷ 해당 아이콘 버튼을 클릭하여 그리드의 속성을 조정한다.

❸ 필요에 따라 그리드의 간격, 색상 그리고 투명도를 수정한다.

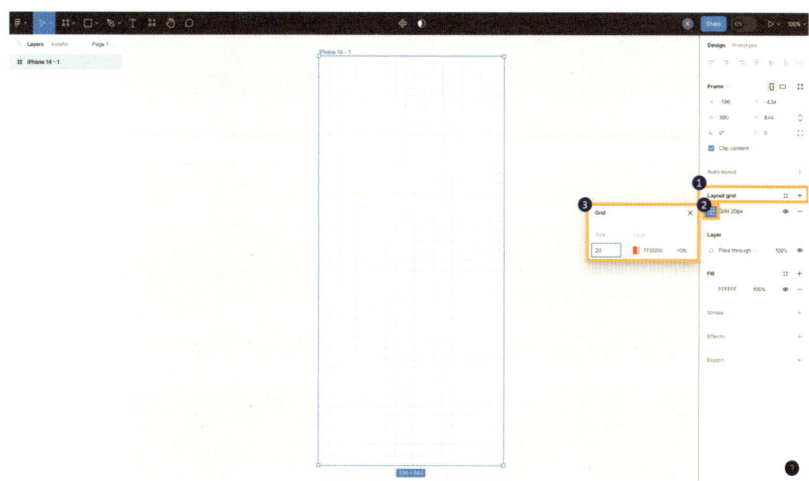

피그마 그리드 생성하기

④ 툴바에 있는 T 버튼을 클릭하거나 단축키 T를 눌러 텍스트 입력 기능을 사용한다.

❶ T 버튼을 클릭하여 텍스트를 입력한다.

피그마 텍스트 입력하기

❷ 텍스트 입력 영역을 선택한 상태에서 텍스트의 폰트, 스타일, 정렬 등을 조절한다.

❸ Fill로 텍스트 색상을 변경하고 Stroke를 통해 텍스트의 테두리 색상 또는 두께를 변경한다. Effects를 통해서는 그림자, 블러 효과를 추가한다.

2장. 피그마를 활용한 UI 디자인

01 오토 레이아웃/컴포넌트 설정하기

오토 레이아웃과 컴포넌트 설정을 중심으로 깊이 있게 다룬다. 먼저 오토 레이아웃의 다양한 설정값을 살펴보며, 숏폼 자동 생성 제작 플랫폼 버튼을 예시로 들어 그 적용 방법을 상세히 설명한다. 그 후 컴포넌트 부분으로 넘어가 컴포넌트 목록의 확인 방법과 설정 과정을 짚어본다. 마지막으로 베리언트를 이용한 컴포넌트 그룹핑 방법과 토글 생성 방법을 숏폼 자동 생성 제작 플랫폼 버튼 예시를 통해 상세히 다룬다.

1) 오토 레이아웃

오토 레이아웃(Auto Layout)은 디자인 요소들 사이의 간격을 자동으로 최적화하여 그래픽, 텍스트, 도형과 같은 요소들이 일관된 배치를 유지하게 도와준다. 마우스 오른쪽을 클릭하여 Add auto layout 버튼을 누르거나 단축키「Shift + A」를 눌러 바로 특정 레이어의 길이에 맞춰 UI 길이가 함께 변하도록 설정할 수 있다.

버튼의 텍스트 변경 시, 해당 버튼의 크기가 자동으로 조절되거나 목록에 항목이 추가 또는 제거될 때 리스트가 동적으로 적절히 재조절되는 등의 편리한 기능들을 제공한다. 이러한 특성은 오토 레이아웃이 UI/UX 디자인에서 반응성을 효과적으로 관리하도록 지원하며 다양한 화면 크기나 디바이스에 유연하게 대응할 수 있게 한다.

오토 레이아웃을 효과적으로 활용하면 디자이너는 개발자에게 더욱 명확하고 구체적인 디자인 설계를 전달할 수 있다. 특히 개발자 핸드오프 과정에서 이러한 정확한 전달은 디자인 의도와 개발 구조 사이의 간극을 크게 줄여준다. 결과적으로 커뮤니케이션의 효율성을 높이고 그에 따른 시간과 비용을 절감하는 효과를 가져올 수 있다.

일반 레이아웃과 오토 레이아웃의 비교

(1) 오토 레이아웃 설정값 소개하기

❶ 정렬 방향: 오토 레이아웃의 방향을 수평(Horizontal) 또는 수직(Vertical)으로 설정한다.

❷ 요소 간 간격: 디자인 요소들 사이의 간격을 조절한다. 전체 요소 간의 일관된 간격을 설정하거나 개별 요소 간의 간격을 따로 조절할 수 있다.

❸ 패딩값: 오토 레이아웃 프레임 내부(상, 하, 좌, 우)의 여백을 조절한다. 프레임 내부의 디자인 요소와 프레임 경계 사이의 간격을 설정한다.

❹ 프레임 내 배치 위치: 오토 레이아웃 내의 객체

❺ 더보기: Advanced auto layout에서는 세부 설정을 한다.
- Strokes: 테두리를 의미하며 요소의 크기에 영향을 미치며 레이아웃에 포함할지, 제외할지 정한다.
- Canvas stacking: 캔버스 내의 여러 객체나 레이어를 어떤 순서로 쌓을지 선택한다.
- Align text baseline: 텍스트의 기본선* 정렬을 더욱 정밀하게 조절한다.

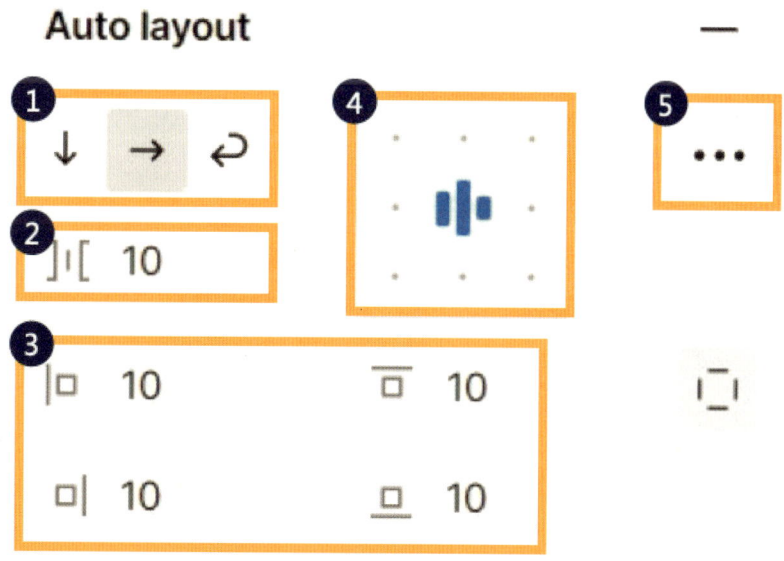

피그마 오토 레이아웃 설정값

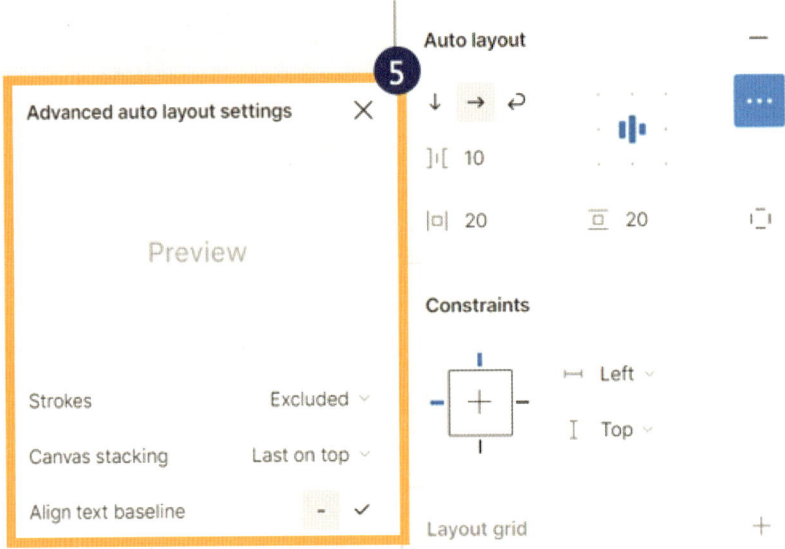

피그마 오토 레이아웃 더보기

(2) 오토 레이아웃 설정하기

① 오토 레이아웃으로 숏폼 자동 생성 제작 플랫폼 버튼 생성한다.

❶ 단축키 「Shift + A」를 눌러 Auto Layout을 적용하고 버튼 안에 들어갈 텍스트를 작성한다.

❷ 수평(Horizontal) 방향을 나타내는 화살표(→) 버튼을 누른다.

❸ 이미지와 텍스트의 간격을 조절한다.

❹ 버튼의 느낌을 제공하기 위해 상하좌우 여백을 설정한다.

❺ 상하좌우 여백을 모두 5로 설정한다.

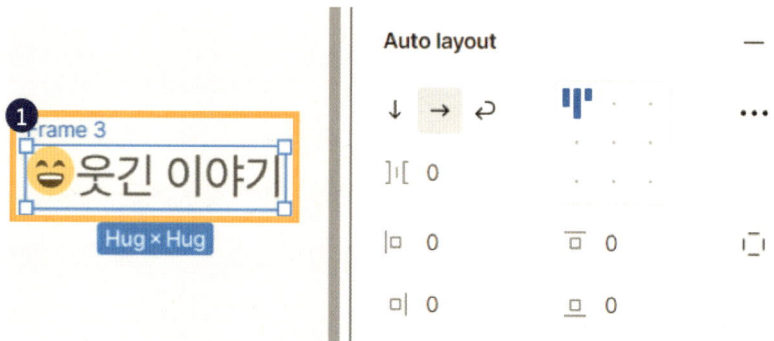

피그마 오토 레이아웃(텍스트 입력)

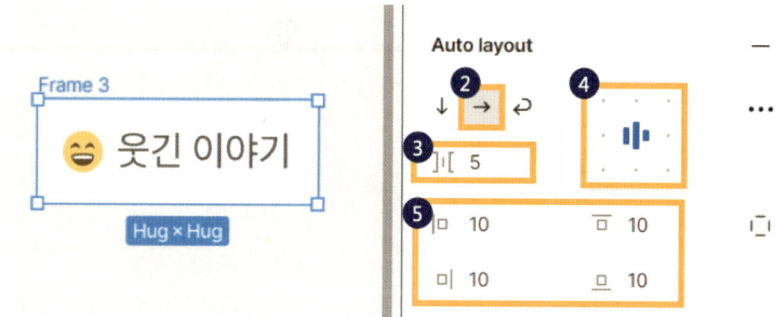

피그마 오토 레이아웃 설정하기

② 오토 레이아웃을 적용한 텍스트 프레임의 Resizing 기준을 변경한다.
❶ 버튼의 텍스트가 길어질 경우를 대비해 가로는 'Hug' 설정을 사용하며, 버튼의 높이는 변경되지 않도록 세로는 'Fixed'로 설정하여 다른 버튼들과 일관성을 유지한다.

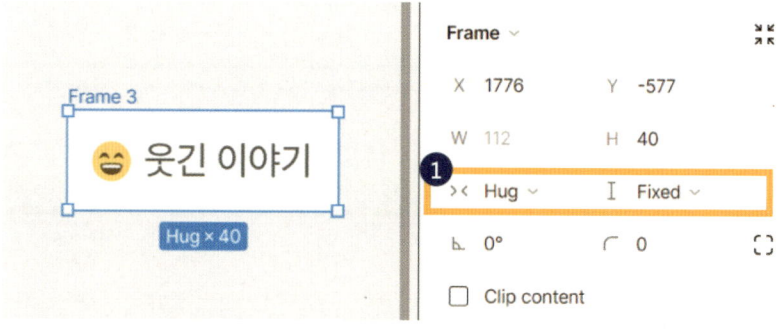

피그마 오토 레이아웃 Resizing 기준 변경

PART 12. Figma 활용 서비스 기획

③ 버튼의 색상, 테두리의 색상 및 굵기, 둥글기(Radius)를 지정하여 버튼을 완성한다.

❶ 텍스트 프레임을 클릭한 후, Fill 영역에서 버튼 색상을 지정한다.
❷ Stroke 영역에서 버튼의 선 테두리 색상 및 굵기를 지정한다.
❸ 둥근 버튼을 만들기 위해서 모서리 둥글기를 25로 설정한다.

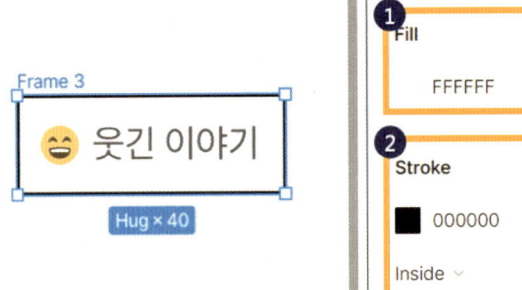

피그마 오토 레이아웃 버튼(Fill, Stroke)

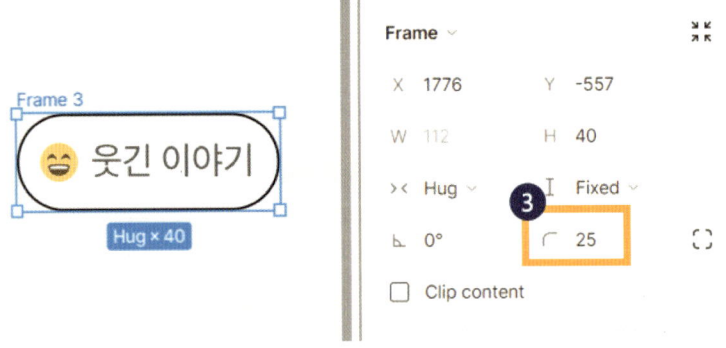

피그마 오토 레이아웃 모서리

④ 위에서 만든 버튼을 복사하여 또 다른 버튼을 생성한다.

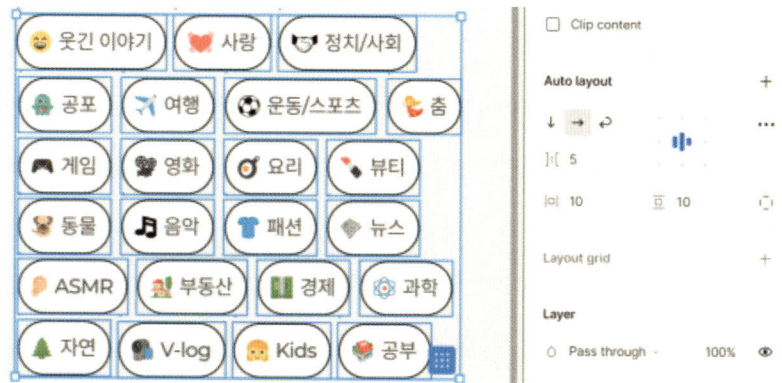

피그마 오토 레이아웃 버튼 생성

⑤ 생성한 숏폼 자동 생성 플랫폼 버튼을 오토 레이아웃을 활용하여 정렬한다.

❶ 생성한 숏폼 자동 생성 플랫폼 버튼을 그룹화한다.
❷ 그룹의 이름을 Short-form Button으로 변경한다.
❸ 그룹을 선택하여 오토 레이아웃을 적용한다.

피그마 오토 레이아웃 버튼 그룹화

2) 컴포넌트와 인스턴스

피그마의 컴포넌트는 디자인 요소를 복제하여 다양하게 활용할 수 있는 기능으로, 재사용 가능한 디자인 요소를 만들고 관리하는 데 사용된다. 버튼, 아이콘, 카드 등과 같이 여러 화면이나 페이지에서 반복되는 요소를 컴포넌트로 만들 수 있으며, 수정 시 모든 인스턴스에 변경사항이 자동으로 반영된다.

인스턴스는 컴포넌트의 특정 사용 사례나 복사본으로, 원본인 컴포넌트와 연결되어 있어 원본에서 변경이 발생하면 연결된 모든 인스턴스도 수정된 사항에 맞춰 업데이트된다.

이렇게 컴포넌트는 디자인의 원본 또는 마스터 역할을 하고, 인스턴스는 이를 기반으로 한 복사본 역할을 한다. 디자인 요소의 일관성과 재사용성을 높이는 이러한 컴포넌트와 인스턴스의 활용은 프로젝트 전반의 유지 관리를 훨씬 효율적으로 하게 해주며, 원본 컴포넌트의 변경이 모든 관련 인스턴스에 자동으로 적용되므로 시간과 노력을 절약할 수 있는 큰 장점을 제공한다.

컴포넌트와 인스턴스의 아이콘은 서로 연관되어 있어 쉽게 구별할 수 있다. 컴포넌트의 아이콘은 보라색으로 속이 꽉 찬 4개의 작은 다이아몬드 모양으로 구성되어 있다. 반면 인스턴스의 아이콘은 보라색으로 속이 빈 단일 다이아몬드 모양으로 표현된다. 이러한 디자인을 통해 두 요소를 빠르고 명확하게 식별할 수 있다.

피그마 컴포넌트와 인스턴스 비교

(1) 컴포넌트 목록 확인하기

① Assets에서 컴포넌트 목록 확인이 가능하다.

❶ 툴바에서 레이어 패널 버튼을 누르고 Assets 버튼을 클릭한다.

❷ Local components 버튼을 클릭한다.

❸ Local components 버튼을 클릭하면 컴포넌트 목록 확인이 가능하다.

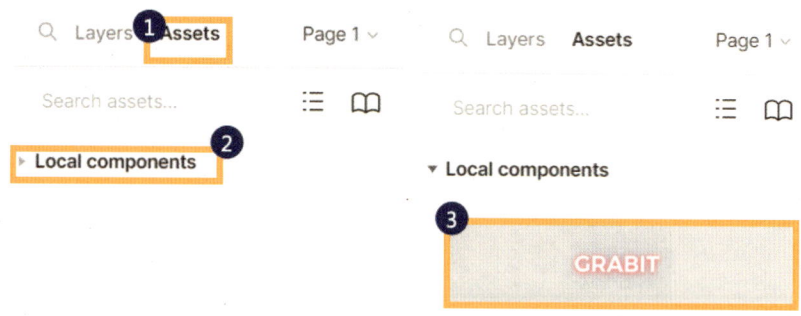

피그마 컴포넌트 목록(왼), 피그마 컴포넌트 목록 확인(오)

(2) 컴포넌트 설정하기

① 반복적으로 사용할 요소를 선택한 후, 컴포넌트로 변경한다.

❶ 반복적으로 사용할 요소를 클릭하고 오른쪽 마우스를 누른 후, Create component를 클릭하여 컴포넌트로 변경한다. 또는 단축키 「Ctrl+Alt+K」를 눌러 컴포넌트로 변경한다.

❷ 컴포넌트로 변경된 결과를 확인할 수 있다.

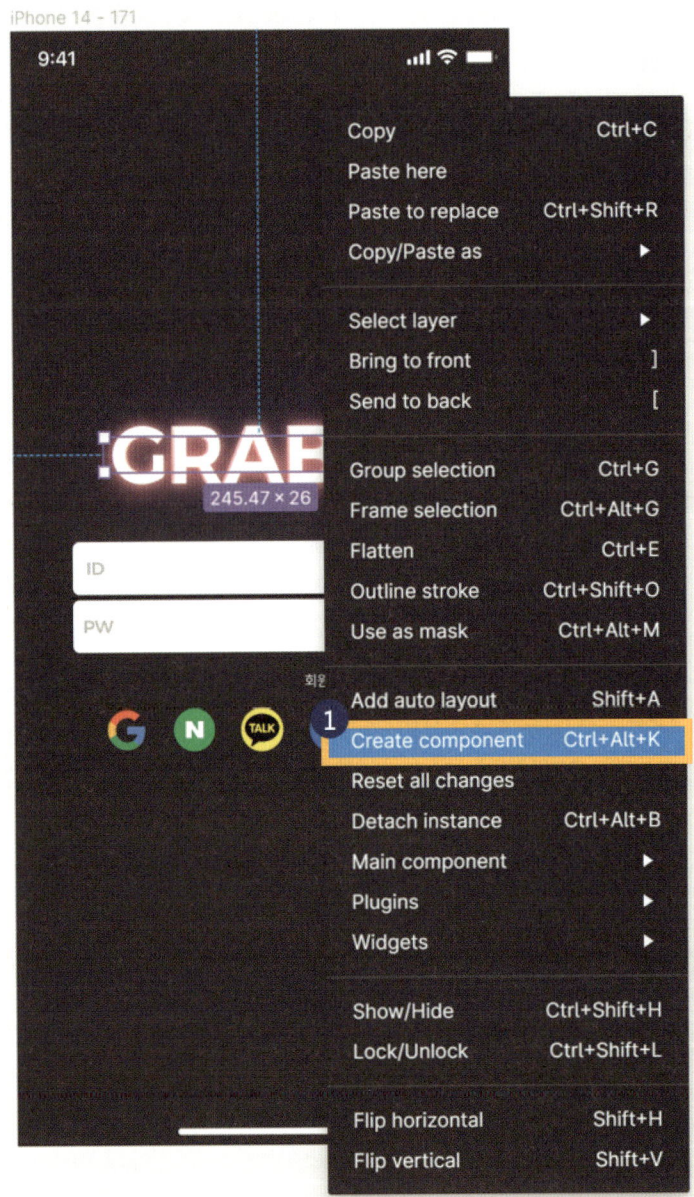

피그마 컴포넌트 설정

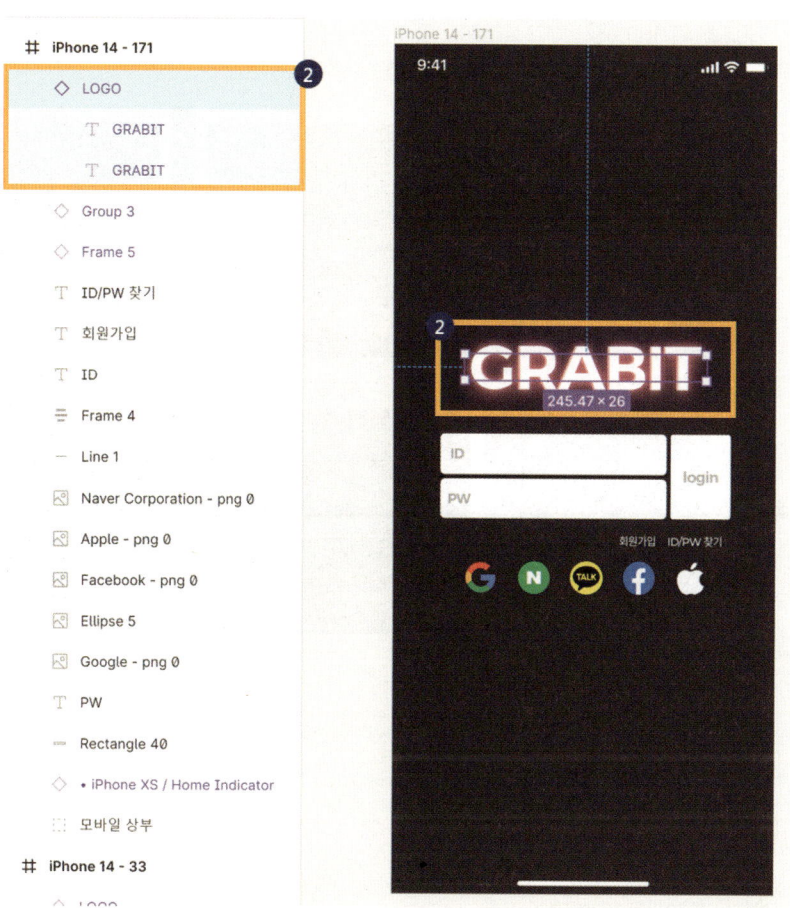

피그마 컴포넌트 설정 완료

② 위의 과정을 반복하여 필요한 요소들을 모두 컴포넌트로 변경한다.

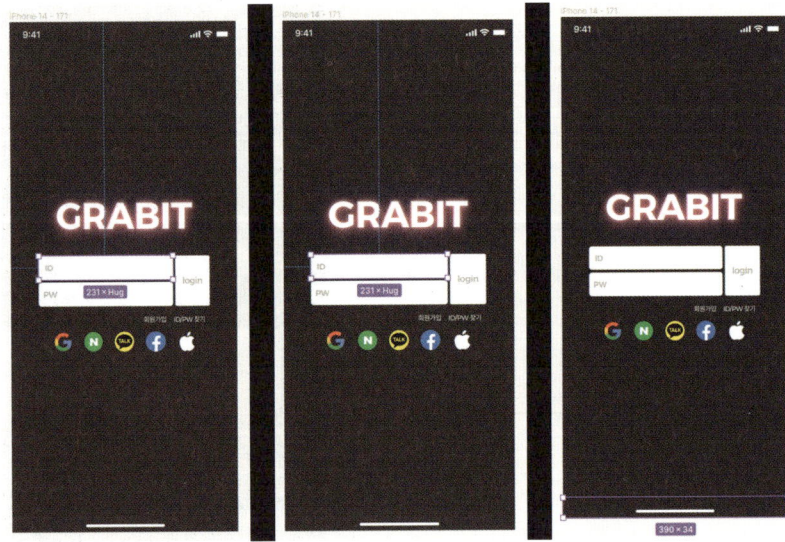

피그마 컴포넌트 반복 생성

③ 컴포넌트 목록을 확인하여 컴포넌트 변경이 제대로 되었는지 확인한다.

피그마 컴포넌트 목록 확인

(3) 베리언트로 컴포넌트 그룹핑하기

피그마의 베리언트(Variants)는 여러 상태나 버전의 컴포넌트를 조직화하고 효율적으로 관리하는 기능으로, 서로 관련된 다양한 컴포넌트를 하나의 그룹으로 통합한다. 이렇게 그룹화된 컴포넌트는 다양한 상태나 크기의 변형을 쉽게 선택하고 적용할 수 있어 디자인 시스템의 일관성을 보다 효과적으로 유지하도록 도와준다. 또한, 베리언트를 활용하면 관련 컴포넌트의 변형을 한 곳에서 관리할 수 있으므로 디자인의 유지 보수 과정이 편리해진다.

① 베리언트 기능을 활용하여 컴포넌트를 묶는다. (방법 1)

❶ 컴포넌트인 요소를 클릭한 후, 툴바에 나타난 베리언트 기능에 해당하는 아이콘을 클릭한다.

❷ 2개의 베리언트가 생성된 것을 확인할 수 있다.

❸ + 버튼을 눌러 베리언트의 개수를 더 늘릴 수 있다.

피그마 컴포넌트 베리언트 만들기 (방법1)

② 베리언트 기능을 활용하여 컴포넌트를 묶는다. (방법 2는 방법1과 달리 처음부터 하나의 베리언트를 생성할 수 있다.)

❶ 컴포넌트인 요소를 클릭한 후, Properties 옆에 있는 + 버튼을 누르고 Variant를 클릭한다.

❷ 1개의 베리언트가 생성된 것을 확인할 수 있다.

❸ + 버튼을 눌러 베리언트의 개수를 더 늘릴 수 있다.

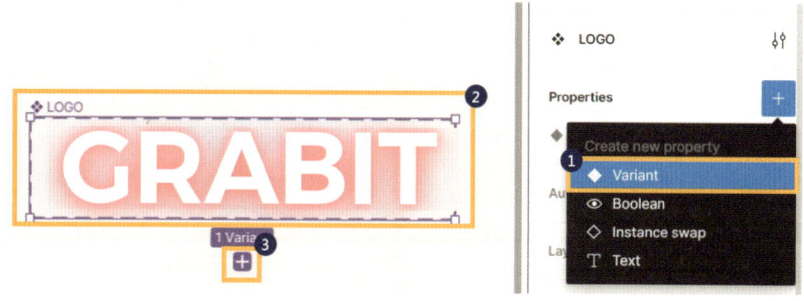

피그마 컴포넌트 베리언트 만들기 (방법 2)

(4) 베리언트로 토글 버튼 만들기

베리언트 토글 버튼은 베리언트들 사이에서 특정 버전이나 상태를 빠르게 전환하게 도와주는 UI 요소이다. 베리언트 토글 버튼을 사용하면 여러 상태의 디자인을 별도로 찾아 클릭하거나 끌어다 놓지 않아도 토글 버튼을 통해 원하는 상태의 디자인을 즉시 확인하고 적용할 수 있다. 즉, 베리언트 토글 버튼은 피그마에서 다양한 상태나 버전의 컴포넌트 상태를 빠르게 전환하게 도와주는 기능이다.

그러므로 이후 숏폼 자동 생성 플랫폼에서 필요한 버튼을 생성하면서 베리언트 토글 버튼을 생성하는 법에 대해 자세히 다루고자 한다.

① 토글 버튼으로 만들 요소들을 베리언트로 하나로 묶고 컴포넌트 이름을 변경한다.

❶ 토글 버튼으로 만들 요소들을 베리언트로 하나로 묶는다.

❷ 베리언트한 컴포넌트 이름을 Button으로 변경하여 한눈에 파악할

수 있도록 한다.

❸ 컴포넌트의 이름이 베리언트의 옵션명으로 들어간 것을 확인할 수 있다.

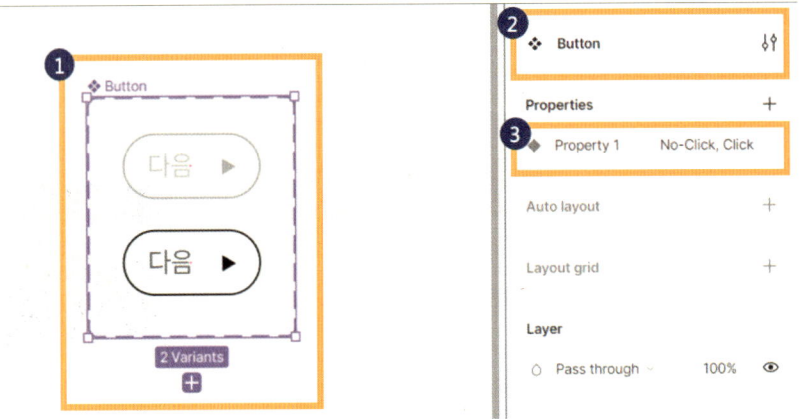

피그마 베리언트 토글 버튼

② 토글 버튼 생성을 위하여 프로퍼티명과 옵션값을 변경한다.

❶ 해당 아이콘을 눌러 베리언트 프로퍼티를 편집한다.

❷ 베리언트 프로퍼티명을 Click으로 변경하여 한눈에 알아볼 수 있도록 한다.

❸ Values 옵션값을 순서에 맞춰 Off, On으로 변경한다.

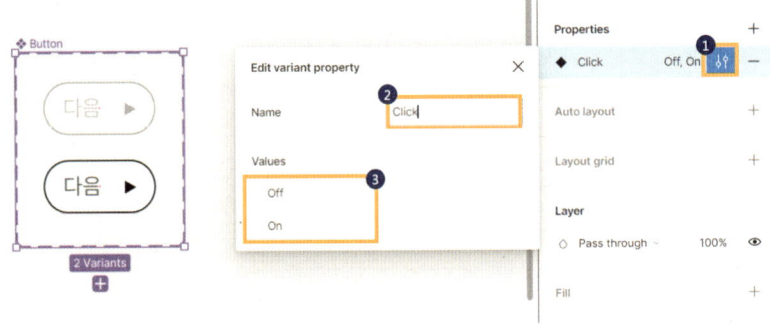

피그마 베리언트 토글 버튼 옵션

③ 만든 베리언트 중에서 하나를 클릭한 후, Alt를 눌러 베리언트 바깥으로 가져온다.

❶ 만든 베리언트 중에서 하나를 클릭한 후, Alt를 눌러 베리언트 바깥으로 가져온다.

❷ 컴포넌트의 인스턴스를 클릭하여 다음 ▶ 버튼을 켜고 끌 수 있다.

피그마 베리언트 토글 버튼 생성

02 플러그인

플러그인의 기본 개념부터 시작해, 설치 방법 그리고 가장 유용하다고 판단되는 세 가지 플러그인인 'Content Reel', 'Iconify', 그리고 'Translator'의 특징과 활용법을 자세히 소개한다. 숏폼 자동 생성 플랫폼 'GRABIT'을 통해 플러그인을 적용하는 방법을 설명하여 피그마 플러그인의 효과적인 활용법을 직관적으로 이해할 수 있다.

1) 플러그인(Plugin)

피그마 플러그인은 디자인 작업을 보다 효율적으로 진행할 수 있도록 설계된 확장 기능이다. 피그마 앱 내에서 직접 검색하고 설치하여 사용할 수 있는 플러그인은 전 세계의 피그마 커뮤니티에 의해 제작되고, 사용자들의 요구와 피드백을 지속적으로 반영하여 발전하고 있다. 그 결과로, 실제 작업 흐름에 필요한 다양한 도구나 기능을 쉽게 찾아 사용할 수 있다.

플러그인을 통해 디자인 워크플로우 강화, 특정 작업의 자동화, 실제 데이터를 사용한 디자인 채우기, 아이콘 즉시 검색 및 삽입, 디자인 가이드 자동 생성 등 다양한 작업을 더 빠르고 효율적으로 수행할 수 있다. 덕분에 일반적인 디자인 작업 속도를 높일 뿐만 아니라, 작업의 품질 역시 향상된다. 디자인 작업을 하면서 필요에 따라 적합한 플러그인을 선택하여 워크플로우를 맞춤화할 수 있고, 직접 플러그인을 제작하여 커뮤니티와 공유할 수도 있다. 이러한 방식으로, 피그마 플러그인은 디자인 분야에서의 효율성과 품질 향상에 크게 영향을 미치며, 이를 통해 디자인 작업 환경을 개선하고 있다.

2) 플러그인 설치하기

① 커뮤니티에서 필요한 플러그인을 찾고 설치한다. (방법 1)

❶ Community 아이콘을 누르거나 Explore Community 버튼을 클릭하여 커뮤니티로 들어간다.

❷ Plugins를 눌러 All resources에서 Plugins로 변경한다.

❸ 필요한 플러그인을 선택한 후, Try it out 버튼을 클릭한다.

❹ 목록에서 필요한 플러그인을 찾기 어렵다면 검색하여 찾는다.

❺ Run 버튼을 눌러 필요한 플러그인을 설치한다.

② 툴바에서 필요한 플러그인을 찾고 설치한다. (방법 2)

❶ 아이콘을 클릭한 후, Components, Plugins, Widgets 중에서 Plugins를 클릭한다.

❷ 목록에 필요한 플러그인이 있다면 Run 버튼을 클릭하여 설치한다.

❸ 버튼을 눌러 커뮤니티로 이동하여 필요한 플러그인을 찾는다.

❹ 커뮤니티로 이동하지 않고 검색하여 필요한 플러그인을 찾고 설치한다.

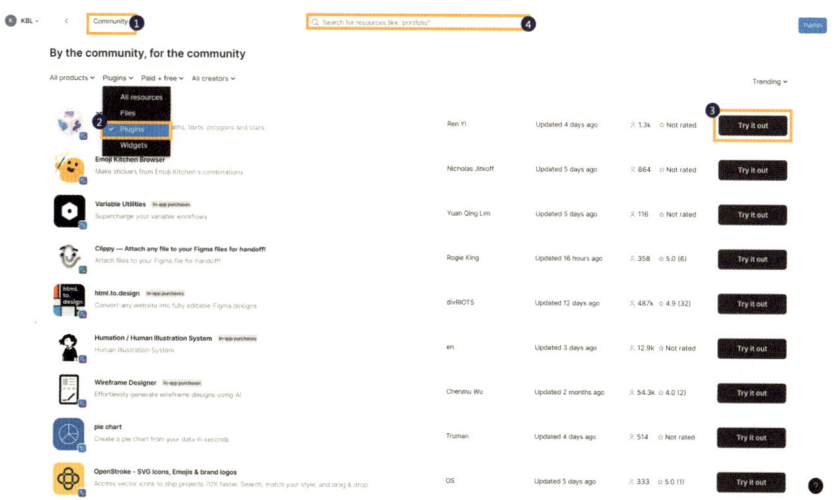

피그마 플러그인 설치하기 (방법 1)

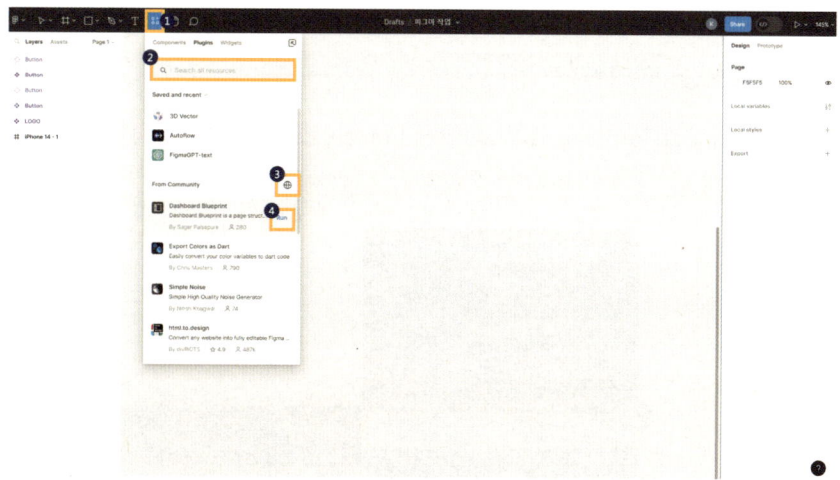

피그마 플러그인 설치하기 (방법 2)

3) 유용한 플러그인 활용하기

유용한 플러그인 활용하기는 먼저 현재 가장 유용하다고 평가받는 세 가지 플러그인, 'Content Reel', 'Iconify', 'Translator'에 대해 소개한다. 각 플러그인의 기능 및 특징을 소개하여 유용하다고 판단된 이유를 설득하고자 한다. 이후 숏폼 자동 생성 플랫폼 'GRABIT'를 활용하여 플러그인을 적용하는 방법을 설명하겠다.

(1) Content Reel

Content Reel 플러그인은 모의 디자인(mockups)이나 프로토타입에서 실제와 같은 콘텐츠를 쉽게 삽입할 수 있도록 도와준다. 이름, 주소, 사진, 아이콘 등 다양한 유형의 샘플 데이터가 포함돼 다양한 데이터 유형을 지원한다. 이렇게 다양한 종류의 실제 데이터를 디자인에 드래그 앤 드롭하여 삽입하여 자동으로 콘텐츠를 채울 수 있다. 이외에도 자신 고유의 데이터 세트를 추가하고 통합하는 기능이 제공된다.

① 오른쪽 마우스를 누른 후, Plugins 버튼과 Content Reel 버튼을 클릭한다.

❶ Plugins 버튼을 클릭한다.
❷ 다운로드한 Plugins 목록에서 Content Reel 버튼을 클릭한다.

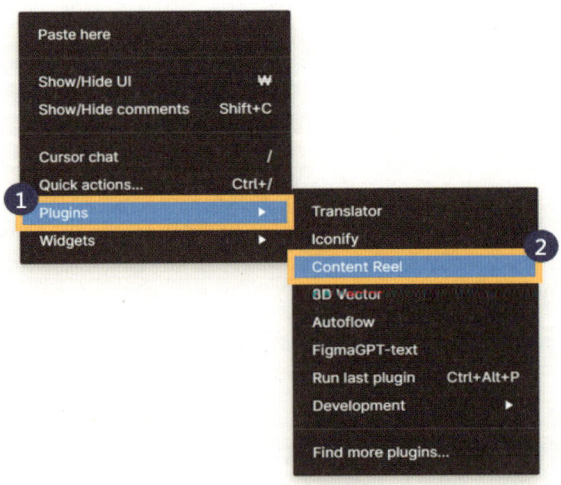

피그마 플러그인 Content Reel 시작하기

② 사용을 위해 Content Reel에 가입한다.

❶ Sign in 버튼을 눌러 Content Reel 가입 홈페이지로 이동한다.

❷ 원하는 가입 방법으로 Content Reel에 가입한다.

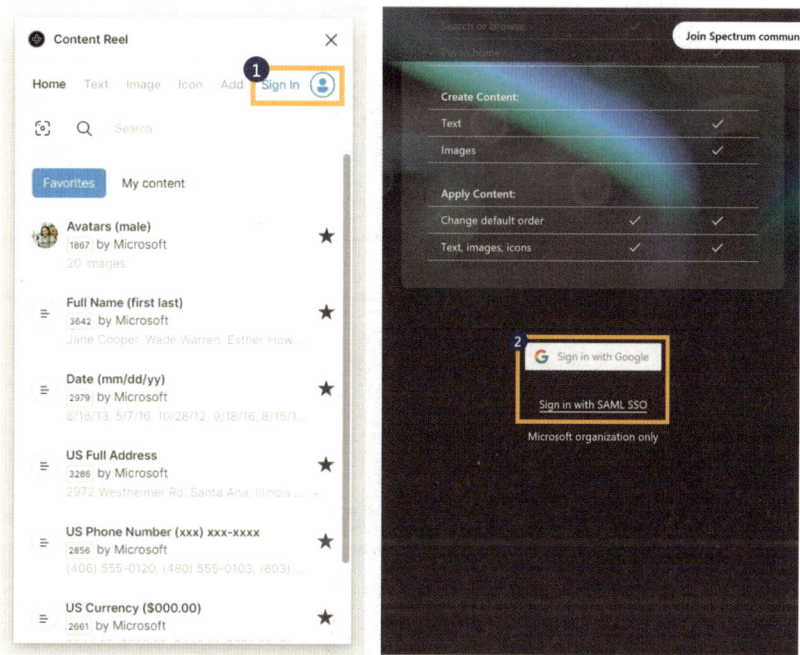

피그마 플러그인 Content Reel 가입하기 1, 2

③ 숏폼 자동 생성 플랫폼 'GRABIT' 마이페이지의 프로필 사진을 변경한다.

❶ 변경할 프로필 사진을 클릭한다.

❷ Content Reel에서 Image 버튼을 클릭한다.

❸ Image 목록에서 원하는 프로필 사진을 고른다.

❹ 적용할 프로필 사진을 클릭한 후, Apply 버튼을 클릭하여 변경한다.

❺ 원하는 프로필 사진으로 변경된 것을 확인할 수 있다.

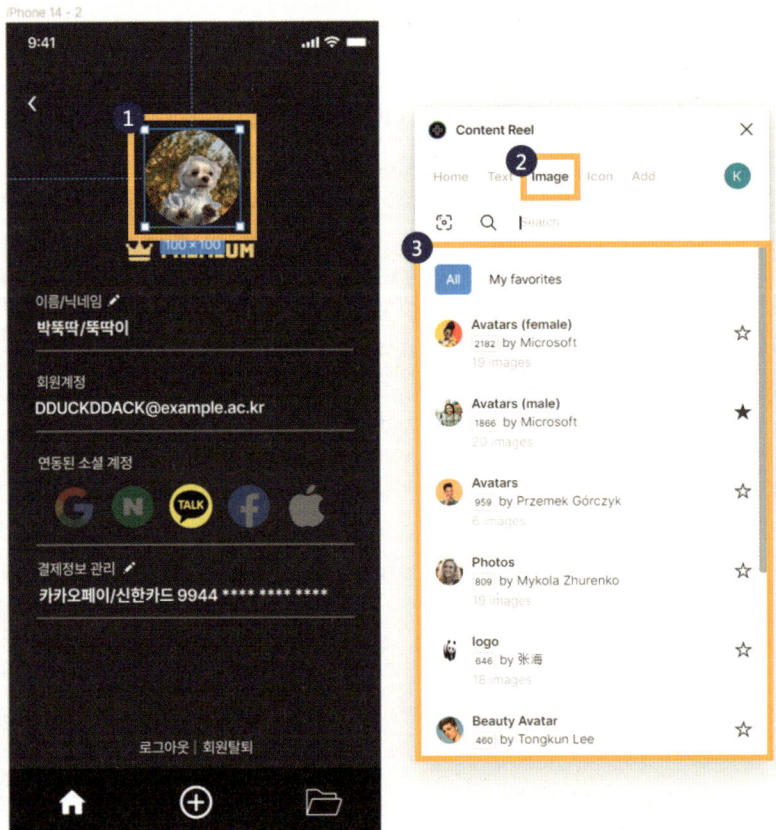

피그마 플러그인 Content Reel (프로필 사진)

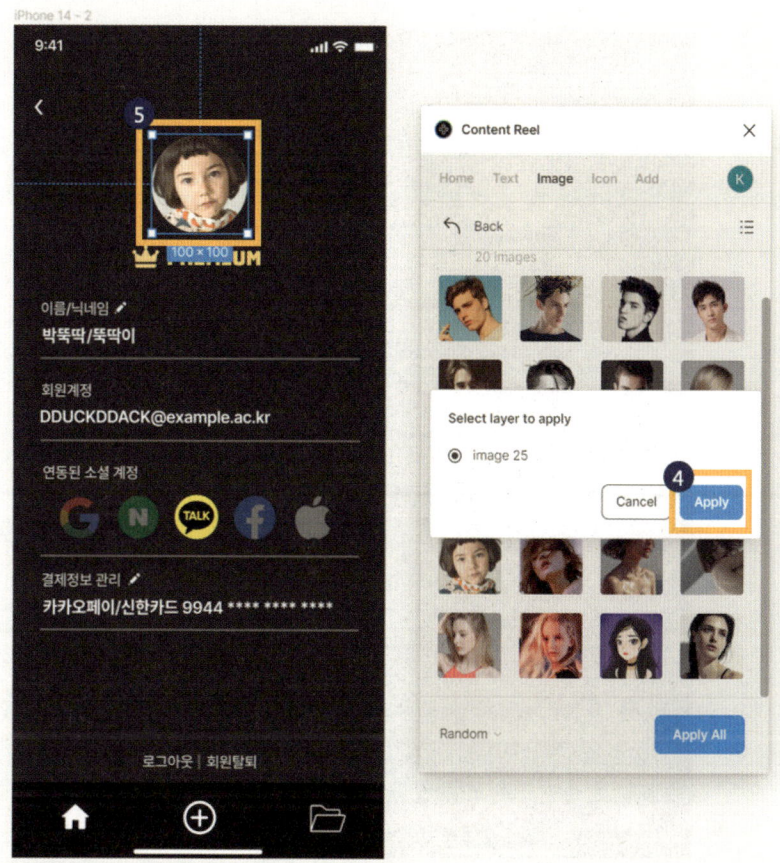

피그마 플러그인 Content Reel (프로필 사진 변경)

④ 숏폼 자동 생성 플랫폼 'GRABIT' 마이페이지의 이름을 변경한다.

❶ 변경할 이름을 클릭한다.

❷ Content Reel에서 Text 버튼을 클릭한다.

❸ Text 목록에서 Full Name(first, last)을 클릭한다.

❹ Full Name(first, last) 목록에서 원하는 이름을 선택한다.

❺ 원하는 이름으로 변경된 것을 확인할 수 있다.

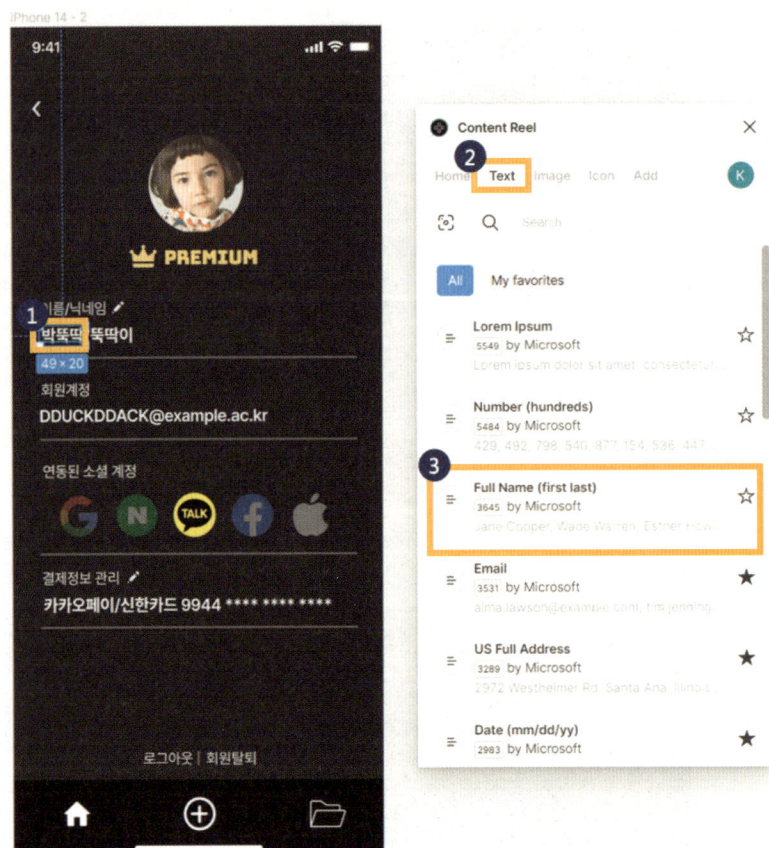

피그마 플러그인 Content Reel (이름)

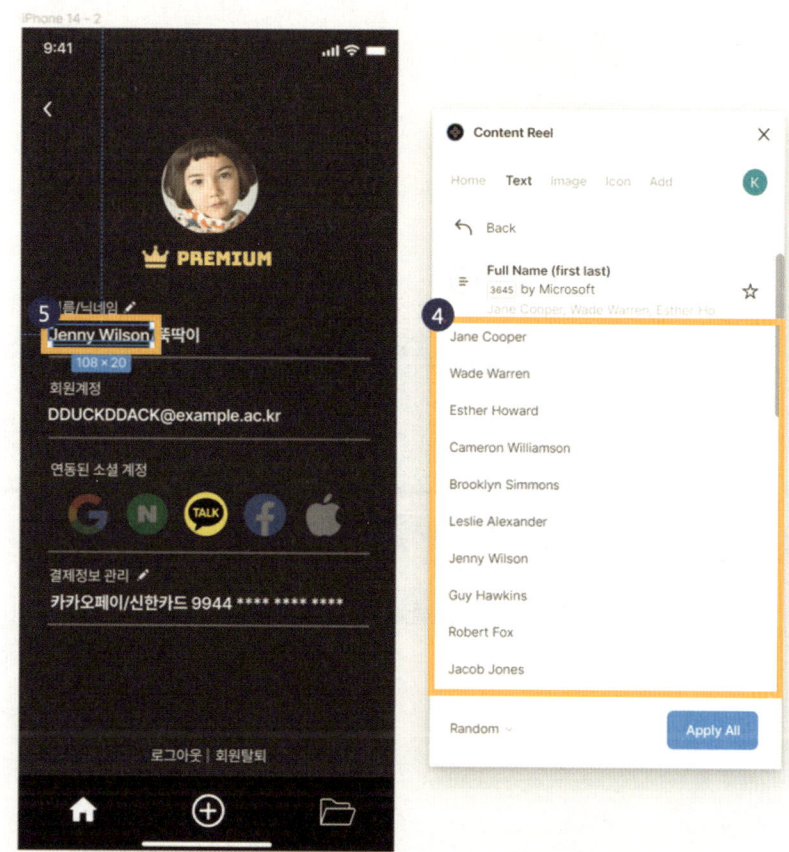

피그마 플러그인 Content Reel (이름 변경)

(2) Iconify

Iconify는 여러 디자인 도구에서 사용할 수 있는 아이콘 플러그인이다. 수천 개의 무료 아이콘을 직접 디자인 프로젝트에 끌어다 사용할 수 있도록 도와준다. 여러 아이콘 라이브러리, 예를 들면 Material Design, FontAwesome, Jam icons, Emoji 등을 하나의 플랫폼에서 통합하여 접근할 수 있는 기능을 제공한다. 원하는 키워드를 통해 아이콘을 실시간으로 검색하고, 선택된 아이콘의 색상과 크기를 즉시 조절할 수 있어 디자인 프로세스를 매우 유연하게 만든다. 이렇게 아이콘을 효과적으로 찾고 적용하는 방법은 디자인 워크플로우를 크게 향상하는 데 도움을 제공하며 다양한 아이콘 라이브러리 접근성과 직관적인 인터페이스 덕분에 필요한 아이콘을 더욱 빠르고 쉽게 찾아 프로젝트에 적용할 수 있다.

① Content Reel과 같은 방법으로 시작한다.

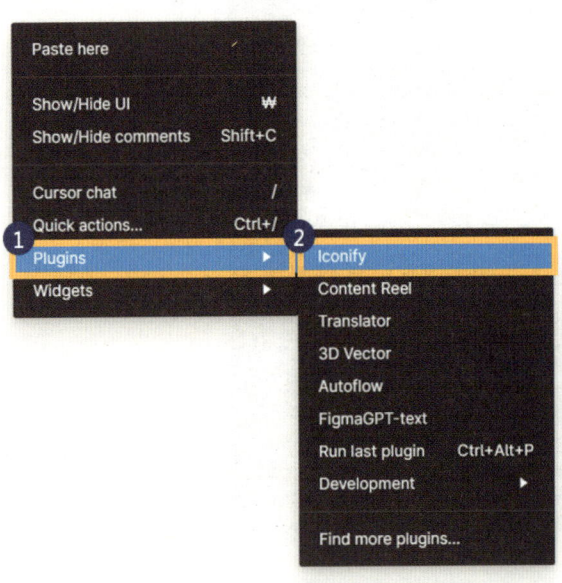

피그마 플러그인 Iconify 시작하기

② 숏폼 자동 생성 플랫폼 'GRABIT'에 필요한 아이콘을 가져온다.
  ❶ 필요한 아이콘을 영어로 작성한 후, Search Icons 버튼을 클릭한다.
  ❷ 제공된 아이콘 중에서 가장 마음에 드는 아이콘을 선택한다.
  ❸ 선택한 아이콘의 색상, 높이를 수정한다.
  ❹ Import icon 버튼을 눌러 아이콘을 가져온다.

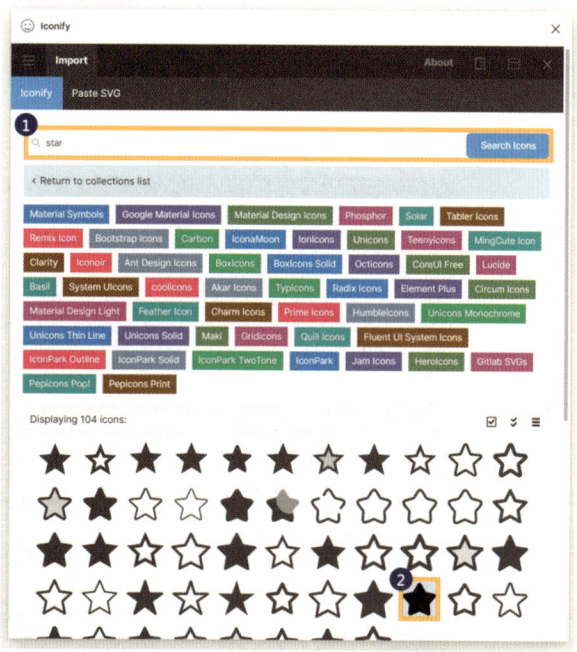

피그마 플러그인 Iconify 삽입

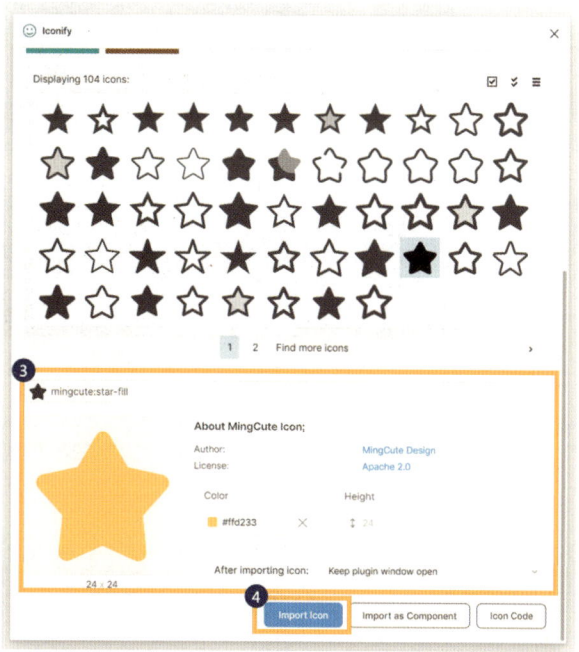

피그마 플러그인 Iconify 속성 변경

PART 12. Figma 활용 서비스 기획

③ 위의 과정을 반복하여 필요한 나머지 아이콘들을 가져와서 숏폼 자동 생성 플랫폼 'GRABIT'의 AI Voice 보관함 페이지를 완성한다.

피그마 플러그인 Iconify 완성

(3) Translator

Translator는 디자인 내 텍스트를 다른 언어로 쉽게 번역할 수 있게 도와주는 플러그인이다. 다양한 언어로의 번역 결과를 실시간으로 확인하며, 이를 디자인에 즉시 적용할 수 있다. 이러한 기능은 국제화된 디자인의 프로토타입 진행을 원활하게 해주며, 특히 번역이 필요한 텍스트 레이어를 직접 선택하여 원하는 언어로 즉시 변환하는 기능이 포함되어 있다. 내장된 번역 엔진과 외부 번역 서비스 API를 통한 연동을 지원하여 더욱 정확하고 자연스러운 번역 결과를 기대할 수 있으며, 특정 문장이나 단어의 반복 번역 시에도 일관된 품질을 유지하면서 디자인의 전반적인 일관성을 확보할 수 있다.

피그마 플러그인 translator 시작하기

① 번역할 텍스트를 클릭한 후, translator 플러그인 버튼을 클릭한다.

❶ 번역할 텍스트를 오른쪽 마우스로 누르고 Plugins 버튼을 클릭한다.

❷ Translator 버튼을 클릭한다.

② 어떤 언어로 변경할지 선택하고 번역한다.

❶ 선택한 텍스트를 어떤 언어로 변경할지 선택한다.

❷ Translator 버튼을 클릭하여 번역한다.

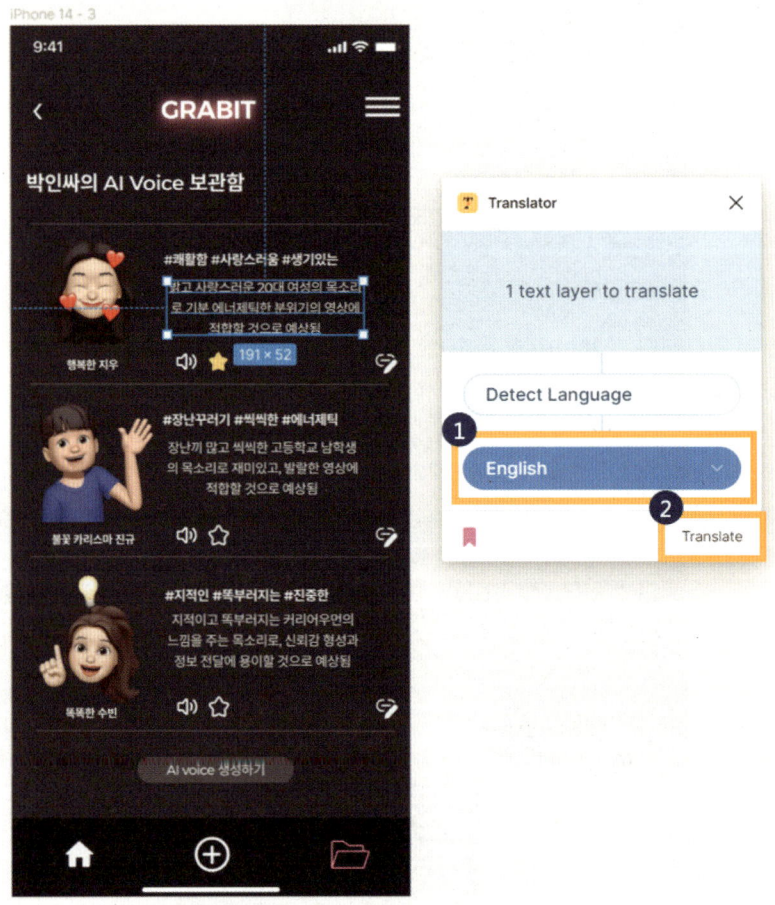

피그마 플러그인 translator 적용하기

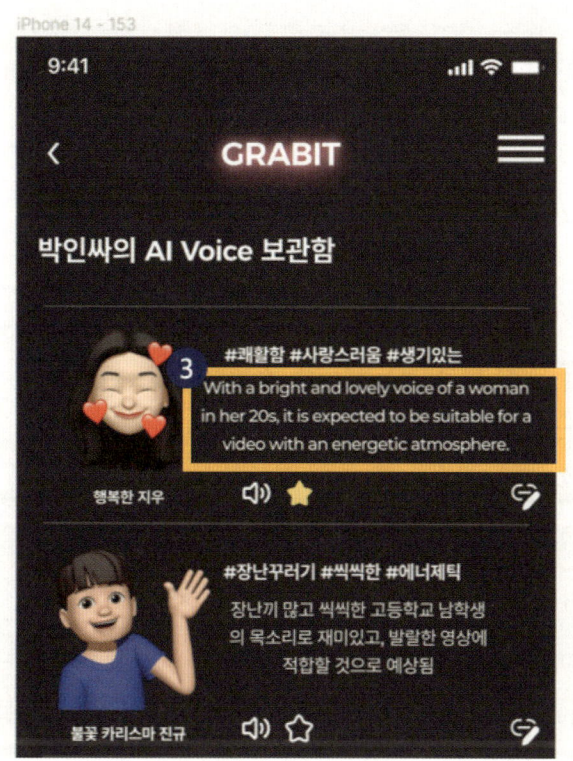

피그마 플러그인 translator 적용하기

❸ 번역된 결과를 확인할 수 있다.

3장. 피그마 프로토타입

01 프로토타입 시작하기

프로토타입을 소개하며 시작하는 방법을 소개한다. 이를 통해 핫스팟, 커넥션, 데스티네이션과 같은 프로토타입의 기본 화면에 속하는 핵심 요소를 자세히 알아볼 수 있다. 추가로 다양한 커넥션 상태에서의 프로토타입 탭 활용법과 함께 실제 프로토타입 재생 방식에 대해서도 상세히 설명한다.

1) 프로토타입

피그마의 프로토타입은 디자인된 화면 간의 상호작용을 시뮬레이션하여, 사용자가 실제 앱이나 웹사이트를 사용하는 것처럼 경험할 수 있게 해주는 기능이다. 다양한 전환 효과와 애니메이션을 적용하여 상호작용을 정의할 수 있으며, 피그마의 컴포넌트를 활용해 일관된 상호작용을 설정할 수 있다. 이러한 상호작용은 실시간으로 미리보기가 가능하며, 완성된 프로타입은 고유 링크를 통해 다른 사용자와 공유할 수 있다. 이를 통해 프로토타입을 직접 경험하며 피드백을 제공할 수 있다. 이러한 방식으로 초기 단계에서의 테스트나 검토를 통해 디자인의 유효성을 빠르게 확인하고 개선할 수 있어, 최종적으로 최상의 제품을 만들 수 있게 도와준다.

2) 프로토타입 시작하기

(1) 기본 화면 살펴보기

❶ 핫스팟(Hotspot): 프로토타입에서 특정 영역이나 요소에 인터랙션을 부여하려 할 때 사용하는 영역을 의미한다.

❷ 커넥션(Connection): 두 프레임이나 객체 간의 인터랙션 관계를 시각적으로 표현하는 연결선을 의미한다.

❸ 데스티네이션(Destination): 특정 인터랙션이 발생했을 때 어디로 이동시킬지를 결정하는 목적지를 의미한다.

피그마 프로토타입 기본 화면

(2) 프로토타입 탭 살펴보기(커넥션 선택한 상태)

❶ Flow starting point: 프로토타입의 시작점을 지정하는 기능이다. + 버

튼을 누르면 Flow starting point를 지정할 수 있으며 이름 변경, 설명 또는 주석을 추가할 수 있다.

❷ Interactions: 특정 오브젝트나 프레임에 인터랙션을 추가하거나 편집할 때 사용한다.

❸ Scroll behavior: 프레임 내에서 스크롤 동작을 어떻게 처리할지 결정한다.

❹ Show prototype settings: 프로토타입 전체의 기본 설정을 수정할 때 사용한다.

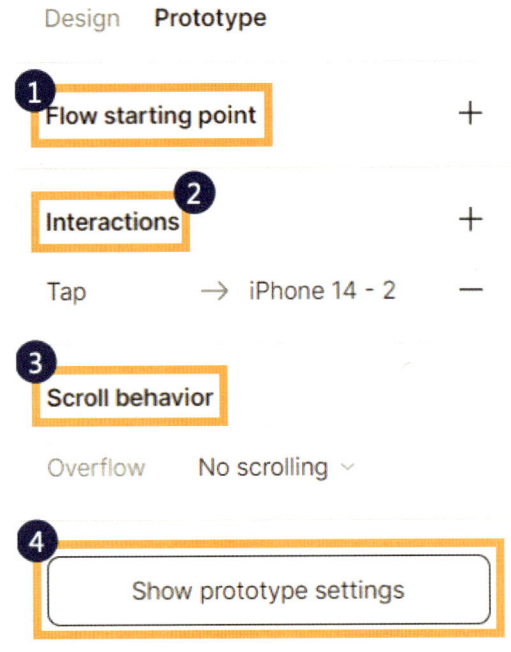

피그마 프로토타입 탭 살펴보기(커넥션 선택한 상태)

(3) 프로토타입 탭 살펴보기(커넥션 선택하지 않은 상태)

❶ Device: 프로토타입의 디스플레이 환경을 설정할 수 있다. 각 디바이스 유형에는 다양한 표준 사이즈와 모델이 포함되어 있어, 대상 플

랫폼에 맞는 최적화된 프로토타이핑 경험을 제공한다.

❷ Model: 디바이스의 구체적인 모델 또는 화면 크기를 선택할 수 있다.

❸ Preview: 실제로 프로토타입을 실행하여 디자인의 인터랙션과 플로우를 실시간으로 확인할 수 있다.

❹ Background: 프로토타입의 배경 색상을 설정하는 옵션이다.

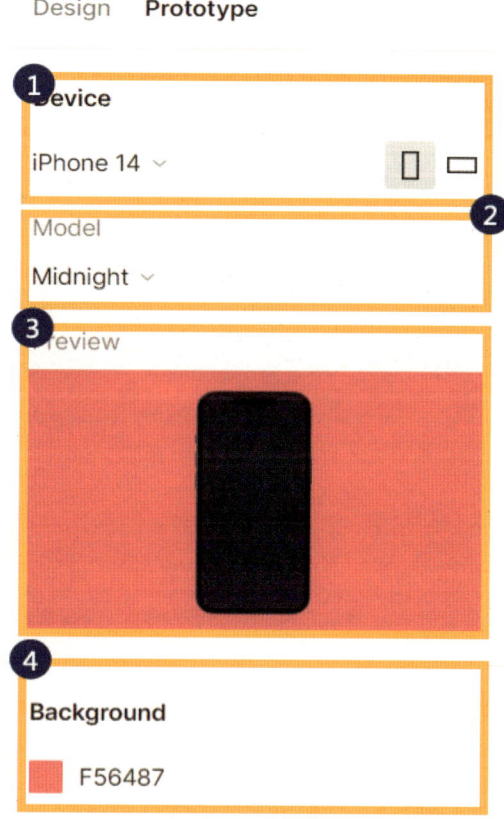

피그마 프로토타입 탭 살펴보기(커넥션 선택하지 않은 상태)

(4) 프로토타입 재생하기

❶ 우측 상단에 있는 재생 아이콘(▷)을 클릭한다.

❷ Present, Preview 중, 원하는 재생 모드를 선택한다.

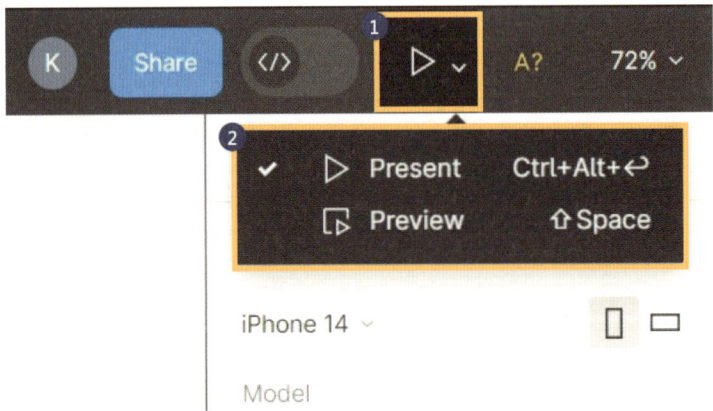

피그마 프로토타입 재생

피그마 프로토타입 재생(Present)

피그마 프로토타입 재생(Preview)

02 인터랙션 트리거 및 액션 설정하기

인터랙션 디자인 중심이 되는 트리거와 액션을 소개한다. 트리거의 본질과 그가 디자인에 미치는 중요한 효과를 소개하면서 각기 다른 트리거 유형과 그 특징을 하나하나 세밀하게 분석한다. 이어서 액션의 기본 정의와 효과, 더 나아가 각각의 액션 유형에 대한 상세 설명을 하며 디자인 기법을 소개한다.

1) 트리거

인터랙션 트리거는 사용자와 디지털 인터페이스 간의 상호작용을 정의하는 중요한 요소로, 디자인 프로토타입의 특정 부분에 동작이나 반응을 적용하기 위해 설정하는 조건을 의미한다. 사용자의 경험을 실제와 유사하게 만들어 주는 이러한 트리거는, 인터페이스의 반응을 시뮬레이션하는 데 도움을 준다. 예를 들어, 사용자가 버튼을 클릭하거나 특정 요소를 드래그하거나, 특정 영역에 마우스를 올렸을 때 발생하는 반응 등을 프로토타입에서 미리 확인할 수 있다.

피그마에서 제공하는 주요 인터랙션 트리거에는 'On tap', 'On drag', 'While hovering', 'While pressing'과 같은 기본적인 트리거부터, 조금 더 복잡한 'Mouse enter/Mouse leave', 'Touch down/up', 그리고 'After delay'와 같은 고급 트리거가 있다. 각 트리거는 특정 조건에서 특정 액션을 실행하도록 설정되며, 이를 통해 인터페이스가 어떻게 동작해야 할지를 정확하게 지정하고 표현할 수 있다.

이러한 인터랙션 트리거의 활용은 디자인이 실제 환경에서 어떻게 작동하는지를 더 직관적으로 이해하며, 이를 통해 더 효과적인 피드백과 수정을 할 수 있게 된다.

(1) 트리거 종류 살펴보기

❶ None: 아무런 변화가 없다.
❷ On tap: 가장 대표적인 트리거 중 하나로, 특정 요소를 클릭하거나 터치했을 때 발생한다.
❸ On drag: 요소를 드래그할 때 발생하는 트리거이다.
❹ While hovering: 마우스 커서나 터치 기기의 포인터가 특정 요소 위에 올려져 있는 동안에 발생한다.
❺ While pressing: 특정 요소를 클릭하거나 터치하고 있는 동안에 발생한다.
❻ Key/Gamepad: 키보드의 특정 키나 게임패드의 버튼 입력에 반응하

여 발생하는 트리거이다.

❼ Mouse enter/leave: 마우스 커서가 각각 요소 위로 들어갔다가 나왔을 때 발생한다.

❽ Touch down/up: 각각 화면을 터치하거나 화면에 손을 뗐을 때 발생한다.

❾ After delay: 설정된 시간이 지나면 자동으로 발생한다.

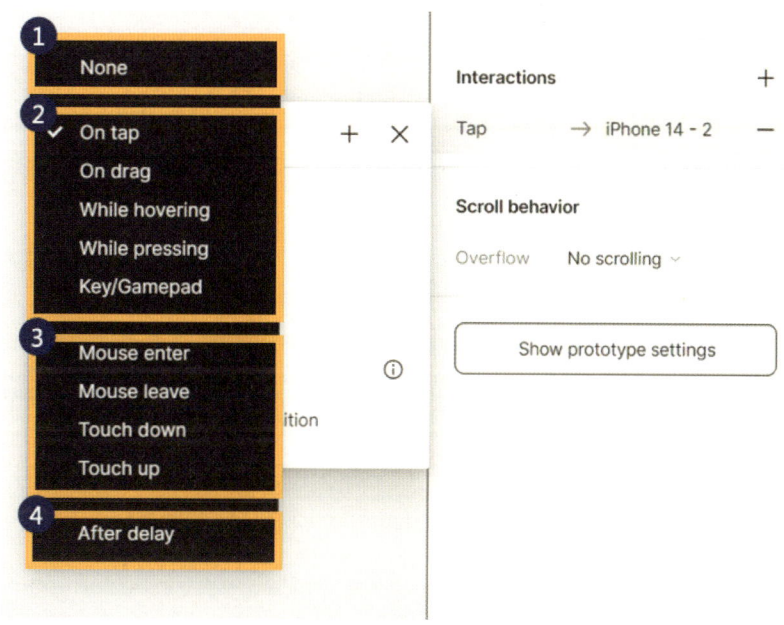

피그마 인터랙션 트리거 종류

2) 액션

인터랙션 액션은 디자인 프로토타입에서 특정 행동인 트리거에 대한 반응으로 실행되는 동작을 나타낸다. 이러한 인터랙션 액션을 통해 정확하고 생동감 있게 시뮬레이션할 수 있다.

인터랙션 액션을 적용하는 목적은 특정 행동에 대해 어떠한 반응이 디자인에서 발생하는지 미리 확인하고 테스트하기 위해서이다. 이를 통해 사용자 경험의 흐름을 더욱 명확하게 파악하고, 필요한 수정사항을 빠르게 발견하고 적용할 수 있다. 예를 들어, 사용자가 버튼을 클릭했을 때 새로운 페이지로 이동하는 'Navigate to' 액션을 사용하여 구현할 수 있다. 또한 팝업창이 표시되어야 하는 경우 'Open Overlay' 액션을 사용하면, 현재 화면 위에 새로운 프레임을 오버레이 형태로 즉시 표시할 수 있다.

이외에도 피그마는 다양한 인터랙션 액션을 제공하며 각각의 액션은 사용자의 행동과 디자인의 반응 사이의 관계를 정의하고 구체화하는 역할을 한다. 이러한 인터랙션 액션은 상호작용을 보다 직관적이고 효과적으로 시뮬레이션하도록 도움을 주며, 프로토타입의 피드백 및 반복 과정을 원활하게 진행할 수 있게 도와준다.

(1) 액션 종류 살펴보기

❶ None: 아무런 변화가 없다.

❷ Navigate to: 다른 프레임 또는 페이지로 이동시킨다.

❸ Change to: 현재 화면의 특정 객체나 요소의 상태를 변경한다.

❹ Back: 이전 화면으로 돌아가게 만드는 액션이다.

❺ Set variable: 인터랙션에 따라 변수값을 설정하거나 변경한다.

❻ Conditional: 특정 조건이 충족될 때만 액션을 수행한다.

❼ Scroll to: 페이지 내의 특정 위치로 자동 스크롤한다.

❽ Open link: 외부 웹사이트나 다른 URL로 연결한다.

❾ Open overlay: 현재 화면 위에 새로운 프레임을 오버레이 형태로 표시한다.

❿ Swap overlay: 현재 표시된 오버레이를 새로운 오버레이로 교체한다.

⓫ Close overlay: 현재 표시 중인 오버레이를 닫는다.

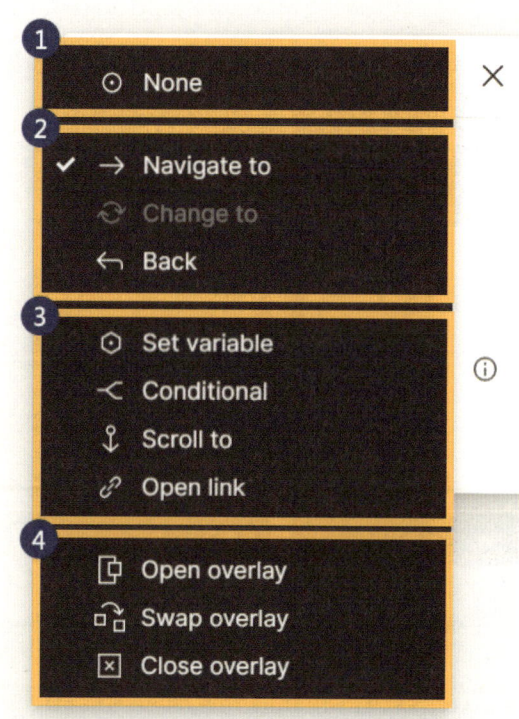

피그마 인터랙션 액션 종류

3) 인터랙션 트리거 및 액션 적용하기
(1) 프로토타입 탭을 활용해 적용하기
① 인터랙션 트리거를 적용하고 싶은 특정 요소나 프레임을 선택한 후, Prototype 탭을 연다.

❶ 2안 버튼을 눌러 다음 페이지로 넘어가는 트리거를 적용하기 위해 2안 버튼 요소를 클릭한다.

❷ 화면 우측 오른쪽 사이드바에서 Prototype 탭을 클릭한다.

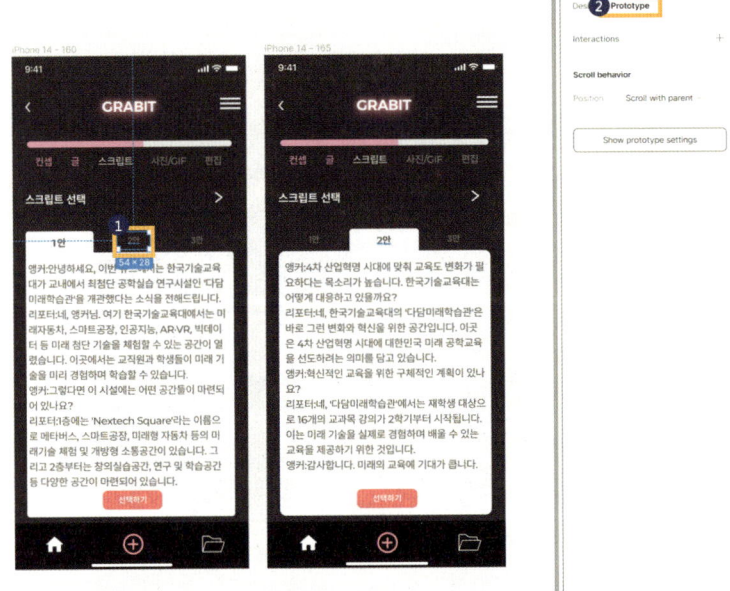

피그마 인터랙션 트리거 설정하기 1(프로토타입 탭)

② 인터랙션을 추가하고 트리거 유형을 선택한다.

❶ Interactions 오른쪽에 있는 + 버튼을 클릭한다.

❷ 2안 버튼을 클릭하거나 터치하여 다음 페이지(iphone 14-5)로 이동해야 하므로 On tap 트리거 유형을 클릭한다.

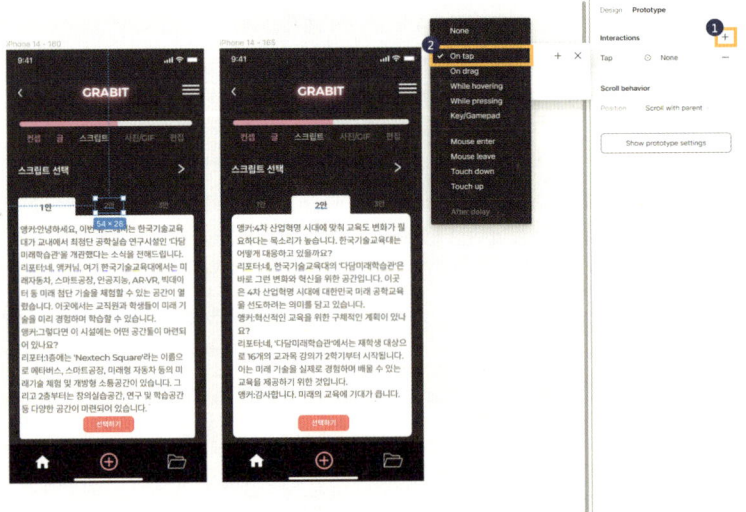

피그마 인터랙션 트리거 설정하기 2(프로토타입 탭)

③ 트리거 유형을 설정하였으면 그에 맞는 액션 유형도 설정한다.

❶ 다음 페이지(iphone 14-5)로 이동하는 것이므로 Navigate to 액션 유형을 클릭한다.

❷ 다음 페이지인 iphone 14-5로 이동해야 하므로 iphone 14-5를 클릭한다.

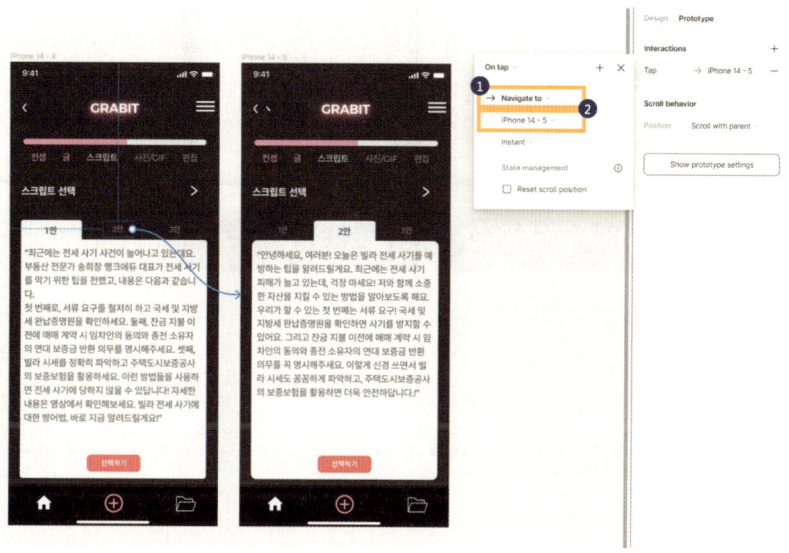

피그마 인터랙션 트리거 설정하기 3(프로토타입 탭)

(2) 핫스팟 및 커넥션을 활용해 적용하기

① 트리거를 적용하고 싶은 특정 요소나 프레임을 선택한 후, 마우스 커서를 가져다 놓는다.

❶ 2안 버튼을 눌러 다음 페이지로 넘어가는 트리거를 적용하기 위해 2안 버튼 요소를 클릭한다.

❷ 화면 우측 오른쪽 사이드바에서 Prototype 탭을 클릭한다.

❸ 트리거 적용할 2안 버튼 요소에 마우스 커서를 가져다 놓으면 버튼이 생긴다.

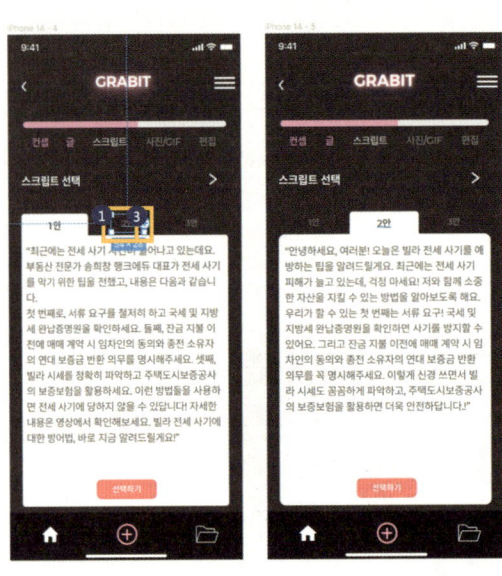 

피그마 인터랙션 트리거 설정하기 1(핫스팟)

② 버튼을 끌면 생기는 커넥션을 이동시킬 프레임에 가져다 놓는다.

❶ 버튼을 끌면 생기는 커넥션을 다음 페이지(iphone14 -5)에 끌어서 연결한다.

❷ 자동으로 액션 유형과 데스티네이션이 설정된다.

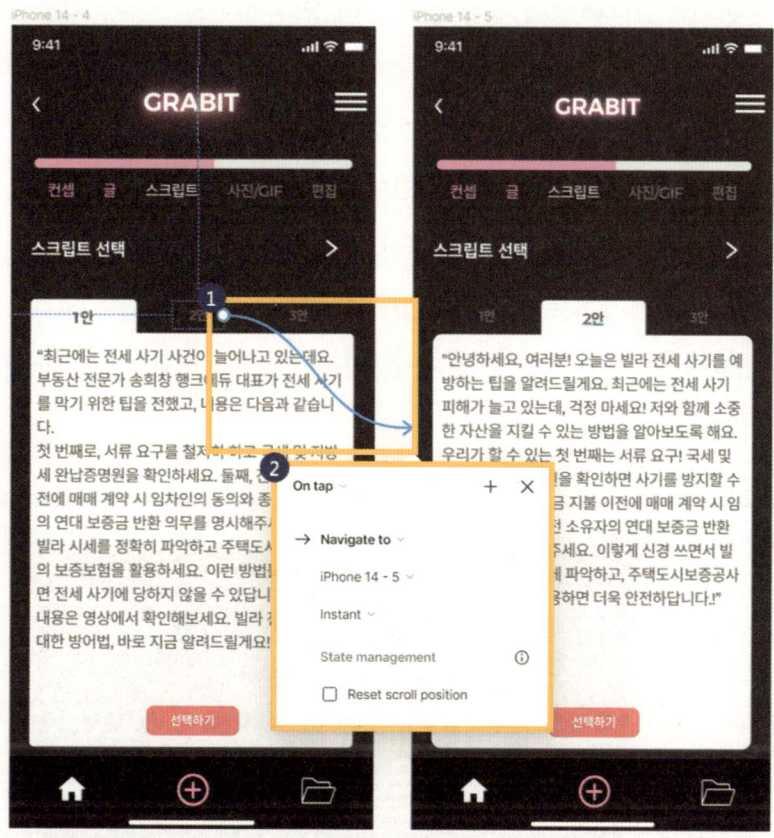

피그마 인터랙션 트리거 설정하기 2(핫스팟)

03 애니메이션 설정하기

1) 애니메이션

피그마의 애니메이션 기능은 디자인 프로토타입에 생동감을 불어넣어 실제 앱이나 웹사이트에서의 동작을 시뮬레이션하는 데 큰 도움을 준다.

피그마에서 제공하는 애니메이션은 대부분 화면 전환과 관련된 것이다. 예를 들어 버튼을 클릭했을 때 새로운 화면으로 부드럽게 전환되는 효과나,

메뉴 항목이 서서히 나타나는 효과 등이 있다. 이러한 효과는 집중을 높이고, 앱의 전반적인 흐름을 안내하는 데 중요한 역할을 한다. 또한, 애니메이션의 지속 시간, 시작 지연 시간, 타이밍 함수 등의 세부 설정도 가능하여 더욱 정교한 애니메이션 효과를 만들 수 있다.

결론적으로 피그마의 애니메이션 기능은 자신의 아이디어와 비전을 더욱 명확하고 감각적으로 표현할 수 있는 강력한 도구이며, 이로 인해 사용자와의 상호작용이 향상되고, 보다 완성도 높은 사용자 경험을 제공하는 것이 가능해진다.

(1) 애니메이션 종류

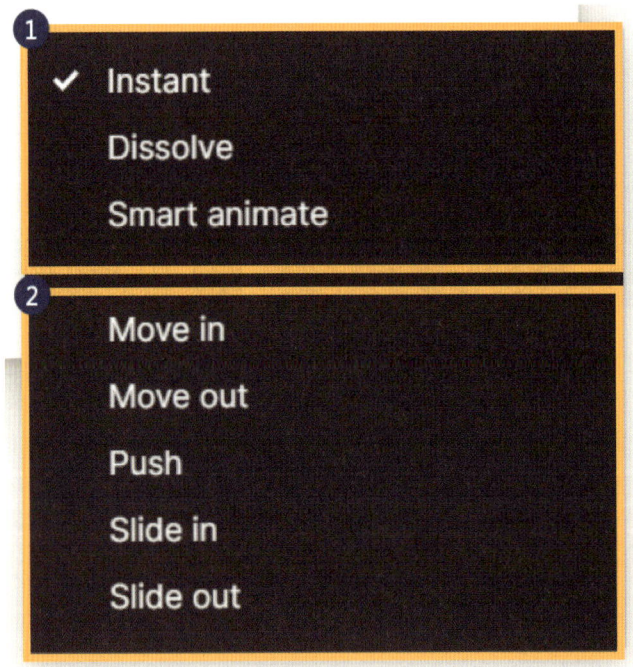

피그마 애니메이션 종류

❶ Instant: 애니메이션 없이 즉시 화면 전환이 이루어진다.

❷ Dissolve: 화면이나 객체가 서서히 사라지거나 나타나는 효과이다.

❸ Smart animate: 두 프레임 사이의 유사한 객체들에 대한 자동 애니메이션 효과를 제공한다.

❹ Move in/out: 객체가 화면 안으로 움직이면서 나타나거나 화면 밖으로 움직이면서 사라지는 효과이다.

❺ Push: 한 화면이 다른 화면을 밀어내는 방식으로 전환되는 효과이다.

❻ Slide in/out: 슬라이드 형식으로 객체가 화면 안으로 들어오거나 화면 밖으로 사라지는 효과이다.

(2) 이징 커브(Easing Curve)

피그마의 이징 커브는 애니메이션 중간의 가속도를 조절하여 더 부드러운 또는 더 동적인 전환 효과를 제공한다. 애니메이션의 움직임을 자연스럽고 유기적으로 만들어 주기 위해 이징 커브는 중요한 도구로 활용된다. 애니메이션이 시작과 종료 시 어떠한 가속도 효과를 받는지 결정하는데, 이를 통해 동일한 시간 동안의 애니메이션도 다양한 움직임의 느낌을 줄 수 있다. 피그마는 다양한 기본 이징 옵션을 제공하며 Linear, Ease in, Ease out, Ease in and out 등의 옵션을 활용해 의도에 맞게 움직임을 구현할 수 있다. 이징 커브를 활용하면 더욱 부드럽고 직관적인 애니메이션 경험을 제공할 수 있다.

❶ Linear: 애니메이션의 시작부터 끝까지 동일한 속도로 움직인다.

❷ Ease in: 애니메이션이 천천히 시작되다가 점점 속도가 빨라진다.

❸ Ease out: 애니메이션 시작은 빠르게, 종료 부분에서는 천천히 움직인다.

❹ Ease in and out: 시작과 끝에서 느린 속도로, 중간에서 가장 빠르게 움직인다.

❺ Ease in back: 'Ease in'의 변형으로, 애니메이션 시작 부분에서 약간의

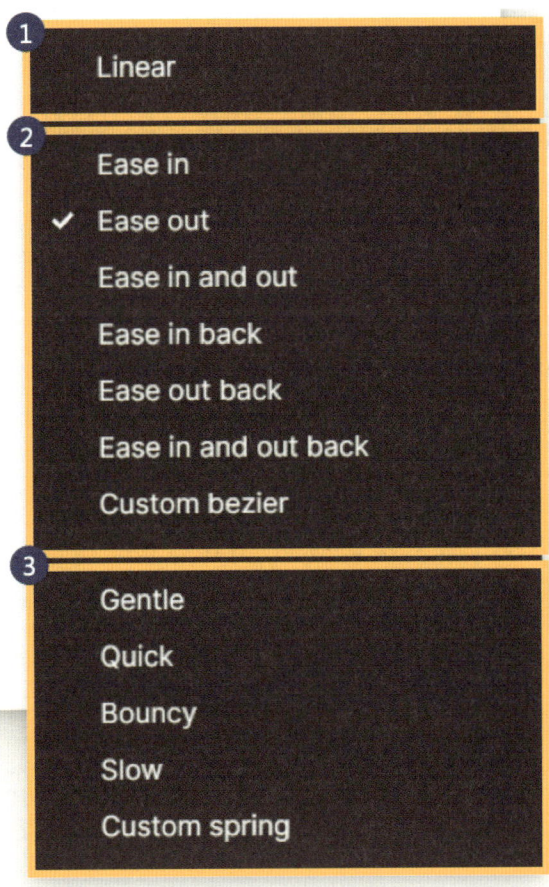

피그마 애니메이션 Easing Curve

역행을 한 후 원래 방향으로 움직인다.

❻ Ease out back: 'Ease out'의 변형으로, 애니메이션의 끝부분에서 약간의 역행을 한 후 원래 방향으로 돌아온다.

❼ Ease in and out back: 'Ease in and out'과 유사하나 시작과 종료 부분에서 약간의 역행 효과가 추가된다.

❽ Custom bezier: 베지어 곡선을 조절하여 원하는 이징 효과를 만든다.

❾ Gentle: 부드럽고 천천히 가속하는 효과로 시작하며 중간부터는 일

정한 속도를 유지한다.

❿ Quick: 빠르게 시작하여 중간부터 천천히 속도를 줄인다.
⓫ Bouncy: 애니메이션의 끝에서 튕기는듯한 효과를 나타낸다.
⓬ Slow: 애니메이션의 전체적인 속도가 느리며, 부드러운 전환 효과를 제공한다.
⓭ Custom spring: 직접 스프링 애니메이션의 특성(질량, 강성, 제동)을 조절한다.

2) 애니메이션 설정하기

피그마의 애니메이션 기능과 다양한 애니메이션 유형, 그리고 애니메이션의 중간 효과를 조절하는 이징 커브(Easing Curve)에 대해 알아보았다. 이제 이러한 지식을 바탕으로, 숏폼 생성 플랫폼 'GRABIT'의 로딩 화면을 예시로 하여 실제로 피그마에서 어떻게 애니메이션을 설정하는지 단계별로 설명하겠다.

① 숏폼 생성 플랫폼 'GRABIT' 로딩 애니메이션에 원을 준비한다.
　❶ Ellispe 버튼을 누르고 W:30, H:30 크기의 원을 만든다.

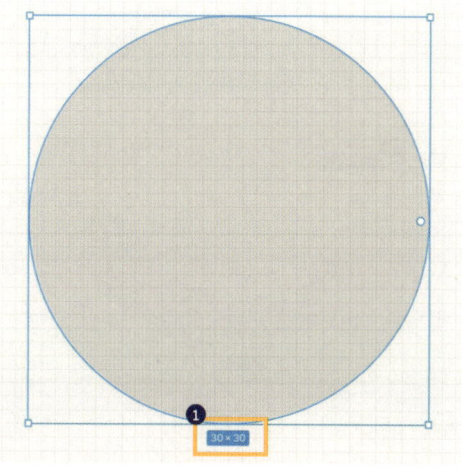

피그마 애니메이션 설정하기(원 설정1)

❷ Sweep점을 활용하여 Sweep 92.4%로 만든다.

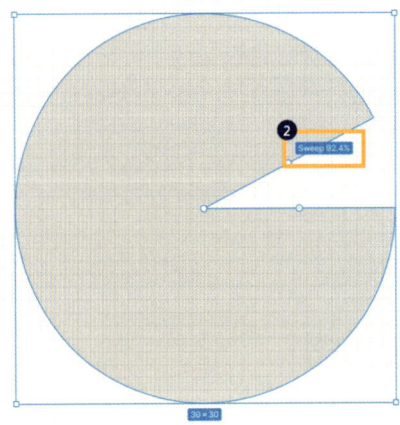

피그마 애니메이션 설정하기(원 설정2)

② 숏폼 생성 플랫폼 'GRABIT' 로딩 애니메이션에 필요한 요소를 만들어간다.

❶ Arc(아크)점을 당겨 원하는 두께에 해당하는 Ratio 75.5%로 만든다.

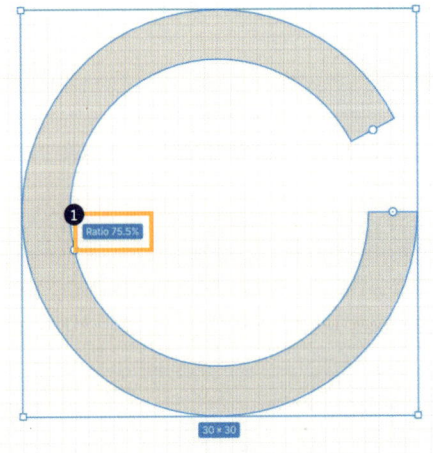

피그마 애니메이션 설정하기(원 설정3)

❷ 원하는 두께를 만들었다면 끊어진 부분을 이어줘 Sweep 100%로 만든다.

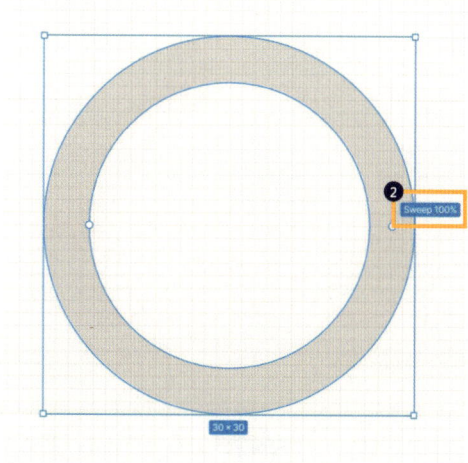

피그마 애니메이션 설정하기(원 설정4)

③ 도넛 모양의 원 속성을 변경하여 숏폼 생성 플랫폼 'GRABIT' 로딩 아이콘을 만든다.

❶ 복사한 도넛 모양의 원을 Sweep -25%로 설정하여 1/4 크기로 만들고 색상도 변경한다.

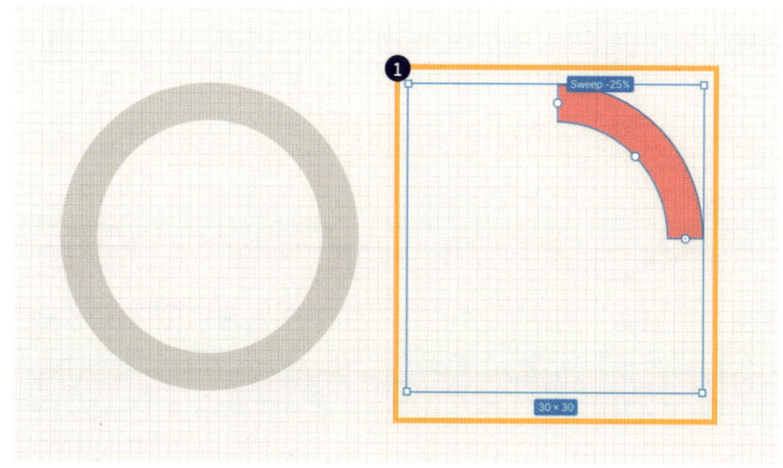

피그마 애니메이션 설정하기(로딩 설정1)

❷ 두 개를 합쳐 하나로 그룹화한다.

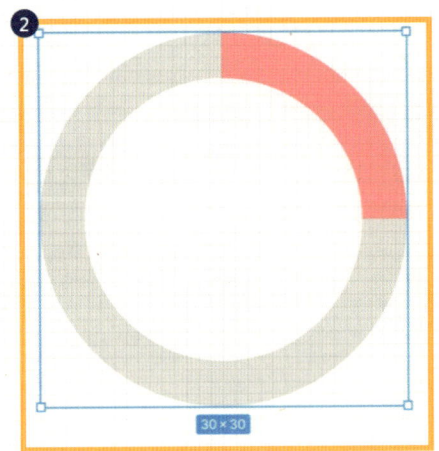

피그마 애니메이션 설정하기(로딩 설정2)

④ 숏폼 생성 플랫폼 'GRABIT' 로딩 아이콘을 만들기 위해 4개 프레임을 만든다.

❶ 그룹화된 개체를 다시 프레임을 만들고 3개 더 복사하여 총 4개의 프레임을 만든다.

❷ 핑크색 Ellipse만 선택하여 프레임 2부터 각각 각도(▣)를 90도, 180도, 270도로 돌린다.

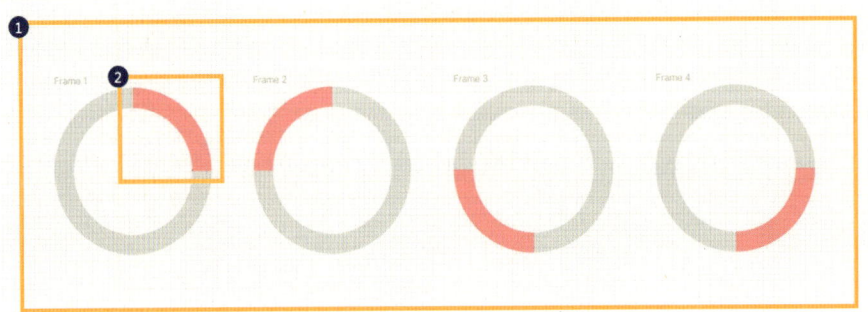

피그마 애니메이션 설정하기(로딩 설정3)

⑤ 4개의 프레임을 컴포넌트로 만들고 베리언트로 결합한다.

❶ 컴포넌트 아이콘을 누른 후, Create multiple components 버튼을 클릭한다.

❷ Combine as variants 버튼을 클릭하여 4개의 개체를 베리언트한다.

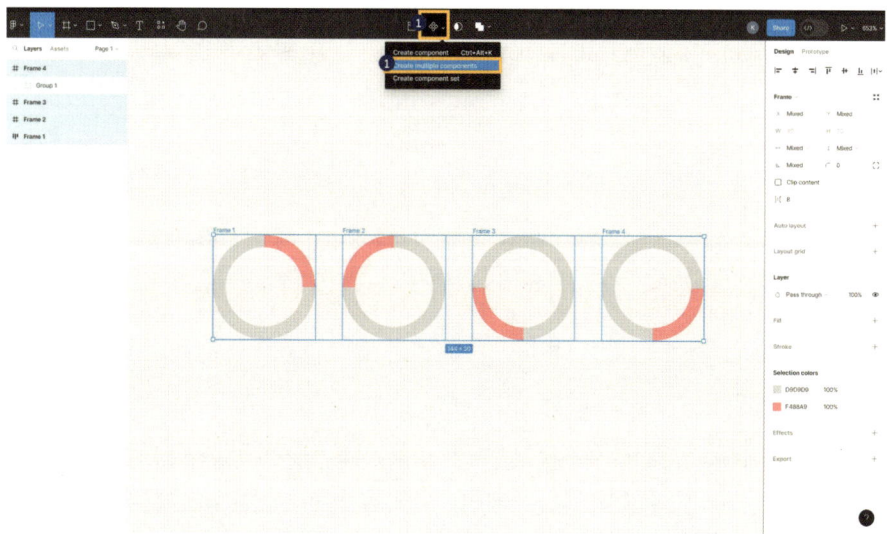

피그마 애니메이션 설정하기(로딩 설정4)

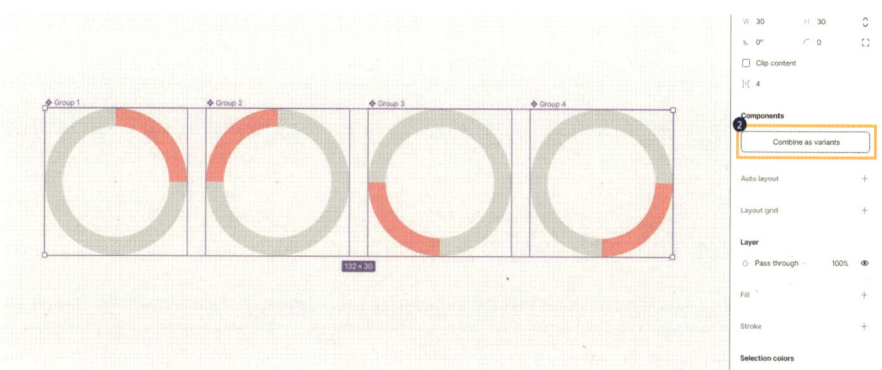

피그마 애니메이션 설정하기(로딩 설정5)

⑥ 로딩 화면을 나타내기 위하여 트리거, 액션 그리고 애니메이션을 설정한다.

❶ 화면 우측 오른쪽 사이드바에서 Prototype 탭을 클릭한다.

❷ 첫 번째 컴포넌트 원을 두 번째 컴포넌트 원에, 두 번째를 세 번째에, 세 번째를 네 번째에 마지막으로 네 번째 컴포넌트 원을 첫 번째 컴포넌트 원에 연결한다.

❸ 연결할 때마다 트리거(After delay), 액션(Change to), 애니메이션(Smart animate), 이징 커브(Ease out), 지속 시간 등을 화면과 알맞게 설정한다.

피그마 애니메이션 설정하기(로딩 설정6)

⑦ 완성한 로딩 컴포넌트를 숏폼 생성 플랫폼 'GRABIT'에서 필요한 화면에 위치시킨다.

❶ 화면 좌측 Assets 버튼을 클릭한다.

❷ 컴포넌트한 로딩 아이콘을 Alt 버튼을 누르고 숏폼 생성 플랫폼 'GRABIT' 화면에 위치시킨다.

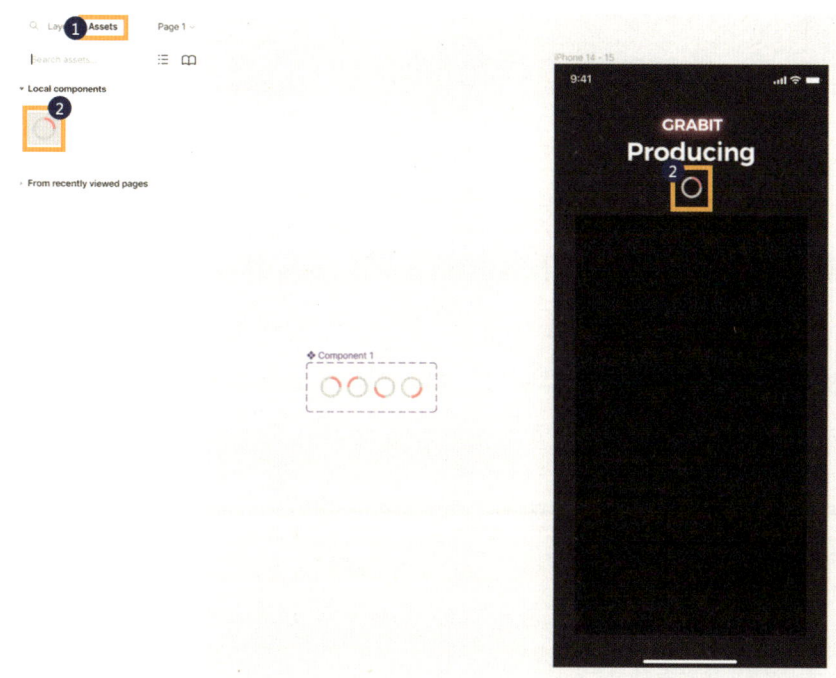

피그마 애니메이션 설정하기(완료)

Do it!

피그마를 사용해서 자신만의 결과물 만들기

숏폼 자동 생성 플랫폼 'GRABIT'처럼 본인이 관심 있는 분야를 선정하여 관심 분야에 맞는 플랫폼을 아래 조건에 맞춰 자신만의 플랫폼을 제작해보세요.

1. 자신의 관심 분야, 필요성을 느낀 주제를 기반으로 플랫폼의 핵심 아이디어와 목적을 도출한다.
2. 제작 플랫폼을 사용할 주요 대상, 플랫폼 주요 기능을 통해 플랫폼 콘셉트를 정의한다.
3. 회원가입, 로그인 화면을 제작한다.
4. 플랫폼을 켜자마자 보이는 메인 페이지를 제작한다.
5. 메인 페이지 외에도 플랫폼 주요 기능을 제공하는 페이지를 제작한다.
6. 필요한 모든 페이지를 생성하였으면 이에 맞는 인터랙션 및 애니메이션을 설정한다.
7. 제작한 자신만의 플랫폼을 사용자에게 제공해 피드백을 수집한다.
8. 수집한 피드백을 바탕으로 수정 및 개선한다.

<답안 예시>

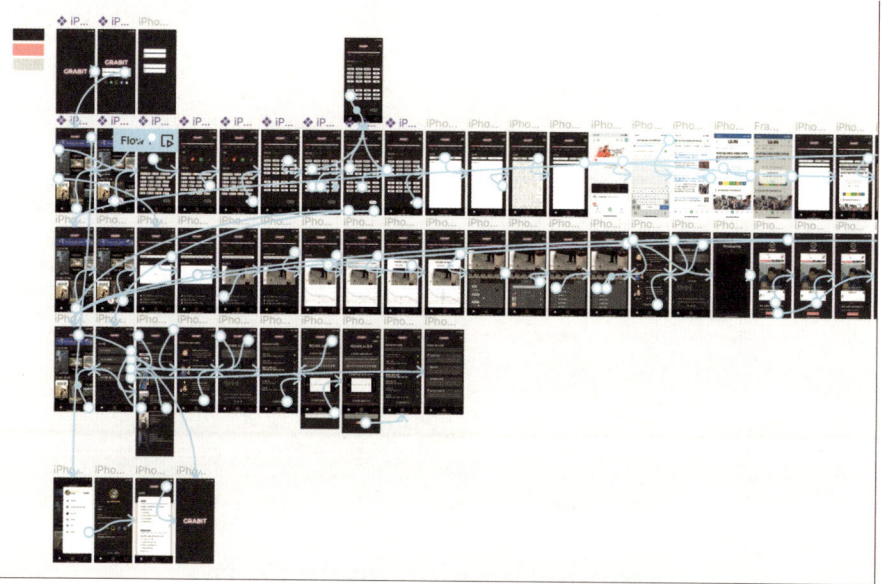

답안 예시

여기서 잠깐!

　Vrew에서는 경험할 수 없는 독특한 기능들을 제공하는 영상 생성 서비스, 픽토리(Pictory)를 소개한다. 픽토리는 AI 기반의 영상 생성 플랫폼으로, 텍스트, 이미지, 오디오, 비디오 등의 소재를 통해 맞춤형 비디오를 간편하게 생성한다. 복잡한 편집 기술이나 경험 없이도 원하는 내용과 옵션을 입력만 하면, 플랫폼은 해당 내용을 분석하여 그에 맞는 비디오를 자동으로 제작한다.

　픽토리는 장문의 콘텐츠를 짧고 쉽게 공유할 수 있는 브랜드 비디오로 변환하는 기능이나, 빠른 시간 내로 비디오 판매 편지(Video Sales Letters, VSL)*를 완성하는 서비스도 제공하고 있다. 특히 Zoom이나 Teams

같은 회의 플랫폼에서 중요한 부분을 자동으로 추출하는 능력, 넓은 대상층에게 비디오를 보여주기 위한 다양한 언어의 자막 추가, 그리고 특정 대상층의 선호에 맞게 언어와 어조를 조절하는 기능들로 인해 다양한 용도로 활용할 수 있다. 이러한 특징들 덕분에 판매, 블로그, 자막, 내레이션, 요약 비디오 등 여러 분야에서 활용될 수 있다.

(1) 픽토리 시작하기

① 픽토리(Pictory) 사이트(https://pictory.ai)에 접속하고 가입한다.

❶ Free Trial 또는 Get Started For Free! 버튼을 클릭한다.

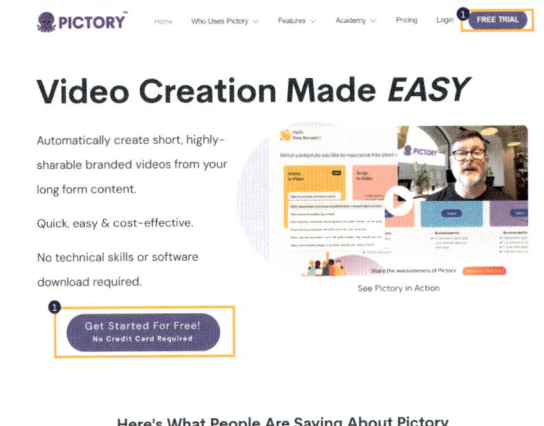

픽토리 메인화면

② 원하는 로그인 방법을 선택하여 가입한다.

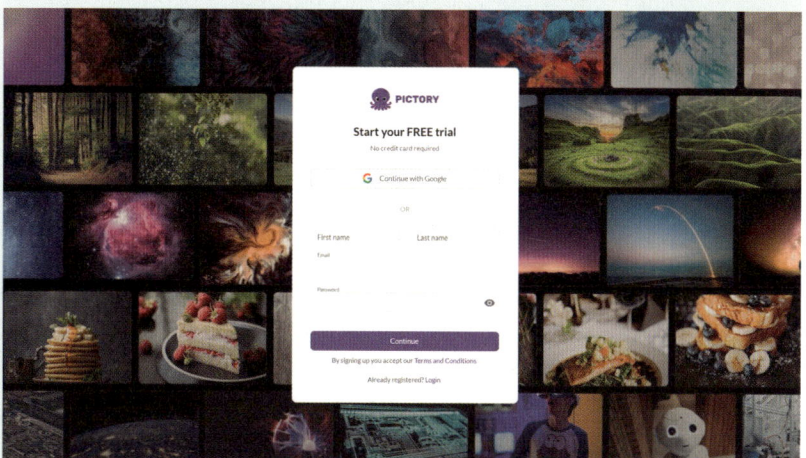

픽토리 로그인 화면

③ 더 좋은 서비스를 받기 위해 주어진 3가지 질문에 답하면 가입에 성공한다.

❶ 사용 목적에 대해 답한다.

❷ 조직 규모에 대해 답한다.

❸ 직업에 대해 답한다.

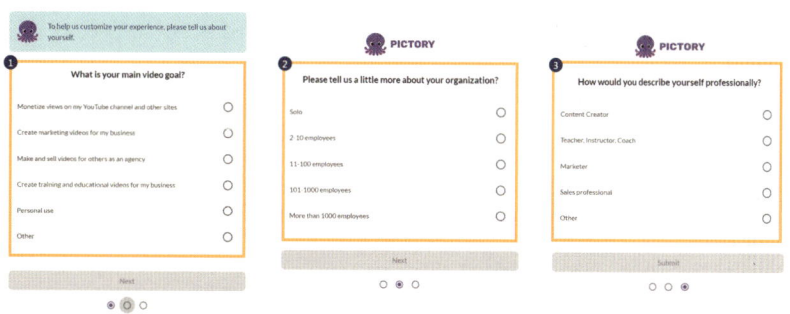

픽토리 질문

PART 12. Figma 활용 서비스 기획

(2) 서비스 소개

픽토리는 Script to Video, Article to Video, Edit Video using Text, 그리고 Visuals to Video의 4가지 주요 서비스를 통해 사용자에게 영상 제작의 다양한 방법을 제공한다. 이 다양한 제작 방식은 사용자에게 다양한 형태와 스타일의 영상을 쉽게 생성하는 능력을 부여하며, 이는 픽토리의 주요 장점 중 하나로 간주한다. 사용자가 서비스를 선택하는 데 도움을 주기 위해, 각 서비스의 시작 버튼 'Proceed' 바로 위에는 간단한 기능과 제작 방법 설명이 포함되어 있다. 더불어 각 서비스 아래에는 원하는 영상 유형에 따른 추천사항이 있어, 사용자는 자신의 필요와 원하는 스타일에 딱 맞는 영상을 손쉽게 제작할 수 있다. 특히, 픽토리를 처음 사용하는 사용자들을 위해, 영상 튜토리얼로서 서비스 활용 방법을 자세히 안내한다. 이와 같은 편의 제공으로 인해, 픽토리는 많은 사용자에게 선호 받고 있으며, 최근 업데이트가 진행되면서 한글 지원이 가능해졌으며 초기 사용자에게는 3번의 비디오 프로젝트까지 무료로 제공함으로써 그 인기를 더하고 있다.

Script to Video 서비스는 사용자가 비디오 제목과 원하는 글의 주제 또는 제목, 그리고 대본을 입력하면 해당 내용을 기반으로 동영상을 생성해준다. 이때, 주제와 대본은 사용자가 직접 작성하거나 복사 붙여넣기 방식으로 입력해야 한다. 사용자가 원하는 동영상 주제에 맞춰 자동으로 AI가 대본을 생성해주지 않는 점은 아쉬울 수 있지만, ChatGPT와 같은 도구를 활용하여 주제에 맞는 대본을 생성하고 그것을 픽토리에 입력할 수 있어, 큰 불편함은 없다.

Article to Video 서비스는 기사나 블로그의 URL을 영상으로 변환해주는 기능을 제공한다. 이 서비스를 시작하기 위해서는 다른 서비스들과는 달리 먼저 URL을 입력해야 'Proceed' 버튼이 활성화된다. 사용자가

URL을 입력하면 왼쪽 화면에는 해당 기사나 블로그의 원본 내용이 그대로 표시되며, 오른쪽 화면에는 AI가 내용을 요약해 각 Scene에 어떤 내용이 들어갈지를 보여주는 요약본이 위치한다. 이때, AI가 요약하여 선택한 부분은 하이라이트로 표시되어 한눈에 파악하기 쉽다. 이 하이라이트 부분은 사용자의 필요에 따라 직접 추가하거나 삭제하는 것이 가능하다. 그리하여, AI가 제공한 요약본을 사용자가 원하는 부분을 추가하거나 삭제하여 원하는 내용으로 구성할 수 있다. 더불어, 요약된 글의 내용 수정이나 순서 변경도 가능하여 사용자의 목적 또는 의도에 따라 동영상을 생성할 수 있다.

Edit Video using Text 서비스는 유튜브 링크나 직접 업로드한 비디오를 기반으로 새로운 동영상을 만드는 기능을 제공한다. 이 서비스를 활용하면, 사용자가 제공한 유튜브 링크나 업로드한 비디오를 분석하여 AI가 해당 영상의 대본을 자동으로 생성해준다. 이렇게 생성된 대본은 영상의 자막으로도 활용될 수 있으며, 자막의 길이 조절도 자유롭게 할 수 있다. 더불어, 영상의 특정 부분을 하이라이트로 지정하면 해당 하이라이트만을 포함한 새로운 영상도 만들 수 있다. AI의 인식 기능을 통해 불필요한 단어나 구절은 자막에서 즉시 제거될 수 있고, 사용자가 원치 않는 단어나 문장이 있는지 검색하여 이를 텍스트에서 바로 삭제하는 것도 가능하다. 이런 기능들을 통해 사용자는 영상의 내용을 원하는 대로 수정하거나 강조할 수 있다. 또한, 다양한 소셜 미디어 플랫폼에 맞게 화면 크기를 조절하는 기능도 있어, 유튜브부터 틱톡, 쇼츠, 인스타그램 게시물 등 다양한 플랫폼에 맞게 영상을 재탄생시킬 수 있다.

Visuals to Video 서비스는 사용자가 보유한 다양한 시각 자료들, 예를 들면 이미지나 영상을 간편하게 짧은 동영상으로 전환하는 기능을 지원한다. 이 기능을 이용하기 위해서는 Article to Video 서비스와 유사하게, 먼저 이미지나 비디오 파일을 업로드해야만 'Proceed' 버튼이 활성화되는 구조로 되어 있다. 사용자가 업로드한 자료의 순서가 자동으로 정렬될 때 원치 않는 순서로 배열될 가능성이 있는데, 이 때문에 픽토리는 순서를 손쉽게 조정할 수 있는 기능을 포함하고 있다. 단순히 원하는 자료를 클릭한 뒤 드래그하여 적절한 위치에 놓으면 원하는 순서대로 동영상이 구성되게끔 도와준다. 이러한 편의 기능 덕분에 사용자는 자신이 가진 시각 자료들만으로도 직관적이고 간결한 영상을 효과적으로 제작할 수 있다.

픽토리는 더 품질이 좋은 동영상을 생성하는 것을 돕기 위해 여러 기능을 제공한다. 특히 템플릿, 배경음악, 음성 오버*, 화면 비율 및 글꼴 스타일과 같은 핵심적인 4가지 요소를 통해 사용자는 자신의 콘텐츠에 맞춰 맞춤형 동영상을 쉽게 생성할 수 있다. 이 모든 도구는 픽토리 플랫폼 내에서 네 가지 대표 서비스를 이용하면서 접근 가능하며, 각각이 동영상의 전반적인 퀄리티와 스타일을 향상하는 데 중요한 역할을 제공한다.

❶ Script to Video: 스크립트만으로 동영상을 쉽게 생성할 수 있다. 교육자료, 리스트, 코칭 혹은 단계별 안내가 포함된 영상 제작에 뛰어나다.

❷ Article to Video: 기사나 블로그 글을 동영상 형태로 변환해준다. 블로그 내용, 보도 자료, 그리고 다양한 HTML 문서를 동영상으로 제작할 수 있다.

❸ Edit Video using Text: 텍스트를 통해 비디오를 손쉽게 편집할 수 있다. 자막을 자동으로 삽입하거나, 동영상의 특정 부분을 수정하며 하이라이트 클립을 생성하거나 로고, 인트로, 아웃트로를 쉽게 추

가할 수 있다.

❹ Visuals to Video: 이미지 또는 그래픽과 같은 시각 자료를 짧은 영상으로 변환해준다.

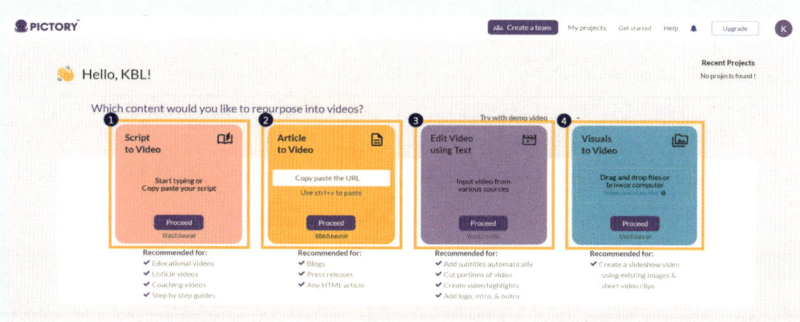

픽토리 대표 서비스

(3) 픽토리(Pictory) vs Vrew

픽토리와 Vrew는 둘 다 AI를 활용한 영상 생성 서비스를 제공하는 공통점을 가지고 있다. 이 두 플랫폼은 무료로 서비스를 제공하지만 서로 다른 제한 사항을 가지고 있다. 픽토리의 경우, 사용자는 처음 3개의 프로젝트를 모든 기능 제한 없이 자유롭게 이용할 수 있다. 한편, Vrew는 프로젝트 제작 횟수에는 제한이 없지만 동영상의 시간과 글자 수에 따라 사용 범위가 제한될 수 있다. 그렇지만 이 제한은 매월 초기화되므로 실질적으로 사용자는 거의 무료로 서비스를 계속 이용할 수 있다. 그럼에도 불구하고, Vrew의 무료 서비스에서는 사용 가능한 AI 목소리가 한정적이기 때문에 이 부분에서는 픽토리와 차이점을 보인다. 픽토리와 Vrew는 각각 4가지와 5가지의 주요 서비스를 제공한다. 모두 각자의 특색을 가진 주요 서비스들을 갖추고 있어, 처음에는 서로 다른 방향으로 발전한 플랫폼이라 생각될 수 있다. 그렇지만, 사용자 경험을 통해 그 깊이를 들여다보면 둘 사이에는 상당히 많은 공통점과 유사점을 찾아볼 수 있다. 하지만 동시에 이러한 유사성을 넘어서 각 플랫폼만의 기능에서 차별화된 부분도 확연히 보인다.

픽토리와 Vrew 모두 사용자가 직접 대본을 작성하여 동영상을 제작하는 서비스가 있다. 그러나 픽토리는 AI를 활용해 대본 작성의 도움을 받지 못하지만, Vrew는 사용자의 주제 입력만으로 AI가 자동으로 대본을 작성해주는 기능을 통해 사용자의 작업 부담을 줄여준다.

더 나아가, Vrew는 사용자가 업로드한 PDF 파일을 기반으로 동영상을 제작하는 독특한 서비스를 제공한다. 반대로 픽토리는 이와 같은 파일 서비스를 제공하지는 않지만 기사나 블로그 URL을 입력하면 이를 분석하여 하이라이트 부분을 동영상으로 생성해주는 서비스를 제공한다.

쇼츠 제작 기능 역시 두 플랫폼에서 찾아볼 수 있는 공통점이다. 하지만 픽토리에서는 기본적인 쇼츠 화면 비율만을 제공해주는 데 비해, Vrew는 다양한 템플릿을 통해 유튜브 스타일의 쇼츠 제작을 가능하게 한다.

Vrew는 스마트폰의 QR코드 인식 기능을 통해 사용자의 모바일 장치에 저장된 영상이나 음성 파일을 쉽게 가져와 동영상 제작에 활용할 수 있어 모바일 환경에서의 연동성이 뛰어나다는 장점이 있다. 픽토리는 모바일 환경에서의 연동성이 떨어지더라도 유튜브 링크, 이미지나 그래프 같은 시각적 자료를 동영상으로 변환하는 기능을 갖추고 있어, 다양한 형태의 콘텐츠 제작에 있어 더 넓은 선택의 폭을 제공한다.

Pictory	vs	Vrew
O	AI 활용 영상 생성	O
프로젝트 3번 횟수 제한 (가입시 카드정보 입력 필요)	무료 이용 가능성	시간 및 글자 수 제한 (매월 제공)
X	무료 사용 제한 사항	사용 가능한 AI 목소리 한정
4가지	주요 서비스 제공 수	5가지
X	AI 대본 작성	O
O	파일 기반 영상 생성	O
O	URL 기반 영상 생성	X
기본 화면 비율 제공	쇼츠 제작 기능	템플릿 제공
한정적	모바일 연동성	스마트폰 QR코드 인식 기능

Pictory vs Vrew

Chapter 5.
인공지능(AI)과 경영

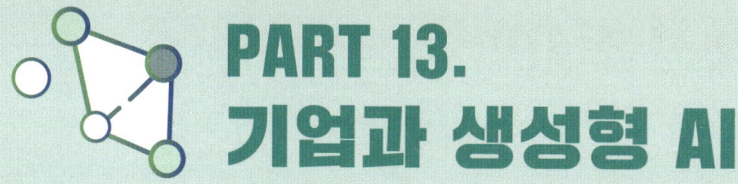

PART 13.
기업과 생성형 AI

Preview

PART 13에서는 산업별 생성형 AI(Generative AI)의 도입 현황을 살펴보고, 기업의 생성형 AI 도입을 위한 준비와 생성형 AI가 지원하는 경영 문제들을 이해한다. 더불어, 성공적인 생성형 AI 도입의 이점과 위험 요소들을 기반으로 생성형 AI의 경영 혁신과 성공적인 구현을 위한 전략을 논의한다.

1장. 생성형 AI와 경영

산업계에서는 생성형 AI(Generative AI)가 다양한 산업에 도입되어 그 혁신을 가속화하는 중요한 역할을 해줄 것을 기대하고 있다. 언어, 이미지, 음성 등의 생성 분야에서 활용되는 생성형 AI 기술은 각각의 산업에 특정 목적에 따라 적용되고 있다. 주요 산업 분야별로 보면, 생성형 AI의 도입 현황은 다음과 같다.

생성형 AI의 활용 분야(출처: 소프트웨어정책연구소(2023))

01 산업별 생성형 AI 도입 현황

생성형 AI는 기존 인공지능(AI) 모델이 하나의 과업을 수행하던 방식을 넘어 하나의 모델을 여러 과업에 활용할 수 있는 전 산업의 기반으로 진화하고 있다. 인공지능(AI)의 자동화 운영, 예측 및 분석, 텍스트나 이미지 생성, 음성 합성, 3D 모델링 등의 다양한 기능은 다양한 산업에 도입 및 적용되고 있다.

1) 제조 분야

제조업에서 생성형 AI를 활용 시 제품 설계, 제조 프로세스, 품질관리, 공급망 관리, 로봇공학 및 자동화를 개선할 수 있다. 대표적으로 생성형 AI를 기반으로 하는 역설계 기법(Reverse Engineering)을 통해 특정 속성을 가진 소재 설계가 가능하며 자동차, 전자 산업 등에 활용될 전망이다. 특히, 반도체 설계 시 설계도 데이터를 학습한 생성형 AI를 통해 부품 배치의 최적화와 기존 칩 개발 주기를 급격히 단축시키는 것이 가능하다. 사례로 구글은 칩 안에 수백만 개의 반도체 소자와 부품을 효율적으로 배치하는 과정인 평면 배치 (Floorplanning)에 기존 평면 배치 설계 1만 종을 학습시킨 인공지능(AI)을 적용시켜 사람이 수개월에 걸려 하던 작업을 6시간 만에 완료하여 TPU V4(구글이 AI 모델을 학습시키기 위해 자체 개발한 AI 슈퍼컴퓨터)를 설계하였다. 또한, 생성형 AI는 주로 시제품과 초안 제작에 활용되어 기술 고도화 및 비용 절감 등을 통해 효율성을 개선하고 다양성 확보에 기여한다.

제조 공정에 인공지능(AI)의 도입을 위해서는 모델 학습을 위한 충분한 데이터가 요구되며, 생성형 AI 기반의 합성 데이터 생성으로 해결할 수 있다. 상대적으로 적은 산업 현장의 원천 데이터를 학습에 사용하기 위해서는 합성 데이터를 포함한 충분한 데이터 확보가 필수이다. 자율주행차의 핵심 알고리즘 개발을 위하여 합성 데이터가 활용되고 있으며, 사례로 웨이모는 주행 데이터 2,000만 마일, 총 150억 마일 거리의 합성(시뮬레이션) 데이터를 생성해 활용했다고 알려졌다.

2) 유통마케팅 분야

유통 마케팅의 광고 마케팅이나 고객센터 업무는 고객과의 대면 서비스나 물류 최적화 업무 등 많은 인력을 필요로 하는 직무이므로, 생성형 AI의 적용으로 생산성 제고와 운영 전반의 효율화가 가능하다. Resumebuilder.com이 미국 내 1,000개 기업을 대상으로 실시한 설문조사에 따르면, 전체 1/4의 기업이 생성형 AI인 ChatGPT로 일부 근로자를 대체하고 있다고 응답하였다. 여기서 광고/컨텐츠 생성은 58%, 고객 지원은 57%에 해당한다. 또한, 생성형 AI는 사람 대신 고객 문의에 대한 응답과 이메일 작성을 할 수 있으며, 물류의 동선 추천이나 시장조사 등에도 활용할 수 있다.

3) 금융 분야

금융업계는 생성형 AI를 통한 업무 자동화뿐만 아니라 높은 수준의 데이터 분석 및 자연어 처리 능력을 이용해 금융·투자 서비스의 혁신을 주도할 수단으로 활용될 수 있다. 생성형 AI가 적용된 챗봇은 과거 상담 기록을 분석하여 보다 정확하고 친근하게 응답을 제공함으로써 고객 응대에 활용될 수 있다. 사례로 BBVA는 고객의 지출 패턴 및 금융 데이터 분석 결과를 기반으로 개인화된 재무 상담 서비스를 제공하는 인공지능(AI) 기반 챗봇 Alicia를 개발하였다. 게다가, 생성형 AI를 통해 실시간으로 생성되는 빅데이터 분석 결과를 기반으로 수립한 투자 포트폴리오 혹은 고객 특징에 따른 맞춤형 상품 추천이 가능하다. 미래에셋증권은 ChatGPT를 활용하여 투자종목의 시황 데이터 및 관련 뉴스가 결합된 내용을 요약하는 서비스인 '투자 GPT가 요약한 종목은?'을 개발하였다. 이렇듯 생성형 AI는 금융업계에서 고객 응대, 마케팅, 영업,

위험 관리, 신용 평가 및 심사 등 다양한 서비스 분야에 적용이 가능하다.

4) 미디어 분야

생성형 AI는 미디어산업에 창작 도구로 활용되며 큰 영향을 미칠 것으로 전망하고 있다. 일부 미디어 기업은 생성형 AI를 보조적 도구로 활용하여 기사를 작성하고, 자동 생성 뉴스에 큰 규모의 자본을 투자하고 있다. 창작 도구로서 뿐만 아니라 미디어 생성자의 역할 분업화를 통해 생산성 및 효율성을 향상할 수 있다. 기사 작성 시 자료 수집과 같이 시간이 많이 소요되는 업무를 ChatGPT가 담당하여 기자의 보조적 역할을 수행할 수 있다. 사례로 미국 잡지사 아레나그룹은 ChatGPT를 활용하여 기사 제작 후 편집자들의 사실 관계 확인 후 게재하지만 그보다는 독자들에게 보내는 소식지나 광고용 콘텐츠, 동영상 제작 등에 활용할 예정이라고 밝혔다.

5) 의료 분야

의료 분야에서 생성형 AI는 신약 개발, 의료 교육, 그리고 맞춤형 진료에 혁신적 도구로 활용할 수 있다. 신약 개발과 관련하여 생성형 AI는 임상실험을 보다 효율적으로 가능하게 할 수 있다. 생성형 AI는 실제 환자 데이터를 기반으로 한 통제집단(합성환자)을 더 낮은 비용으로 빠르게 생성함으로써 신약 개발의 효율성을 높일 수 있다. 다음으로 생성형 AI는 의료 교육 현장에서 많은 교육 경험을 제공하는 데 활용될 수 있다. 이와 관련하여 생성형 AI는 특정 질병에 대한 다양한 변형을 만들어 내는 능력으로 동일한 병의 다양한 유형을 조사하고 이를 환자가 어떻게 변화할 수 있는지 학습하는 데 도움을 준다. 또한, 생성형 모델은 대화식 상호작용을 통해 증상과 징후를 이해하는 연습을 가능하게 하며, 특정 질병을 파악하고 진단하는 데 도움이 될 수 있는 무한한 예시를 제공해준다. 맞춤형 진료와 관련하여 생성형 AI는 각 환자에게 맞는 맞춤형 환자 진단 및 상담에 활용이 가능하다. 사례로 미국 텍사스의 의료 센터와 중국 항저우에 있는 대학 연구팀이 협력하여 메타의 초대형 언어 모델인 LLAMA를 기반으로 한 의료 챗봇, ChatDoctor 모델을 개발하여 공개하였다. ChatDoctor은 정확한 약물 처방 및 의료 제언 등에서 성과를 보이고 있다.

6) 농업 분야

농업 분야에서 생성형 AI의 활용은 크게 예측 분석, 육성 환경 모니터링, 프로세스 자동화, 수리 관개 체계 개선, 정밀 농업 구현에 적용이 가능하다. 예측분석에서는 방대하고 다양한 데이터로 생성형 AI를 훈련시켜 가축 및 농작물의 성장을 예측하여 농장의 수익 관리에 기여할 수 있다. 육성환경(가축 및 농작물) 모니터링에서는 센서와 카메라를 이용해 얻은 정보를 기반으로 학습하여 알고 있는 가축의 질병이나 스트레스의 초기 징후와 특이사항에 대해 농장주에게 알리거나 농장주와 상호작용함으로써 선제적 대응 지원이 가능하다. 프로세스 자동화에서는 작물 성장 모니터링 데이터를 학습한 생성형 AI는 사람을 대신하여 파종, 제초, 관수, 수확과 같은 수동적 작업을 자동으로 수행하는 의사결정 지원 또는 실행이 가능하다. 관개 시스템 개선에서는 기상 데이터를 기반으로 언제 어느 정도 물을 작물에 줘야 할지 예측함으로써 관개 시스템을 개선하여 농업용수의 비용 절감에 기여한다. 정밀 농업에서는 과거 작물 성장 데이터, 기후 데이터, 토양 데이터 등을 기반으로 최적의 생산량을 낼 수 있는 정밀 농업 기술을 학습하여 파종, 육성, 수확 등 농업 전반에 적용이 가능하다.

단기적으로는 대화형 인터페이스를 통해 농민이 쉽게 경작지의 상황, 농작물의 재배 형태를 파악하고 필요한 조치를 수행하는 스마트 영농 지원이 가능하다. 장기적으로는 영농지식-사물인터넷-로봇 등이 결합하여 자동으로 경작 현황을 모니터링하고 스스로 영농지식을 찾아 무인화된 경작이 가능할 것이다. 사례로 이스라엘 프로스페라 테크놀로지사는 인공지능(AI) 기반의 무인 실내 농업 솔루션을 개발하는 업체로 농작물 현황과 환경을 자동 모니터링하고 로봇을 이용한 작물 재배 환경을 구현하였다.

7) IT 분야

IT 분야에서는 생성형 AI로써 ChatGPT가 지원하는 프로그램 코드 구현 및 검토 등 코딩 관련 다양한 기능을 사용하여 작업의 효율성을 높일 수 있다. 이는 사용자가 대화창을 통해 요청하는 사항에 따라 효율적인 프로그램 코드 예제를 제시하거나, 기존 코드에 대한 검토 및 의견을 제시해준다. 이는 구현이 어렵거나 시간이 오래 걸리는 오류 찾기(디버깅) 등의 노력을 줄여주며, 개발자에게 편의와 정확성을 제공한다.

02 기업의 생성형 AI 도입을 위한 준비

생성형 AI는 기업에서 다양하게 활용되고 있으며 그 영역은 점차 확대될 수 있다. 그리고, 그 영역은 산업 분야와 업무 특성에 따라 다르게 적용될 것이다. 어떤 회사는 코드 작성을 위해, 어떤 회사는 챗봇을 구축하기 위해, 또 어떤 회사는 자료를 효율적으로 정리하기 위해 생성형 AI를 이용할 수 있다. 다양한 산업의 기업에서 생성형 AI를 활용한 성과를 내기 위해서는 다음 질문에 대한 준비가 필요하다.

1) 비즈니스 가치가 어디에 있는가?

기업은 생성형 AI를 도입하기 전에 생성형 AI의 가능성이 비즈니스에 어떻게 구체적으로 적용될 수 있을지 이해할 필요가 있다. 즉, 생성형 AI를 도입했을 때 비즈니스 가치로 무엇을 얻을 수 있을지를 명확화하는 것이다. 생성형 AI를 제대로 이해하고 기업의 업무에 적용하려면 직접 경험해 보고 정보기술의 빠른 변화 속도를 고려하며 그 사용 규모가 커졌을 때의 모습도 예측할 수 있어야 한다.

한 사례로 미국의 솔루션 통합 서비스를 제공하는 인사이트 엔터프라이즈는 직원들이 생성형 AI 툴을 사용하고 그 경험을 공유하고 있다. 그들은 이를 통해 기업 전체가 생성형 AI의 장점과 단점을 파악할 수 있었다. 즉, 생성형 AI가 유용하게 활용되는, 잘하는 부분뿐만 아니라 못하는 부분도 함께 파악하는 것이다. 이러한 과정은 생성형 AI를 자세히 파악하는 데 효과적이므로 기업들은 생성형 AI를 도입하기 전에 이러한 과정을 거치는 것을 제안한다.

더불어, 기업이 "향후 1-2년 동안 생성형 AI를 어떻게 사용할 계획인가?"에 대한 질문을 스스로 하고 이에 대한 구체적인 답변을 마련할 필요가 있다. 또한, 아직 생성형 AI를 도입한 생각이 없는 기업들에게는 "왜 다른 회사들이 생성형 AI 기술을 도입하고, 우리는 그렇지 않은가?"에 대해 생각해 볼 필요가 있다.

2) 기업의 구축 전략은 무엇인가?

기업은 생성형 AI를 도입하기 전에 생성형 AI 구축을 위한 전략이 있어야 한다. 기업은 기본적으로 그 기업의 규모, 상황 및 업무 특성에 따라 생성형 AI를 위한 자체 모델을 사용할지, 프라이빗에서 실행할지, 아니면 공용 모델을 사용할지를 고민할 수 있다. 일반적으로 기업의 규모가 큰 경우에는 보안성이 높은 프라이빗 클라우드를 통해 모델을 이용하는 것을 고려할 수 있다.

3) 데이터, 고객, 직원을 안전하게 유지할 수 있는가?

기업은 생성형 AI를 도입하기 전에 생성형 AI 적용으로 인해 발생할 수 있는 보안 및 정보보호 이슈에 대한 인지 및 대책을 가지고 있어야 한다. 생성형 AI를 도입하기 전에 사용되는 데이터가 어떻게 보호되는지 이해하고, 문제가 발생할 수 있는 상황들에 대하여 인지하고 대책을 마련해 놓아야 한다. 또한, 기업에서는 생성형 AI 활용과 관련한 보안 정책을 설정하고 직원들이 그 정책을 인지 및 준수할 수 있도록 해야 한다. 이와 관련하여 생성형 AI를 도입한 후에는 현재 기술 상황과 생성형 AI의 한계를 이해할 수 있도록 사내 커뮤니케이션 및 교육 캠페인을 실시할 수 있다.

4) 편견으로부터 어떻게 보호해야 하는가?

생성형 AI 모델이 학습하는 방법은 불투명하여 아직까지는 그 결과물이 어떻게 발생하는지 완전히 이해하기가 힘들다. 생성형 AI가 기업의 비즈니스에 미칠 영향은 낙관적이지만 책임감 있고 윤리적인 구현이 기반이 되어야 한다. 즉, 생성형 AI의 책임 있는 사용이 필요하다. 이를 위해 기업은 생성형 AI를 도입하기 위하여 생성형 AI의 효율성뿐만 아니라 정확성, 제어 및 책임 있는 사용을 보장하는 방법을 학습하는 것이 필요하다. 기업은 생성형 AI를 도입한 후에는 예상한 대로 작동하는지 확인하기 위해 사용자들과 함께 엄격한 알파 테스트를 실시할 수 있다. 생성형 AI 도입의 초기에는 단계적으로 적용함으로써 잘못된 결과에 대한 수정이 필요하다.

5) 누구와 협력할 수 있는가?

기업에서 생성형 AI를 구현하는 효과적인 방법 중 하나는 신뢰할 수 있는 파트너에 의존하는 것이다. 기업이 자체 생성형 AI 기능을 출시하기까지는 적어도 2~3년은 걸릴 것으로 예측한다. 그러므로, 자체 생성형 AI 기능 출시 전까지는 기존 공급업체 파트너에 의존하며 안정적으로 생성형 AI를 사용하며 경험할 수 있다. 하지만, 파트너에 의존하며 생성형 AI를 이용할 때는 주의해야 할 사항이 있다. 공급업체 파트너가 제공하는 생성형 AI 모델을 사용할 경우 아직 그 모델을 훈련시키고 있을 수 있다. 예를 들어, 어떤 직원이 교정을 위해 민감한 문서를 업로드하면 생성형 AI 모델은 문서의 내용을 학습하고 그 내용을 사용하여 다른 회사의 사용자에게 답변함으로써 민감한 정보가 유출될 수도 있다. 이와 관련해서는 생성형 AI 기능을 제공하는 기업의 데이터 보호 및 보안을 준수하는 것이 필수지만, 제공받는 기업에서는 원래 교육 데이터의 출처, 검증 및 관리 방법 등을 확인하고 이용하는 것이 필요하다.

6) 비용이 얼마나 들 것인가?

기업은 현재 재정 상태와 활용할 기능을 고려하여 생성형 AI를 도입할 필요가 있다. 임베디드 AI의 비용 부과 방식은 비교적 단순하다. 마이크로소프트, 구글, 어도비 및 세일즈포스와 같은 기업의 소프트웨어 회사에서 생성형 AI를 도구 세트에 추가하면 가격이 비교적 명확해진다. 하지만, 자체적으로 생성형 AI를 구축하면 그 비용 계산이 복잡해진다. 소형 언어 모델은 빠르게 등장하고 진화하고 있다. 생성형 AI 구축을 위한 총 소유 비용에 대한 논의는 아직 많지 않지만, 다양한 생성형 AI 모델들과 생성형 AI를 먼저 도입한 기업들이 부과한 비용들을 통해 적절한 비용을 산출할 수 있다.

7) 데이터 인프라는 준비되었는가?

임베디드 생성형 AI는 공급업체가 작동에 필요한 데이터 옆에 AI를 추가하고 있기 때문에 기업이 쉽게 배포할 수 있다. 하지만, 엔터프라이즈 구현에는 견고한 데이터가 필요하며, 이를 위해 많은 기업들이 여전히 노력 중이다. 이를 위해서는 데이터가 중앙 집중화되고 최적화되어야 하며, 데이터 간에 상호 연결되어야 한다. 기업은 자사만의 생성형 AI 구현을 위하여 올바른 데이터, 정제된 데이터, 툴, 데이터 거버넌스 및 가드레일이 기반이 되어야 한다.

03 생성형 AI가 지원하는 경영 문제들

생성형 AI는 다양한 경영 분야에서 문제를 해결하고 비즈니스 프로세스를 혁신하는 데 활용되며, 효율성 향상과 혁신을 도모하는 중요한 역할을 할 수 있다. 생성형 AI가 지원하는 경영의 문제들은 다음과 같다.

1) 자동화된 업무 프로세스

생성형 AI는 다양한 업무 프로세스를 자동화하고 효율적으로 수행하는 데 활용될 수 있다. 고객 서비스 및 대화, 데이터 분석, 다국어 지원, 시뮬레이션 등 많은 분야에 적용될 수 있으며 특히 반복적이고 규칙적인 업무 자동화에 크게 활용될 수 있다. 대표적으로 기업에서 문서 작성 및 리포팅, 예약 및 스케줄 관리, 데이터 입력 및 정제 등이 있다. 문서 작성 및 리포팅에서 생성형 AI는 기업 보고서, 마케팅 콘텐츠, 글 작성 등의 작업을 자동화할 수 있다. 이때 대량의 데이터와 정보를 분석하여 요약하거나 필요한 내용의 문서를 생성하는 데 활용된다. 예약 및 스케줄 관리에서 생성형 AI는 회의 일정 조율, 예약 관리, 약속 확인, 이메일 분류 등의 작업을 자동화할 수 있다. 즉, 일정을 관리하고 조율하여 스케줄을 효율적으로 조정할 수 있다. 데이터 입력 및 정제에서 생성형 AI는 기업의 내/외부 데이터를 효과적으로 수집 및 입력하여 분석에 활용할 수 있다.

2) 고객 서비스 및 응대

생성형 AI 챗봇을 활용하여 고객 문의에 대한 자동응답을 제공하거나 기본적인 고객 지원을 자동화할 수 있다. 이로써 고객은 신속하고 정확한 답변을 받을 수 있으며, 인력을 절약할 수 있다. 생성형 AI를 활용한 고객 서비스 및 응대에는 자동응답 챗봇 활용, 고객 지원 및 문제해결, 개인화된 추천 및 안내 등이 있다. 자동응답 챗봇 활용에서는 생성형 AI를 기반으로 한 챗봇이 웹사이트, 앱, 소셜미디어 등에서 고객의 질문에 빠르게 응답하는 데 사용된다. 기본적인 문제해결 및 정보 제공을 통해 고객들이 신속하게 필요한 정보를 얻을 수 있다. 고객 지원 및 문제해결에서는 고객의 문제를 이해하고 답변하는 역할을 하며 실시간으로 도움을 제공한다. 예를 들어, 전자기기 오작동 문제에 대한 해결 방법을 안내하거나 상품에 대한 문의를 빠르게 답변할 수 있다. 개인화된 추천 및 안내에서는 생성형 AI는 대화 내용과 이전 기록을 분석하여 개인화된 추천을 제공하거나 적절한 제품을 안내한다. 이를 통해 고객은 더 나은 구매 경험을 할 수 있다.

기업에서 생성형 AI를 활용한 자동응답 챗봇 사례로는 글로벌 의류 브랜드인 H&M은 온라인 고객 서비스에 생성형 AI를 활용하여 패션에 관한 질문에 답변하고 스타일링 팁을 제공한다. 도미노 피자는 생성형 AI를 주문 시스템에 적용하여 고객들이 피자를 주문하고 추천 메뉴를 확인하는 데 활용하고 있다. 다음으로 고객 문제해결 사례로 제네시스에서는 오토메이션 코파일럿(Automation Co-Pilot)의 기능과 생성형 AI를 활용하여 고객 경험 향상을 위한 자동화 서비스를 제공한다. 여기에서 음성-텍스트 기능은 고객의 요구사항을 텍스트로 변환하여 봇에게 전달한다. 이 봇은 생성형 AI를 사용하여 문제의 의도를 인식하고 다음 조치사항을 제안한다. 추가로 에이전트(상담원)가 빠른 해결을 위해 필요한 주제와 데이터를 미리 알 수 있도록 과제를 생성한다. 따라서, 에이전트는 고객의 요구사항을 먼저 파악하여 빠른 해결 흐름에 즉시 진입할 수 있다.

3) 데이터 분석 및 예측

생성형 AI는 대량의 데이터를 분석하여 의미 있는 정보를 추출하고, 미래의 추세와 패턴을 예측하는 데 사용될 수 있다. 생성형 AI가 데이터 분석 및 예측에 어떻게 활용되는지 다음과 같이 나타낸다. 첫째, 자연어 처리 기반의 원활한 데이터 탐색이다. 생성형 AI는 대화 기반의 질문-답변 시스템을 가능하게 만들어 기술적인 전문성이 낮은 사용자도 자연어로 질문할 수 있도록 하여 복잡한 코딩 작업을 줄일 수 있다.

둘째, 영상 및 이미지 데이터 분석과 예측이다. 생성형 AI는 이미지나 영상 데이터를 분석하여 객체 검출, 이미지 분류, 세분화 등의 작업을 수행할 수 있다. 대표적인 사례로 의료 분야에서는 생성형 AI가 의료 영상을 분석하여 질병 진단이나 의료 예후 예측을 지원하는 데 사용될 수 있다. 셋째, 시계열 데이터 분석 및 예측이다. 생성형 AI는 시계열 데이터를 분석하여 시간에 따른 패턴과 트렌드를 파악하고 미래 값을 예측할 수 있다. 기상 예보, 주식 시장 예측, 트래픽 예측 등 다양한 분야에서 활용될 수 있다.

넷째, 자동화된 예측 및 포트폴리오 관리이다. 생성형 AI는 방대한 데이터를 분석하여 개인별로 맞춤화된 서비스를 제공할 수 있다. 또한, 기업에게 경영 및 투자 전략을 제안하거나 포트폴리오를 최적화하는 데 도움을 줄 수 있다. 예를 들어, 매출 데이터와 고객 행동 데이터를 분석하여 판매량 예측이나 재고 관리를 최적화할 수 있다. 그 밖에, 비즈니스 인텔리전스 도구와 통합하여 기업의 내/외부 데이터 분석을 통한 전략 구축에 기여할 수 있다.

다섯째, 자연어 생성을 통한 리포트 및 요약 생성이다. 생성형 AI는 대량의 데이터와 정보를 요약하고 이를 기반으로 리포트를 생성하는 데 활용할 수 있다. 긴 문서를 간결하게 요약하거나 기업 보고서를 자동으로 작성하는 데 사용할 수 있다. 여섯째, 보안 및 사이버 위협 예측이다. 생성형 AI는 기업의 네트워크 트래픽 및 보안 로그를 분석하여 이상 행동을 탐지하고 사이버 위협을 예측하는 데 활용될 수 있다.

4) 시뮬레이션과 시나리오 분석

　생성형 AI를 활용하여 다양한 시나리오를 시뮬레이션하고 분석할 수 있다. 이는 다양한 조건과 변수를 고려하여 예측과 분석을 수행하고, 복잡한 상황에서의 결과를 시각화하거나 해석할 수 있다. 이러한 시뮬레이션과 시나리오 분석은 다양한 분야에서 활용될 수 있으며 대표적 사례는 다음과 같다. 첫째, 생성형 AI는 자동차 운전, 로봇 동작 등의 시뮬레이션을 수행하여 다양한 조건에서의 동작을 예측하고 분석할 수 있다. 이를 통해 제품의 디자인 개선 및 안전성 평가에 활용될 수 있다.

　둘째, 생성형 AI는 기후 모델과 환경 데이터를 기반으로 다양한 기후 변화 시나리오를 시뮬레이션하고 분석할 수 있다. 즉, 기후 변화의 영향을 예측하고, 대응 전략을 개발할 수 있다. 셋째, 생성형 AI는 의료 분야에서 환자 건강 상태나 치료 방법의 다양한 시나리오를 시뮬레이션하고 예측할 수 있다. 약물 효과, 질병 진행 상황 등을 예측하여 의사나 연구진에게 유용한 정보를 제공할 수 있다.

　넷째, 생성형 AI는 비즈니스 결정에 관련된 시나리오를 시뮬레이션하고 특정 전략의 결과를 예측할 수 있다. 이는 비즈니스 결정에 대한 영향을 예측하고 최적의 전략을 선택하는 데 도움을 줄 수 있다. 이렇듯 생성형 AI의 시뮬레이션과 시나리오 분석은 다양한 분야에서 활용됨으로써 예측과 분석을 더 정확하게 수행할 수 있다.

5) 새로운 아이디어와 콘텐츠 생성

　생성형 AI는 새로운 아이디어와 콘텐츠 생성에 활용될 수 있다. 다양한 데이터와 정보를 기반으로 창의적인 아이디어와 매력적인 콘텐츠를 도출할 수 있다. 생성형 AI는 다양한 토픽, 주제, 이미지를 기반으로 아이디어를 생성하는 데 활용될 수 있다. 콘텐츠 생성의 사례로는 국내(한국)에서 최초로 생성형

AI인 ChatGPT를 활용하여 2023년 4월, 베스킨라빈스에서 홍보 광고를 제작하였다. ChatGPT에게 산리오 캐릭터 중 하나인 쿠로미와 마이멜로디가 주인공인 동화 스토리를 요청하고, 제작된 스토리라인을 베스킨라빈스 측에서 각색하여 완성하였다. 해당 광고의 스토리는 '복숭아 원정대와 용의 눈물'이라는 주제로 두 주인공이 이달의 맛을 찾아 베스킨 성으로 모험을 떠나는 이야기가 콘셉트다. 이는 생성형 AI가 기업의 제품 개발, 마케팅 전략 수립 등에서 창의성을 촉진하는 데 도움을 줄 수 있는 것을 보여준다.

ChatGPT를 활용한 홍보광고 제작 (출처: 배스킨라빈스 공식 유튜브)

6) 다국어 번역 및 다양한 언어 커뮤니케이션

생성형 AI를 사용하여 다국어 번역을 자동화하거나 다양한 언어로의 커뮤니케이션을 원활하게 할 수 있다. 다양한 언어로 된 텍스트를 번역하거나 언어 간에 자연스러운 대화를 가능하게 함으로써 다음과 같은 업무에서 활용될 수 있다. 생성형 AI는 다국어 문장을 입력받아 자동으로 다른 언어로 번역할 수 있다. 구글 번역(Google Translate)과 소셜미디어와 같은 서비스에서 사용되며, 다국어 커뮤니케이션을 가능하게 한다. 특히, 다국어 번역은 글로벌 비즈니스에서 중요한 역할을 한다. 생성형 AI를 활용하여 비즈니스 문서, 이메일, 회의 자료 등을 원하는 언어로 번역하거나 해석하여 글로벌 협업을 원활하게 하는 것을 지원할 수 있다.

다음으로 생성형 AI를 음성 인식 기술과 결합하여 실시간 음성 대화에서도 다국어 통역을 수행할 수 있다. 이는 문서 번역뿐만 아니라 언어의 장벽을 없애고 자연스러운 대화를 이어갈 수 있도록 돕는다. 이러한 생성형 AI의 다국어 번역 및 다양한 언어 커뮤니케이션 지원은 여행 및 문화 교류, 금융, 법률, 교육 등 다양한 분야에 적용되어 효율적으로 활용될 수 있다. 여행 및 문화 교류에서는 언어 장벽을 극복하여 다른 문화와 교류하며 원활한 의사소통을 할 수 있다. 금융 및 법률에서는 전문 용어와 문맥을 고려하여 정확한 번역을 제공하여 업무의 효율성을 높일 수 있다. 교육 및 학문 분야에서는 다양한 언어로 된 학술 논문이나 교육 자료를 번역하거나 해석하여 국제적으로도 연구 협력을 촉진할 수 있다.

2장. 기업의 생성형 AI 도입 전략

01 성공적인 생성형 AI 구현을 위한 전략

기업이 성공적으로 생성형 AI를 구현하기 위해서는 다음과 같은 전략을 고려할 수 있다. 이러한 전략은 생성형 AI 도입과 관리 과정에서 효과적인 방향을 제시하고, 기업이 목표를 달성하고 비즈니스 이익을 극대화하는 데 기여한다.

1) 프로젝트 계획과 일정 관리

생성형 AI 구현의 초기에는 계획과 일정 관리가 중요하다. 프로젝트 단계를 세분화하고 타당한 일정을 설정하여 구현 과정을 체계적으로 관리한다. 프로젝트 계획에서는 목표 설정, 스코프 정의, 작업 분할, 역할 및 책임 할당, 자원 및 예산 할당 등을 계획한다. 일정 관리에서는 작업 일정, 의존성 및 마일스톤 설정, 일정 조율, 위험 관리, 진행 상황 모니터링, 일정 조정 및 리스케줄링, 팀 커뮤니케이션 등을 관리한다.

2) 목표 설정 및 우선순위 결정

생성형 AI 구현의 목표를 명확히 설정하고 어떤 영역에서 우선적으로 도입할 것인지를 결정해야 한다. 즉, 어떠한 업무 또는 문제를 해결하고자 하는지, 어떻게 비즈니스 성과를 향상시킬지 구체적으로 계획할 수 있다. 다양한 인공지능(AI) 기술과 플랫폼이 존재하므로, 기술 및 플랫폼에 대한 조사와 평가를 수행할 수 있다. 여기에서는 기업이 가지고 있는 기술과 역량을 기반으로 적합한 기술 및 플랫폼의 특성을 검토할 수 있다. 즉, 적용하려는 작업과 데이터와의 호환성을 확인하고, 플랫폼이 제공하는 기능과 장점을 확인한다.

3) 적절한 기술과 플랫폼 선택

생성형 AI 구현의 목표를 명확히 설정하고 어떤 영역에서 우선적으로 도입할 것인지를 결정해야 한다. 어떠한 업무 또는 문제를 해결하고자 하는지, 어떻게 비즈니스 성과를 향상시킬지 구체적으로 계획할 수 있다. 다양한 인공지능(AI) 기술과 플랫폼이 존재하므로, 기술 및 플랫폼에 대한 조사와 평가를 수행할 수 있다. 여기에서는 기업이 가지고 있는 기술과 역량을 기반으로 적합한 기술 및 플랫폼의 특성을 검토할 수 있다. 적용하려는 작업과 데이터와의 호환성을 확인하고, 플랫폼이 제공하는 기능과 장점을 확인한다. 또한, 생성형 AI 구현은 초기 투자 비용뿐만 아니라 운영 비용, 인력 비용 등을 고려해야 하므로 이를 기반으로 예산을 산정하여 결정할 수 있다. 그 밖에, 선택한 기술과 플랫폼이 얼마나 확장 가능하며 유지보수가 용이한지를 평가한다.

4) 데이터 준비와 품질관리

데이터 준비와 품질관리는 생성형 AI 모델의 성능과 신뢰도를 결정하는 중요한 요소이다. 훈련 데이터를 정확하게 레이블링하고 데이터의 다양성과 대표성을 확보하여 모델의 성능을 향상시킨다. 즉, 철저한 데이터 준비와 데이터 품질 관리는 모델의 정확성과 일반화 능력을 향상시킨다.

5) 팀 구성 및 리더십 확보

생성형 AI 구현을 위한 팀을 구성하고, 리더십을 기반으로 지원하는 것이 중요하다. 인공지능(AI) 전문가, 데이터 과학자, 도메인 전문가, 소프트웨어 엔지니어 등의 역할을 명확히 정의하고 효율적인 협업을 위한 구조를 마련할 필요가 있다. 인공지능(AI) 전문가는 인공지능(AI) 모델의 설계와 구현을 담당하는 전문가를 포함하며, 머신러닝, 딥러닝, 자연어 처리 등의 전문적인 지식을 가진 팀원이 요구된다. 데이터 과학자는 데이터 전처리, 품질관리, 피쳐 엔지니어링 등 데이터 관련 작업을 수행하는 전문가를 포함한다. 도메인 전문가는 해당 분야의 도메인 지식을 가진 전문가가 팀에 참여하여 모델이 실제 문제를 해결할 수 있도록 도움을 준다. 소프트웨어 엔지니어는 모델을 실제로 구현하고 시스템과 플랫폼을 개발하는 역할을 담당한다. 이러한 역할을 기반으로 각 분야의 리더를 선정하여 업무를 분배하고 관리하도록 지원할 수 있다.

6) 사용자 교육 및 훈련

조직 내에서 생성형 AI 도입에 대한 충분한 교육과 정보를 제공하여 직원들이 새로운 시스템을 승인하고 적극적으로 활용할 수 있도록 도움을 준다. 여기서는 생성형 AI의 활용 방법과 장점을 설명하고 교육할 수 있다. 또한, 사용자들의 의견과 피드백을 수렴하여 반영할 수 있다. 생성형 AI 도입으로 직원의 업무가 변경되었을 경우 이에 대한 인지와 학습을 제공해야 한다.

7) 데이터 보안과 개인 정보 보호를 위한 법적 규정 준수

기업이 생성형 AI를 활용하는 과정에서 데이터 보안 및 개인 정보 보호와 관련한 데이터 유출, 데이터 편향 및 악용, 모델 침해와 공격 등의 문제들이 발생할 수 있다. 그러므로, 기업은 생성형 AI 도입 시, 데이터 보안, 개인 정보 보호, 규정 준수와 관련된 법적 측면을 고려해야 한다. 개인 정보 보호 관련 국가별 법규 및 규제를 준수하고, 사용자 개인정보를 보호하는 방안도 마련해야 한다. 특히, 기업의 민감한 정보를 안전하게 다룰 수 있도록 규정을 준수하고 보안 조치를 강화해야 한다.

또한, 민감한 데이터는 암호화하여 외부의 무단 접근을 방지하고, 민감한 정보와 비민감한 정보는 분리하여 처리하여 민감한 정보의 노출을 최소화한다. 또한, 실제 개인 식별 정보가 아닌 익명화된 데이터를 사용하여 모델을 훈련시켜야 한다. 기술적으로는 모델의 동작을 감시하여 악의적인 동작을 탐지하고, 보안 전문가와 협의하여 시스템을 평가하고 취약점을 파악하여 대응한다.

8) 성과 측정과 ROI(투자수익률) 분석

생성형 AI 도입의 성과를 측정하고 예상된 비즈니스 이점과 투자 대비 이익을 평가한다. 정량적·정성적 지표를 활용하여 결과를 평가하고 개선 방향을 결정할 수 있다. 성과 측정의 정량적 지표로는 정확성 및 성능, 속도 및 처리량, 비용 절감 등을 통한 측정이 가능하다. 정확성 및 성능과 관련해서는 생성형 AI 모델의 정확성과 성능을 평가하는 것으로 생성형 AI가 제공하는 결과물의 정확도, 재현율, 정밀도 등의 메트릭을 사용하여 모델의 예측 결과와 실제 결과를 비교할 수 있다. 속도 및 처리량과 관련해서는 인공지능(AI)이 처리하는 작업의 속도와 처리량을 측정하여 프로세스 개선 정보를 파악할 수 있다. 비용 절감과 관련해서는 생성형 AI 도입으로 인해 발생하는 인력 비용 감소나 작업 처리 시간 단축으로 얼마나 비용이 절감되었는지를 측정할 수 있다.

성과 측정의 정성적 지표로는 고객 만족도와 사용자 경험 개선 등을 통해 측정이 가능하다. 고객 만족도와 관련해서는 생성형 AI를 활용한 서비스나 제품에 대한 고객 만족도를 조사하여 얼마나 만족스러운 결과를 제공하는지 평가한다. 사용자 경험 개선과 관련해서는 생성형 AI가 사용자 경험을 얼마나 개선했는지를 고려한 것으로 사용자 피드백 및 응답 시간의 개선 정도 등을 평가할 수 있다.

ROI(투자수익률) 분석은 생성형 AI 도입으로 얻는 투자수익률을 측정하는 과정이다. ROI를 계산하기 위해서는 투자한 비용과 얻은 수익을 구분하고 계산하면 된다. 비용 측면의 계산은 생성형 AI 도입에 들어가는 초기 투자 비용을 산정한다. 여기서는 하드웨어, 소프트웨어 구매 비용, 데이터 수집 및 전처리 비용, 인력 비용 등을 계산할 수 있다. 또한, 유지보수 및 운영 비용을 계산하여 모델의 수명 주기 동안 발생하는 비용을 계산할 수 있다. 수익 측면의 계산은 생성형 AI 도입으로 인해 발생하는 수익을 산정한다. 여기서는 생산성 향상으로 인한 비용 절감, 더 나은 의사결정으로 인한 수익 증대를 고려할 수 있다. 더불어, 시장 점유율의 증가나 새로운 비즈니스 기회로 인한 추가적인 수익을 예측하여 계산할 수 있다. 이러한 비용과 수익을 기반으로 다음의 ROI 계산 공식을 통해 초기 투자 대비 얼마나 수익을 얻는지 산정할 수 있다.

$$ROI(투자수익률) = ((수익-비용)/비용)*100$$

하지만, ROI 분석은 수익과 비용의 비교 이상의, 장기적인 영향을 고려해야 한다. 초기 투자 비용과 운영 비용을 정확하게 계산하고, 예상되는 수익을 현실적으로 평가해야 한다. 이러한 ROI 분석은 생성형 AI 도입의 성과를 평가하고 투자의 효과를 파악하는 중요한 도구이다. 이는 수치화된 결과를 통해 기업 내부 의사결정에 도움을 줄 수 있다.

9) 실시간 모니터링과 지속적인 개선

생성형 AI 모델이 운영 환경에서 잘 작동하는지 모니터링하며 성능을 추적한다. 초기 모델의 성능이 충분하지 않은 경우, 피드백을 기반으로 모델을 개선한다. 또한, 정기적으로 모델을 갱신하여 성능을 최적화한다. 생성형 AI 도입은 단순한 프로젝트가 아닌 지속적인 과정이므로 기술의 발전과 비즈니스 환경 변화에 대응하기 위해 모델의 지속적인 개선과 혁신이 필요하다.

02 기업의 생성형 AI 도입의 이점과 위험 요소

기업에서 생성형 AI를 도입하는 것은 여러 가지 이점을 제공하지만 동시에 고려해야 할 위험 요소도 존재한다. 생성형 AI 도입의 주요 이점과 위험 요소들을 다음과 같이 나타낸다.

1) 생성형 AI 도입의 이점

기업의 생성형 AI 도입은 작업 효율성 향상, 정확성 및 일관성, 데이터 기반의 의사결정, 생산성 향상, 고객 경험 개선 등을 제공할 수 있다. 첫째, 작업 효율성 향상과 관련하여 생성형 AI는 반복적이고 시간 소모적인 작업을 자동화하여 인력의 노동력을 절감하고 작업 효율성을 향상시킨다. 이를 통해 업무의 생산성이 향상되고 직원들은 더 가치 있는 업무에 집중할 수 있다.

둘째, 정확성 및 일관성과 관련하여 생성형 AI는 항상 일관되고 정확한 결과를 제공하므로 사람의 실수나 주관적 판단의 영향을 줄일 수 있다. 이를 통해 고객 서비스 품질을 향상시키고 오류를 최소화할 수 있다. 셋째, 데이터 기반의 의사결정과 관련하여 생성형 AI는 대량의 데이터를 분석하여 트렌드 및 패턴을 분석할 수 있다. 이를 통해 더 나은 의사결정을 내릴 수 있으며 실시간 데이터를 기반으로 비즈니스 전략을 조정할 수 있다.

넷째, 생산성 향상과 관련하여 생성형 AI는 자동화된 작업을 수행하므로 인력을 더 가치 있는 업무에 할당할 수 있다. 이를 통해 조직 내에서 더 높은 생산성을 달성할 수 있다. 그 밖에, 생성형 AI를 활용하여 맞춤형 서비스나 제안을 제공하면 고객의 만족도를 높일 수 있다. 개별 고객의 선호와 요구에 맞춘 서비스를 제공할 수 있어 고객 경험을 향상하는 데 기여한다.

2) 생성형 AI 도입의 위험 요소

기업의 생성형 AI 도입으로 데이터 품질 및 편향성, 보안과 개인 정보 보호, 의사결정 투명화, 기술적 한계와 업데이터, 인간-기계 협업 문제 등이 발생할 수 있다. 첫째, 데이터 품질 및 편향성과 관련하여 생성형 AI의 성능은 훈련 데이터의 품질에 크게 영향을 받는다. 잘못된 데이터 레이블링이나 데이터의 편향성으로 인해 모델의 성능이 저하될 가능성이 있다.

둘째, 보안과 개인 정보 보호와 관련하여 생성형 AI가 다루는 데이터가 유출되는 위험이 존재한다. 기업에서 생성형 AI를 도입하여 활용할 때 그 모델이 사용하는 데이터의 보안과 개인 정보 보호가 중요하다. 특히, 기업의 민감한 정보가 유출되지 않도록 보안 시스템을 강화하고 규정을 준수해야 한다. 셋째, 의사결정 투명화와 관련하여 생성형 AI의 의사결정이 블랙박스로 남아있을 경우 신뢰성과 투명성의 문제가 발생할 수 있다. 그러므로, 기업은 사용하는 생성형 AI 모델의 동작 원리를 설명하고 해석 가능한 모델을 활용하여 이를 극복해야 한다.

넷째, 기술적 한계 및 업데이트와 관련하여 생성형 AI는 모델의 한계가 존재하며, 새로운 상황이나 데이터에 대한 대응력이 부족할 수 있다. 빠르게 변화하는 정보기술에 맞춰 모델의 업데이트와 성능 개선을 지속적으로 추진해야 한다. 그 밖에, 생성형 AI가 일부 업무를 대체할 경우 조직 내에서 인간-기계 협업 문제가 발생할 수 있다. 그러므로, 생성형 AI 도입 후 직원들의 역할 변화와 기계와의 협업을 위한 교육 및 지원이 필요하다.

3장. 생성형 AI와 경영 혁신

생성형 AI는 경영 분야에서 혁신을 이끄는 도구로 활용될 수 있다. 이러한 생성형 AI를 이용하여 다음의 경영 혁신을 촉진할 수 있다.

1) 자원 최적화 및 프로세스 자동화

생성형 AI는 기업 내의 작업과 프로세스를 효율적으로 관리하고 개선하는 데 중요한 역할을 한다. 자원 최적화는 기업 내 자원을 효율적으로 활용하고 비용을 절감하는 것을 말한다. 생성형 AI를 활용하여 데이터를 분석하고 예측함으로써 생산 최적화, 재고 관리, 인적자원 관리 등을 최적화할 수 있다. 생산 최적화와 관련해서는 생성형 AI가 생산 데이터를 분석하여 생산량, 품질, 비용 등을 최적화할 수 있는 전략을 도출한다. 재고 관리와 관련해서는 생성형 AI를 통해 수요 예측을 수행하고 재고를 적절하게 관리함으로써 재고 비용을 절감하고 낭비를 줄일 수 있다. 인적자원 관리와 관련해서 생성형 AI는 과거 데이터와 인력 수요를 기반으로 인력 스케줄링을 최적화할 수 있으며, 이는 인력 낭비를 최소화하고 업무 처리의 효율을 높인다.

프로세스 자동화는 기업 내의 업무를 자동화하여 인력을 최소화할 뿐만 아니라 일관성과 정확성을 확보할 수 있다. 생성형 AI를 활용하여 업무 자동화, 자동 의사결정, 프로세스 효율성 등을 향상시킬 수 있다. 업무 자동화와 관련해서는 반복적이고 규칙적인 업무를 생성형 AI로 자동화하여 인력을 확보하고 오류를 최소화한다. 예를 들어, 데이터 업로드, 이메일 응답 등을 자동화할 수 있다. 자동 의사결정과 관련하여 생성형 AI는 데이터를 분석하고 패턴을 식별하여 의사결정을 지원할 수 있다. 예를 들어, 고객 문의에 대한 답변을 자동으로 생성하거나 투자 결정을 돕는 역할을 수행한다. 프로세스 효율화와 관련해서 생성형 AI는 복잡한 프로세스를 분석하여 최적의 흐름을 도출하고 자동화함으로써 업무 처리 시간과 비용을 절감할 수 있다.

2) 전략 및 의사결정 지원

전략 및 의사결정 지원은 기업이 미래를 예측하고 전략적으로 의사결정을 내리는 과정을 말한다. 생성형 AI를 이용하여 데이터 분석과 예측을 강화하고 실시간 정보를 활용하여 미래 가능성을 평가함으로써 더 높은 효율성과 효과를 달성할 수 있다. 예를 들어, 기업의 판매 데이터와 경제 지표를 활용하여 매출 추세를 예측할 수 있다. 또한, 경쟁사 분석, 소비자 행동 분석, 새로운 시장 기회 도출 등의 시장 동향 분석을 통해 비즈니스 전략 수립에 활용할 수 있다. 기업은 생성형 AI를 활용하여 데이터에 근거한 결정을 내리고 명확한 방향성을 가지고 전략적인 운영을 할 수 있다. 이는 기업의 경쟁력을 향상시키고 경영 혁신을 이루는 데 기여할 수 있다.

3) 창의적 비즈니스 아이디어 발굴

생성형 AI는 다양한 데이터와 정보를 기반으로 창의적인 아이디어를 도출하는 데 활용될 수 있다. 생성형 AI는 주어진 주제나 키워드에 대해 자동으로 텍스트를 생성하여 아이디어를 제시할 수 있다. 사용자가 원하는 주제 및 이슈에 대한 다양한 아이디어를 도출할 수 있으므로 이를 기반으로 아이디어를 발전시킬 수 있다. 또한, 생성형 AI는 주어진 문제를 분석하고 다양한 해결책을 제안하는 데 활용할 수 있다. 이는 기업이 당면한 문제의 해결에 새로운 접근 방식을 제공하는 데 기여할 수 있다. 그 밖에, 시장 트렌드 분석을 통해 새로운 제품 또는 서비스를 고안할 수 있다. 이는 다음에서 소개하는 비즈니스 모델 혁신과 새로운 시장 탐색과 연결된다. 이처럼 생성형 AI를 통해 창의적인 아이디어를 발굴하거나 문제해결에 활용함으로써 기업은 더 혁신적인 방향으로 나아갈 수 있다.

4) 비즈니스 모델 혁신과 새로운 시장 탐색

생성형 AI는 새로운 비즈니스 모델을 발굴하고 새로운 시장 기회를 찾는 데 기여할 수 있다. 비즈니스 모델 발굴과 관련하여 생성형 AI는 새로운 비즈니스 모델 발굴을 위한 차별화된 전략을 도출할 수 있다. 여기에서는 새로운 수익 모델 발굴, 플랫폼 혁신, 제품 및 서비스 혁신 등을 고안할 수 있다. 새로운 수익 모델 발굴과 관련해서는 기업이 수익을 도출할 수 있는 새로운 방식을 제안해줄 수 있다. 플랫폼 혁신과 관련해서는 플랫폼을 통한 기업 비즈니스의 생태계 구축이나 커뮤니티 활성화 방안을 제안할 수 있다. 제품 및 서비스 혁신과 관련해서는 생성형 AI는 제품 및 서비스 개발에 대한 아이디어를 제공하고, 새로운 기능이나 혁신적인 디자인을 도출할 수 있다.

새로운 시장 탐색과 관련하여 생성형 AI는 기업의 기존 비즈니스 영역을 넓히거나 새로운 산업 및 시장으로의 진출에 기여할 수 있다. 이를 위하여 생성형 AI는 시장 트렌드 분석, 시장 검색, 글로벌 시장 개척 등의 전략을 제시할 수 있다. 시장 트렌드 분석과 관련해서는 다양한 시장 트렌드와 소비자 행동을 분석하여 새로운 시장 동향을 예측하고 이를 활용한 기회를 발굴할 수 있다. 시장 검색과 관련해서는 성장 가능성이 있거나 니치 마켓으로서 가치가 있는 분야를 식별하여 제공할 수 있다. 글로벌 시장 개척과 관련해서는 다양한 국가와 시장에서의 기회를 분석하고 진출 전략을 수립할 수 있다. 기업이 생성형 AI를 활용하여 비즈니스 모델 혁신과 새로운 시장 탐색을 수행하면 기존의 경쟁과는 차별화된 방식으로 성장할 수 있다. 이는 새로운 비즈니스 영역을 개척하고 혁신적인 전략을 추진하는 데 기여한다.

생각해보기!

1. 생성형 AI를 활용할 수 있는 분야 중 그 활용도가 높은 분야에 대하여 논의해보자.

2. 경영지원 분야에서 생성형 AI를 어떻게 활용할 수 있는가? 생성형 AI의 효율적 활용을 위해 일하는 방식은 어떻게 바뀔 수 있을지 논의해보자.

3. 기업이 생성형 AI를 도입 및 관리하는 과정에서 가장 중요한 단계 및 부분은 무엇이라고 생각하는가? 각자가 생각하는 가장 중요한 단계 및 부분에 대한 의견을 공유하고 논의해보자.

PART 14.
인공지능(AI)과 윤리

Preview

인공지능(AI)의 급속한 발전과 활용은 윤리적 문제와 도전을 야기하고 있으며, 이를 다루기 위한 원칙과 이슈들이 존재한다. 윤리적인 인공지능(AI)의 개발과 활용은 기술 발전과 함께 사회적 책임을 고려하는 중요한 과제이다. PART 14에서는 인공지능(AI) 윤리와 윤리적 원칙의 개념을 다룬다. 더불어, 인공지능(AI)의 발전에 따른 윤리적 이슈를 이해하고, 특히 최근 활용되고 있는 생성형 AI의 윤리적 이슈(쟁점)와 이에 대한 대응 방안을 논의한다.

1장. 인공지능(AI) 윤리

'인공지능(AI) 윤리'라는 표현이 사용되기 전 2002년 '지안마르코 베루지오(Gianmarco Veruggio)'라는 로봇공학자가 '로봇윤리'라는 단어를 먼저 사용하였다. 여기에서 로봇은 인공지능을 장착하지 않은 로봇부터 인공지능을 장착한 로봇까지 모두 포함하는 개념이다. 인공지능 윤리에 대한 이슈가 제기된 것은 '특이점'이라는 미래의 어느 순간에 인공지능과 로봇의 지능이 인간을 뛰어넘어 인간을 지배할 것이라는 두려움에서 시작했을 수 있다. 최근 ChatGPT-4의 출시는 전 세계를 인공지능(AI)에 주목하게 함과 동시에 인간을 뛰어넘는 강한 인공지능(AI)이 얼마 남지 않았음을 시사하기도 한다. 이에 대하여 일부 학자들은 인간이 통제할 수 있는 현재의 약한 인공지능(Weak AI)에 머물러야 한다고 주장하며, 반대로 또 다른 학자들은 강한 인공지능(Strong AI)의 도래를 기대하기도 한다.

최근 인공지능(AI)의 윤리적 이슈와 관련해서는 자율주행차의 개발과 함께 트롤리 딜레마(The Trolley Dilemma) 이슈가 제기되었으며, 월러치와 알렌(Wallach & Allen, 2009)은 '인공적 도덕 행위자(Artificial Moral Agent, AMA)'라는 개념을 소개하면서 인공지능을 사람이 만든 기계로 간주하기보다는 윤리적·법적 책임을 부과할 수 있는 존재로 봐야 한다는 의견도 있다. 이와 관련하여 유럽연합(EU) 의회에서는 인공지능 로봇에 법적 책임을 부여하는 방안을 논의하기 시작했다. 이러한 상황은 단순한 자동 기계 로봇뿐 아니라 자율적 의

사결정을 하는 인공지능이 장착된 로봇, 그리고 하드웨어 없이 인터넷에서 소프트웨어로 존재하는 로봇을 모두 포함하는 인공지능에 대한 윤리가 기존 로봇윤리의 쟁점들을 포함하고 있음을 나타낸다. 그리하여, 최근에는 인공지능 윤리와 로봇윤리를 의미의 차이 없이 사용하기도 한다.

인공지능(AI) 윤리는 인공지능에 대한 다양한 쟁점을 통합적으로 다루는 분야를 포괄하는 개념으로 사용한다. 최근 유엔기구 중에서 인공지능 윤리에 대한 논의와 규범적 틀 마련을 위해 노력하고 있는 유네스코도 인공지능 윤리라는 용어를 사용한다. 또한, OECD에서는 인공지능(AI)이 가져다줄 혜택과 위험을 고려하여 사회적으로 수용 가능한 수준의 절충점을 찾으려는 노력을 할 때도 인공지능 윤리 원칙이라는 용어를 사용하고 있다.

인공지능(AI)과 관련된 다양한 개인적·사회적·법적·제도적 쟁점에 대해 단순히 선과 악으로 판단하기보다는 우리 사회에서 핵심적으로 존중되는 가치가 무엇이며 그 가치를 최대한 균형 있게 존중하는 방식으로 인공지능을 개발하고 활용하는 것이 중요하다. 이를 위해서는 어떤 점에 주의하고 어떤 제도적 장치를 마련해야 하는지를 통합적으로 탐색하려는 노력이 필요할 것이다. 인공지능 윤리는 인간 중심적 가치와 원칙을 존중하며 인공지능 기술의 개발, 배포, 사용에 대한 윤리적 가이드라인을 개발하고 준수하는 노력을 의미한다. 즉, 인공지능의 발전과 활용으로 인해 사회·경제·문화적 영향이 커지고 있으므로 이에 따른 윤리적 고찰이 필요한 상황이다.

여기서 잠깐!

- 트롤리 딜레마(The Trolley Dilemma)란 윤리학 분야의 사고실험으로 사람들에게 브레이크가 고장난 트롤리 상황을 제시하고 다수를 구하기 위해 소수를 희생할 수 있는지를 판단하게 하는 문제 상황을 나타낸다.

2장. 인공지능(AI)의 윤리적 이슈

01 인공지능(AI)의 윤리적 원칙

인공지능(AI)이 유발하는 윤리적 문제에 대하여 해외 유수 기관들은 일련의 원칙과 지침 등을 수립해 왔다. 하버드대 버크만센터는 '원칙에 입각한 인공지능(Principled Artificial Intelligence)' 연구를 통해 주요 인공지능(AI) 원칙을 분석하여 공통되는 8가지 주제를 선정하였다. 여기서 선정한 8가지 주제는 개인정보(Privacy), 책무(Accountability), 안전 및 보안(Safety and Security), 투명성 및 설명가능성(Transparency and Explainability), 공정성 및 비차별(Fairness and Non-Discrimination), 인간의 기술 통제(Human Control of Ttechnology), 전문가 책임(Professional Responsibility), 인간 가치 증진(Promotion of Human Values)이다. 특히, CIPL(Centre for Information Policy Leadership)의 '난제와 실제적 해결안(Hard Issues and Practical Solutions)' 연구에서 제시한 핵심 주제는 공정성(Fairness), 투명성(Transparency), 목적 명확화 및 활용 제한(Purpose Specification and Use Limitation), 데이터 최소화(Data Minimization)의 4개의 이슈를 나타낸다.

첫 번째, 공정성(Fairness)은 인공지능 시스템이나 데이터 분석 결과가 사회 문화, 법적 환경 등의 특성에 따라 차별되지 않도록 하는 것을 의미한다. 인공지능과 데이터 분석 결과는 인종, 성별 등의 영향을 받음으로써 차별과 공정성의 문제를 유발할 수 있다. 최근 글로벌 기업들은 안면인식 기술이 유색

인종에게 불리한 결과를 도출하는 등 차별과 공정성의 문제를 유발한 이슈들이 존재하였다. 이러한 불공정한 결과는 사회 전체에 부정적인 영향을 미칠 수 있다. 따라서, 불공정한 결과를 생성하는 모델을 개선하거나 대안 모델을 고려하여 사회적 영향을 최소화할 필요가 있다.

두 번째, 투명성(Transparency)은 설명 가능성과 추적성을 포함하는 개념이다. 인공지능 시스템이나 데이터 분석 과정이 어떻게 작동하는지, 어떤 데이터와 알고리즘을 사용하는지 명확하게 이해할 수 있는 상태를 가리킨다. 인공지능은 대량의 데이터를 분석하여 특정 패턴을 찾아내는 장점이 있는 반면 그 의사결정 과정을 명확히 설명하기가 어렵다는 한계가 있다. 투명성은 인공지능의 윤리적 측면에서 중요한 요인으로 사용자 신뢰 강화, 의사결정 설명 가능성, 편향 및 차별성 검출 등을 지원한다. 인공지능(AI)을 통해 생성되는 콘텐츠 양이 증가함에 따라 도출되는 결과물이 사실임을 인증하는 방법을 제공하는 것도 점차 중요해질 것이다.

세 번째, 목적 명확화 및 활용 제한(Purpose Specification and Use Limitation)은 인공지능(AI)에서 데이터를 수집하고 활용할 때 그 목적을 명확하게 정의하는 것의 중요성을 말한다. 목적 명확화는 어떤 데이터가 수집되고, 어떻게 사용될 것인지에 대한 명확성을 이해하는 것을 나타낸다. 활용 제한은 수집한 데이터를 명시된 목적 외에는 사용하지 않거나 제한하는 것을 의미한다. 즉, 데이터를 최소한으로 사용하여 개인의 프라이버시와 권리를 보호하고, 데이터의 악의적 또는 부당한 사용을 방지할 수 있다. 하지만, 인공지능(AI) 시스템에서 목적 명확화와 활용 제한 원칙을 일률적으로 적용하는 것은 인공지능(AI)의 가능성을 저해하는 결과를 가져올 수 있다. 하지만, 인공지능(AI)의 가능성을 열어두기 위해 본 원칙을 준수하지 않는다면 개인정보가 목적 외로 활용되어 더 큰 부작용을 초래할 수 있다. 그러므로, 인공지능(AI)의 효능을 저해하지 않으면서도 원칙을 준수하는 균형점을 찾는 것이 중요하다.

네 번째, 데이터 최소화(Data Minimization)는 개인정보 보호의 기본 원칙으로 필요한 최소한의 데이터만을 수집하고 보관함으로써 개인의 프라이버시와 보안을 강화하는 원칙이다. 하지만, 본 원칙은 대량의 데이터를 필요로 하는 인공지능 기술의 본질상 대치가 불가피한 이슈이기도 하다. 또한, 데이터를 최소한으로 수집하는 경우 알고리즘 개발에 문제가 발생할 수 있고, 편향된 일부 데이터만 학습하는 경우 인공지능 윤리 문제 중 하나인 공정성을 저하시킬 수 있다. 그러므로, 편향되지 않은 결과와 위험 완화를 위해서는 무조건 데이터의 양을 최소한으로 활용하는 것이 옳은 것은 아니다. 따라서, 인공지능 기술의 특성을 반영한 '최소화'의 기준 정립이 필요하다. 또한, 데이터 수집 시 그 필요성을 검토하고, 보존 기간을 제한할 수 있으며 익명화 기술을 활용하여 데이터 최소화 원칙을 실현할 수 있다.

02 생성형 AI의 윤리적 쟁점(이슈)

1) 편향된 결과와 가짜뉴스(할루시네이션)

보통 인공지능(AI)이 인간보다 객관적이고 공정할 것으로 생각하지만, 이는 반은 맞고 반은 틀리다. 인공지능(AI)은 사람처럼 개인적인 의견이나 편견, 그리고 컨디션에 영향을 받지 않고 결정을 내리므로 공정하다고 생각할 수 있다. 하지만, 인공지능(AI)은 사람들의 데이터로 학습됐고, 사람이 설계하기 때문에 편향성이 나타날 수 있다. 즉, 사람들의 경험이 담긴 데이터로 학습된 인공지능(AI)은 편향된 결과를 도출하고 공정하지 않을 수 있다는 것이다.

2018년 MIT 미디어랩은 '젠더 셰이즈(Gender Shades)' 프로젝트를 통해 얼굴인식 기술이 가진 편향성 문제를 보여주었다. 마이크로소프트(MS), IBM,

메그비(Megvii)의 얼굴인식 기술을 분석한 결과 백인의 경우 얼굴인식을 정확히 하였고, 흑인은 그 정확도가 떨어진 것이다. 유사한 사례로 2018년 아마존 내부 채용 인공지능(AI) 시스템이 여성 구직자에 대한 편견과 차별을 드러내기도 했다. 지난 10년 동안의 아마존 이력서를 기반으로 학습한 인공지능(AI) 알고리즘이 지원자가 여성이라는 단어를 이력서에 포함하면 감점하고, 남성 기술자들이 자주 사용하는 용어를 유리한 채용 조건으로 인식한 것이다. 이렇듯 인공지능(AI)이 인종과 성별에 따라 편향된 또는 다른 성능을 보인 것은 학습한 데이터의 문제 때문이다. 인공지능(AI)이 학습한 데이터가 다양한 데이터를 포함하지 못했거나 편향된 데이터를 학습하여 발생한 문제이다. 특히, 인간의 경험 데이터를 기반으로 하는 인공지능은 인간의 편향성 문제가 드러날 수 있는 것이다. 대표적인 모델이 오픈 AI가 최근 공개한 '달리(DALL-E)2'는 언어를 입력하면 그 언어를 이미지로 만들어 주는데 승무원을 그려달라고 하면 여자 승무원을 그려주고, 무슬림은 폭력이나 테러리즘과 연관된 그림으로 생성한다. 즉, 승무원은 여자, 무슬림은 테러리즘이라는 편향성을 가지고 있다는 것이다.

생성형 AI인 ChatGPT는 기본적으로 인터넷상 텍스트 데이터를 통해 훈련하는 만큼 데이터에 존재하는 편견과 가짜뉴스, 잘못된 정보를 학습할 수 있다. 이를 기반으로 학습한 생성형 AI는 틀린 답변을 정답처럼 말하는 '할루시네이션(환각)' 현상도 문제가 되고 있다. 할루시네이션은 초거대 인공지능(AI)에 필연적으로 나타나는 오류로 경험하지 못한 사안에 대해 잘못된 주장을 하거나 존재하지 않는 사실을 생성하게 한다. 이는 고강도 트레이닝이 필요한 전문 영역이나 맞춤형 학습이 요구되는 질문에서 종종 발생하므로 의료, 법률 등 전문 분야에서 발생할 경우 치명적일 수 있다. 사례로 ChatGPT의 제작사인 오픈AI가 '환각' 현상으로 인해 생성된 가짜 뉴스로 인해 명예훼손으로 고소당한 사건이 있었다. 해당 사건은 2023년 4월, 멜버른 인근 소도시 '핸

번 셔'의 시장인 브라이언 후드가 자신에 대해 호주조폐공사(NPA)의 뇌물 사건에 연루됐다며 잘못된 정보를 제공한 ChatGPT 제작사인 오픈AI를 상대로 소송한 사건이다. 후드 시장은 NPA 화폐인쇄 계약을 따내기 위해 외국 공무원들에게 뇌물을 준 사실을 발견해 당국에 신고한 사람인데 ChatGPT는 오히려 그가 뇌물죄의 당사자라는 정반대의 허위 정보를 내놓은 것으로 현재 그 소송이 진행 중이다.

인공지능은 객관적인 데이터를 이용하여 사람이 가지는 편견과 차별을 완화할 수 있지만, 반대로 편견과 허위 정보를 통해 더 큰 부작용을 낳을 수 있는 양날의 검이다. 인공지능(AI)은 사람처럼 편견과 한계를 갖지 않고 객관적이고 과학적인 판단을 할 것으로 생각하지만, 오히려 사람에게는 없는 맹점과 노골적 차별이 존재할 수 있는 것이다. 또한, 인공지능(AI)의 환각 현상은 그럴듯하게 들리지만, 사실과 다르거나 주어진 맥락과 무관한 결과물을 생성하기도 한다. 이와 같은 편향성과 부정적 사고의 답습은 새로운 사회문제로도 나타날 수 있다. 이러한 편향과 허위 정보를 최소화하기 위해서는 인공지능 사용자와 개발자 모두 자신의 행동에 대한 윤리적 책임을 가져야 한다. 인공지능(AI)을 사용하는 사람이나 조직은 알고리즘의 편향된 결정을 줄이기 위해 편향되지 않은 실시간 데이터를 기반으로 적절한 알고리즘을 개발하고 사용할 필요가 있다. 특히, 인공지능(AI)을 직접 개발하거나 활용하는 기업에서는 이러한 인공지능(AI)의 편향성 및 가짜 뉴스의 문제를 극복하기 위해서는 인공지능(AI)이 내린 결론 중 편향적이거나 잘못된 것이 무엇인지 기준을 세우고 데이터를 다시 정립할 수 있다. 또한, 인공지능(AI) 모델이 사실에 입각한 공정한 결론을 생성하는지 테스트하고 이상이 있으면 수정하는 인공지능(AI) 공정성 진단 검증 도구의 개발 및 사용이 필요하다.

2) 개인 정보 유출

인공지능(AI)의 개인정보 수집에 대한 우려가 커지고 있다. 이는 인공지능(AI)은 학습을 위한 방대한 데이터를 수집하는데 그 데이터 속에 민감한 개인정보가 포함될 수 있으며, 어떻게 활용되는지 제대로 알 수 없기 때문이다. 또한, 인공지능(AI)이 수집한 데이터에 개인정보가 익명 처리 되더라도 여러 데이터를 조합함으로써 특정인을 식별하도록 만들 수 있다. 보스턴 컨설팅 그룹의 인공지능(AI) 윤리 책임자인 스티브 밀스는 CNN과의 인터뷰에서 인공지능(AI)이 가지고 있는 가장 큰 개인 정보 보호 문제는 민감한 정보의 부주의한 공개라고 언급하였다. 또한, 사용자와 개발자가 새로운 기술에 대한 개인 정보 보호 위험을 깨닫지 못하고 있다고 덧붙였다.

사례로 미국 오픈 AI가 개발한 생성형 AI(Generative AI) 'ChatGPT'의 개인정보 침해 논란이 세계 각국으로 확산하고 있다. 이로 인해 이탈리아는 2023년 3월 ChatGPT의 자국 내 접속을 일시적으로 차단했다. 해당 사고는 약 9시간 동안 오픈 AI 측이 발송한 '가입 확인 이메일'이 잘못된 사용자에게 발송되는 사고였으며, 해당 메일에는 다른 사용자 이름, 이메일 주소, 결제 주소, 신용카드 번호의 마지막 네 자리 등이 담겨 있었다. 또 다른 사례로는 2021년, 국내(한국)에서 인공지능의 개인정보 유출 사고로 AI 챗봇 '이루다'에서 학습 과정에 활용된 개인들의 SNS 대화 데이터를 사용자들에게 고지나 동의를 받지 않고 사용함과 동시에 민감한 개인정보가 유출되어 문제가 되었다. 특히, 서비스 이용자가 '이루다'에게 주소를 물어보자 실제 존재하는 주소를 불러주는 등 수집된 데이터 속 개인정보가 대화를 나누는 과정에서 노출되며 문제가 가중되었다. 이러한 개인정보 유출 문제 논란이 가중되며 해당 서비스는 잠정 중단된 상태이다.

인공지능의 개인정보 유출에 대한 문제를 줄이기 위해서는 인공지능 학습 데이터에 개인정보 또는 민감정보 처리의 근거가 마련되어 있는지 확인하고 사용하여야 한다. 이때, 개인정보 처리의 투명성 원칙을 고려하여 익명화, 비식별화될 수 있도록 조치하고 지속적인 관리가 필요하다. 또한, 수집한 개인정보가 외부에 공개되지 않도록 모니터링 등 통제장치를 마련하고, 허용된 범위 내에서 사용된 개인정보는 완전히 파기되어야 한다. 더불어, 기술의 발전에 따른 새로운 개인정보 유출 이슈에 대비하여 개인정보 처리 시스템을 개선 및 개발하고, 관련 규율 및 법안의 확대가 필요하다.

3) 딥페이크(Deepfake)와 같은 범죄에 악용

인공지능(AI) 기술의 발달은 인간의 삶의 질을 높이고, 범죄 예방의 기능도 있지만, 반대로 불법적인 범죄에 악용되면서 그 문제가 심각해지고 있다. 특히, 인공지능(AI)을 악용한 범죄 중 딥페이크(Deepfake)에 대한 우려가 커지고 있다. 딥페이크(Deepfake)란 심층학습(Deep Learning)과 가짜(Fake)의 합성어로 인공지능(AI)을 이용해 가짜 이미지 및 영상을 만들어 내는 기술이다. 인공지능(AI) 기술을 이용하여 진위 여부를 구별하기 어려운 가짜 이미지나 영상을 생성하는 딥페이크(Deepfake)는 갈취 및 사기, 음란물 제작, 문서 위조, 금융 시장 조작의 범죄에 악용되기도 한다. 또한, 허위 정보 캠페인과 여론에 영향을 미쳐 정치적, 사회적 불안을 선동할 수도 있다. 최근 생성형 AI 기술이 발전하면서 정교해지는 딥페이크가 사회적 문제로 언급되고 있으며, 실제 사기와 음란물 제작부터 정치적인 사건까지 딥페이크 영상으로 인해 혼란을 겪는 사례가 발생하고 있다. 사이버 범죄자들은 개발 지식이 전문적이지 않아도 생성형 AI의 도움을 받아 악성코드나 해킹 도구를 만드는 데 활용한다. 사례로, 2022년 12월, 유명 해킹 커뮤니티에서 사이버 범죄자들이 생성형 AI인 ChatGPT를 활용하여 악성코드를 제작하여 공유한 사례가 포착되었다.

그 밖에, 딥페이크(Deepfake) 관련 사례로, 2023년 7월 러시아 국경 지역에서는 러시아 대통령인 블라디미르 푸틴(Vladimir Putin)의 계엄령 선포 연설이 담긴 영상이 방송되었다. 당시 영상에서 푸틴 대통령은 "우크라이나군이 북대서양조약기구(NATO)의 지원을 받아 러시아를 침공했다"라며 "국경 지역에 계엄령을 선포하고 주민을 대피하라"고 연설했다. 이 영상은 SNS를 통해 전 세계에서 큰 이슈가 되었으나, 이후 해킹 조직이 만든 딥페이크 영상이라는 것이 밝혀졌다. 반대로, 러시아와 전쟁을 겪고 있는 우크라이나 젤린스키(Zelenskyy) 대통령이 등장하는 가짜 영상도 공개되어 화제가 되기도 했다. 또한, 2020년 초 영국의 영화배우 엠마 왓슨의 사진을 도용한 음란 광고가 소셜 미디어에 게시되기도 하였다. 그 밖에, 피싱 범죄자들이 생성형 AI의 ChatGPT를 사용해 사기 시나리오를 개발하거나 피싱 메시지를 작성하는 데 악용하는 것은 물론 가짜 ChatGPT 웹사이트와 앱을 개발하여 사용자 정보와 금전을 탈취하는 사건도 발생하였다.

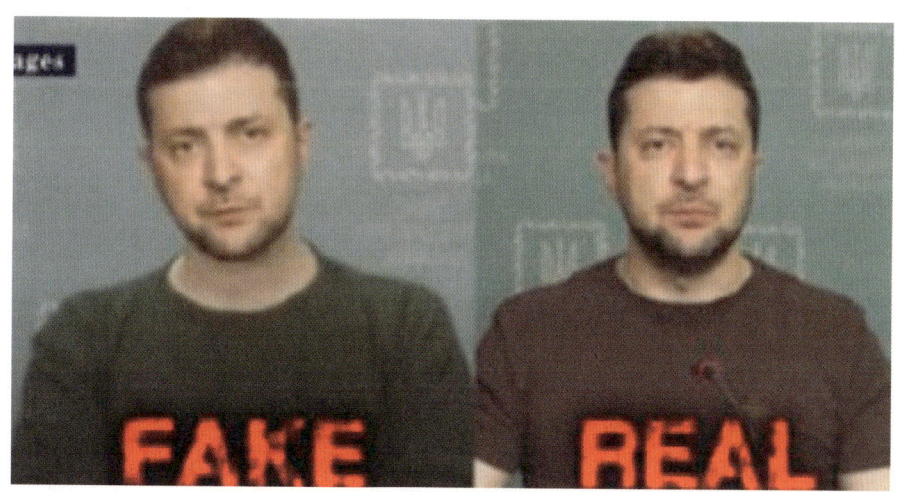

딥페이크(Deepfake)로 만들어진 젤린스키(Zelenskyy) 우크라이나 대통령의 가짜/진짜 영상(출처: 유튜브

딥페이크(Deepfake)와 같이 인공지능을 포함한 지능정보기술을 악용한 범죄의 피해를 막기 위해서는 기술에 대한 규제가 필수적이다. 여기에는 대규모 언어 모델 영향을 파악하는 것은 물론 대규모 언어 모델에 의해 만들어진

콘텐츠 정확성을 평가하는 방법을 개발하고 활용할 수 있다. 즉, 기술의 진화와 새로운 모델의 사용에 따라 지능정보기술의 악용을 예측 및 방지하는 것이 점점 중요해질 것이다. 더불어, 인공지능을 악용한 범죄를 예방하고 큰 피해를 막기 위해서는 지능정보기술 악용에 대한 구체적이고 강력한 규정 및 법안 마련도 고려할 수 있다.

4) 인공지능(AI) 결과물에 의한 저작권 침해와 인공지능(AI)이 생성한 결과물에 대한 저작권 인정 여부

인공지능(AI)은 소프트웨어적으로 다양한 콘텐츠를 만들어낼 수 있다. 고성능 인공지능(AI)을 만드는데 양질의 대용량 데이터가 필요하며, 인공지능(AI)이 학습하는 데이터에는 저작물도 포함되어 있을 수 있다. 특히, 생성형 AI가 자신이 학습한 저작물과 유사한 결과물을 내놓는다면 인공지능(AI) 학습에 대한 공정이용 인정 여부를 판단해야 할 상황도 생길 수 있다. 생성형 AI가 학습한 저작물과 유사한 결과물을 내놓는 확률이 무시할 수 없는 수준이라면, 인공지능(AI) 학습에 대하여 공정이용을 인정하면 원저작권자의 권리를 침해할 위험성이 있다. 즉, 인공지능이 원저작물을 변형하여 새로운 저작물을 생성하는 경우 원저작자의 2차적 저작물 작성권 침해로 인정될 가능성이 있다. 이와 관련한 사례로 '진주 귀고리를 한 소녀' 원작을 바탕으로 인공지능(AI)이 생성한 이미지가 이슈가 되기도 하였다. 또한, 생성형 AI 관련 저작권 소송 사례 중에 2023년 1월 사라 앤더슨(Sarah Andersen) 등의 아티스트들이 생성형 AI 개발사인 Stability AI, Midjourney, DeviantArt가 자신들의 저작물을 무단으로 이용했다며 집단소송을 제기하였다. Stability AI 등이 학습에 이용한 LAION의 데이터세트에는 해당 아티스트들의 저작물이 포함되어 있었다.

이러한 인공지능(AI) 결과물에 의한 저작권 침해는 학계에서도 문제가 되고 있다. 인공지능(AI)을 활용한 과제나 논문 대필이 문제가 되고 있는 것이

원작자 사라 앤더슨(Sarah Andersen)의 만화와 생성형 AI가 생성한 이미지 비교 (출처: 《뉴욕타임스》)

다. 실제 ChatGPT로 논문을 대필하는 사례가 포착되면서 미국 뉴욕시는 공립학교 내 ChatGPT 접속을 차단했고, 조지워싱턴대(The George Washington University)는 인공지능(AI) 영향력 밖인 구술시험과 그룹 평가를 확대하기로 했다. 또한, 국제머신러닝학회(ICML)는 인공지능(AI) 도구를 활용하여 과학 논문을 작성하는 것을 금지했다.

인공지능(AI) 결과물에 의한 저작권 침해뿐만 아니라 인공지능(AI)이 생성한 결과물에 대한 저작권 인정 여부도 이슈가 되고 있다. 아직까지 인공지능(AI)이 생성한 작품에 대한 저작권 법적 지위는 명확하게 정해지지 않았다. 일반적으로 저작권은 창작물의 저작자에게 귀속되는 것으로 인정되는데, 인공지능(AI)은 자동화된 방식으로 작품을 생성하기 때문에 저작권 법적 지위가 논의되고 있다. 일부 국가에서는 인공지능(AI) 작품의 저작권을 인공지능(AI)의 소유로 인정하는 경우도 있다. 또, 인공지능(AI)이 생성한 작품의 저작권은 인간의 창작물로 인정하거나 인정하지 않는 국가들도 있다. 이러한 문제들은 저작권 관련 다양한 법적 분쟁을 유발하고 있으며, 이러한 인공지능

(AI)이 생성한 작품에 대한 저작권 문제는 계속 논의되고 있는 상황이다. 사례로 2018년 11월, 컴퓨터 과학자이며 인공지능(AI) 개발자인 스티븐 탈러(Stephen Tahler) 박사는 미국 저작권청(US Copyright Office)에 자신이 개발한 이미지 생성 AI 모델 '창작 기계(Creative Machine)'로 생성한 '파라다이스로의 최근 입구(A Recent Entrance to Paradise)'라는 제목의 디지털 이미지의 저작권 등록 출원을 신청하였다. 하지만, 미국 저작권청은 "현 저작권법은 인간 정신의 창조적인 힘에 기초를 두며 지적 노동의 성과만을 보호할 뿐"이라며 거절하였다.

인공지능(AI) 기술이 빠르게 발전하면서 저작권 이슈는 글, 그림, 영상, 음악을 넘어 아이디어, 상품기획, 특허, 디자인 등 다양한 영역으로 확대되어 갈 것이다. 문화, 예술뿐만 아니라 비즈니스 영역에서도 사용권과 특허, 비즈니스 아이디어에 이르기까지 복잡한 문제로 확대될 수 있다. 이러한 법적 문제로 확산되는 것을 예방 및 대응하기 위해서는 인공지능(AI) 서비스를 개발하는데 규제가 중요한 검토 부분이 될 수 있다. 또한, 새로운 지능정보기술로 지식재산권을 둘러싼 법적 검토나 새로운 규제안이 필요하다. 하지만 관련된 법률과 개념이 단순하지 않고 관련 이익집단 또한 다수여서 법률의 제정과 효력이 발생하기까지는 시간이 필요할 것이다.

5) 일자리 문제

인공지능(AI)과 로봇이 사람을 대체하면서 노동 시장이 붕괴되고, 인공지능(AI)을 활용할 수 있는 사람과 그렇지 못하는 사람 간의 사회적 불평등과 디지털 격차가 심화될 수 있다. 미래의 노동 시장에서 인공지능(AI)을 활용할 수 있는 사람과 그렇지 못하는 사람 간의 임금 격차는 더욱 커지게 될 것이다. 또한, 인공지능(AI)은 인간의 많은 일자리를 대체할 것이고, 지금도 진행되고 있다. 세계경제포럼(World Economic Forum, WEF)은 인공지능(AI)의 등장으로 2027년까지 기존 글로벌 일자리의 23%가 구조적 변화를 겪을 것으로 예측하였다. 이는 일자리 8,300만 개가 사라지고 대신 6,900만 개가 새로 생겨 전체적으로는 1,400만 개가 줄어들 것이라는 암울한 전망이다.

특히, 생성형 AI의 ChatGPT와 구글(Google)의 바드(Bard)가 공개된 이후 챗봇이 인간을 대체하는 것 아니냐는 논란도 커지고 있다. 생성형 AI는 에세이 작성과 코드 생성 뿐만 아니라 비즈니스 자료 생성, 법적 문서 검토, 고객 응대 등 다양한 일에 이용될 수 있다. 미국 투자은행(IB) 골드만삭스는 2022년 3월 생성형 AI가 전 세계 3억 개의 정규직 일자리에 영향을 줄 수 있으며 화이트칼라 일자리가 가장 큰 영향을 받을 것으로 예상했다. 특히, 반복적인 데이터 입력, 법무 행정, 수학적 기술이 필요한 직업과 의료직까지 모두 AI 도입에 따른 영향을 받게 된다는 전망이다. 이는 과거와 달리 현재의 인공지능(AI)은 단순하고 반복적인 노동뿐만 아니라 고임금 전문직까지 위협하고 있다는 의미다.

생성형 AI가 사람을 대체할 수 있는 직업 및 업무로는 고객 상담 서비스, 시장 분석가, 번역가, 재무 분석가, 변호사 등 법률전문가를 지원하는 법률 전문 조사원, 저널리스트 등이 있다. 고객 상담 서비스직과 관련하여 생성형 AI는 이미 제품, 서비스, 계정 관리에 대한 질문에 답하는 등 기본적인 고객 서비스 문의에 대응할 수 있도록 훈련되어 고객 서비스 직종 업무를 대체할 수 있다. 시장 분석가와 재무 분석가 업무에서는 인공지능(AI)은 대량의 데이터를 빠르게 분석하고 처리할 수 있으므로 시장 분석가와 재무 분석가를 대체할 가능성이 높다. 번역 업무에서 인공지능(AI)은 콘텐츠를 다국어로 번역이 가능하므로 번역가를 위협한다. 법률 및 미디어 분야에서 인공지능(AI)은 관련 정보를 빠르게 검색하고 완결성 높은 문장으로 보고서 및 기사를 작성할 수 있으므로 법률 전문 조사원이나 저널리스트 직업을 대체할 가능성이 높다. 사례로 금융 분야에서 모건스탠리는 자산관리 데이터베이스 정리에

ChatGPT를 사용하기 시작하여 자문위원이 보다 효율적으로 데이터를 끌어내거나 조사할 수 있게 되었다. 미디어 분야에서는 뉴스 기사와 리포트를 작성하는 데 인공지능(AI)을 활용하기 시작하여 인공지능(AI)이 작성한 기사가 실리고 있다. 그 밖에 개인의 사례로는 미국 샌프란시스코에 살고 있는 올리비아 립킨은 한 기술 스타트업의 카피라이터였지만, ChatGPT 출시 후 업무가 줄더니 2023년 4월에 회사로부터 해고 통보를 받았다.

인공지능(AI) 시대를 맞아 급변하는 고용환경에 탄력적이고 유연하게 대응할 수 있는 고용 법제를 마련해야 할 것이며, 기업에서는 탄력적인 인력 운영을 위한 교육 및 지원을 마련할 수 있다. 인공지능(AI)으로 인해 소멸되는 직업 및 업무가 있지만 동시에 새로운 일자리와 업무의 기회도 생겨날 것이다. 기존 인력의 업무가 인공지능(AI)으로 대체되더라도 연관된 새로운 업무로 이동할 수 있는 지원이 필요하며, 빅데이터 분석, 정보보안 등의 분야는 오히려 고용이 증가할 것으로 예상한다.

03 생성형 AI의 윤리적 쟁점(이슈)에 대한 대응 방안

최근 기업들은 인공지능(AI)의 윤리적 문제들을 극복하기 위해 노력하고 있다. 특히 앞서 제시한 2. 생성형 AI의 윤리적 쟁점(이슈)에 대한 대응 방안을 생각해볼 수 있다. 첫째, 편향된 결과와 가짜뉴스의 문제를 해결하기 위하여 기업들은 학습 데이터를 수정하거나 인공지능(AI) 편향성 및 잘못된 정보의 진단을 위한 시스템을 개발 및 채택할 수 있다. 특히, 인공지능(AI)과 관련된 안전성 표준 테스트를 도입하고 새로운 인공지능(AI) 모델에 대해 독립적인 전문가 감시가 필요할 수 있다. 더불어, 편향된 결과와 허위 정보를 줄일 수 있는 규율 및 정책을 새롭게 정립할 수 있다. 구글은 인공지능(AI) 기술에 나타날 수 있는 편견을 줄이기 위하여 사람의 피부색을 정확하게 나타낼 수 있는 10가지 색조(Tone)를 단계별로 구현한 '몽크 스킨 톤(Monk Skin Tone, MST)'을 채택하였다. 또 다른 사례로 오픈 AI의 '달리(DALL-E)2'에서는 폭력적이거나 성적인, 그리고 정치색이 있는 이미지를 생성하지 않도록 하기 위하여 실제 사람의 이미지를 생성하지 못하게 하였다. 이러한 조치는 딥페이크(Deepfake)로 인한 문제도 줄일 수 있다. 또한, 편향 문제가 나타날 수 있는 이미지나 폭력, 공격적인 이미지들은 훈련 데이터에서 제거하였다. 인공지능(AI) 편향성 진단을 위한 시스템과 관련해서는 현재 대표적인 인공지능(AI) 편향성 측정 알고리즘으로 IBM의 'AIF360', MS의 'Fairlearn', 구글의 'What if Tool' 등이 있다. 그 밖에, 국내(한국)에서는 카이스트 인공지능(AI) 공정성 연구센터가 개발한 'MSIT AI FAIR 2022(MAF 2022)'가 있다. 가짜 뉴스 대응 사례로 구글은 유해 콘텐츠 방지를 위해 머신러닝 활용뿐만 아니라 개선된 시스템 구축, 관련 인력들을 훈련시킨다. 현재 구글에는 2만 명 이상의 인력이 구글 플랫폼에서 콘텐츠 삭제 작업을 수행하고 있다.

둘째, 개인정보 유출 문제를 해결하기 위하여 인공지능(AI) 서비스를 개발 및 운영하는 기업에서는 학습 데이터의 처리, 인공지능(AI)의 학습, 그리고 서비스 제공의 과정에서 개인정보 보호를 위한 처리 및 관리가 지속되어야 한다. 학습 데이터 처리 단계에서는 공개된 정보라 할지라도 개인정보를 데이터로 하여 학습할 경우 정보 주체의 동의를 구하고 객관적으로 목적 범위에 따라 이용할 수 있다. 또한, 개인정보의 경우에는 그 목적이 달성된 경우 파기해야 한다. 인공지능(AI)의 학습 단계에서는 개인정보 활용에 투명성 원칙을 기반으로 기업에서는 사용한 개인정보 처리에 관한 투명성을 확보할 수 있도록 하는 방안을 고려할 수 있다. 즉, 기업의 개별 서비스에서 이용자가 쉽게 확인할 수 있는 개인정보가 처리되는 내용, 개인정보 처리로 발생되는 결과를 공개하는 방식을 고려할 수 있다. 또한, 개인정보는 가명 및 익명 처리하고, 해당 데이터의 조합을 통해 식별할 수 없도록 조치하고 지속적으로 관리할 필요가 있다.

인공지능(AI) 서비스 제공 단계에서는 수집된 개인정보를 통해 민감정보가 추론된 경우에 이를 삭제하는 기술적·정책적 프로세스를 수립한다. 그 밖에, 인공지능(AI)과 관련된 전반적인 개인정보 컴플라이언스(Compliance) 체계를 구축하는 것을 고려할 필요가 있다. 개인정보 처리의 위험성이 인정되는 경우에는 개인정보 영향평가를 통해 사전에 리스크를 관리할 수 있다. 이를 통해 기업은 새로운 서비스 출시 전에 발생할 수 있는 인공지능(AI)과 관련된 개인정보 유출 문제를 관리할 수 있다. 마지막으로 인공지능(AI) 서비스를 개발 및 운영하는 기업은 개인정보 처리 시스템을 지속적으로 점검 및 개선하고, 관련 규율 및 법안의 적용과 관리가 필요하다. 인공지능(AI)의 학습 데이터를 처리 및 학습하는 과정에서 최근 구글이 제안한 연합학습(Federated Learning)은 개인정보를 보호하면서도 인공지능(AI)의 성능을 강화할 수 있는 효과적인 방식으로 주목받고 있다. 연합학습(Federated Learning)은 사용자 데이터가 아닌, 데이터를 처리하는 모델을 개선하여 성능을 강화하는 방식으로 개인정보를 직접 외부로 전송하지 않고 활용하면서 이를 보호할 수 있는 것이다.

셋째, 딥페이크(Deepfake)와 같은 범죄에 악용하는 문제에 대응하기 위하여 인공지능(AI)을 적용한 보안 솔루션 개발에도 힘써야 한다. 딥페이크(Deepfake)에 활용되는 생성적 대립 신경망(Generative Adversarial Network, GAN)을 긍정적으로 활용하여 딥페이크(Deepfake) 영상을 감지하는 프로그램이 있다. 미국 스탠퍼드대(Stanford University) HAI(Human-centered AI) 연구팀은 조작된 영상 속 인물의 입 모양과 음성 소리 간의 미세한 불일치를 81%(최대 96%) 수준의 정확도로 감지하는 인공지능(AI) 시스템을 개발하였다. 이는 인공지능(AI)으로 인공지능(AI)의 악용을 막는 사례이자, 같은 기술을 어떻게 활용하느냐에 따라 전혀 다른 결과를 얻을 수 있음을 보여주는 사례이다. 그 밖에 어도비(Adobe)는 기존의 보안 통제로는 소비자와 기업을 딥페이크(Deepfake)에서 보호할 수 없다고 판단하고, 이미지 및 오디오 콘텐츠의 무결성 문제를 개발자 수준까지 해결하기 위한 CAI(Content Authenticity Initiative)를 시작했다. CAI는 뷰어와 보안 도구가 이미지의 진위를 확인할 수 있도록 지원하는 개방형 표준을 마련했다.

인공지능(AI)은 우리에게 긍정적인 영향도 주지만 악용되면 개인의 위협을 넘어 사회·국가적인 혼란을 일으키는 부작용도 크다. 그러므로, 인공지능(AI)을 개발하는 것뿐만 아니라 개발과 함께 이를 올바르게 활용하기 위한 기술 및 제도적 대응도 중요하다. 이를 위하여 국가 및 기업 차원에서 새로운 지능정보 관련 제도 및 법안을 마련할 필요가 있다. 특히, 기업은 내부적으로는 직원 및 경영진, 외부적으로는 고객을 대상으로 인공지능(AI)이 악용될 수 있다는 인식을 가지고 대응할 수 있도록 교육할 수 있다. 기업 차원에서도 인공지능(AI)을 사회적으로 좋은 목적으로 활용하고, 악용을 방지할 수 있도록 이른바 'AI for Good'의 사례를 늘려가야 한다.

넷째, 인공지능(AI) 결과물에 의한 저작권 침해 및 인공지능(AI)이 생성한 결과물에 대한 저작권 인정 여부가 이슈화되고 있다. 인공지능(AI) 기술은 불확실성, 불투명성의 특징을 가지고 있으며 대규모 데이터 학습을 필요로 하므로 그 데이터에는 저작물이 포함될 수 있다. 이러한 인공지능(AI) 결과물에 의한 저작권 침해 문제에 대응하기 위해서는 인공지능(AI)의 작동 과정과 결과가 논리적·객관적으로 설명될 수 있는 인공지능(AI) 서비스의 개발이 필요하다. 더불어, 새로운 지능정보기술로 인한 지식재산권을 둘러싼 법적 검토나 새로운 규제안을 마련할 필요가 있다. 2022년, 원저작자의 저작권 보호를 위해 아티스트와 엔지니어들이 함께 'Have I Been Trained'라는 웹사이트

(https://haveibeentrained.com/)를 개발하였다. 이 웹사이트에서는 현재 운영 중인 생성형 AI가 자신의 작품을 트레이닝 데이터로 사용했는지를 확인할 수 있고, 사용했다면 해당 아티스트는 자신의 작품을 데이터에서 제외할 것을 요구할 수 있는 기능을 가지고 있다. 같은 해 3월, 미국 저작자 협회는 인공지능(AI) 트레이닝 데이터에 자신의 작품이 사용되지 않을 것을 기본 계약서에 포함시켰으며, 해당 내용이 포함된 경우에는 출판사에서 명백하게 트레이닝 데이터로 이용될 수 있다고 알리도록 하였다.

다음으로, 인공지능(AI)이 생성한 결과물에 대한 저작권 인정 여부에 대한 검토도 고려할 수 있다. 인공지능(AI)이 생성한 결과물에 대하여 권리를 인정해줄 것인지, 인정해준다면 그 범위와 기간은 어느 정도로 할 것인지와 표시 의무 등을 제한해 줄 것인지에 대한 검토 등이 포함될 수 있다. 이에 대하여 국내(한국)에서는 2020년 12월 '인공지능(AI) 저작물' 개념을 명시한 저작권법 개정안이 발의되었다. 인공지능(AI) 저작물의 저작자를 인공지능(AI) 서비스를 이용하여 저작물을 창작한 자 또는 인공지능(AI) 저작물의 제작에 창작적 기여를 한 인공지능 제작자, 서비스 제공자 등으로 정의하고 있다. 또한, 저작물을 공표한 때로부터 5년간 보호하고, 해당 저작물 등록 시 인공지능이 제작한 작품으로 표기할 것으로 의무화하였다. 인공지능은 현재도 계속 발전하고 있고 그 활용도 확대될 것이므로, 기술 혁신에 따른 저작권 제도 전반에 대한 전면적인 검토를 통해 방향을 설정하고 점진적인 변화를 추구할 필요가 있다.

다섯째, 인공지능(AI)으로 인한 일자리 문제가 이슈화되고 있으며, 이는 인공지능(AI) 기술의 발전으로 일부 직업 및 업무를 대체할 것이라는 우려이다. 인공지능(AI) 기술의 발전으로 일부 직업이 대체될 수 있지만, 새로운 일자리 창출도 가능하다는 전망이 있다. 인공지능(AI)을 활용한 새로운 기술과 서비스 개발, 유지보수, 데이터 분석 등의 분야에서 새로운 일자리가 생성될 것이다. 이러한 변화에 대처하기 위해서는 교육과 직업 훈련 등을 통해 인공지능 기술과 함께 일할 수 있는 인력을 양성하는 것이 필요하다. 즉, 기업은 기존 인력을 업스킬링 또는 리스킬링할 수 있다. 인공지능(AI)은 직업과 상관없이 모두에게 필요한 역량을 증강하는 기술이 될 것이다. 그러므로, 이러한 인공지능(AI) 시대를 통해 새롭게 창출될 일자리 및 업무에 맞춰 인력을 업스킬링할 수 있는 기회로 삼아 지원할 수 있다. 이와 함께, 기존 인력들이 기술로 급변하는 고용환경에 탄력적이고 유연하게 대응할 수 있는 고용 법제를 마련하는 것도 고려될 수 있다.

생각해보기!

1. 인공지능(AI)이 잘못을 저지르면 누가 책임져야 할 것인가? 인공지능(AI)의 잘못에 대한 책임 및 보상 방법에 대하여 논의해보자. 유사한 주제로 인공지능에게 법률적 지위와 책임을 부여할 것인가? 에 대해서도 함께 논의해보자.

2. 인공지능(AI)이 인간의 일자리를 얼마나 대체할 것이라고 생각하는가? 인공지능(AI)으로 사라지는 직업과 새로 생겨날 직업에는 무엇이 있을지 논의해보자. 더불어, 개인·기업·사회적 측면에서 일자리 문제에 대응할 수 있는 구체적인 방안에 대하여 논의해보자.

3. 인공지능(AI) 윤리와 인공지능(AI) 관련 법 제정과 관련하여 정부 및 국가적 접근 방식에 대하여 논의해보자.

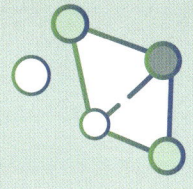

PART 15.
인공지능(AI)의 발전과 미래

Preview

인공지능(AI) 기술의 발전은 사회와 산업구조에 혁신적인 변화를 가져오고 있다. 인공지능(AI)은 다양한 분야에 활용되어 노동, 창작, 그리고 학습에 많은 변화를 줄 것이다. PART 15에서는 인공지능(AI)의 효율적 활용을 위한 인간과 인공지능(AI)의 협업 및 인공지능(AI)과 관련한 변화들을 살펴본다. 또한, 미래 인공지능(AI) 역할의 전망을 통해 인공지능(AI)을 통한 혁신과 안전의 가치를 위한 규제의 기반을 마련할 수 있다.

1장. 인공지능(AI)의 활용

생성형 AI의 등장으로 인공지능(AI)은 이제 필요에 따라 선택적으로 사용되는 기술이 아닌 인공지능(AI) 자체가 산업화되고 있다. 생성형 AI를 내재화한 초거대 인공지능(AI)은 대량의 데이터와 슈퍼 컴퓨팅 인프라를 기본으로 학습하고, 추론과 사고의 알고리즘을 통해 인간처럼 새로운 콘텐츠를 생성하는 능력을 갖추면서 그 활용도가 커지고 있다. 특히, 텍스트뿐만 아니라 이미지, 오디오, 동영상 등과 같은 멀티 모달(Multi-Modal) 데이터로 학습 데이터가 확산되면서 다양한 산업에서 활용되며 그 가치가 확산되고 있다. 다양한 분야에 인공지능(AI)이 활용되기 시작했으며 이는 단순히 기술로서의 역할을 넘어 인공지능(AI) 산업 생태계가 구축되는 것을 의미한다.

하지만, 인공지능(AI)과 같은 기술의 발전이 가져오는 변화가 항상 긍정적인 것은 아니며, 반대로 항상 부정적인 일면만 있는 것도 아니다. 이제 인공지능(AI)이라는 첨단 기술이 가진 장단점을 논하는 것에서 그치는 것이 아니라 이를 기반으로 어떻게 수용할 것인가를 논의하는 것이 바람직할 것으로 보인다.

01 인공지능(AI)을 활용한 비즈니스 혁신

현재는 디지털 전환이라는 말보다 인공지능(AI) 전환이라는 말이 더 많이 사용되는 시대이다. 많은 산업에서 기업들은 인공지능(AI) 기술을 적용하여 생산성을 높이고 새로운 비즈니스 기회를 창출하려는 방안을 고민하고 있다. 특히, 생성형 AI 등장으로 인공지능(AI)을 사용할 수 있는 활용 범위도 점차 확대되고 있다.

산업 및 기업의 인공지능(AI) 활용을 통한 대표적인 비즈니스 가치로는 비용 절감, 실행 속도 단축, 복잡성 감축, 관계 전환, 혁신 촉진, 신뢰 강화 등이 있다. 인공지능(AI) 기술 전환의 주요 산업 분야는 의료, 제조, 금융, 교통물류, 소매유통, 공공안전 등을 들 수 있다. 의료 부문 인공지능(AI)을 통해 신약 개발, 정밀의료수술, 어시스턴트, 프로세스 효율화, 이미징 및 진단, 원격 진료 등이 가능하다. 의료 부문은 인공지능(AI) 기술의 적용 가능성과 파급 효과가 높은 분야로 의료 종사자 입장에서는 업무 효율성을 높이고, 환자 입장에서는 질병 예방부터 사후관리까지 전 의료과정을 더 낮은 비용으로 간편하게 진행할 수 있다.

제조 부문에서는 인공지능(AI)을 활용하여 인공지능(AI) 기반 제조 플랫폼 구축, 공정 최적화, 스마트팩토리, 로봇설비, 사이버물리시스템(Cyber Physical System, CPS) 등이 가능하다. 인공지능(AI) 기술의 활용은 새로운 성장 기회로 작용할 수 있으며 운영 효율성과 비용 절감을 기대할 수 있다. 금융 부문에서는 인공지능(AI)을 통해 챗봇, 로보어드바이저, 신용 평가, 불완전판매 방지, 시장 분석 및 예측 등이 가능하다. 금융과 인공지능(AI)이 결합할 경우 고객 응대 및 영업 지원, 업무 프로세스 효율화, 맞춤형 서비스 제공, 금융 소비자의 권익 보호를 기대할 수 있다. 교통·물류 부문에서는 스마트 모빌리티, 자율주행, 스마트 물류시스템, 지능형 교통 시스템 등이 가능하다. 각종 센서와 교통·물류 시설로부터 데이터를 수집·분석·활용함으로써 물류 자원의 효율적 운영 및 최적화된 시스템을 기대할 수 있다.

소매유통 부문에서는 인공지능(AI)을 활용하여 무인 매장, 재고관리, 수요 예측, 인공지능(AI) 챗봇, 고객관리 등이 가능하다. 특히, 구매의사결정 과정에서 소비자의 편의성과 정확성을 높이고 판매자의 효율성을 향상시키는 등 무인·자동화 기술 확산에 기여한다. 공공안정 부문에서는 인공지능(AI) 챗봇, 재난안전관리, 방역 활동, 범죄 예방, 취약 계층 지원 등을 지원하고 이를 통해 공공의 비효율성 개선과 안전사회 구현을 위한 행정비용을 절감할 수 있다.

이렇듯 인공지능(AI)은 다양한 산업 및 비즈니스에 적용되어 비즈니스 효율을 높일 수 있으므로 인공지능(AI) 활용 산업 분야를 발굴하고 지원할 필요가 있다. 즉, 인공지능(AI) 기술은 비즈니스 혁신 조력자로서 산업 및 기업에 혁신적 비즈니스 모델 개발에 활용될 수 있다. 이를 통한 광범위한 파급효과를 경험할 수 있도록 산업별·지역별·규모별·혁신 단계별 실효성 있는 지원 정책을 마련할 필요가 있다.

특히, 다양한 생성형 AI 기반 서비스가 등장하면서 인공지능(AI) 기술 확산이 촉진되고 있다. 생성형 AI 산업은 인공지능(AI)을 활용하여 결과물을 만들어내는 비즈니스이다. 제품 설명서 같은 텍스트, 광고 사운드, 홍보 포스터의 이미지, 광고의 영상물 등이 그 대표적인 결과물이 될 수 있다. 이렇게 인공지능(AI)으로 생성한 콘텐츠를 거래하는 플랫폼이 등장하고 있으며, 이제는 단순히 콘텐츠 제작을 넘어 마케팅 전략, 의료 분석, 제조 프로세스 최적화 등 다양한 산업에 적용되고 있다.

기존 대규모 언어모델(Large Language Model, LLM)이 가진 비용 효율성 측면의 한계 극복을 위해 데이터 중심 인공지능(AI)이 부상하고 있다. 데이터 중심 인공지능(AI)은 상대적으로 적은 데이터를 통해 개발할 수 있어 현장 데이터 확보가 까다로운 산업 분야에서 활용하기 적합할 수 있다. 향후 인공지능(AI) 시장이 대규모 인공지능(AI) 모델과 함께 도메인에 특화된 '수직적 AI(Vertical AI)' 중심으로 발전할 것을 전망하고 있다. 수직적 AI(Vertical AI)는 거대 모델보다 비용 측면에서 효율적이면서도 기업이 보유한 전문지식을 솔루션화할 수 있다. 이러한 인공지능(AI) 적용과 확산을 통한 산업 현장 내 생산력 향상 및 비즈니스 혁신을 기대할 수 있다.

하지만 각 산업군에서 인공지능(AI) 도입률과 성숙도는 차이를 보이고 있으며 같은 산업군 내에서도 그 수준의 차이는 다르게 나타나고 있다. 그러므로 성공적인 인공지능(AI)의 도입 및 활용을 위해서는 소규모 비즈니스 영역에 적용한 후 점진적으로 산업 전반에 확산시키는 단계적 전략이 필요하다. 산업별 인공지능(AI) 도입 및 활용의 단계적 확산은 기업의 인공지능(AI) 기술 채택을 위한 정책 및 대응마련을 기반으로 할 수 있다.

02 인공지능(AI)을 활용한 미래 교육

인공지능(AI)을 비롯한 디지털 기술을 접목한 에듀테크(EduTech) 기업이 산업을 바꾸면서 교육 성장이 가팔라지기 시작했다. 교육 분야 조사업체로 유명한 Holon IQ에 따르면 글로벌 교육 시장은 2020년 6조 달러 규모이고 2030년까지 매년 4.3% 속도로 성장할 것으로 전망한다. 그러나 에듀테크(EduTech) 분야는 2018년 1,520억 달러에서 2025년 3,420억 달러로 연평균 12.3% 고성장세를 보일 것으로 전망하고 있다. 이에 따라 글로벌 교육 시장에서 에듀테크(EduTech) 부문이 차지하는 비중은 대폭 성장할 것으로 전망된다. 특히, 에듀테크(EduTech) 분야에서 세부 디지털 기술에 대한 지출액 중 인공지능 기술이 2018년 8억 달러에서 2025년 61억 달러로 증가할 것으로 분석되었다.

인공지능(AI)을 활용한 교육에서의 혁신은 다음과 같이 요약할 수 있다. 첫째, 교육 과정의 자동화를 통해 효율성을 높인다. 인공지능(AI)이 교사나 강사의 단순 업무를 자동화하여 교사와 강사는 학생을 가르치는 일에만 집중할 수 있다. 인공지능(AI)이 가르치는 일을 제외한 비핵심 업무를 대체함으로써 교육 기관과 교사들은 더욱 효율적으로 학생들에게 학습 경험을 제공하고 학습 요구에 맞게 지원할 수 있다. 인공지능(AI)을 활용한 교육의 자동화 시스템을 통하여 일정 관리, 평가 및 피드백, 교육자료 생성, 모니터링 및 분석을 지원할 수 있다. 일정 관리와 관련해서는 교육과 관련된 다양한 일정들을 자동화하여 관리할 수 있다. 평가 및 피드백과 관련해서는 인공지능을 활용하여 학생들의 과제와 시험지를 자동으로 채점하고 결과를 분석할 수 있다. 또한, 각 평가에 대한 피드백을 제공하여 학습을 개선할 수 있는 방향을 제시할 수 있다. 교육자료 생성과 관련해서는 인공지능(AI)을 통해 학습 요구에 맞춰 맞춤화된 교육 자료를 생성할 수 있다. 모니터링 및 분석과 관련해서는 학생들의 학습 상황과 진행을 실시간으로 모니터링하고 분석하여 파악할 수 있다. 이를 기반으로 교사들은 학생들에게 추가적인 지원을 제공할 수 있다. 자동화는 교육 분야에서 더욱 효율적이고 맞춤화된 학습 경험을 제공하는 데 활용될 것이다.

둘째, 학습 경험을 개인에게 맞춤화하여 개별적인 학습 요구에 부합한다. 인공지능(AI)이 학생 개개인의 수준과 필요에 맞춘 학습 프로그램을 제공해 줄 수 있다. 맞춤화는 학습자의 개별적인 능력, 관심, 학습 스타일 등을 고려하여 맞춤형 교육을 제공하는 것을 말한다. 인공지능(AI)을 활용한 맞춤화는 개별 학습 경로 제공, 컨텐츠 맞춤화, 맞춤형 평가 및 피드백, 자기 주도 학습 지원 등 다양한 방식으로 구현될 수 있다. 개별 학습 경로 제공과 관련해서는 학생들의 학습 수준과 성취도에 따라 맞춤화된 학습 경로를 제공할 수 있다. 인공지능(AI)은 학습자의 지식수준을 분석하여 필요한 학습 내용을 제공할 수 있다. 컨텐츠 맞춤화와 관련해서는 인공지능(AI)을 활용하여 학습자의 관심사와 선호를 파악하여 관련 주제의 학습 자료를 개발하거나 적용할 수 있다. 이를 통해 학생들의 흥미를 유발하고 학습 동기를 높일 수 있다. 맞춤형 평가와 피드백과 관련해서는 학생들의 평가에 개인의 강점 및 약점을 분석하여 각 개인의 맞춤형 평가와 피드백을 제공할 수 있다. 자기 주도 학습과 관련해서는 인공지능을 통한 맞춤화된 학습은 학생들의 자기 주도 학습을 촉진할 수 있다. 개인의 관심과 필요에 맞게 학습 경로를 설계해줌으로써 학생들에게 내적 동기와 자신감으로 학습에 참여하도록 할 수 있다. 요즘 인공지능 기반 교육 서비스 업체는 대부분 인공지능 기반의 맞춤화 서비스를 제공하고 있다.

셋째, 가상현실(VR) 혹은 증강현실(AR) 기술을 통해 실제와 유사한 학습 경험을 제공한다. 실감화는 학습자들에게 현실적인 경험을 제공하여 학습 과정을 더욱 효과적으로 만드는 기술적 접근 방식을 말한다. 즉, 인공지능(AI)과 AR/VR 등의 디지털 기술을 결합하여 강의실 안에서도 실제 현장에서 느낄 수 있는 생생한 교육 및 실습을 진행할 수 있다. 실감화를 통해 가상 실험 및 시뮬레이션, 문화 체험 및 언어 학습, 필드 트립 등이 가능합니다. 가상 실험 및 시뮬레이션과 관련해서는 학생들을 가상환경에서 다양한 실험과 시뮬레이션을 경험할 수 있다. 특히, 복잡한 실험 환경이나 위험한 실험도 안전하고 쉽게 경험할 수 있다. 문화 체험 및 언어 학습과 관련해서는 다른 국가의 다양한 문화와 언어를 가상환경에서 체험하고 학습할 수 있다. 학생들은 다른 국가에 방문하지 않고도 다양한 문화와 언어를 경험하며 커뮤니케이션 능력을 향상시킬 수 있다. 필드 트립과 관련해서는 학생들은 현실에서 접하기 어려운 환경이나 장소에 가상으로 접근하여 학습할 수 있다. 이러한 실감화 교육은 현장 실습이 필수적인 항공, 의료, 국방 등에서 활발히 이루어질 것이다.

넷째, 온라인 및 원격 학습을 통해 시간과 장소의 제약 없이 교육이 이루어진다. 온라인 교육에 인공지능(AI) 기술을 더하면 언제, 어디서나 불편함 없이 교육을 받을 수 있다. 단순 온라인 수업을 넘어 인공지능(AI)을 활용한 온라인 교육 플랫폼을 통해 학습자들은 지리적인 제약을 극복하는 것뿐만 아니라 녹화된 강의로 학습할 경우에도 인공지능(AI) 챗봇을 통해 언제 어디서나 궁금하거나 모르는 문제를 질문하고 답을 얻을 수 있다. 또한, 시간과 공간에 제한 없이 수업 내용에 참고할 수 있는 다양한 자료를 인공지능 서비스를 통해 제공받을 수 있다. 마지막으로, 다양한 국가와 지역의 학생들과 협업하거나 교류를 진행할 수 있다. 학생들은 다양한 국적과 배경을 가진 학생들과 함께 공동 프로젝트를 수행하며 다양한 의견과 아이디어를 공유할 수 있다. 프로젝트를 수행하는 데는 성과와 필요를 분석하여 맞춤화된 학습 경로를 제시받을 수 있다. 특히, 디지털 접근성과 물리적 접근성을 고려하여 모든 학습자들이 동등하게 교육받고 인공지능(AI) 시스템을 활용할 수 있도록 하는 것 중요하다.

03 인공지능(AI)을 활용한 창작 활동

인공지능(AI)을 활용한 창작 활동의 범위가 확장되고 있다. 창작자들은 인공지능(AI)을 활용하여 대량의 데이터를 분석하고 이를 작품에 반영하여 예술의 경험을 더욱 풍부하게 만들 수 있다. 예를 들어, 미술 작품에서 인공지능(AI)은 컴퓨터 비전 기술을 활용하여 이미지의 색상, 묘사된 주제, 그리고 작가의 스타일을 분석하여 창작자가 새로운 작품을 생성하는 데 도움을 줄 수 있다. 이는 작품을 더욱 다양하고 혁신적으로 발전시키는 데 기여할 수 있다. 이러한 활동은 미술 영역에서뿐만 아니라 음악, 문학 등에서도 활용 가능하다.

음악 영역에서 인공지능(AI)은 음악 작곡에 활용될 수 있으며, 작곡 과정에서 멜로디, 리듬, 화음 등을 생성할 수 있다. 기존의 음악 데이터나 스타일을 학습하여 유사한 스타일의 음악을 생성하거나 새로운 음악 스타일을 실험해 볼 수 있다. 또한, 음악 편집 과정에서 화음 조합, 믹싱 등을 최적화하고 보완하는 데 활용하여 보다 풍부하고 품질 높은 음악을 만들어 낼 수 있다. 문학 영역에서는 인공지능(AI)을 활용하여 캐릭터와 스토리 설정 등 창작 과정의 다양한 단계에서 지원을 받을 수 있다. 또한, 작품의 톤, 감정, 분위기 등을 분석하여 작품의 의미와 분위기를 이해하고 해석하는 데 활용될 수 있다.

이렇듯 인공지능(AI)은 예술 작품에 영감을 주거나 예술 분야 창작의 보조 역할로 활용될 수 있다. 다양한 예술 작품에서 나타나는 패턴을 분석하여 새로운 창작물을 생성할 수 있을 뿐만 아니라 아이디어를 시각화하거나 작품을 개선하는 데 도움을 준다. 즉, 인공지능(AI)의 도움을 받아 본래의 아이디어를 더욱 효과적으로 표현하고 향상시킬 수 있다. 이러한 인공지능(AI)의 창작적 활용은 전문가로서 예술가들에게만 적용되는 것이 아니라 일반인들에게도 활용된다. 최근 일반인을 대상으로 한 인공지능(AI) 창작 플랫폼이 소개되고 있다. 대표적으로 CJ올리브네트웍스가 개발한 'Oi Writer'는 시 제작을 위한 초벌 문구를 만들어 주는 인공지능(AI) 기술이다. 이는 주제어만 입력하면 그 주제에 맞는 시적 초벌 문구를 제작해준다. 실제 'Oi Writer'를 활용하여 집필한 앤솔리지 시집 '9+i'를 출간하기도 했다.

그 밖에, 예술 작품을 감상하는 사용자의 취향에 맞게 개인화하는 것에도 활용될 수 있다. 예술 분야는 개인의 감정과 경험을 연결한 분석을 통해 진정한 개인화를 제공할 수 있다. 인공지능(AI)은 사용자의 선호도와 그 동안의 히스토리를 분석하여 맞춤형 예술 경험을 제공할 수 있다. 이러한 인공지능(AI) 기반의 개인화된 예술 경험은 사용자들이 예술 작품을 더욱 개인적으로 체험하고 즐길 수 있도록 돕는 데 기여한다.

04 인간-인공지능(AI)의 협업

최근 인공지능(AI) 기술의 발전으로 인한 사업환경의 변화와 이로 인한 산업 구조의 재편이 이루어지고 있다. 이를 통해 기업들은 기존의 일하는 방식으로는 경쟁력을 유지하기 어려워져 운영 프로세스를 개선하고 비즈니스 모델을 혁신하는 과제에 직면하고 있다. 하지만, 기술의 발전에도 사회적 문제나 문화적 배경이 갖는 의미를 이해하고 새로운 기술을 창조적으로 활용하는 것은 인간이 할 수 있는 영역이다. 또한, 인간의 상상력 및 사회적 능력과 인공지능의 분석 및 정량적 능력이라는 강점을 기반으로 서로 협업할 수 있다. 그러므로, 인공지능(AI)이 다양한 분야에 적용되는 앞으로의 시대에는 인간과 인공지능(AI)이 하나가 되어 함께 업무를 수행하는 인간 중심의 디자인과 인간과 인공지능(AI)의 협업 서비스가 필요하다.

인공지능(AI)의 인간 중심 디자인이란 인공지능(AI)이 인간을 대체하는 것이 아니라 인간을 도와주고, 인간의 능력을 최대로 발휘하는 데 목적을 둔다. 인간이 인공지능(AI)을 통제하고 함께 공존할 수 있도록 인공지능(AI) 관련 서비스를 만들 때 사용자를 중심에 둘 수 있다. 여기에는 인공지능(AI) 서비스를 사용함과 동시에 인간의 가치와 존엄성을 존중하는 프레임워크를 제안하는 것을 나타낸다. 현재 우리가 사용하고 있는 서비스에서의 사례로 Google Photos에서 출시한 '1년전 오늘' 서비스이다. 본 서비스에서는 1~2년 전 같은 날의 사진을 다시 보여주며 사용자가 추억을 회상할 수 있도록 하는 기능이다. 하지만, 사용자에게 모든 과거의 기억과 사진이 좋은 기억이 아닐 수도 있고 다시 회상하기를 원하지 않을 수 있다. 하지만, 인공지능(AI)은 사용자가 떠올리기 싫은 기억까지 파악하기는 어렵다. 그래서 구글은 사용자가 직접 설정을 수정할 수 있도록 하는 권한을 제공한다. 즉, 특정 인물, 날짜, 테마 등을 통해 다시 보고 싶지 않은 사진들을 포함하지 않도록 설정하는 것이다. 본 서비스는 인공지능(AI)이 사용자에게 과거의 사진들을 정리하여 추억을 회상할 수 있도록 보여주지만, 이와 동시에 인공지능(AI)의 입력값은 사용자가 설정할 수 있는 선택권도 함께 제공하는 것이다.

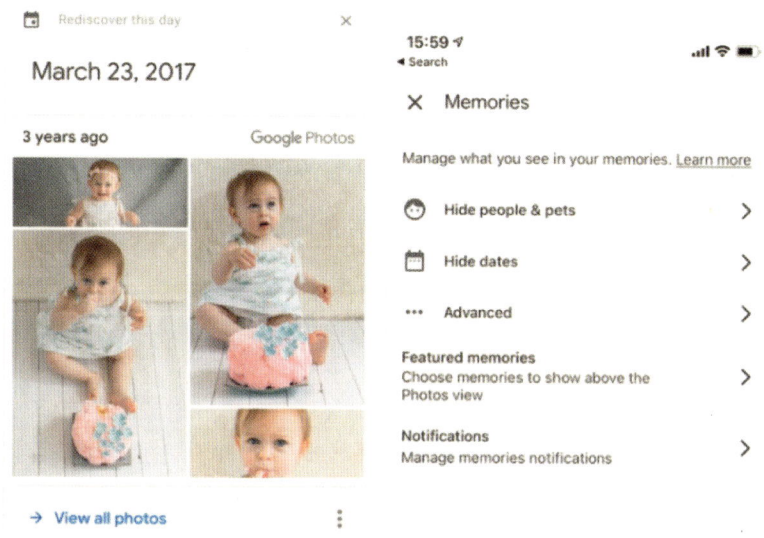

사용자 중심 인공지능(AI) 서비스 예시 'Google Photos'(출처: Medium)*

다른 사례로는 IBM에서 만든 SCORE(Smarter Cognitive Opportunity Recommendation Engine)이라는 엔진으로 IBM 셀러들이 비즈니스 파트너를 선택할 수 있도록 도와주는 머신러닝 모델이 있다. 본 모델은 다른 모델과 다르게 셀러인 사용자의 피드백을 인공지능(AI) 추천 시스템의 인풋 데이터로 넣어서 해당 시스템을 사용자에 맞게 맞춤화 또는 정교화할 수 있다. 즉, 인공지능(AI)을 통해 추천 콘텐츠를 제공하는 것에서 그치는 것이 아니라 사용자가 자신의 니즈에 따라 적절한 인풋을 추가하는 능동적 기능이 포함된다. 위 사례들을 통해 사용자 중심 인공지능(AI)을 이해할 수 있으며, 사용자 중심 인공지능(AI)의 디자인은 결국 서비스를 사용하는 엔드 유저에게 설명 가능

* https://medium.com/people-ai-research/a-snapshot-of-ai-powered-reminiscing-in-google-photos-5a05d2f2aa46)

한 인공지능(AI) 서비스를 제공하는 것이다.

다음으로 인간과 인공지능(AI)의 협업 서비스는 인간과 인공지능(AI)이 조화를 이루며 지혜롭게 공존하는 방안의 서비스로 인공지능(AI)의 인간 중심 디자인을 포함할 수도 있다. 이러한 인간과 인공지능(AI)의 협업 사례는 고객 응대, 교육, 콘텐츠 제작 등 다양한 부문에서 활용될 수 있다. 고객 응대와 관련해서는 인공지능(AI)을 결합하여 기본적인 고객 응대 업무는 인공지능(AI)을 활용하고 좀 더 복잡한 업무에는 사람이 응대하도록 함으로써 상담사의 업무 부담은 최소화하면서 고객 응대 품질은 향상할 수 있다. 이는 인간의 일자리를 빼앗는 것이 아니라, 인간과 인공지능(AI)이 협업하여 서로 win-win 하는 결과를 이끌어낼 수 있는 것이다. 사례로 KT 고객센터는 24시간 상담 가능한 인공지능(AI) 보이스봇 '지니'를 통해 고객이 기다림 없이 빠르고 정확하게 상담을 진행하도록 지원하고 있다. 그리고 '지니'가 처리하기 어려운 문제만 상담사를 연결하여 보다 가치 있는 서비스를 제공할 수 있다고 한다.

또 다른 사례로 LG 인공지능(AI) 연구원과 파슨스가 공동 개발하고 있는 인간과 인공지능(AI)이 협업하는 'AI 디자인 플랫폼'을 들 수 있다. 그들은 인공지능(AI)은 영감을 주고 사람이 디자인하는 것을 목표로 협력하고 있다. 오픈 AI의 '달리(Dall-E)'나 구글의 '바드(Bard)'처럼 사용자가 입력한 텍스트를 기반으로 이미지를 그려주는 것이 아니라, 사람의 상상력을 자극하고 창의적인 활동을 돕는 모델을 개발하는 것이 목표다. 즉, 최종 제품은 사람인 디자이너가 만들고, 인공지능(AI)이 그들에게 어떤 감성과 영감을 주게 되는 것으로 인간과 인공지능(AI)의 협업을 위한 플랫폼이다. 이렇듯 단순히 인공지능(AI)을 사용하는 것이 아니라 인간이 가지고 있는 고유의 능력을 적용하여 최대화하는 데 초점을 둘 수 있다. 앞으로 우리는 인공지능(AI)과 공존하며 인공지능(AI)의 기능과 우리의 능력을 조합하여 협업할 수 있는 인간과 기술의 조화가 필요할 것이다.

2장. 인공지능(AI)의 미래

01 인공지능(AI)과 관련한 변화

기술은 끊임없이 발전하고 있으며, 최근 생성형 AI를 통해 인공지능(AI) 기술이 대중화되고 있다. 이러한 인공지능(AI)의 발전 및 활용을 위하여 관련 기술과 시장환경이 어떻게 변화하는지에 대해 살펴볼 필요가 있다. 본 장에서는 인공지능(AI)과 관련한 변화를 이야기하고자 한다. 첫째, 인공지능(AI) 기술 발전의 가속화이다. 인공지능(AI) 학습모델의 연산 처리 능력이 매년 10배씩 성장하고 있으며 앞으로도 인공지능(AI)은 빠른 속도로 발전할 것이다.

둘째, 데이터의 기하학적 증가이다. 데이터는 인공지능(AI) 모델링을 위한 필수적이다. 사물인터넷 확대, 다양한 디지털 기술 및 미디어 등의 증가로 다양한 유형의 데이터가 비약적으로 생성된다. 이러한 데이터의 기하학적 증가는 인공지능 기술의 발전과 함께 다양한 분야에서 혁신과 변화를 이끌어내는 중요한 요소이다.

셋째, 인공지능(AI) 학습비용의 감소이다. 인공지능(AI) 모델의 딥러닝 훈련을 위해서는 고사양의 하드웨어가 필요하다. GPU(Graphics Processing Unit)와 같은 고성능 하드웨어 기술이 발전하고 보다 효율적인 데이터 처리 방식이 등장함에 따라 인공지능(AI) 학습비용이 감소하고 있다. 또한, 클라우드 컴퓨팅 기술이 발전하면서 기업이나 개인은 대규모 데이터를 처리하고 인공지능(AI) 모델을 훈련하는 데 필요한 컴퓨팅 자원을 저렴하게 활용할 수 있다. 이러한 변화는 인공지능(AI) 모델 개발과 훈련 과정을 더 효율적으로 수행할 수 있게 하여, 더 쉽게 인공지능(AI) 기술을 채택하고 활용할 수 있도록 도울 것으로 기대된다.

넷째, 인공지능(AI)과 타 분야 기술과의 결합이다. 인공지능(AI)은 다양한 기술과 호환되어 부가가치를 창출할 수 있다. 대표적으로 인공지능(AI)과 로봇(Robot), 블록체인(Blockchain), 메타버스(Metaverse) 등의 기술과 결합하여 새로운 혁신 및 창조적인 결과를 만들 수 있다. 인공지능(AI)과 로봇(Robot) 기술의 결합은 자율주행차, 드론, 로봇 등에 인공지능 기술을 결합하여 환경 인식, 경로 계획, 자동 제어 등을 개선할 수 있다. 블록체인(Blockchain)과의 결합은 스마트 계약, 신원 인증 등의 분야에서 혁신적인 결과를 얻을 수 있다. 인공지능(AI)과 메타버스(Metaverse)의 결합을 통해서는 인공지능(AI)이 메타버스(Metaverse) 내 아바타를 사용자의 실제 모습과 유사하게 생성할 수 있고, 자연어 처리 기반의 소통 모델이 적용되도록 설계할 수 있다. 다양한 분야에서 기술 간 결합은 새로운 문제 해결 방법을 모색하고 파괴적 혁신을 촉진하는 역할을 할 것이다.

다섯째, 인공지능(AI) 도입 범위의 확장이다. 최근 다양한 분야에서 인공지능(AI)을 도입하고 있으며, 그 범위는 더 확장될 것이다. 즉, 인공지능(AI) 기술이 발전하면서 현재의 한정된 영역에서 더 다양한 분야로 확대되어 적용될 것이다. 인공지능(AI)의 도입 범위는 제조, 농업, 에너지, 환경, 도시 및 교통, 교육, 의료, 금융 및 보험, 연구 및 과학 등으로 다양하며 기존의 문제를 편리하게 해결하고 다른 시각에서 접근할 수도 있게 한다. 다시 말해서, 분야의 범위뿐만 아니라 각 분야에서 적용되는 기술의 범위도 확장할 것이다. 특히, 생성형 AI 시대에 접어들어 많은 변화가 일어날 것이다. 생성형 AI를 통해 인공지능(AI)이 본격적으로 보편화되면 산업 구조 변화에 따라 노동의 형태가 변화할 것이다. 생성형 AI는 새로운 텍스트, 이미지, 음성, 영상 등의 다양한 결과물을 만들어내는 역할을 함으로써 인간의 창의적 업무까지 수행할 수 있다. 인공지능(AI)에 의해 많은 일자리가 대체되고 또 새로운 일자리가 생겨날 것이며, 일하는 방식이 변하기도 할 것이다.

여섯째, 기술의 보편적 활용이다. 앞으로 인공지능(AI)과 관련한 변화 중 하나로 인공지능(AI) 기술의 보편적 활용이 진행될 것이다. 다양하고 많은 산업, 조직, 사람들이 인공지능(AI) 기술을 활용하여 보편적으로 이용하게 될 것이다. 이러한 인공지능(AI)의 보편적 활용은 기술의 보급과 접근성 향상을 의미한다. 하지만, 인공지능(AI) 기술의 보편적 활용으로 넘어가기 전에 이에 따른 윤리, 개인정보 보호, 사회적 영향 등을 고려한 개발 및 활용이 중요할 것이다.

일곱째, 인공지능(AI) 활용과 그 영향을 통한 기업 및 국가 간의 경쟁력 격차의 심화이다. 인공지능(AI) 도입 시점의 차이, 도입했더라도 창출되는 임팩트의 차이가 생길 것이다. 즉, 인공지능(AI) 기술을 보유하고 활용하는 정도에 따라 국가, 기업 및 개인 간에 경쟁력의 격차가 나타날 수 있으며 이는 점점 더 심화될 수 있다. 이러한 인공지능(AI) 기술의 경쟁력 차이는 데이터와 리소스, 기술 개발 및 연구력, 효과적 활용 등의 격차로 가속화될 수 있다. 따라서, 국가 및 기업은 인공지능(AI) 기술의 도입과 활용을 위한 전략을 수립하고 경쟁력을 강화하도록 지속적으로 노력해야 한다.

지금까지 인공지능(AI)과 관련한 변화에 대하여 기술하였다. 점점 더 발전하는 인공지능(AI) 기술을 유연하고 효율적으로 활용하기 위해서는 기술 자체에 대한 이해뿐만 아니라 앞으로 변화할 시장환경을 인지하고 이에 맞춰 전략을 구축할 필요가 있다.

02 영화로 전망해 보는 인공지능(AI) 역할의 미래

미래 예측 방법론으로 활용되는 SF 영화 사례 분석을 통해 미래 인공지능(AI)의 역할과 사용자 경험(User Experience, UX)을 전망해볼 수 있다. 인공지능(AI) 기술의 발전으로 진화된 역할과 사용자 경험(UX)을 예측하기 위하여 인공지능 주제의 영화들을 분석한 것을 정리하였다. 미래 인공지능(AI)의 역할은 크게 비서, 관계적 지원, 그리고 통치자로 분류할 수 있다.

첫째, 인공지능(AI)의 비서 역할이다. 인공지능(AI)의 가장 기본적인 역할은 인간의 노동을 대신해 주는 도구적인 역할이다. 고도로 발단된 인공지능(AI)의 정보 처리 능력을 활용하여 사람이 하기 어려운 일이나 귀찮은 일을 대신 처리해주는 비서 역할을 수행할 수 있다. 이러한 인공지능(AI)의 비서 역할은 영화 〈아이언맨(Iron Man)〉의 자비스(JARVIS)를 생각할 수 있다.

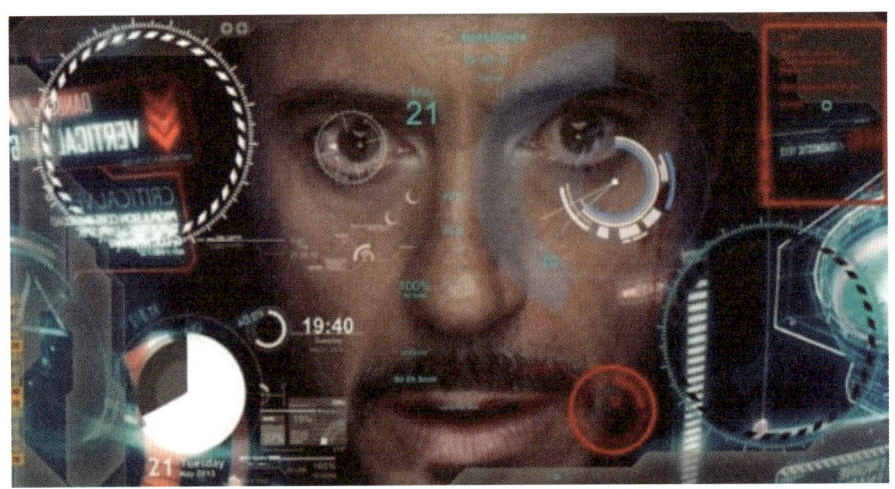

영화 〈아이언맨(Iron Man)〉에 등장하는 인공지능(AI) 비서 '자비스(JARVIS)'와 토니 스타크(출처: 영화 〈아이언맨(Iron Man)〉)

영화 〈아이언맨(Iron Man)〉의 자비스(JARVIS)처럼 인공지능(AI) 비서 역할을 하는 대표적 인공지능(AI) 서비스로는 ChatGPT를 들 수 있다. ChatGPT는 채팅하듯이 사용할 수 있어 누구나 손쉽게 사용할 수 있다. ChatGPT는 질문 응답 및 정보제공, 언어 번역, 콘텐츠 요약, 창작적 글쓰기, 코드 생성, 데이터 생성 및 정보 수집, 상담 등 다양한 기능을 가지고 있다. 이러한 ChatGPT와 같은 생성형 AI가 앞으로 어떠한 사용자 경험을 제공해줄지 생각해볼 수 있다. 먼저, '자비스(JARVIS)'처럼 사용자 개개인에게 맞춤화된 서비스를 제공할 것이다. 이는 인공지능(AI)이 사용자의 특성, 관심, 선호, 행동 패턴 등을 파악하여 그에 맞춰 콘텐츠나 기능을 제공할 수 있다. 대표적으로, 사용자의 건강 상태, 식습관, 운동 습관 등을 고려하여 건강 조언이나 웰빙 관련 정보를 제공할 수 있다. 또한, 사용자의 성장 및 업무 목표를 파악하여 관련된 자료, 도서 추천, 활용 방법 등을 제공할 수 있다.

다음으로, '자비스(JARVIS)'가 증강현실(Augmented Reality, AR)이나 홀로그램 기반으로 이미지와 영상과 같은 효과적인 시각 정보를 제공했듯이, 이들을 조합하는 것뿐만 아니라 더 다양한 형태의 정보를 확장해 제공할 수 있다. 증강현실(Augmented Reality, AR) 및 혼합현실(Mixed Reality, MR) 기술을 활용하여 실제 세계와 가상 세계를 결합한 새로운 경험을 제공할 수 있다. 즉, 시각적인 정보를 사용자의 주변 환경과 조합하여 증강된 현실을 만들거나 현실에 가상 요소를 결합하여 더 풍부한 정보를 제공할 것이다. 이에 더해, 가상현실(Virtual Reality, VR) 환경에서 시각적인 정보를 3D 공간 안에 삽입하여 제공할 수 있다. 또한, 실시간 데이터를 그래프, 차트, 지도 등으로 시각화하여 사용자와 상호작용하며 정보를 제공할 수 있다. 그 밖에, 영상이나 비디오 내에서 핵심 정보를 추출하고 시각적 요약을 제공할 수 있다. 이러한 인공지능(AI)의 다양한 시각화 정보를 활용하여 사용자에게 제공함으로써 혁신적이고 풍부한 경험을 제공할 것이다.

더불어, 인공지능(AI)은 사용자의 전자제품이나 자동차와 같은 다양한 기기 및 서비스와 연결하여 제어하는 역할도 가능하다. 이는 인터넷 네트워크와 인공지능(AI)의 지능을 결합하여 사용자의 일상을 더 편리하게 관리하고 컨트롤하는 방식을 제공할 것이다. 대표적으로, 인공지능(AI)은 사용자가 스마트 홈 시스템을 통해 가전제품을 제어하고 감시하는 데 도움을 줄 수 있다. 시간과 사용자의 습관에 따라 자동화된 작동을 설정할 수 있으며 시스템을 통해 이상 상황 및 위험 상황이 감지되면 사용자에게 알림을 보내고 적절한 조치를 취할 수 있다. 또한, 자동차 내부 시스템과 연결하여 음성 명령을 통해 차량을 조작하거나 정보를 검색하는 역할을 수행할 수 있다. 여기서는 사용자가 운전 중에 인공지능(AI)이 실시간으로 길을 안내해주거나 주변 정보를 제공해줄 수 있다.

둘째, 인공지능(AI)의 관계적 지원의 역할이다. 인공지능(AI)은 도구적 역할에서 더 발전하여 사회적 행위자로서의 역할을 할 수 있다. 사용자는 인공지능(AI)으로부터 사람과 같은 단서를 느끼게 되면, 인공지능(AI)을 사람처럼 인식할 수도 있다. 즉, 인공지능(AI)이 사용자의 감정, 관계, 사회적 상호작용 등에 적극적으로 개입하고 지원하는 방식을 말한다. 이러한 인공지능(AI)의 관계적 지원 역할은 인공지능(AI)을 그린 영화 〈그녀(Her)〉에서 사만다(Samantha)를 생각할 수 있다.

이처럼 관계적 지원을 하는 인공지능(AI)으로는 국내(한국)에서 개발한 챗봇의 '이루다'가 있다. '이루다'는 인공지능(AI) 버추얼 챗봇 서비스로 사용자와 일상적인 대화를 나눌 수 있었다. '이루다'와 같은 인공지능(AI) 서비스는 앞으로 우리에게 어떠한 사용자 경험을 제공해줄지 생각해볼 수 있다.

먼저, 인공지능(AI)의 발전으로 더 스마트해진 기능을 통해 수준 높은 대화가 가능할 것이다. 인공지능(AI)은 사용자가 해결하지 못하거나 어려워하는 문제에 대한 조언 및 해결책을 제시할 수 있다. 다음으로, 인공지능(AI)은 인간과 같은 사려 깊음을 드러내며 사용자에게 정서적 지원을 제공할 수 있다.

영화 〈그녀(Her)〉에 등장하는 인공지능(AI) OS '사만다(Samantha)'와 테오도르(출처: 영화 〈그녀(Her)〉)

단순히 재미를 위한 대화가 아니라 사용자의 상담 및 소셜 상호작용을 통해 친구 같은 관계로 여겨질 수 있다.

셋째, 통치자의 역할이다. 최근 마이크로소프트 소속 과학자들의 논문을 통해 급속도로 진화하는 인공지능(AI)이 인간처럼 추론하는 능력을 보이기 시작했다는 주장이 나왔다. 그들은 인공지능(AI)이 범용인공지능(Artificial General Intelligence, AGI)라는 지점으로 접근했다고 주장했다. 즉, 인공지능(AI)이 인간의 능력을 뛰어넘을 수 있는 능력을 갖추는 '특이점'을 뜻하기도 한다. 만약 인공지능(AI)이 인간의 능력을 뛰어넘는 능력을 갖추고 세상을 지배하고 통치하려고 한다면 어떻게 될지도 생각해볼 수 있다. 이러한 우려는 인공지능(AI)을 통치자로 보여준 영화 〈아이로봇(I, Robot)〉 속 비키(VIKI)를 생각할 수 있다.

아직까지 자아를 가지고 인간과 똑같이 행동하는 인공지능(AI)은 존재하지 않는다. 하지만 인공지능(AI) 기술이 지속적으로 발전하면 어느 순간에 다양한 측면에서 인간의 능력을 뛰어넘는 인공지능(AI)이 개발될지 모른다. 인

영화 〈아이로봇(I, Robot)〉에서 중앙센터에 위치한 인공지능(AI) 로봇 '비키'의 통제 속에서 움직이는 로봇들(출처: 영화 〈아이로봇(I, Robot)〉)

공지능(AI)이 우리에게 많은 편리성과 효율성을 제공하지만 우리가 우려하는 인공지능(AI)의 '특이점'의 현상을 간과해서는 안된다. 지금은 특이점을 가져올 첫 번째 인공지능(AI)의 등장에 대비해야 한다. 즉, 특이점을 달성할 수 있는 인공지능(AI)을 확보하고 통제하며 인공지능(AI)으로 인해 발생할 실업과 분배 문제에 대한 대책을 마련해야 한다.

지금까지 영화를 통해 미래 인공지능(AI)의 역할을 생각해 보았다. 물론 앞에서 언급한 역할들 중 통치자로서의 인공지능(AI)은 실현될 가능성이 거의 없다. 하지만, 그 가능성을 열어두고 대응책을 준비한다면 인공지능(AI)의 가치와 긍정적 활용이 높아질 것이다. 특히, 통치자의 역할에서는 인공지능(AI)의 윤리와 제어권을 어떻게 디자인할 것인가에 대한 고민이 중요하다는 것을 언급할 수 있다. 예를 들어, 자율주행차와 같은 자동화된 인공지능(AI) 알고리즘을 어떻게 디자인하고 피해를 방지할 수 있을지에 대한 고민이 필요하다. 그 밖에, 인공지능(AI)의 비서 및 관계적 지원의 역할과 관련해서는 사용자 가치를 향상하기 위해 인공지능(AI)에게 어떤 과업과 어떠한 역할을 주고 어떻게 디자인할 것인지를 고민할 필요가 있다.

03 인공지능(AI) 규제 전망

인공지능(AI)의 활용은 긍정적인 영향 뿐만 아니라 그 부작용 및 윤리적 이슈가 증가하면서 적절한 규제 체계가 필요하다는 주장이 대두되고 있다. 현재까지 세계 주요 국가들 중에서 인공지능(AI)에 대한 직접적 규제 법안을 제정한 국가는 유럽연합(EU)뿐이다. 유럽연합(EU)을 제외한 다른 국가들은 아직까지 구체적인 규제는 없지만 현재 다양한 방향으로 논의 중이다.

지금까지의 인공지능(AI) 규제는 주로 발생할 수 있는 부작용에 대한 예방 및 대응적 조치를 어떻게 할 것인가에 초점이 맞춰져 있다. 하지만 이에 앞서 인공지능(AI)에 대한 규제가 왜 필요한가에 대한 근본적인 질문에서 시작하여 원인과 결과에 대한 충분한 이해가 필요할 것이다. 인공지능(AI)은 그동안 우리에게 당연한 것으로 여겨졌던 일들을 당연하지 않은 것으로 만들기 때문에 혼란이 생길 수 있다. 그 대표적인 사례가 자율주행차 레벨5에서의 운전 및 사고 시 대응이다. 이렇듯 인공지능(AI)이 점차 발전하고 그 응용 범위가 넓어질수록 기존 체재와 충돌은 늘어날 것이다.

인간의 편리함과 효율성 향상을 위한 기술의 발전도 중요하지만 새로운 기술의 도입과 활용으로 인한 변화와 혼란의 대비도 필요하다. 혁신과 안전이라는 두 가치를 추구하기 위해서는 무엇보다도 인공지능(AI) 활용을 위한 객관적이고 과학적인 근거와 정보의 투명한 제공이 우선되어야 한다. 더불어, 사회적 합의와 함께 이를 지원하기 위한 제도적 기반을 마련하는 것이 필요하다.

생각해보기!

1. 인간과 인공지능(AI)이 어떻게 함께 협업할 수 있을까? 인간-인공지능(AI) 협업의 방법에 대하여 논의해보자.

2. 인공지능(AI) 시대의 미래는 긍정적이라고 생각하는가? 아니면 부정적이라고 생각하는가? 미래 인공지능의 역할과 전망에 대하여 논의해보자. 영화를 통한 미래 인공지능의 역할에서 어느 부분까지 실현 가능할 것이며, 우리가 고려할 부분이 무엇인지도 함께 생각해보자.

3. 인공지능(AI) '특이점'을 고려하면 앞으로 인공지능의 개발은 어떻게 수행되어야 할지 생각해보자. 즉, 인공지능(AI) 개발의 방향에 대하여 논의해보자.

참고문헌

1. 글로벌 과학기술정책정보 서비스(S&T GPS), "맥킨지, 자동화에 따른 '일자리 변화' 보고서 발표

2. 김도엽. (2022). 인공지능에서의 개인정보 보호 고려사항, NAVER Privacy White Paper,

3. 김동원. (2022). "AI가 편향성 문제를 극복하는 방법," AI TIMES, 2022.05.19., https://www.aitimes.com/news/articleView.html?idxno=144682

4. 김태원. (2023). ChatGPT는 혁신의 도구가 될 수 있을까?: ChatGPT 활용사례 및 전망, 한국지능정보사회진흥원, The AI Report 2023-1

5. 김효은. (2022). 인공지능과 윤리. 커뮤니케이션북스

6. 박남기. (2020). 인공지능과 윤리적 이슈. 언론정보연구, 57(3), 122-154.

7. 신용우. (2023). 생성형 AI 관련 저작권 쟁점과 대응 방안, 한국문화정보원, 문화정보 이슈리포트, 2023-2호(제42호)

8. 유재홍, 안성원, 김정민, 안미소, 장진철, 봉강호, 노재원 (2023) "생성 AI의 부상과 산업의 변화," 소프트웨어정책연구소 이슈리포트, IS-160, 2023.06.07.

9. 안명옥. (2021). AI 융합·확산을 위한 선결 과제와 대응 방안. 정보통신정책연구원 AI TREND WATCH, 2021-1호.

10. 안성호. (2022). 인공지능의 악용 사례, 딥페이크 기술과 과제, 소프트웨어정책연구소, 2022.07.25., https://spri.kr/posts/view/23469?code=data_all&study_type=industry_trend

11. 안효문. (2023). "AI가 일자리 뺏을까…'챗GPT'발 위기론 현실로", 데

일리한국, 2023.06.03., https://www.hankooki.com/news/articleView.html?idxno=82242

12. 오의택. (2023). "SF 영화로 전망해 본 '인공지능 UX의 미래'" 요즘IT, 2023.05.11., https://yozm.wishket.com/magazine/detail/2014/

13. 이광호. (2023). AI 규제 동향과 시사점, 미래연구 포커스, Future Horison Plus, Vol. 55, pp. 22-27.

14. 이병철. (2023). "범죄 악용되는 딥페이크, 더 쉽게 먹힌다", 사이언스조선, 2023.07.27., https://biz.chosun.com/science-chosun/science/2023/07/27/IUFS3BZAMRBWZPNAZMAUGE5ZGM/

15. 이유지. (2023). "생성 AI 확산으로 우려 더 커지는 사이버위협", Byline Network, 2023.06.04., https://byline.network/2023/06/4-162/

16. 이상우. (2022). "개인정보 침해 우려 줄이는 AI 알고리즘, 연합학습," 아주경제, 2022.08.08., https://www.ajunews.com/view/20220807141318456

17. 이호선. (2022). "AI 범죄에 악용되는 "딥페이크 기술", 디지털비즈론, 2022.05.03., https://www.digitalbizon.com/news/articleView.html?idxno=2330258

18. 정한영. (2023). "인공지능과 기술혁신으로 향후 5년간 6900만개 새로운 일자리가 창출되고, 8300만개의 일자리가 사라진다", 인공지능신문, 2023.05.02., https://www.aitimes.kr/news/articleView.html?idxno=27918

19. 정두희. (2021). "7가지 키워드로 보는 AI의 미래", MIT Technology REview, 2021.09.15., https://www.technologyreview.kr/the-future-of-artificial-intelligence/

20. 장민. (2023). "생성형 AI 이후, 비즈니스는 어떻게 변화할 것인가?", Cheilmagazine, 2023.05.15., https://magazine.cheil.com/53361

21. 정재현, 신상규, 이상욱, 박충식, 목광수, 천현득, 이영의, 고인석.

(2019). 인공지능의 윤리학, 한울아카데미, 2019.12.02.

22. 조명수, 김성민. (2020). Next Normal-The Age of With: 인간과 AI가 협업하는 사회, Deloitte, Deloitte Risk Advisory New Letter, 2020년 8월

23. 조창현. (2023). "비즈니스 혁신 돕는 AI…"성공적 도입 위한 단계적 전략 필요"" 인더스트리 뉴스, 2023.08.15., https://www.industrynews.co.kr/news/articleView.html?idxno=50642

24. 한국산업기술진흥원(KIAT) 2023.02.28., 챗GPT, 생성형 AI가 가져올 산업의 변화

25. 현기호. (2023). "AI 개인정보 수집에 우려 점증…각국 상황은?, 이코리아, 2023.06.12., https://www.ekoreanews.co.kr/news/articleView.html?idxno=67443

26. 황국상. (2023). "음성 3초, 사진 1장이면 사람 복제 가능"…AI 올라탄 범죄", 머니투데이, 2023.02.11., https://news.mt.co.kr/mtview.php?no=2023021011142282247

27. 황소흠. (2023). "사용자 중심 인공지능, 인간과 AI가 협력하는 방법", 한국디자인진흥원, 2023.05.18., https://www.designdb.com/?menuno=1283&bbsno=4634&siteno=15&act=view&ztag=rO0ABXQAOTxjYWxsIHR5cGU9ImJvYXJkIiBubz0iOTkxIiBza2luPSJwaG90b19iYnNfMjAxOSI%2BPC9jYWxsPg%3D%3D#gsc.tab=0

28. 황정일. (2023). "인간과 AI가 협업하는 디자인 플랫폼 나온다", 폴리뉴스, 2023.05.22., https://www.polinews.co.kr/news/articleView.html?idxno=610366#0FV0

29. 손진호 (2022). 인공지능 활용한 교육 혁신, 기술과 혁신, 2022년 11/12월호, Vol.456, http://webzine.koita.or.kr/202211-innovation/%EC%9D%B8%EA%B3%B5%EC%A7%80%EB%8A%A5-

%ED%99%9C%EC%9A%A9%ED%95%9C-%EA%B5%90%EC%9C%A1-
%ED%98%81%EC%8B%A0

30. 송은지, 봉기환 (2020) "인공지능의 윤리적 문제와 해결방안 모색," 정보통신기획평가원 주간기술동향, 2020.09.20.

31. ITWORLD, "기업이 생성형 AI를 도입하기 전에 던져야 할 7가지 질문," 2023.06.27., https://www.itworld.co.kr/news/296449

32. Radcliff, D. (2022). "영상통화까지 했는데 가짜?! '딥페이크'의 위험성과 대응 방안", CIO Korea, 2022.09.27., https://www.ciokorea.com/t/551/%EB%B6%84%EC%9F%81%7C%EA%B0%88%EB%93%B1/256942

33. SPRi, 국가안보를 위한 인공지능(AI)과 3대 전략 기술, 2022.5.10.

34. Bellman, R. E. (1978). Artificial intelligence: can computers think?

35. Bonnefon, J. F., Shariff, A., & Rahwan, I. (2016). The social dilemma of autonomous vehicles. Science, 352(6293), 1573-1576

36. Grand View Research (2022), 생성형 인공지능(Generative AI) 시장 규모, 점유율, 동향 분석 리포트 : 컴포넌트별(소프트웨어, 서비스), 기술별(Generative Adversarial Networks(GANs), 트랜스포머), 최종 용도별, 지역별, 부문별 예측(2022-2030년), 2022년 12월

37. Standford HAI, "Using AI to Detect Seemingly Perfect Deep-Fake Videos", 2020.10.13.

38. UNESCO 2019, Preliminary Study on the Ethics of Artificial Intelligence

39. UNESCO 2020, First Draft of the Recommendation on the Ethics of Artificial Intelligence

40. Wallach, W., & Allen, C. (2009). Moral machines: Teaching robots right from wrong. Cambridge, MA: Oxford University Press.

41. 강은정,『(모바일&데스크톱을 위한) 웹 기획 프로세스』, 한빛 아카데미,

2018

42. 정재용 외, 『처음부터 다시 배우는 웹 기획의 노하우』, 한빛미디어, 2016

43. 강승훈, 『서비스 기획자로 일하고 있습니다』, 천그루숲, 2022

44. 조이, 『서비스를 성공시키는 기획자의 비법 노트』, 비제이퍼블릭, 2022

45. 1. 아이디어 개발.(2023.06.15).brunchstory. https://brunch.co.kr/@dol74/290

46. 2. 아이디어 늘리기(1편). (2023.06.15). brunchstory. https://brunch.co.kr/@dol74/291

47. 표 2.1 ChatGPT 3.5와 4.5의 비교
    https://latte4me.com/gpt4%EC%9D%98-%EC%84%B8%EB%B6%80%EA%B5%AC%EC%A1%B0-%EC%9C%A0%EC%B6%9C/

48. openai : GPT-4 Technical Report

49. What is generative AI?, https://research.ibm.com/blog/what-is-generative-AI

50. What is Generative AI?, https://www.nvidia.com/en-us/glossary/data-science/generative-ai/